JN439631

全河然의 교단일기

칠판에 시를 적을 때

全河然의 교단일기

칠판에 시를 적을 때

신아출판사

책머리에

2007학년도 2학기에 초등학교 교사로서 첫 발령을 받았다. 새내기 교사라면 누구라도 먼저 첫 발령의 풋풋함이나 신선함을 떠올릴 것이다. 그렇지만 내 나이 마흔여덟의 장애인 교사였던 까닭에 모든 이의 걱정 속에 새 출발을 하였다. 그리고 첫 날부터 만만치 않은, 그야말로 우여곡절이 많은 나날이었다.

이 일기는 지천명知天命의 한 장애인 교사가 교단에 선 이후 쓴 3년간의 기록이다. 돌이켜보면 첫 해의 한 학기를 어떻게 보냈던지…, 그 때의 일기를 읽다보면 지금도 가슴이 먹먹해 온다. 하루하루가 긴장과 두려움의 연속이었다. 수많은 실수와 실패와 시행착오를 거쳐 이제는 낯섦, 조마조마함, 막막함… 이런 것들로부터 어느 정도 자유로워졌다.

여기 담긴 내용은 대부분 교실 안 이야기이다. 아이들과 함께 웃고 함께 가슴 조리고 함께 울기도 한 이야기들이다. 선생님이라면 거의 쓰고 있을 교단일기이기에 특별할 것도 없어 보인다. 어쭙잖지만 한 나이 많은 장애인교사가 동심들과 함께 평생의 꿈을 펼쳐 나가는 과정이고 기록으로 읽어주길 바라는 마음이다.

2010년 여름

솔바람 넘나드는 2-4반 교실에서

2007학년도

3학년 5반 아이들과

2007년 8월 28일(화요일), 비

첫 출근

장마철도 지났는데 계속해서 비가 내린다. 5시부터 일어나 준비하여 빗속에 군산수송초등학교에 첫 출근했다. 전주 집에서 군산까지는 자동차로 50분 정도가 걸렸다.

내가 맡은 반은 3학년 5반이다. 부임 첫날이고 여름방학 끝의 개학날이라 수업은 하지 않았다. 대신 1－2교시에는 방학 과제물을 걷고, 학급 규칙을 정하고, 청소구역을 정하는 일로 시간을 보냈다. 그런 다음 나머지 시간에는 아이들에게 방학 동안 겪은 일이나 기억에 남는 일 등을 앞에 나와 이야기하게 했다. 빠른 시간 내에 아이들 특성을 파악하는데 효과적이라고 생각해서다. 34명 전원이 발표를 하는데 3-4교시로 충분하지는 않았지만 그런대로 성공적이었다.

아이들이 어찌나 떠드는지 내 귀가 다 먹먹하다. 몇 명 요주의 학생이 있기는 하지만 아직은 3학년이라 순진한 편이다. 내 장애도 크게 의식하지 않는 것 같아 한 시름 놓인다.

＊ 3－5반 담임 외에 내가 맡은 업무는 전출입과 출결이라고 한다.

8월 29일(수요일), 오늘도 비

군산교육청에 가서 인사발령통지서를 받아왔다. 그러는 동안 3교시까지 수업을 하지 못했다. 돌아와 4교시에 국어 첫 수업을 〈고누〉에 대한 설명문을 가지고 했다.

점심시간에 우리 반 아이들이 유독 떠들었다는 교장선생님의 염려 전화가 있었다. 비가 와서 운동장에 나가지 못한 지가 벌써 여러 날이라 아이들도 견디기 힘들었을 것이다. 교실뿐만 아니라 건물 안에서는 어디서나 조용히 해야 한다는 것을 내가 깜박 잊었다. 선생님들께 주의를 받지 않도록 하자는 내 말을 아이들이 충분히 알아들었으리라 믿는다.

5교시 체육시간에는 아이들 모습을 일일이 디지털카메라에 담았다. 칠판 앞에 설 때 자기 이름과 번호도 적게 했다. 이름과 얼굴과 번호를 동시에 빨리 익히기 위해서다. 한 명도 거부하지 않고 모두 순순히 카메라 앞에 서 준 아이들 모두가 착하고 사랑스럽다.

여름방학과제물을 제출한 사람 중에 성의껏 잘 한 사람으로 세 명만 선정하라는 전달이 왔다. 여러 면에서 눈에 띄게 잘 한 강지혜(금상)와 명건우(은상)를 뽑았다. 나머지 한 사람은 정예린을 뽑았다. 예린이는 발달장애가 있는 특수아이다. 그럼에도 불구하고 숙제를 모두 해온 점과 정성이 많이 들어간 점에 점수를 주었다. 혼자서 하지 못하였더라도 적어도 옆에서 거들기라도 하였을 것이다.

내일부터는 정상적인 수업을 하기 위해 준비물 두 가지를 알려주었다. 미술 '초대장 만들기' 재료와 과학 '식물의 잎' 준비해오기이다.

아이들을 보내놓고 과제물에 서명을 마친 뒤 5시가 넘어 퇴근했다. 어제보다 30분쯤 일찍 했다. 돌아오는 내내 자동차 브레이크와 엑셀레이더를 밟기 힘들 만큼 피곤했다.

8월 30일(목요일), 구름 많고 흐림

첫 과학수업을 시간표대로 두 시간에 걸쳐 했다. 참고하려고 펼쳐 놓은 지도서는 거의 눈에 들어오지 않았다. 할 수 없이 책만 가지고 수업을 진행했다. 맨 처음 나란히맥과 그물맥을 설명하기 위해 나뭇잎과 풀잎들을 꺼내놓게 했다. 아이들 대부분이 착실하게 준비물을 챙겨왔다. 나란히맥은 주로 강아지풀을 그물맥은 벚나무 등 여러 가지 나뭇잎을 가져왔다. 나란히맥과 그물맥의 두 성질을 비교하기 위해 나뭇잎을 종이 아래 넣은 뒤 색연필 등으로 칠해보게 했다. 그러는 사이 첫 시간이 금방 끝났다.

두 번째 시간에는 가장자리 모양, 잎의 수, 잎의 넓이 등 여러 가지 분류기준에 따라 잎의 성격이 같은 것끼리 분류하기를 했다. 이번에도 시간이 어떻게 지났는지 모르게 흘러 버렸다. 그래서 아이들이 〈실험관찰〉에 실험 결과를 다 적지 못했다. 5분 정도 시간이 더 필요했지만 아이들은 종이 울리면 단 1초도 기다리지 못한다. 아이들을 보내놓고 맥이 빠져 한동안 아무 일도 할 수가 없었다.

8월 31일(금요일), 장마철도 아닌데 또 비다.

ㅇㅇㅇ의 거짓말

오늘 수업은 어제보다는 조금 수월했다. 옛날과 오늘날의 생활도구를 돌아보고 비교하여 글을 쓰는 ≪사회≫를 2시간 하고, ≪음악≫은 1학기 때 배운 것을 복습하는 식으로 했다. ≪쓰기≫는 오토바이와 자전거의 공통점과 차이점이 드러나게 글쓰기, ≪수학≫은 네 자릿수 덧셈이라 크게 힘 든 과목은 없었다.

하지만 ㅇㅇ와 그 아이의 어머니 일로 아침부터 순탄하지 못했다. 막 아침자습을 시작하려는 시간에 ㅇㅇ 어머니가 교무실로 전화를 한 모양이었다. 우리 교실로 전화를 연결해 주었다. 어머니 목소리가 심상치 않다는 것을 전화선을 통해 느낄 수 있었다. 아니나 다를까. 어제 내가 ○○를 남겨 청소를 시켜 아이가 팔을 다쳤다는 것이었다. 나는 어제 방과 후에 누구도 남기지 않았는데, 아이 말만 믿고 아침부터 전화를 한 것 같았다. 하지만 길게 통화를 할 수 없었다. 아이 말이 사실이 아니며 오후에 다시 통화를 하자고 하고는 전화를 끊었다.

아침에 ○○가 깁스를 하고 교실에 들어왔을 때, 나는 그런 줄도 모르고 위로해 주고 다독여주고 했었다. 부임 첫 날부터 떠들고 말도 제일 안 듣던 녀석이 거짓말까지 한다고 생각하니 얄미운 생각이 들었다. 만약을 대비해 ○○를 남겨 반성문을 받았다. 아이는 방과 후에 학원에 가는 대신 근처 아파트 놀이터에서 놀다 팔을 다쳤다고 했다.

아이들을 보내놓고 급한 업무처리를 하다 보니 5시가 넘었다. 아직 일이 한 가지 더 남아 있었다. ○○ 엄마와 통화를 하는 일이다. 막 전화를 하려는 순간 ○○ 어머니가 먼저 전화를 걸어왔다. 아침보다는 목소리가 조금 누그러져 있었다. 그러기는 하면서도 내가 다 듣지도 않고 전화를 끊었다는 둥 아직도 말투에서 내게 뭔가 잘못이 있는 듯한 뉘앙스를 풍겼다.

사실을 정확히 알아보지도 않고 아침부터 아이 담임에게 책임추궁을 한 자신의 잘못은 인정하지 않으려는 태도였다. 내가 거듭 그 부분을 강조하자 마지못해 인정을 했다. 조만간 찾아뵙겠다는 것을 사양했다. 나중에 학부모님들을 같이 뵐 기회가 있으면 그때 보자고 했다. 말로만 듣던 문제의 학부모를 내가 너무 일찍 만난 것 같다.

9월 1일(토요일), 비, 비, 비…. 하느님도 너무하시다

2교시는 컴퓨터 시간이었다. 전산실로 이동하여 모두 컴퓨터 앞에 앉았다. 먼지 어제 국어시간에 공부한 〈고누〉와 〈나비박사 석주명〉을 검색하여 다시 읽어보게 했다. 검색에서부터 읽기까지 아이들은 1분도 안 걸려 마치고는 게임을 하게 해달라고 아우성이다. 그렇게는 안 된다며 교육 사이트에 들어가 배운 것 복습도 하고 이전 선생님께 편지도 쓰라고 했다. 그러나 아이들이 막무가내다. 컴퓨터 시간은 특별히 교재가 있는 것도 아니고 이전 선생님 수업방식을 들먹이는 아이들 요구를 들어주지 않을 수 없었다. 이러면 안 된다는 생각을 하면서도 말이다.

그 사이 ○○가 학급 미니홈피에 '☆☆☆ 우리선생님'이란 제목의 글을 올렸다. ☆☆☆ 선생님이란 1년 일정으로 미국으로 어학연수를 가신 1학기 때 담임선생님을 얘기하는 것 같았다. 저희들 선생님은 내가 아닌 ☆☆☆ 선생님이란 뜻으로, 제목부터가 다분히 나를 골탕 먹이려는 고의성이 풍겼다. 내용은 더욱 가관이다. 우리 반 아이들 모두가 선생님이 오시기를 간절히 바라고 있다는 내용이었다. 녀석이 거짓말한 일로 어제 나에게 야단맞은 보복을 하는 것 같다. 언제라도 학교와 학급 홈피에 글을 올릴 수 있는 무서운(?) 아이들이다.

9월 3일(일요일)

그동안 영어수업에 대한 심적 부담이 컸다. 발음도 발음이지만 수업을 거의 영어로 진행을 해야 하는 줄 알아서다. 다행히 알고 보니 선생님들도 대부분 티나라나 CD로 수업을 한다고 하여 다소 안심이 되었다.

티나라나 CD로 하되 필요한 경우 내가 교실 영어를 구사하면 되는 것 같았다. 몇 마디 한 것도 없이 40분 수업이 금방 끝났다.

체육 때문에 6반 남자 선생님과 2시간을 바꾸어 수업하기로 했다. 그래서 어쩌면 내가 6반의 음악을 가르쳐야 할 지 모른다. 운동장 체육 부담을 덜게 되어 안심이 된다.

9월 4일(화요일)

싸움닭 박건웅

건웅이는 우리 반 싸움닭이다. 하루에도 몇 사람과 싸우는지 모른다. 아무 이유 없이 친구들을 괴롭히고 때리고 울리고 하는 이 아이를 어떻게 해야 할까. 건웅이는 어떤 아일까 궁금하여 가족관계를 보니 부모 중 한 쪽이 없는 것 같았다. 그래서 아이가 정서불안 상태로 더 아이들을 괴롭히는 게 아닌가 싶다.

계속해서 비가 오는 탓으로 교실에서 체육을 했다. 수건돌리기를 하는데 오동원과 시비가 붙어 난동을 부리는 바람에 체육시간이 엉망이 되어 버렸다. 아이들은 건웅이가 무서워 아무도 바른 말을 하지 못했다. 그래서 수건돌리기는 몇 분 만에 아쉽게 끝내야 했다.

종례를 마치고 건웅이만 남겼다. 반성문을 쓰는 대신에 아이를 달랬다. 그러자 건웅이가 눈물을 보였다. 내일부터는 선생님 말씀 잘 듣고 친구들과 싸우지 않겠다는 약속을 받았다. 건웅이를 믿어보기로 했다.

* 이상욱은 곤충핀에 무릎이 찔렸다. 아마도 그 예리한 핀에 뼈까지 찔리지 않았을까 염려된다. 상욱이는 무슨 사정이 있는지 강지혜네 집에서 학교를 다닌다고 한다.

지혜와는 고종사촌간이라는데 지혜와 달리 상욱이는 모든 면에서 자신감이 부족하다. 지혜 엄마께 전화를 걸어 상욱이를 파상풍 주사라도 맞혔으면 하고 부탁드렸다. 아무 일 없었으면 좋겠다.

* 어제 당번이 우유를 가져오지 않아 오늘은 아이들에게 우유를 2개씩 먹게 했다. 1교시 끝나고 1개씩, 5교시 끝나고 1개씩. 그래도 우유가 많이 남아 더 먹겠다는 아이에게는 3개도 먹게 했다. 나는 장이 나빠 우유는 1개만 먹어도 설사를 한다. 그런데 3개씩이나 먹은 아이가 있다. 혹시 배탈이라도 나면 어쩌나 은근히 마음이 쓰인다. 아이들 모두 탈이 없어야 할텐데….

9월 5일(수요일), 1주일가량 내리던 비가 오후에 잠깐 소강상태.

김영애 선생님께서 동학년 선생님들과 은파유원지 근처에서 저녁을 사 주셨다. 식사 자리에서 선생님들이 걱정의 말씀을 많이 해주셨다. 학년 초가 아닌 중간에 발령을 받으면 아이들이 이전 선생님과 비교하며 새로운 선생님을 많이 힘들게 한다고 했다. 더군다나 나는 장애인 교사에다 나이 많은 초임교사이다. 우리 반에 말썽꾸러기가 많다는 말도 내 마음을 무겁게 했다.

선생님들과 허심탄회한 이야기도 나누고 유익한 정보도 많이 얻었다. 8시가 다 되어 귀갓길에 올랐다.

* 노희재 어머니와 이문택 어머니가 다녀가시다. 권정준은 눈병이 났다는 전화가 오다.

9월 6일(목요일), 계속되는 비가 지친 몸을 더 지치게 한다.

자리 바꾸기

4교시에 아이들이 그렇게도 원하는 자리 바꾸기를 단행했다. 키와 성별과 장애 정도를 기준으로 삼았다. 다 정하고 나자 짝꿍과 자리가 마음에 들지 않는다며 투덜거리는 아이가 몇몇 있었으나 비교적 고분고분 내 의사에 따라주었다.

특수아인 예린이와 민혁이 때문에 강지혜와 명건우를 조용히 불러냈다. 두 아이와 짝꿍이 되어줄 것을 부탁했더니 역시 지혜와 건우 모두 내 뜻을 따라주었다. 발달장애아 예린이는 지혜가 맡고 자폐아 민혁이는 건우가 맡아 공부 도우미 역할도 하면서 같이 앉게 된다. 아이들이 두 아이와 서로 앉지 않으려고 하여 고민이 많았으나 일이 쉽게 풀리게 되어 다행이다. 나중에 3학년을 마칠 때 지혜와 건우에게 크게 칭찬을 할 생각이다.

* 내일 오후에 학부모와 만나려던 계획을 취소했다. 교사와 학부모들이 단체로 만나는 것은 바람직하지 않다며 교감선생님께서 반대를 해서다. 그동안 우리 반 부모님들이 나를 몹시 만나고 싶어했다. 그래서 한 사람 한 사람 만나는 것 보다 아예 한꺼번에 만나 부딪히는 것이 낫다는 생각을 했다. 하지만 학부모들에게 알리기 전 교무실에 미리 알아보지 않은 내 잘못이다.
* 오늘 식당에서 민영이가 내 식판을 들어 주었다. 수진이와 여영이도 나에게 매우 호의적이다. 오늘은 이 세 아이들과 같이 점심을 먹었다.

9월 7일(금요일), 구름

모든 학급의 급식실 지정좌석제를 처음 실시했다. 우리 자리에 3-6반이 잘 못 앉아 우리 반은 앉을 자리가 없었다. 첫 날이라 혼란이 많았다.

교실에서는 명건우와 강지혜의 자리를 바꾸어 앞뒤로 앉게 했다. 짝 활동이라도 같이 할 수 있도록 해준 것이다. 두 아이에게만 장애아들을 떠맡긴 것 같아 늘 미안한 마음이다.

박건웅의 지도 방법을 바꾸었더니 많이 순해졌다. 야단을 많이 치기보다는 사소한 것에도 칭찬을 하고 얼러주었더니 슬슬 내 말을 따르고 있다.

2주째 계속된 가을장마로 우리 반 아이의 절반가량이 감기에 걸렸다. 담임인 나도 감기에 걸려 목소리가 더 엉망이다.

당번들은 뒷마무리를 제대로 하지 않고 가버리고, 시키지도 않았는데 송은유가 혼자 빗자루를 들고 청소를 했다. 은유는 야무지기만 한 줄 알았더니 청소도 솔선수범한다.

* 교무업무시스템 업무 중 일부를 교무 선생님과 같이 처리하다. 오동원 어머니와 쌍둥이 이민영 · 이병길 어머니가 다녀가시다.

9월 8일(쉴 토)

조혜정, 신정언, 고예진 선생님들과 통화했다. 음악 '청어 엮자' 동영상과 풍물놀이 지도 방법에 대해 자문을 구했다. 선생님들도 나름대로의 애로는 있는 듯하다. 같은 학교에 근무는 안 하지만, 궁금하면 물어볼 수 있는 발령 동기라도 있어 든든하다.

그동안의 피로가 누적되어 기어이 몸살이 나고 말았다. 저녁에 간호사 친구가 감기약도 지어다 주고 링거를 놓아주었다. 이틀 쉬고 나면 월요일 출근에 지장 없어야 할 텐데….

9월 9일(일요일)

새벽에 또 친구가 와서 수액 주사를 놓아주고 갔다. 주사 맞는 사이 어머니가 세 번이나 전화를 하셨다. 서울에 계셔도 마음은 늘 전주 내 곁에 계시는 어머니시다. 2주 만에 대강의 청소를 하고 화초에 물도 주고 내일 수업준비를 끝낸 다음 교회는 오후에 다녀왔다.

9월 10일(월요일), 구름 끼고 흐리다.

목이 심하게 잠겨 수업이 거의 어려울 정도이다. 우리 반에서는 그럭저럭 하였으나 6반 음악수업을 하는데 전혀 소리 전달이 되지 않았다. 6반 아이들에게 너무나 미안하다.

상욱이의 일기에서 아이의 바람을 읽었다. 아이가 몹시 외로워하고 하루 빨리 익산으로 돌아가 가족과 친구들을 만나는 것을 간절히 원하고 있다. 상욱이가 우울한 모습을 보인 이유를 알 것 같다.

점심때 우리 반 아이들이 지정좌석을 지키지 않아 또 혼선을 빚었다. 다른 반에 피해를 준 것이 너무나 미안하다. 오늘은 이것도 저것도 모두 엉망이어서 점심때 전혀 밥을 먹을 수 없었다.

9월 11일(화요일)

오늘은 어제보다는 수업이 순조로웠다. 그러나 여전히 목은 잠겨 아이들에게 너무나 비안하다. 4반 김영애 선생님께서 국어, 수학, 사회 세 과목의 단원평가 문제를 복사해 주셨다. 그동안 나는 이런 것이 있는 줄도 몰랐다. 선생님께 내가 너무 신세를 지는 것 같다.

수학시간에 단원평가지를 풀었다. 100점을 맞은 아이는 없지만 비교적 성적이 고른 편으로 중상 이상인 아이가 여럿 있다.

몇 분 선생님과 3학년 1반 선생님의 공개수업 사전협의회를 가졌다.

9월 12일(수요일), 안개 짙은 출근길, 낮에는 맑음

그동안 조금 나아지는 듯싶던 건웅이가 오늘 다시 말썽을 부렸다. 나도 모르게 손이 나가 등짝을 때려준다는 것이 좀 세게 나간 듯, 씩씩거리며 아픈 내색을 한다. 곧 후회했다. 무슨 일이 있어도 체벌은 하지 않기로 나 자신과 약속했었다.

저녁 때 장애아인 예린이 외할머니께서 다녀가셨다. 밀린 일처리를 하느라 긴 얘기는 나누지 못했다. 예린이를 부탁하러 오신 줄 안다. 사온 성의를 생각하여 포도만 받고 봉투는 돌려보냈다.

* 마침내 나이스(neis) 인증서가 나오다.

9월 13일(목요일), 구름 조금

미술 두 시간을 전담선생님이 수업을 하셨다. 그 시간에 나는 교무실에서 아이들 일기장 검사와 독서퀴즈대회 선정도서 ≪초대받은 아이들≫, ≪나쁜 어린이표≫를 읽었다. 두 권 모두 저자가 황선미 선생인 것이 아쉽다.

어제 말썽을 부린 두 녀석 중 이상욱은 반성문에 부모님(외숙모) 사인을 받아오고, 박건웅은 반성문 용지를 잃어버렸다고 핑계를 댄다. 시간이 없어 나무라지도 다시 쓰게도 하지 못했다. 항상 시간이 부족하다. 오늘 너무 떠든 유진우 등 3명은 5교시에 타임아웃 시켰다.

* 교원 친목의 날이라고 오후에 선생님들은 학교 밖으로 나가고, 나와 교무선생님만 남아 밀린 나이스 업무를 보다. 선생님이 그동안 급한 내 일을 처리해 주어 할 일은 많지 않았다. 교무선생님은 일처리가 매우 빠르다.

9월 15일(토요일), 전국적으로 비가 내리다. 많은 비는 아니다.

독서의 달 행사

독서의 달 행사로 1-2교시는 독후화 그리기를, 4교시에는 독서퀴즈 대회를 했다. 3교시에 우리 반 아이들에게 독후감 쓰는 방법을 지도했다. 맨 처음 기존의 독후감 쓰는 방법의 문제점을 지적했다. 줄거리만 간추리는 식의 독후감은 별 의미가 없다는 것을 설명해 주었다. 그런 다음 독후감의 여러 가지 형식, 독후감의 제목과 주제에 대해서도 설명했다.

새로 공부한 방법을 바탕으로 독서감상문도 쓰게 했다. ≪초대받은 아이들≫, ≪나쁜 어린이표≫ 둘 중에서 선택하여 쓰게 했다.

토요일이고 수업은 없이 독서의 달 행사만 하여 아이들이 더 떠들었다. 토요일은 노는 도요일이라는 인식이 심어진 아이들 같다. 그래서 그런지 독서 행사도 그리는 아이들만 그리고 쓰는 아이들만 썼다.

독서퀴즈대회 결과를 채점했다. 이민영이 100점을 맞고 95점이 10명 가까이 나왔다. 수상자는 2명만 뽑아야 하는데 난감하다. 고민 끝에 이민영과 오길우로 정했다. 길우는 주관식 문제의 답을 가장 많이 맞추고 내용도 가장 성의있게 썼다. 독후화 수상자는 이병길을 선정했다. 〈나쁜 어린이표〉의 주인공 건우를 매우 실감나게 그렸다.

9월 16일(일요일)

어제 오후부터 오늘까지 일주일치 수업준비를 했다. 매일 하루 전에 수업준비를 하다 보니 준비물 등이 무엇인지 아이들에게 미리 알려주지 못하는 경우가 있었다. 다 하고 나니 7시가 넘어 해는 벌써 서산에 지고 없다. 태풍 '나리'의 영향으로 창밖에는 하루 종일 비가 내렸다. 교회에도 가지 못하고 운동도 하지 못하고, 몸이 무겁고 목도 컬컬하다.

9월 17일(월요일), 모처럼 맑음. 내일은 또 비가 온다고 함.

마이크로 한 수업

오늘부터 마이크로 수업을 한다. 소리를 덜 지르게 되어 목을 아낄 수 있게 되었다. 학교 행사 때나 쓰는 이동식 마이크는 음악 전담 선생님께서 갖다 주셨다. 내가 아이들 때문에 많이 힘들어 하는 것을 알고 가져오신 것 같다. 신경 써 주시는 선생님들이 많아 감사한 마음이다.

* 건웅이는 오늘도 두 명의 친구를 때려 울렸다. 아이들은 맞고도 아무도 반항을 하지 못한다. 어떻게 해야 건웅이의 폭력적인 성격을 순화시킬 수 있을까.

* 통장에 월급과 추석 상여금으로 상당한 금액이 들어오다. 순수하게 내가 학교에서 일하여 받은 첫 월급이다. 이 돈으로 어머니 용돈도 드리고 돌아오는 추석 선물도 사고 할 생각이다.

9월 18일(화요일), 비

박건웅이 이제는 벌을 주면 아예 책상에 엎드려 꼼짝도 하지 않는다. 어제도 그랬고 오늘도 '씨X' 같은 욕도 했다. 아이들 앞에서 교사의 권위가 서지 않는다. 상욱이와 병길이를 또 울렸다. 아이들은 거의 한 마디 항의도 못 하는 것 같다.

그나마 건웅이를 겁내지 않는 아이는 오동원이다. 강적끼리 앉아 동원이가 조금도 물러서지 않고 맞선다. 아니 오히려 동원이에게 건웅이가 밀리는 형세다. 오늘은 키 작은 노희재마저 건웅이에게 대들었다. 턱을 들이밀자 건웅이가 더 어쩌지 못했다. 내가 보기에 건웅이는 뒷심은 없다.

아이들 중 누구도 건웅이가 자기들 놀이판에 끼는 것을 달가워하지 않는다. 요즘 우리 반 남자아이들의 주된 놀이는 딱지치기이다. 건웅이가 "나 좀 끼워 줘!" 하며 밀고 들어가면 아이들은 흩어져 다른 곳으로 가버린다. 그런 건웅이를 지켜볼 때 안 됐다는 생각도 든다.

점심 때 건웅이가 식판을 들고 와 내 옆에 앉았다. 흘끗흘끗 내 눈치를 보는 것 같았으나 모른 체 했다. 그런데도 종례가 끝나고 또 내 자리로 와 과자를 선넨다. 하도 속을 썩여 건웅이가 준 과자는 먹으면 체할 것 같다며 또 거절했다. 녀석이 나와 화해를 하려는 것을 모르지 않는다. 하지만 그동안 건웅이 때문에 내가 얼마나 속이 상했던가.

어찌된 일인지 건웅이가 오늘은 계속 내 옆을 서성였다. 이쯤에서 아이에게 나도 화해의 손을 내밀었다. 녀석을 불러 우유를 주었다. 우유를 싫어한다며 처음에는 거절하였으나 과자를 먹었으니 목 맷히지 않게 먹으라고 하자 못 이기는 척 받아 마셨다.

건웅이에게 구두로 반성문을 쓰게 했다. 내가 불러주고 아이가 따라 쓰게 했다. 고분고분 따라서 했다. 친구들 괴롭히지 않고 선생님 속상하게 하지 않겠다고 벌써 몇 번을 약속했는지 모른다. 그런데도 왜 자꾸 같은 행동을 되풀이하느냐고 물었다. 그랬더니 건웅이가 기어들어가는 목소리로 말했다. 안 그러려고 하는데도 자꾸 그렇게 된다는 것이다. 아이 말을 100% 믿는다. 다시 약속을 했다. 선생님이 도와 줄 테니 조금씩 고쳐나가자고…. 내일은 아이들에게도 건웅이와 잘 지내라는 부탁을 해야겠다.

9월 19일(수요일)

여자아이들의 호기심

점심시간이었다. 여자아이들이 내 책상 주위에 빙 둘러서 있었다. 화장을 고치는 선생님 모습을 지켜보며 한 마디씩 하거나, 사소한 것들을 묻곤 했다. 화장을 고친 다음에는 아이들의 수학 단원평가지들을 훑어보았다. 이때도 아이들은 내 표정 하나 놓치지 않는다. 아무렇게나 푼 아이의 시험지를 들여다보며 내가 눈살을 찌푸렸던 모양이다. 한 아이가 선생님이 인상을 쓰신다고 놀려댔다.

그 사이 화장품 주머니를 가방에 넣다가 휴대전화에 문자가 도착해 있는 것을 보았다. 아이들이 선생님의 일거수일투족을 보고 있다는 걸 깜박했다. ○○스님한테서 온 문자였다. 갑자기 환해진 내 표정을 아이들이 읽었는지 누구에게 온 문자냐고 물었다. 호기심 많은 아이들이다.

세상에서 가장 소중한 사람한테서 온 문자라고 했더니 그게 누구냐, 선생님 남편이냐고 묻는다. 남편 아니라고 했더니, 그렇담 선생님이 바람을 피우시냐고 묻는다. 그러더니 깜찍한 혜지가 "아하, 선생님 딸한테서 온 문자다. 그쵸?" 하고 웃는다. 제 멋대로 생각하고 제 멋대로 판단해 버리는 나의 귀여운 꼬마들이다.

* 지혜어머니가 다녀가시다. 지혜보다는 상욱이 문제로 고민을 많이 하고 있는 것 같다. 할 일은 쌓여 있는데, 어머니는 할 얘기가 무척 많으시다. 차마 말은 못하고 혼자서 애가 탔다.

9월 20일(목요일)

1-2교시는 미술이다. 미술 전담 선생님이 수업을 하신다. 그래서 나는 교무실에서 우리 반 〈학급교육과정〉을 훑어보았다. 이 두꺼운 한 권에 우리 반이 추진할 1년 사업들이 가득 담겨 있었다. 교육목표, 수업시수,

특별활동, 재량활동…, 과목별 학습진도표도 펼쳐 보았는데, 내가 진도를 너무 빨리 나가고 있었다. 10월에나 할 학습을 벌써 해버린 경우도 있었다. 이를 어쩌나. ㅠㅠ

* 아침자습 시간에 인근 부속초등학교의 1학년 음악수업을 참관하다. 다양한 수업보조자료를 활용한 점이 돋보였다. 아이들이 너무 일사분란하게 행동한 점은 좋다고 해야 할 지, 그렇지 않다고 해야 할 지….

9월 21일(금요일), 나흘째 비. 나가 놀지 못하는 아이들, 난리가 아니다.

우리 반 아이들의 과학 단원평가 점수가 좋지 않다. 국어, 사회, 수학 과목보다 많이 낮다. 그래서 과학과 수학 문제 중 아이들이 많이 틀린 문제를 중심으로 복습을 했다. 아이들이 많이 틀린 문제는 내가 설명을 빠뜨리거나 잘 못 가르친 부분도 있었다. 과학 같은 경우 물감으로 식물의 잎의 본을 뜨는 순서는 아예 지나쳤다. 식물의 줄기가 뻗는 모양에서는 다른 식물이나 사물을 감고 올라가는 식물과 땅바닥을 기는 식물을 구분하여 제대로 설명하지 못했고, 여러 가지 나무줄기를 본뜨는 부분에서도 본 뜬 결과를 확인하는 절차, 이를테면 소나무의 경우에는 줄기에 갈라진 틈이 많고 갈라진 틈은 위아래 방향으로 나 있다는 것을 짚어주었어야 했다.

다음부터는 한 단원이 끝나면 내가 먼저 단원평가 문제를 풀어야 할 것 같다. 그렇게 해서라도 빠뜨리거나 보충할 것이 있는지 확인해야 한다.

9월 27일(목요일)

갈수록 아이들이 떠들어 댄다. 소리를 질러도, 마이크를 사용해도 소용없다. 처음으로 단체 기합을 주었다. 그런데 녀석들이 오히려 더 좋아한다. 통제 불능 상태다. 가르치는 일보다 아이들 통제하는 일이 더 힘이 든다. 박건웅은 수업시간에도 교실을 활보한다. 박영진과 오동원까지 가세하고 있다.

9월 29일(금요일), 또 비다. 하늘에 구멍이라도 났나?

2교시에 교장선생님의 순시가 있었다. 나는 그 시간에 옆 반 3-6반 음악수업을 하고 있었다. 교장선생님께서 수업 중 문밖에 서서 교실 환경 정리와 교사의 수업장면을 훑어보고 무엇인가 메모도 하셨다. 6반 아이들이 그리 떠들지는 않았지만 기악합주를 지도할 때 티나라 반주에 맞춘 것이 잘한 일 같지는 않다. 그리고 아이들에게 발문을 할 때도 확산형 발문을 하지 못했다. 자기 파트를 자신 있게 연주 할 수 있느냐고 물어 단답형, 완료형 질문을 한 셈이다.

* 오늘 건웅이는 점심시간이 끝나도 교실에 들어오지 않고 체육수업을 하는 다른 반 아이들과 공을 찼다. 불러도 못들은 척 하고 계속했다. 그런 건웅이에게 수업 끝나고 남으라고 했는데도 아이는 내 말을 묵살하고 집에 가버렸다. 묘안이 떠오르지 않는다. 윗분들의 도움을 받아야 할 것인지 고민이 된다.

9월 29일(토요일)

10월 반장선거

반장에 오동원, 부반장에 이수진이 선출됐다. 오동원을 반장에 뽑은 반 아이들의 뜻이 있다. 수업시간에 많이 떠드는 동원이가 반장이 되면 떠드는 것을 자제하게 되어 우리 반이 조금이라도 조용한 반이 될 것이라는 기대감이다. 아이들 바람대로 나도 그렇게 되었으면 한다. 부반장은 이수진과 이유리가 동점이 나와 2차까지 갔다. 2차에서는 수진이가 표가 많이 나왔다.

오늘은 자리도 바꾸었다. 1분단, 2분단이 안쪽으로 한 분단씩 이동하고 안쪽에 있던 3분단이 창문 쪽으로 이동하게 했다. 몇몇 아이들이 거의 반항에 가까운 태도를 보였다. 박영진, 이동준이 특히 저항이 심했다. 평소 말썽을 많이 부리는 아이들이 이런 일에도 비협조적이다. 동원이는 아예 짝꿍까지 바꾸어 달라며 목소리를 높였다. 그리고 창 쪽으로 앉지 않으려고까지 했다.

그러기는 했어도 나중에는 건웅이가 안쪽에, 저는 창 쪽에 앉았다. 평소 동원이 성격으로 보아서는 절대 양보하지 않을 아이다. 하지만 반장이라는 책임감이 벌써 작용을 하는 것 같다. 나머지 아이들도 내가 뜻을 굽히지 않자 할 수 없이 모두 내 지시에 따랐다. 하다 보니 이런 날도 있다.

* 반장선거, 자리바꾸기, 체험학습준비 등의 일로 눈코 뜰 새 없는 토요일. 거기다 처음 해보는 9월 수업시수표 작성까지 수기(手記)로 마쳐야 했다. 그러느라 수업 시작 종이 울려도 들어오지 않는 아이들을 불러들이지 못했다. 마침 3반 강은옥 선생님이 수업시수표 작성법을 가르쳐 주러 오셨다가 뒤늦게 들어오는 박건웅을

호되게 야단을 쳤다. 아이들은 내 말은 들은 척 만 척 하는데, 그 선생님 고함 한 마디에 쥐 죽은 듯 조용하다.

10월 1일(월요일), 구름이 끼었으나 비는 오지 않음

원숭이학교로 간 소풍

3학년 전체가 부안 원숭이학교로 체험학습을 갔다. 우리 반은 김영실 음악전담선생님이 보조를 해주셨다. 아이들과는 비교적 무난한 하루를 보냈다. 아이들이 나에게 과자와 음료수와 사탕 등을 주고 어떤 학부모님은 도시락도 싸 보내셨다.

중국기예공연과 원숭이학교 수업장면을 본 다음 점심을 먹었다. 그런 다음 생태체험관을 둘러보았다. 나는 걸음이 느려 아이들을 뒤따라 다니기에도 벅찼다. 원숭이와 같이 앉은 아이들 모습을 카메라로 찍었다. 거기서도 건웅이는 소외받는 아이였다. 사진을 찍을 때 오동원이 건웅이를 밀어내고 유진우를 앉게 했다. 별 사고 없이 다녀 온 것만으로도 절반은 성공한 소풍, 아이들과 조금은 가까워진 날이었다.

10월 2일(화요일)

박건웅, 유진우, 박영진, 이동준에게 반성문을 쓰게 하다. 만약 이번에도 부모님 서명을 받아오지 않으면 전화를 해서라도 끝까지 받아오게 할 것이다.

10월 4일(목요일)

상익이와 장난감 총

미술 전담시간에 아이들이 총을 무려 8개나 빼앗겼다. 수업시간에 총으로 장난을 치다가 박영진의 콧대가 맞았다고 한다. 말이 장난감이지 이 총은 콩만한 플라스틱 탄알이 들어있어 눈 같은 곳에 맞으면 크게 다칠 수 있다. 그렇지 않아도 아침자습시간에 주의를 주었다. 만약 수업시간에 총을 가지고 놀면 빼앗아 주지 않겠다고 했는데도 끝내 일이 터지고 만 것이다.

따발총 같은 큰 총까지 무려 8자루를 내 서랍에 넣어 두었다. 그런데 하필 착한 조상익이 울며 하소연을 했다. 총을 빼앗긴 원인제공을 상익이가 한 모양이었다. 다음 주 수요일까지 돌려받지 못하면 아이들이 상익이에게 모두 사 내라고 했다는 것이다. 다른 아이 같으면 좀 뻔뻔하고 당돌하기도 하련만 착한 상익이 꺽꺽 울기만 하는 데는 자꾸 마음이 약해진다.

그래서 아이를 안심시키기 위해 돌려주겠다고 살짝 귀띔을 해주었다. 말썽꾸러기 녀석들 수업 태도 좀 바뀌게 한 후 돌려 줄 테니 너무 걱정하지 않아도 된다고 했다. 하지만 상익이는 안심이 되지 않는 모양이다. 아이들은 계속 떠들고 선생님 말을 안 들을 거라고 한다.

상익이는 나에게 가장 살갑게 다가오고 멀리서도 나를 보면 큰소리로 인사도 곧잘 하는 정이 많은 아이이다. 그래서 내 마음이 자꾸 약해진다. 녀석들 버릇을 고치기 위해서는 쉽게 돌려주지 말아야 하는데….

10월 5일(금요일), 바람이 불고 약간 쌀쌀함

무조건 예뻐하라

퇴근길에 한상기 선생님께 전화를 드렸다. 첫 월급을 타면 선생님께 약주를 대접하기로 약속했었다. 한상기 선생님은 나와 같은 전북수필문학회 회원이면서 올해 완주 봉서초등학교에서 교장으로 정년퇴임하셨다. 선생님께서 내가 임용시험 준비를 할 때 교과서와 지도서를 한 수레나 챙겨 주시며 격려를 해 주셨다. 그 은혜를 잊지 않고 있었다. 마침 전주약령시가 열리고 있는 경기전에 가는 길이라며 선생님께서 나보고 그곳으로 오라고 하셨다. 저녁시간이었지만 집에 들러 차는 주차장에 세워놓고 택시를 타고 경기전으로 갔다.

같은 문학회원 K선생과 먼저 약주를 하셨는지 선생님은 이미 취기가 올라 계셨다. 그래도 식사를 해야 한다며 내가 두 분을 전동성당 앞 풍남정으로 모시고 갔다. 저녁을 드는 자리에서 두 분 선생님께서 많은 말씀을 해주셨다. 내가 특히 새겨들은 말은 아이들을 무조건 예뻐하라는 말씀이다. 말썽을 많이 피우는 아이일수록 사랑으로 가르치고 예뻐해 주라고 하셨다. 공부 잘하고 말 잘 듣는 아이들만 있다면 전문직으로서의 교육자는 필요없다고 하셨다.

이 말씀을 듣고 양심의 가책을 느꼈다. 솔직히 말썽을 많이 피우거나 나에게 반항하고 대들기도 하는 우리 반 몇몇 아이는 미운 마음이 드는 것이 사실이다. 아이들을 가르치는 일로는 톡톡 튀는 젊은 선생님이나 교육경력이 오래된 선생님 어느 쪽과도 나는 경쟁 상대가 되지 못한다. 그러니 아이들을 사랑으로 대하고 글쓰기 지도 같은 것으로 다른 선생님들과 차별화할 것을 권하셨다.

내일부터는 아이들을 분노의 감정으로 대하지 말아야겠다. 야단을 칠 때와 그렇지 않을 때를 구분하여 따뜻하여 품어주는 것도 잊지 않아야겠다. 그리고 내일은 아이들의 장난감 총도 모두 돌려주어야겠다.

10월 6일(토요일). 맑고 한낮에는 덥게 느껴짐

5교시 재량시간에 아이들을 밖에 내보내고, 나는 교실에 남아 아이들 글쓰기 공책를 점검하고 있었다. 오늘은 건웅이가 큰 문제를 일으키지 않고 넘어가는가 싶었다. 그런데 끝 종이 울릴 때쯤 윤다혁이 울고 들어왔다. 건웅이가 또 친구를 때린 것 같았다. 건웅이를 찾으러 보낸 사이 어떤 남자가 심상치 않은 얼굴로 교실에 들어섰다. 처음에는 건웅이 아버지인가 했다. 그런데 말을 들어보니 다혁이 아버지였다. 얼마 전에도 건웅이가 다혁이를 심하게 때려 야단을 치고 사과를 하게 했었다. 그러나 다혁이 아버지도 부모로서 더 이상 참고만 있을 수 없었던 모양이다.

시간이 지나면 곧 자기 잘못을 깨닫고 사과할 줄도 아는 건웅이지만 다혁이 아버지가 그런 건웅이를 기다려주지 못했다. 선생님 앞에서 사과를 드리면 다혁이 아버지도 용서를 해주실거라고 아무리 달래고 설득을 해도 소용이 없었다. 건웅이는 끝내 다혁이 아버지 어깨에 들려 밖으로 나갔다. 그 뒤의 일은 잘 모른다. 다만 다혁이 아버지가 조금 후에 다시 교실로 와 소란을 피운 것에 대해 나에게 사과를 했다. 아버지가 경우 없는 분은 아닌 것 같았다. 어떤 부모가 자식이 날마다 맞는데 참고만 있겠는가.

건웅이가 나 안 보는 곳에서 학부모로부터 야단을 맞았다. 이럴 때 담임으로서 어떻게 처신해야 하는지 난감하고 당황스럽다. 지치고 맥 빠지는 토요일이 되고 말았다.

10월 7일(일요일)

하루 종일 다음 주 수업준비도 하고 23일에 있을 과학 중간고사 시험 문제도 출제를 했다. 지도서와 문제집을 많이 참고했지만, 모든 것이 서툰 나에게는 이 정도로도 시간이 많이 걸리고 힘이 들었다. 내일 학교에 가서 교사용 CD를 보고 문항을 조정할 생각이다. 이원분류표도 만들어야 해야 하는지 동학년 선생님들께 알아 볼 것이다.

10월 8일(월요일), 구름

월요일 첫 수업부터 맥이 빠지는 어이없는 일이 벌어졌다. 이번에도 건웅이가 화근이었다. 건웅이가 수업시간에 돌아다니다가 애꿎은 상욱이를 때린 것이 발단이 되었다. 상욱이가 울며 집으로 가겠다고 했다. 나보다 더 상욱이의 성격을 잘 알고 있는 아이들인 것 같았다. 만약 상욱이가 학교 밖으로 나가면 무슨 일이 벌어질 지도 모른다며 여러 명이 상욱이를 붙잡고 꼼짝 못하게 했다.

그런데도 상욱이는 땀을 뻘뻘 흘리며 기어이 교실 밖으로 나가려고만 했다. 한번 고집을 피우기 시작하니 말려도, 달래도, 큰소리로 야단을 쳐도 아무 소용이 없었다. 상욱이는 그렇다 쳐도 아이들까지 웅성거리며 상욱이한테로 정신이 쏠려 전혀 수업이 되지 않았다. 이럴 때는 소리를 질러도 마이크로 호통을 쳐도 아무 소용이 없었다.

서연이, 수연이 같은 모범적인 아이들은 어이없다는 표정으로 나를 바라보았고, 박예진은 노골적으로 시험이 얼마 남지 않았다며 불만스럽게 말했다. 하지만 완전 공황상태였다. ≪말하기 · 듣기≫ 첫 시간이 그렇게 지나갔다.

상욱이가 피운 소란은 둘째시간까지 계속되었다. 마음 같아서는 네 마음대로 갈 테면 가버리라고 해버리고 싶었다. 하지만 상욱이 본래 집은 익신이다. 피치 못할 사정으로 가족과 떨어져 외삼촌댁인 강지혜네 집에서 다니고 있다. 지혜에게 물으니 상욱이를 내보내면 걸어서 익산까지 가버릴지도 모른다고 했다. 그러다가 만약 무슨 일이라도 생기면 담임인 내 책임이 크다. 할 수 없이 교실에서 나가지 못하도록 아이들이 붙잡게 그대로 둘 수밖에 없었다. 이럴 땐 정말이지 속수무책이다.

상욱이로 인해 국어 두 시간을 전혀 수업을 하지 못했다. 정말이지 별별 돌발 변수가 많다.

셋째 시간에는 벌 한 마리 때문에 제대로 수업을 하지 못했다. 열어놓은 창문 너머로 제법 큰 벌 한 마리가 날아들어서다. 남자 아이들은 와~ 와~ 소리를 지르며 벌 주위로 모여들고 여자 아이들은 벌이 어디로 날아갈지 촉각을 곤두세우고 웅성웅성했다. 모두 자리에 앉으라고 소리치는 선생님의 말은 아이들 귀에 전혀 들리지 않는 것 같았다.

이때 짓궂은 남자아이 몇 명이 벌을 향해 무엇인가를 던졌다. 그러자 벌이 맹렬한 기세로 온 교실을 맴돌았다. 아이들이 소리를 질러대어 순식간에 그야말로 교실이 아수라장이 되고 말았다. 이번에도 완전 수업 공황상태가 되고 말았다.

며칠 전에는 운동장에 나타난 고양이 때문에 비슷한 소동을 벌였다. 이럴 때는 서른네 명이나 되는 아이들을 어떻게 할 방법이 없다.

사건이 또 있었다. 넷째 시간에 6반의 음악 수업(청어엮자 놀이)을 바깥에서 하고 오니 할머니 한 분이 와 계셨다. 건웅이가 귀띔을 해 주어 건웅이 할머니이신 걸 알았다. 보나마나 토요일 날 건웅이가 다혁이 아버지에게 야단을 맞은 것 때문에 오신 것 같았다.

할머니는 다혁이 아버지의 어른으로서의 태도에 대해 얼굴을 붉히며 따지셨다. 아이들 문제로 학교에 찾아와 아이를 경찰서에 보낸다는 둥 겁을 주어 건웅이가 그날 밤 잠꼬대를 하고 경기까지 일으켰다고 했다.

안타깝게도 할머니 얘기를 충분이 들어드릴 시간이 없었다. 하필 오늘과 내일 학교 소방훈련이 있어 1층으로 급히 내려가야 했다. 할머니께 양해를 구하고 전화를 드리기로 했다.

퇴근길에 건웅이 할머니께 전화를 드렸다. 건웅이의 학교생활을 솔직하게 말씀을 드렸다. 건웅이가 아이들을 많이 때리기는 하지만 자기 잘못을 금방 시인도 하고 선생님 무거운 가방도 들어다 주고 하는 것을 보면 마음이 그리 모진 아이는 아닌 것 같다, 욱하는 성질을 스스로 다스리도록 달래고 어르면서 지도해 나가고 있으니 댁에서도 아이가 반성문을 가지고 가면 그 내용을 읽어보시고 교육적인 차원에서 야단도 치고 지도를 해달라고 부탁을 드렸다. 할머니가 칭찬도 아닌 건웅이 엄마 얘기를 길~게 하시는 것까지 참고 들어야 했다.

10월9일(화요일)

중간고사 시험범위를 발표했다. 국어는 둘째마당까지, 수학은 3단원 도형까지, 사회는 큰 2단원의 중간쯤인 45쪽까지, 과학은 3단원 '살아있는 지구'가 나오는 43쪽까지 본다고 알려주었다.

수업 시간에 별로 공부도 안 하는 아이들까지 시험범위에는 관심이 많다. 엄마가 정확하게 적어오라고 했다는 아이도 있다.

* 3학년 대표 선생님에게 과학 시험문제지를 파일로 보냈다. 엉성한 부분이 있으면 다듬어주길 부탁하며….

10월 10일(수요일), 흐림

오늘도 어김없이 박건웅, 박영진, 이동준이 말썽을 부렸다. 자신들의 수업참여는 고사하고 우리 반 전체 아이들의 수업까지 방해를 하고 선생님의 경고나 퇴출 명령도 무시했다. 더군다나 수업시간에 돌아다니며 정민혁의 앞머리를 가위로 싹둑싹둑 잘라버렸다.

오늘은 경고한 대로 이 세 아이를 남겨놓고 반성문을 쓰게 했다. 안 쓰려고 버티는 아이들에 위협을 가해 끝까지 쓰게 했다. 오늘 교실에서 어떤 잘못을 저질렀는지를 반성문에 조목조목 쓰게 했다. 그런 다음 부모님의 서명을 받아오라고 명령을 했다. 태권도장에 가야 한다며 억지를 부리던 건웅이도 결국은 반성문을 썼다.

아이들이 돌아간 뒤 정민혁의 어머니로부터 전화를 받았다. 아이의 머리가 잘려나간 것에 대해 담임인 내 말을 들어보고 싶었을 것이다. 사실대로 얘기를 했다. 그리고 내일 3시에 학교로 와 다시 얘길 나누기로 했다.

더 이상 망설이지 않고 퇴근길에 세 아이의 부모에게 전화를 했다. 아이들의 학교생활을 가감없이 이야기를 하고 협조를 구했다. 내일부터 우리 반 분위기가 얼마나 변할지 모르겠다.

들불 같은 아이들

아이들을 가르치면서 발견한 것이 있다. 아이들이 들불 같은 특성이 있다는 것이다. 누가 딱지를 하면 모두가 딱지를 하고, 또 누가 공기를 하면 모두가 공기에 열을 올린다. 지난번 체험학습을 다녀와서는 장난감 총을 가진 아이들이 갑자기 늘어났다.

그런데 지난 월요일부터 또 이상한 현상이 벌어지고 있다. 문제는 건웅이에서 시작되었다. 월요일 아침, 건웅이가 라면을 가져와 부셔 먹었다. 생라면을 스프를 뿌려 먹는 것을 본 아이들이 군침을 흘리더니 급기야 점심시간에 학교 밖으로 나가 사오는 아이들까지 생겼다. 영진이, 진우, 동원이가 현대아파트 쪽으로 달려가는 모습이 포착되기도 했다. 아침에 교문에 들어서면 수업이 끝나 집으로 돌아갈 때까지 교문 밖으로 나가지 못하는 교칙을 무시한 행동이었다. 야단을 쳐도 소용이 없었다.

'뿌셔'먹는 라면과자는 라면보다 매운 맛이 훨씬 강한 것 같았다. 이 과자를 먹은 아이들이 맵다며 물을 찾기 시작했다. 입은 맵고 견디기 힘들자 남의 물을 빼앗아 다 마셔버리는 일이 속출했다. 여자아이들은 앉아서 당할 수밖에 없고, 교실은 라면 부스러기로 넘쳐나고, 물을 다 빼앗긴 아이들이 우는 소리도 들렸다. 수업시간에도 라면을 먹고 물을 빼앗아 먹느라 그야말로 난장판이었다. 아무리 소리를 지르고 먹지 못하게 해도 소용이 없다.ㅠㅠ

10월 11일(목요일), 구름이 많이 낌.

동준이와 건웅이는 반성문을 받아왔으나 박영진은 받아오지 않았다. 영진이 말로는 아빠가 써주지 않았다고 한다. 어떤 생각에서 써주지 않았는지 모르겠으나 다시 받아오라며 돌려보냈다.

오늘 5교시에는 이 달 반장인 오동원을 비롯하여 7명이 수업 시작 후

20분이나 지나 교실에 들어왔다. 그래서 오늘도 반성문을 받았으나 회의가 인다. 날마다 반성문을 받아보았자 별 효과가 없는 것 같다.

오늘은 학부모의 민원도 세 건이나 되었다. 민혁이 어머니는 어제 민혁이 머리 잘린 일 때문에 다녀가고, 병길이 어머니는 병길이가 건웅이에게 맞은 때문에 전화하고, 예린이 할머니는 민혁이가 예린이를 괴롭히는 문제로 전화하고….

10월 12일(금요일)

아찔했던 일

3교시 수업을 시작하려고 할 때였다. 갑자기 이상욱이 와서 볼멘소리로 "내 송곳 줘!" 하는 것이었다. "내 송곳 주세요."하는 것이 아니고 숫제 내 놓으라는 생떼였다. 상욱이가 달라는 송곳은 며칠 전 수업시간에 책상을 뚫고 책을 뚫어 빼앗아 놓았던 것이다. "선생님, 제 송곳 주세요." 하고 공손하게 말하면 주겠다며 상욱이의 태도를 꾸짖었다. 그러나 상욱이는 더 안하무인이었고 가슴까지 들이밀며 악을 썼다. 나의 인내심에 한계가 왔다. 손이 나갔다. 들이밀며 대드는 상욱이 가슴팍을 한 대 쳤다. 그러자 상욱이가 몸을 숙이면서 "왜 때려요, 선생님이 뭔데 때려요!" 하며 울기 시작했다.

아차, 때린 것을 후회했지만 때는 이미 늦었다. 상욱이가 또 지난번처럼 난동을 부리면 어쩌나 속으로 걱정을 했는데 걱정이 현실로 돌아왔다. 문택이가 와서 상욱이가 학교 밖으로 나갔다고 했다. 할 수 없이 지혜 어머니에게 전화를 드렸다. 대강의 말씀을 드리자 어머니가 나가 찾아보겠다고 했다.

4교시는 도서실에서 아이들이 성교육을 받는 시간이다. 아이들을 먼저 도서실로 보내놓고 상욱이가 돌아오기를 기다렸다. 다행히 4교시가 시작되기 전에 지혜 어머니가 상욱이를 데리고 오셨다. 멀리 가지 않고 학교 근처에서 서성이고 있었던 모양이다. 내가 먼저 상욱이에게 사과를 했다. 선생님이 손을 사용한 것은 미안하지만 선생님에 대한 상욱이의 태도에도 문제가 있다는 것을 인식시켰다.

지혜어머니는 그때까지 눈물을 멈추지 못하고 계셨다. 눈이 빨갛게 충혈된 것을 보면 많이 우신 것 같았다. 지혜 큰고모댁의 어떤 딱한 사정을 생각하여 상욱이를 맡아 키우고 있는 도량 넓은 어머니지만 이런 일이 벌어질 때마다 가슴을 졸인다고 했다. 어머니가 거듭 나에게 죄송하다며 사과를 하셨다. 내가 할 사과를 어머니가 했다. 엊그제 있었던, 상욱이 때문에 두 시간이나 수업을 하지 못했던 일에 대해서도 사과를 하셨다. 아마 지혜를 통해 얘길 들은 것 같았다. 더 이상 상욱이를 맡아 키울 수가 없다며 상욱이 아버지를 오라고 했다는 말도 하셨다.

아이들을 때리지 않으려고 지금까지 매를 준비하지 않았다. 그러다보니 오늘 같은 경우 손이 나가곤 한다. 감정을 이성적으로 처리하기 위해서는 매가 필요한 것 같다. 이제는 나도 어쩔 수 없이 '사랑의 매'를 사용해야 하나? 참으로 아찔한 하루였다.

10월 15일(월요일), 구름 조금 끼고 기분 좋은 만큼의 바람결

동원이가 오늘 또 엉뚱한 일을 저질렀다. 5교시 체육시간에 수업을 빼먹고 늘 어울려 다니는 녀석들과 학교 밖 어느 아파트 놀이터에서 놀다 온 것이다. 그런 사실은 체육수업을 맡은 6반 선생님이 말해주어 알았다. 동원이와 행동을 같이 한 아이들이 무려 8명이나 되었다. 반장까지 맡고 있는 아이라서 더 이상 보고만 있을 수는 없었다.

동원이 엄마에게 전화를 걸었다. 아이의 최근 행동과 그간의 반항적인 태도, 준비성 없고 불성실한 수업태도 등을 사실대로 말해주었다. 엄마도 충격을 받은 것 같았다. 자기 아이가 학교에서 이 정도인 줄은 상상도 못한 것 같았다. 동원이 엄마가 나에게 거듭 죄송하다고 했다.

부모님과 통화 이후 건웅이가 조금 변화가 있다. 일단 예린이나 그 밖의 아이들을 때리지 않는다. 이것만 해도 크다면 큰 변화다. 미미하기는 하지만 박영진과 유진우도 조금은 나아진 것 같다. 오동원만 변화가 있으면 일단 고비는 넘기는 거다. 내일 동원이의 변화가 기대된다.

* 쉬는 시간에 전화벨이 울려 받아보니 교장선생님이셨다. 얼마 전 학예회 담당선생님이 학예회 초대장에 실을 '초대의 글'을 내가 썼으면 하여 써서 드린 적이 있는데, 글이 좋다며 칭찬을 아끼지 않으셨다. 일부러 전화까지 주신 것을 보면 매우 흡족하신 것 같다. 크게 공을 들인 것은 아니지만 신경은 쓰였다. 교장선생님께서 만족하신다니 다행이다.

10월 16일(화요일), 쾌청하고 높은 가을하늘, 들판은 황금물결이다.

못 말리는 아이들

이번 주 월요일부터 고서연이 나운초등학교로 전학을 갔다. 그래서 고서연이 앉던 자리에 이동준이 앉게 했다. 이동준이 이민영 앞에 앉아

늘 뒤를 돌아보고 이민영 공부를 많이 방해해서다. 그런데 서연이 자리에 앉은 이동준이 책상이 낮다며 수업시간에 책상을 높이는 일을 벌였다. 요즘 책상은 높낮이를 조절할 수 있도록 만들어져 아이들도 웬만하면 책걸상의 키를 쉽게 조절할 수 있다. 쉬는 시간에 하라고 꾸짖어도 막무가내다.

문제는 이제부터였다. 여기저기서 남자아이들이 자기 책걸상 키를 높이기 시작했다. 이런 일은 순식간에 교실 전체로 번졌다. 아이들의 군중심리 발동은 마치 바람부는 봄날 산불이 번지듯 그야말로 순식간이다. 아무리 뭐라고 해도 내 말을 듣는 녀석은 아무도 없다. 5교시 영어수업을 거의 하지 못했다.

이제는 벌을 줄 기운조차 남아있지 않다. 종례도 하지 않은 채 아이들을 돌려보냈다. 열심히 공부하려 하는 아이들에게는 무능한 선생님으로 비쳐질 것이 너무나 부끄럽고 미안하다.

10월 17일(수요일)

나운동 한 식당에서 3학년 선생님들과 저녁식사를 했다. 신규교사로서 선배 선생님들께 진즉 이런 자리를 마련했어야 했다. 또 6반 선생님께서 우리 반 체육을 맡아 해주시는 것에 대해 감사표시를 했어야 했다. 하지만 그동안 내가 학교 일과 아이들 때문에 정신이 없었다.

식사를 하는 동안, 그동안 겪은 어려운 점이나 잘 모르는 점 등을 선생님들께 자문을 구했다. 모처럼 만든 자리에서 여러 가지 이야기도 나누고 화기애애한 자리가 된 것 같다. 내일 학교에서 만나면 더 반갑게 인사 나눌 것 같다.

10월 18일(목요일)

○○의 그릇된 인성

하루도 조용한 날이 3학년 5반. 오늘을 ○○가 사건을 만들었다. 장애아 정예린의 손을 껍질 벗긴 대나무로 문질러 상처를 냈다. 손이 그렇게 될 때까지 아무 말 않고 손을 대 준 예린이도 그렇지만, 주변에 앉아있던 아이들도 문제다. 아무도 내게 말을 해주지 않았다. 나중에 그렇게 된 손을 보여주며 우는 예린이가 답답하고 화가 났다.

그동안 지켜본 바에 의하면 ○○는 무서운 아이다. 거짓말도 능청스럽게 잘 하고 안 그런척 시치미도 잘 뗀다. 우리 반 아이들을 뒤에서 조종하기도 한다는 말도 들린다. 우리 반 몇몇이 내 말을 잘 듣지 않는 것도 ○○의 영향이 매우 크다.

오늘도 반성문을 받았다. 하지만 그 애 엄마에게 전화하지 않았다. 부임 초 ○○가 거짓말을 한 일로 한두 번 전화통화를 하였을 때, 그 엄마를 어느 정도 파악했기 때문이다.

10월 19일(금요일)

민영이 코피 터진 날

박건웅이 또 일을 저질렀다. 음악시간에 강지혜의 멜로디언을 빼앗아 갔다. 그러자 강지혜가 달라고 옥신각신하며 따라다니다 이민영 자리까지 이동했다. 이민영 옆에서 실랑이를 벌이다 결국 이민영과의 싸움으로 번졌다. 치고받고 하다 박건웅이 이민영의 얼굴을 심하게 때려 코피가 났다. 처음에는 눈을 다친 줄 알고 무척 걱정을 했다. 코피가 멎지 않아 이민영의 어머니를 오시게 했다. 병원에 데려가 보니 콧속이 찢어졌다고 하여 내일까지 치료를 받게 했다.

하루하루가 살얼음판이다.

* 이상욱은 이상욱 대로 명건우를 붙잡고 진드기처럼 귀찮게 하고 때리고 했다. 점심시간 내내 그렇게 하고도 모자라 5교시에 또 그런 행동을 했다. 내일 전학을 간다는 이상욱. 하지만 지금 심정으로는 단 한 시간도 더 우리 교실에 두고 싶지 않다.

10월 20일(토요일), 맑음. 출퇴근길에 못보던 새들이 떼지어 나는 모습이 보인다.

이상욱 전학을 가다

마지막이라는 생각에서인지 오늘은 상욱이가 아침부터 조용하게 지냈다. 3교시에 아이들에게 상욱이가 전학 간다는 말을 전했다. 그리고 상욱이와 아이들에게 서로 하고 싶은 말을 할 기회를 주었다. 그러나 아무도 할 말이 없다고 했다. 그만큼 아이들과 상욱이는 정이 들거나 한 것 같지 않다.

지난 번 고서연이 전학을 갈 때는 동화책을 선물했다. 그러나 상욱이한테는 책을 준비하지 못했다. 그래서 연필 몇 자루를 주었다. 상욱이도 나에게 편지를 주고 갔다. 나를 원망 했으면 어쩌나 하고 읽어보니 그런 내용은 없었다. 걸핏하면 교실을 벗어나려는 자신 때문에 선생님이 힘들었을 것이라고, 자신은 본래 다녔던 익산 팔봉초등학교로 돌아간다고 적었다. 상욱이에게 따뜻하게 대해주지 못해 미안한 생각이 들었다.

10월 23일(화요일), 들판에 수확을 마친 논이 늘어간다.

오늘은 우리 학교 2학기 중간고사를 치르는 날이다. 1교시부터 4교시까지 시험을 보았다. 시험 감독을 바꾸어 나는 6반에 들어가 감독을 하였다. 6반 아이들도 우리 반 아이들 못지않게 부잡스럽다. 시험을 보는 중에도 떠들거나 돌아다니거나 한다.

시험이 끝나고 5교시 수업까지 마친 뒤 우리 반 교실에서 학년회의가 있었다. 이때 다른 선생님들은 벌써 채점을 모두 마쳐서 가져왔다. 선생님들은 그야말로 번갯불에 콩 구워먹듯 일을 한다. 할 수 없이 나는 또 집으로 일감을 가져와 저녁 늦게까지 일을 해야 했다.

10월 24일(수요일)

감독 선생님이 넘겨주신 우리 반 시험지를 가지고 통계를 냈다. 반평균이 80점이 조금 못 되는 79.98이었다. 틀림없이 다른 반은 모두 80점은 넘을 텐데…, 고민 끝에 국어 서술형 문제를 중심으로 아이들 답안을 훑어보았다. 맞았다고 해도 무방한 답안을 쓴 아이들이 몇 명 있어 정답으로 처리했다. 그렇게 하였더니 평균이 80점을 넘겼다. 이를테면 내가 우리 반 아이들의 성적 부풀리기를 한 셈이다.ㅠㅠ

10월 25일(목요일)

이종아 연구원과 인터뷰

며칠 전 장애인직업안정연구원이란 곳에서 인터뷰 요청이 왔다. 교육공무원 장애인의무고용법에 따라 올해 처음 교단에 선 장애인 교사들에 대한 취재라며 인터뷰 취지를 설명했다. 그래서 허락하였더니 오늘 서울에서 연구원이 내려왔다. 한옥마을 '전주향'에서 인터뷰를 겸한 저녁 식사를 했다. 조용하게 이야기 나눌 수 있는 방을 따로 잡은 다음 녹음기를 켜놓고 자연스럽게 이야기를 나누며 식사를 했다.

현재 나의 학교생활을 중심으로 이야기를 시작했다. 먼저 '93학년도에 임용시험을 치렀으나 장애를 이유로 탈락된 경험과, 현재 적응과정에서 부딪히고 있는 여러 어려움을 하나하나 말해 주었다. 학교의 편의시설 문제, 아이들의 장애인 선생님을 대하는 태도, 선생님들과의 관계, 교과별 특성과 장애인 교사의 애로사항 등을 솔직하게 이야기했다.

경험자로서 앞으로의 전망도 얘기해 주었다. 장애인들이 일반 초등 교단에 서기 위해 선행되어야 할 것들, 이를테면 시각장애인 교사가 교단에 서기 위해서는 거기에 맞는 하드웨어, 소프트웨어가 모두 갖춰져야 한다. 언어장애인 교사의 경우에도 아이들과 소통하기 위해서는 아이들이 모두 수화를 알고 있어야 할 텐데, 이 문제도 간단치가 않다. 지체장애인 교사인 나만 해도 학교에 엘리베이터가 없어 어려움을 많이 겪는다. 만약 휠체어라도 이용해야 한다면 아마 교직을 포기해야 할 것이다. 이런 문제를 먼저 해결하고 나서 장애인 교사를 모집하려면 시간이 너무 오래 걸릴 것이다. 반대로 일단 교단에 선 장애인 교사가 이런 문제를 스스로 극복해 가며 수업을 하려면 엄청난 어려움을 감수해야 한다.

연구소 연구원은 이런 비관적인 이야기보다는 보다 희망적인 이야기를 듣고 싶어 왔을 것이다. 그런데 내가 교단에 서 경험해 본 바로는 아직까지는 그렇다. 아무리 장애인 의무고용률 2%가 법으로 정해져 있다 하더라도 이런 현실적인 문제가 해결되지 않는 한 그 법은 아직은 종이호랑이에 불과하다.

인터뷰를 마치자 이 연구원이 솔직하게 얘기를 해주어 고맙다고 했다. 누구보다 실질적이고 절실한 문제들을 얘기해 주었다고 했다. 이야기를 하느라 연구원이 게와 굴비가 나온 맛있는 전주 한정식을 다 맛보지 못한 것 같아 아쉬웠다.

* 오늘 처음으로 출장이란 걸 갔다. 그것도 대리 출장이다. 3시 30분까지 전주교대에 도착하여 참석자 명단에 서명한 후 컴퓨터 활용수업과 관련된 강의를 들었다. 한 시간도 못 채우고 선생님들이 하나 둘 자리를 뜨는 것을 보았다.

10월 26일(금요일), 어제에 이어 오늘도 비가 내리다.

사회 야외수업

오늘 사회 수업은 운동장에 나가 했다. 3단원에 전래놀이를 하는 시간이 들어있기 때문이다. 무슨 놀이를 하게 할까 생각 끝에 '원형 닭싸움'과 '꽃따기'로 정했다. 원형 닭싸움은 원을 크게 그려놓고 그 안에서 닭싸움을 하는 놀이이다. 원 밖으로 밀려나거나 원 안에서 손을 놓거나 넘어지는 사람이 지게 된다. 꽃따기 놀이는 '우리 집에 왜 왔니?' 놀이의 다른 이름으로 주로 여자아이들이 하는 놀이이다. 남자 아이들은 비교적 닭싸움을 재미있게 했다. 오늘 보니 우리 반 최강자는 박영진이었다. 숨을 헉헉거리면서도 끝까지 모든 도전자들을 넘어뜨렸다. 여자 아이들은 꽃따기 놀이가 별로 재미가 없는 모양이었다. 이 놀이 대신 굴렁쇠굴리기를 하기도 했다. 그것마저도 끝까지 하지 않고 흩어져 버렸다. 그럭저럭 한 시간은 넘겼지만 그리 흡족한 수업은 아니었다.

오늘 사회 수업처럼 초등학교 수업은 체육만 운동장에서 하는 것이 아니다. 음악도 사회도 국어도 과학도 야외수업이 필요할 때가 있다. 장애인 교사가 더 힘든 이유 중 하나이다.

10월 29일(월요일), 안개가 짙어 출근에 어려움을 겪다. 오후에는 들판에 피어오르는 저녁연기를 보며 퇴근하다.

아이들을 장악하지 못한 교사

둘째 시간이 끝나고 쉬는 시간에 박영진이 오동원에게 맞았다. 무엇때문에 맞았는지는 모르지만 만만치 않은 박영진이 꼼짝도 못하고 당했다. 그런데 박영진은 그 화풀이를 하필 가장 힘없는 박인성에게 했다.

얼굴을 심하게 맞은 인성이가 영진이를 피해 집으로 가버렸다. 남자아이들이 우르르 인성이를 찾으러 간다며 따라 나갔다. 오동원부터 시작하여 대여섯 명은 된다. 몇 분 지나자 인성이 어머니가 학교에 찾아오고 인성이 아버지까지 전화를 하여 매우 강도 높게 항의했다. 심지어 내가 담임으로서 아이들을 장악하지 못한 것 아니냐고 따졌다.

나는 담임으로서 아무 할 말이 없었다. 인성이 아빠 말대로 솔직히 나는 우리 반 아이들을 장악하지 못했다. 그래서 날마다 목이 쉬게 소리를 질러도 어느 한 녀석 이렇다 할 변화를 보이지 않는다. 벌써 두 달째이다.

아이들을 장악하지 못하는 교사…. 이런 교사가 어떻게 교단에 오래 살아남을 수 있겠는가. 더 이상 아이들에게 끌려 다녀서는 안 된다. 뭔가 특단의 조치가 필요하다.

* 3시 50분부터 전 직원 협의회가 있었다. 이 자리에서 11월 중 업무계획서를 받았다. 그런데 16일은 학부모 공개수업이 있고, 22일은 장학지도 일정이 잡혀있다. 장학지도 때는 장학사님이 일반수업 참관도 한다. 이번 주 금요일인 2일은 학예발표회가 있고 다음 주 금요일에는 현장체험학습을 다녀와 공개수업 지도안을 제출해야 한다. 이 많은 일, 이 어려운 일들을 과연 무사히 해낼 수 있을까.
집에 오자마자 운동부터 했다. 운동을 하는 내내 최면을 걸었다. '나는 할 수 있다. 나는 할 수 있다, …'

10월 31일(수요일), 흐림

마침내 도움을 청하다

오늘도 1교시부터 수업이 되지 않았다. 박영진이 수업 도중 마음대로 돌아다니며 아이들을 참견했다. 1차 경고를 했다. 만약 선생님 말을 무시하고 다시 그런 행동을 하면 교실 밖으로 내보낼 거라고 했지만 아이는 들은 척도 하지 않았다. 할 수 없이 밖으로 나가라는 명령을 내렸다. 아이는 이 말도 무시를 했다. 아이들에게 영진이를 끌어내도록 했다. 문택이와 두세 명이 영진이를 붙잡았다. 영진이는 워낙 싸움을 잘 하고 힘이 세기 때문에 나머지 아이들은 겁이 나서 주저하는 것 같았다.

이때 영진이가 문택이를 발로 차고 주먹으로 거세게 때렸다. 이러다가는 큰 사고로 번질지도 모른다. 그렇다고 영진이를 이대로 두면 더 이상 수업을 할 수가 없다. 할 수 없이 염치불구하고 교장선생님께 도움을 청하기로 했다. 처음에는 그저 전화를 거는 척만 하려고 했다. 그런데도 영진이는 계속해서 문택이를 때렸다. 교장선생님께서는 무조건 아이를 달래라고 하셨다. 하지만 영진이의 근성을 몰라서 하시는 말씀이다. 교장선생님은 아마 영진이를 특수아 정도로 생각하신 것 같다. 그러는 사이 아이들이 영진이를 겨우 밖으로 끌어냈다. 영진이는 무릎 꿇고 손들고 반성하고 있으라는 내 명령을 또 무시했다. 긴 복도를 지나 어딘가로 가 버렸다. 그런 영진이를 잡아 올 힘이 없는 나는 무력감에 마음이 착잡했다.

영진이 없이 수업을 진행하고 있을 때 4반 김영애 선생님께서 오셨다. 아마 교장선생님께서 김영애 선생님께 부탁을 하신 것 같았다. 우리 반 아이들은 김 선생님을 무척 무서워한다. 영진이도 꾸중을 들은 듯, 순한 양 같은 태도로 뒤따라 들어왔다. 오동원도 불려 나갔다가 들어왔다. 같이 장난을 쳤다고 영진이가 동원이를 끌어들인 모양이었다. 만약 누구든 담임선생님 말씀 잘 듣지 않고 수업에 방해를 하면 앞으로 4반에 와서 수업을 받게 하겠다는 경고를 김영애 선생님께서 하셨다.

이런 일이 있은 후 5교시까지 어느 날보다 수업이 순조로웠다. 국어, 수학, 과학, 사회 시험범위의 중요한 부분을 다시 한 번 훑어볼 수 있었다. 물론 떠드는 녀석은 여전히 떠들며 얄밉게 굴었지만…. 나도 더 이상의 인내에는 한계가 있다. '아이들을 장악'하기 위해 11월부터는 매를 들기로 마음을 굳혔다.

11월 1일(목요일), 구름 조금

교장선생님과 면담

1-2교시 미술 전담시간에 교장선생님과 면담을 했다. 어제 도움을 청

했던 일에 대해 자초지종을 말씀드리고 사과를 드렸다. 우리 반 문제를 나 스스로 해결하지 못하고 교장선생님한테까지 도움을 청한 것은 나의 능력부족을 시인하는 것이며 무례한 처신이다.

교장신생님께서 지난날 자신이 가르치던 문제 아이들에 대해 말씀을 해주셨다. 결론은 문제아이라 할지라도 교실 밖으로 나가게 하기보다 교실 안에 두고 달래는 방향으로 지도를 해야 한다는 것이었다. 하지만 달래서 말을 들을 아이들이 아니다. 하루 빨리 2007학년도가 가고 새로운 아이들과 만나 새롭게 출발하고 싶은 마음이 굴뚝같다.

* 학교에도 위계질서가 있다. 그런데 나는 어제 도움을 교감선생님이 아닌 교장선생님께 먼저 청했다. 단계를 무시했다는 것을 나중에야 알았지만 교감선생님께서 이 일을 아시면 어떻게 생각할지….ㅠㅠ

11월 2일(금요일), 바람불고 몹시 쌀쌀함.

학예발표회 날

군산 교육문화회관에서 우리 학교 학예발표회가 열렸다. 우리 반은 4반과 같은 버스로 이동하여 무대 정면에 앉았다. 무대는 잘 보여 좋았으나 우리 반 아이들이 너무 떠들고 자리를 지키지 않아 마음이 편치 않았다. 밖에 나온 아이들은 더 통제가 어려웠다.

2시간 30분 동안 진행된 이번 행사에 우리 반 아이는 윤다혁이 기악합주에, 강지혜, 송은유, 정선아가 퓨전부채춤에 참여했다. 우리 반 아이들이 이 아이들을 찾아내어 공연하는 모습을 지켜보았다. 특히 박건웅은 송은유를 제일 먼저 찾아냈다. 은유는 이번 11월 반장에 박건웅을 추천했었다. 자꾸 은유 이름만 거론하는 걸 보면 건웅이가 반장이나 부반장이 되지는 못했지만, 그 일에 무척이나 고마운 마음을 갖고 있는 것 같다.

아이들 단속을 하느라고 공연을 제대로 보지는 못했다. 하지만 한 작품 한 작품 무척 연습을 많이 하고 선생님들이 수고를 많이 한 느낌을 받았다. 유치원 아이들까지도 너무나 깜찍한 공연모습을 보여주었다. 금년에는 김영애 선생님과 내빈 안내만 했지만, 내년에는 나도 한 가지쯤 맡게 될 텐데 저만큼 해낼 수 있을까.

공연이 끝난 뒤 학교로 와 점심을 먹었다. 오후 수업은 없었지만 오늘도 나는 담임으로서 거의 무력했다는 자괴감에 마음이 편치 않았다.

11월 3일(토요일)

처음으로 매를 든 날

아이들이 전부터 과자파티를 하자고 졸랐다. 중간고사 성적이 좋으면 그렇게 하겠다고 약속을 했었다. 약속했던 성적에 미치지는 못했지만 아이들과 가까워지기 위해 이런 자리가 필요하다는 판단을 내렸다. 과자파티를 하겠다는 말이 떨어지자마자 아이들이 일제히 환호성을 질렀다. 그 중 오동원이 제일 좋아하며 아예 '라과파티'를 하자고 했다. 라과파티란 라면과 과자를 같이 먹는 파티란다.

오늘은 토요일이라 수업 부담이 적다. 1교시에 ≪읽기≫를 하고 2교시에는 컴퓨터를, 마침내 3교시 특활시간에 라과파티를 했다. 파티라 해 보았자 자신들이 가지고 온 과자와 라면을 둘러앉아 같이 먹는 것이다. 최지수는 내 것까지 샌드위치를 가져왔고, 박인성도 과자와 음료수를,

누군가는 빼빼로를 가져왔다. 더운 물 없이 라면만 가지고 온 아이들을 위해 보건 선생님 방에서 커피포트를 빌려왔다. 물을 끓여 아이들의 컵라면에 부어주었다.

친한 아이들끼리 몇 모둠으로 둘러앉아 파티가 열렸다. 나는 디카를 가지고 다니며 장면 장면을 사진에 담았다. 파티를 마친 다음 라면 그릇과 과자봉지 등을 쓰레기봉투에 담게 했다.

4교시 재량시간에는 운동장에 나가 줄넘기를 했다. 곧 있을 줄넘기대회에 대비해 개인별로 줄넘기 연습을 하게 했다. 그러다가 아이들을 모이게 한 다음 긴 줄넘기놀이를 했다. 아이들 호응이 의외로 높았다.

이문택, 오길우, 오동원, 박건웅, 박영진, 유진우, 조상익, 박인성 등 특히 남자아이들이 적극적으로 참여했다. 아이들은 내가 노래를 불러주며 줄을 돌려주는 것을 좋아했다. 모처럼 아이들과 동화가 된 하루였다.

이렇게 되기까지 오늘도 실은 우여곡절이 있었다. 1교시 ≪읽기≫ 시간에 박영진, 오동원, 박건웅, 유진우, 노희재를 처음으로 매로 아프게 한 대씩 때렸다. 경고를 했는데도 불구하고 여전히 떠들고 수업에 집중을 하지 않아서다.

손을 내라고 소리를 질러도 처음에는 내지 않았으나 내가 워낙 강경하게 나가자 아이들도 더는 버티지 못했다. '선생님 대가리'라는 용어를 쓴 이동준도 아프게 한 대 맞았다. 그래도 어느 한 녀석 반항을 하거나 불만을 터뜨리는 녀석은 없었다. 내가 처음으로 이 아이들을 제압한 것이나 다름없다. 이제 더는 아이들에게 끌려 다니지 않고 오늘처럼 강하게 나갈 것이다. 그러다가 오늘처럼 과자파티도 여는 등 당근과 채찍 작전을 병행할 생각이다. 훨씬 효과적인 것 같다.

11월 7일(수요일), 맑았지만 바람은 찬 하루

첫 과학실 수업

아이들을 데리고 처음으로 과학실에 갔다. 4단원의 '가루물질 녹이기' 실험을 하기위해서다. 6모둠으로 나눈 다음 각 모둠에 설탕과 밀가루, 소금을 나누어 주었다. 그런 다음 각각의 가루물질을 물에 녹여보게 했다. 설탕은 물에 잘 녹고 투명하며 밑에 가라앉는 것이 없다. 이런 것으로 보아 설탕은 물에 잘 녹는다. 밀가루는 윗물이 뿌옇고 밑에 가라앉는 것이 있는 것으로 보아 물에 녹지 않는 것을 알 수 있다.

그런데 이때 박영진이 또 문제를 일으켰다. 유리막대를 제멋대로 저어 비커를 깨뜨린 것이다. 비커 밑이 빠지면서 밀가루를 넣은 물이 책상과 바닥에 쏟아지고 깨진 유리가 여기 저기 흩어졌다. 실험실이 엉망이 되어버렸다. 깨진 유리를 주운 다음 걸레를 가져와 닦게 하는 등 수습을 했다.

나머지 모둠은 소금 실험을 계속 했다. 소금을 한 숟가락, 두 숟가락… 계속 넣으면 어느 시점부터 더 이상 녹지 않는다는 것을 알 수 있다. 이때 물을 더 부어 저으면 소금이 다시 녹는 것을 확인할 수 있다. 여기까지 실험을 마쳤다.

아이들은 과학실 오는 것을 무척 좋아하는 것 같다. 언젠가 희재가 우리 반은 왜 과학실에 가지 않느냐는 말을 했다. 하지만 오늘 경험을 통해 과학실 이용이 선생님들에게는 교실 수업보다 훨씬 힘들다는 것을 알았다. 너무나 떠들고 제멋대로여서 실험 과정 설명이나 주의사항이 잘 전달이 되지 않았다. 박영진 같이 사고치는 아이 때문에 더욱 힘들다.

11월 8일(목요일)

4반으로 간 아이들

과학 진도가 교육과정보다 몇 시간 늦다는 것을 알았다. 그래서 오늘 연속해서 2시간 잡혀있는 과학시간을 더 빠듯하게 진행해야 했다. 첫 시간은 어제 실험실에서 실험한 내용을 정리하고, 나머지 한 시간은 가루물질을 빨리 녹이는 세 가지 방법(젓는 빠르기, 물의 온도, 알갱이의 크기)에 대해 공부하기로 했다. 그리고 시간이 남으면 단원평가까지 할 계획이었다. 그래서 아이들에게 미리 주지를 시켰다. 만약 수업 분위기를 흐리거나 방해하는 사람은 4반 김영애 선생님 반으로 보내 수업을 받게 하겠다고 했다.

그렇게 말하고 1분도 지나지 않았을 때다. 박영진이 어느 순간에 뒤로 나가 박건웅과 축구공을 주고받으며 장난을 하는 게 아닌가. 더 이상 뭐라고 말하고 싶지 않았다. 미리 경고한 대로 두 아이를 4반으로 보냈다. 두 아이가 없는 상태에서 계획한 대로 수업과 단원평가까지 마쳤다.

두 아이는 아예 5교시까지 4반에서 공부를 하게 했다. 점심시간에 보니 급식실에 따라 온 두 아이는 겁을 잔뜩 먹고 있고 얼굴 표정도 매우 굳어 있었다. 속으로는 마음이 편치 않았지만 나는 모르는 척 했다.

5교시가 다 끝나갈 즈음 영진이와 건웅이가 우리 교실로 왔다. 그야말로 순한 양이 되어 돌아왔다. 반성문도 써가지고 왔다. 다시는 수업시간에 마음대로 행동하지 않겠다는 반성과 다짐의 문구가 있었다. 남겨서 밀걸레 청소를 시켜보았다. 순순히 청소도 했다. 다른 때 같으면 절대로 청소 같은 건 하지 않을 두 아이다.

4반 김영애 선생님은 교육경력이 40년 가까이 되신다. 매를 들지 않고

도 아이들을 제압하는 카리스마가 있다. 나는 언제쯤 그런 카리스마를 갖게 될까. 선생님이 너무 감사하고 죄송하다.

11월 12일(월요일), 맑음

방과 후에 지혜와 은유에게 많은 도움을 받았다. 두 아이가 종량제봉투도 사다 주고, 전시회 작품에 붙일 이름표 코팅도 해다 주고, 복사도 해다 주었다. 너무 고마워 과자를 나누어 주었다. 목요일에도 도움을 받기로 했다.

11월 13일(화요일)

두 애제자

어제와 오늘 강지혜와 송은유가 나를 도와 같이 교실 정리정돈을 했다. 둘 다 목요일까지 선생님을 도와드리도록 부모님께 허락까지 받았다고 한다. 오늘 지혜는 단감도 깎아 얌전하게 그릇에 담아가지고 왔다.

지혜와 은유는 속이 꽉 찬 아이들이다. 언제 보아도 항상 그 모습인 것도 마음에 든다. 몸이 불편한 선생님을 도와드리고 싶어하는 속 깊은 두 아이가 있어 나의 교단생활이 그렇게 팍팍하지는 않다. 첫 제자들로서 서로에게 소중한 존재가 되었으면 한다.

11월 14일(수요일), 구름이 낮고 흐림

첫 모둠 수업

과학 '여러 가지 돌과 흙' 단원의 첫 수업을 모둠수업으로 했다. 모둠수업은 처음이라 자신이 없었지만, 교과 내용이 여러 가지 돌을 준비하여 돌 모양과 색깔, 촉감, 무늬 등을 관찰하고 분류하는 활동이라서 모둠수업이 적합했다.

아이들이 가져온 돌들을 모아 모둠이 같이 특징별로 분류하는 과정을 거쳐야 한다. 하지만 모둠 수업에 서툰 나는 책상만 모둠별로 만들었지 아이들이 가지고 온 돌을 한데 모으지도, 특징별로 분류하지도 않았다. 그냥 앞에 놓인 돌을 본 대로 특징만 말하게 했다. 시간이 부족하여 '돌 이름 짓고 소개서 만들기'도 하지 못했다. 다음에 이런 수업을 할 때는 똑같은 실수는 하지 말아야 한다.

학부모의 도움을 받은 날

오늘 우리 반도 기름걸레질을 했다. 아이들을 시키면 장난이나 할 것 같아 학부모의 도움을 받기로 했다. 대표 어머니께 전화하여 3~4명 지원을 부탁드렸다.

수업을 마치고, 인성이, 건우, 혜지, 여영이, 은유, 지혜 등이 남아 책상을 옮기고 기름걸레질할 준비를 마쳤다. 3시가 되자 학부모 네 분이 오셨다. 아이들과 했으면 얼마가 걸렸을지 모를 일을 1시간도 안 걸려 다 마쳤다.

마친 다음 자리를 마련하고 음료수를 권했다. 최근의 학급경영에 대한 얘기도 했다. 며칠 전부터 매를 들고 있으며, 수업태도가 나쁘거나 다른 사람 공부에 지장을 주는 아이에게는 아프게 매를 댄다고 하였는데, 여기에 대해 누구도 이의를 제기하지 않았다.

평소 궁금했던 점이나 하고 싶은 말씀이 있으면 하시라고 했다. 민영이 어머니는 일기 검사를 부탁했고, 동원이 어머니는 알림장 검사를 부탁했다. 일기는 1주일에 한 번씩 검사를 하고 있으며 알림장은 칠판에 적어주고 미니홈피에 올리고 있다는 답변을 드렸다. 예진이 어머니는 특별히 하실 말씀이 없는지 조용히 듣고만 있었다.

동원이 어머니가 돌아가시다 다시 와 대화를 청했다. 아까 말 안 듣고 공부 안 하는 아이들에게 매를 댄다는 말이 꼭 자기 아들을 말하는 것 같아 마음이 편치 않았다고 했다. 동원이가 말을 듣지 않으면 매를 사용해도 좋으니 얼마든지 엄하게 가르쳐달라는 부탁도 하셨다.

비록 교실 기름칠로 오셨지만 학부모와 처음 가진 대화의 자리였다. 한결 편안해진 느낌이다. 모레 학부모공개수업이 부담이 덜할 것 같다.

이동준의 결석

아침자습 시간에 이동준의 할아버님이라며 전화가 왔다. 목소리만 들었지만 매우 점잖고 교양이 있는 분 같았다. 동준이가 잠을 잘 못 잤는지 자고 나서 목이 아프다고 하니 하루만 학교를 쉬었으면 하셨다.

아니기를 바라지만 어쩐지 이런 생각이 든다. 혹시 동준이가 학교에 오기 싫어 꾀병을 부린 건 아닌가 하고…. 요즘 거의 날마다 나에게 손바닥을 맞고 있다. 동준이가 여전히 수업에 집중을 하지 않고 딴 짓만 하기 때문이다.

11월 15일(목요일), 바람이 많이 불고 차가운 날씨. 아이들도 나도 겨울 외투 생각을 한 하루.

붕어빵에 환호하는 아이들

오늘도 지혜, 은유, 여영, 문택이의 도움을 많이 받았다. 청소와 게시판 정리 등을 모두 마치고 나니 4시 30분 퇴근시간. 아이들을 집까지 데려다주기로 했다. 차 안에서 저희들끼리 붕어빵 얘길 하는 걸 보니 붕어빵이 먹고 싶은 것 같았다. 포장마차로 데려가 마음껏 먹게 했다. 아이들에게 진 빚을 그렇게라도 갚은 내가 더 기분이 좋았다.

11월 16일(금요일)

학부모 공개수업

학부모 공개수업과 작품전시회가 함께 있는 날. 가장 긴장되고 준비할 것도 많은데, 하필이면 오늘부터 우리 반이 아침 봉사활동 날이다. 8시 15분부터 아이들을 데리고 본관 앞과 운동장 청소를 했다. 그런 다음 교무실에 들러 학부모가 작성할 수업참관록을 챙겨 3층 우리 교실로 왔다. 이번에는 작품전시회장에 가져갈 아이들 미술작품을 챙겨 다시 1층으로 내려갔다. 뒤뜰 주차장에 마련한 전시장의 3학년 공간에 우리 반 아이들-이민영, 이병길, 윤여영, 김영혁, 이문택, 노희재(母)－작품을 배치했다.

1교시와 2교시 수업은 대강 마쳤다. 드디어 3교시 학부모 공개수업 시간. 수업할 부분은 ≪말하기 · 듣기≫ 셋째 마당에서 골랐다. '다른 사람의 의견을 주의 깊게 듣고, 내 의견 말하기'의 학습목표에 맞추어, 공부할 문제를 '생일날을 어떻게 보내는 것이 좋을지 친구들과 의견을 나누어 보자'로 정했다.

학부모들이 하나 둘 교실 뒷문으로 들어오셨다. 민영이 엄마, 은유 엄마, 지수 엄마…, 처음 보는 어머니들도 눈에 띄었다. 어머니들이 지켜보는 가운데 수업을 진행했다. 긴장은 되었지만 떨리거나 그렇지는 않았다.

활동1, 활동2, 활동3으로 나누어 수업을 진행했다. 활동1에서는 자기 생일과, 지난 생일날에 어떤 일을 하였는지 발표하기, 활동2에서는 생일날을 어떻게 보내는 것이 좋을지 발표하기, 활동3에서는 생일을 맞았다고 생각하여 부모님께 감사편지 쓰기이다.

본격적인 활동에 들어가기 앞서 동기유발을 위한 발문을 했다. 생일에 친구들을 초대해 본 적이 있는지, 친구 생일에 초대받아 가 본 적이 있는지 손을 들어보게 하였다. 많은 아이들이 손을 들었다.

〈활동1〉에서는 자기 생일이 언제인지 말하고, 지난 생일날 어떻게 보냈는지 발표해 보게 했다. 송은유 등 여러 아이들이 발표를 했다. 이 활동에서는 발표에 초점을 맞추어 아이들의 질문을 받지는 않았다.

본격적인 활동은 〈활동2〉에서 했다. 생일날을 어떻게 보내는 것이 좋을지에 대해 의견을 나누었다. 의견을 나누기 앞서 다른 사람과 의견을 나눌 때는 주의 깊게 듣고, 자신의 생각과 비교하며 듣고, 말할 때는 까닭도 들어 말해야 한다는 것을 상기시킨 다음 활동을 시작했다. 이번에도 여러 아이들이 발표에 참여했다. 발표를 할 때는 이유도 비교적 잘 들어 말했다.

시계를 보니 시간이 10분쯤 남은 것 같았다. 마지막 순서로 '부모님께 편지쓰기' 활동을 하게 했다. 편지를 쓸 때 주의해야 할 점, 하고 싶은 말을 쓸 때 이유도 쓰는 것을 잊지 말도록 했다. 그런 다음 미리 준비한 편지지에 아이들이 편지를 써 나갔다. 모두 열심히 편지를 썼다. 다 쓴 사람은 읽어보게 하였으나 부모님들 앞이라 그런지 한 사람도 읽으려 하지 않았다. 그래서 나도 굳이 억지로 읽게 하지는 않았다.

끝 종이 울리고 있었다. 마지막으로 오늘의 학습목표에 맞게 편지를 썼는지 아이들에게 확인 발문을 했다. 편지는 자기 집 편지함에 넣거나 우표를 붙여 우체통에 넣도록 하게하고 수업을 마쳤다.

수업을 마치고 어머니들과 인사를 나누었다. 모두 18명이 오셨다. 6반은 6명밖에 오지 않고, 4반도 12명인가 왔다는데 우리 반이 제일 많이 오신 것 같다. 모르긴 해도 나에 대해 많이들 궁금했던 것 같다.

11월 19일(월요일), 첫 눈. 몇 장 흩날리기만 하는데도 아이들은 첫눈이라며 호들갑을 떤다.

조금씩 조금씩

아이들이 조금씩 나에게 적응해 가는 게 보인다. 특히 건웅이와 영진이가 그렇다. 아침자습 시간에 한자 쓰기도 하고, 수업시간에 의자에 앉아 있는 시간이 전보다 훨씬 길어졌다. 건웅이는 오늘 일기장도 냈다. 일기를 꽤 진지하게 쓰는 것을 읽을 수 있다. 그래서 칭찬을 많이 해주었다. 동준이도 오늘 국어시간에 발표를 많이 했다. 평소에 장난스럽게 대답하던 것과는 많이 달랐다. 유진우, 오동원도 전보다 떠드는 정도가 훨씬 덜하다. 마이크도 사용하지 않고 온전히 내 목소리만으로 수업을 한다. 이런 일련의 변화가 매로 인한 일시적인 것인지 아닌지 아직 판단하긴 이르다. 엄할 때는 엄하게 하되 잘 할 때는 칭찬도 많이 해주는 강온작전을 계속 펼쳐나갈 생각이다.

11월 22일(목요일), 구름 조금

장학지도 날

군산교육청에서 우리 학교에 장학지도를 나오는 날이었다. 어제부터 청소를 하고 정리를 하는 등 마음이 바빴다. 일정 중 3교시에 일반수업 참관도 있었다. 이에 대비해 우리 반은 ≪말하기 · 듣기≫의 '멸치의 꿈'을 가지고 수업을 했다. 긴장되었지만 지난 번 학부모 공개수업 때에 비해서는 덜 부담이 되었다. 교감선생님이 먼저 뒷문으로 들어오셨다. 이어서 장학사님 두 분이 오셨다. 게시판 등 교실환경을 둘러본 다음 수업장면은 1분도 채 보지 않았다. 내가 긴장을 너무 많이 했던 것 같다.

11월 23일(금요일), 비가 내리다. 내일부터 기온이 더 내려갈 것 같다.

체육 수업-오징어 놀이

오늘 6반 선생님이 휴가를 내셨다. 그래서 우리 반 체육을 내가 직접 했다. 아이들과 운동장으로 나갈 때까지도 무엇을 하며 한 시간을 보낼지 난감했다. 아이들은 운동장에서 하는 체육을 무척 좋아한다. 공만 차도 좋으니 운동장에만 나가게 해달라고 졸라댄다. 하지만 내 대신 우리 반 체육수업을 해 주시는 6반 선생님도 주로 '아나공' 수업을 하신다. 이래저래 아이들에게 늘 미안했다.

오늘은 날씨까지 쌀쌀했다. 축구를 좋아하는 아이들은 저희들끼리 공을 차며 나름대로 재미있게 운동장을 누볐다. 하지만 남은 아이들은 그도 저도 아니었다. 교실로 들어가고 싶어 하는 아이들도 있었다. 이런 아이들에게 뭔가 재미있는 놀이를 가르쳐주고 싶었다. 내가 어려서 하고 놀았던 '오징어 놀이'를 생각해 보았다. 운동장에 그리는 모양은 생각이 나는네 정확한 놀이 규칙이 가물가물했다. 그래도 일단 팀을 공격과 수비로 나누어 나름의 규칙을 정했다. 운동장에 오징어를 그린 뒤 흩어져 노는 아이들을 불러들였다.

그리고 관심을 갖는 아이들에게 규칙을 설명했다. 남자 3명(명건우, 오길우, 박건웅), 여자 5명(강지혜, 안수연, 박예진, 양혜지, 이유리)으로 놀이를 시작했다. 남(3):여(5)로 팀을 나누었다. 밀고 당기는데 힘의 균형이 필요하기 때문이다.

오징어 놀이는 생각했던 것보다 훨씬 더 아이들이 좋아했다. 아이들이 놀이를 잘 해나가는 것을 보고 나는 교실로 들어가려 했다. 그러자 건웅이가 선생님이 곁에서 지켜봐 주기를, 끝까지 함께 있어주기를 바랐다. 건웅이의 이런 마음이 예뻐서 끝종이 울릴 때까지 아이들과 함께했다. 아이들은 40분 수업시간을 매우 아쉬워했다.

3교시 음악시간, 수업을 시작하기 전 전체 아이들을 대상으로 이 놀이 방법을 다시 가르쳐주었다. 칠판에 오징어 그림을 그린 뒤 규칙을 설명해 주었다. 체육시간에 이 놀이를 한 아이들이 이구동성으로 재미있다고 하자 놀이에 참여하지 않은 아이들이 호기심을 갖는 것이 감지된다.

사실 요즘 아이들은 놀이문화가 거의 없다. 잘 하는 것이라곤 컴퓨터 게임 밖에 없다. 하다못해 구슬을 가지고도 구슬치기 같은 놀이를 할 줄을 모른다. 이래저래 아이들이 더 폭력적인지도 모른다. 놀이는 협동심, 양보심, 타인배려 등의 사회성을 길러준다. 할 수만 있다면 우리 반 아이들에게 어려서 내가 하던 놀이라도 가르쳐주고 싶다.

11월 23일(금요일)

하늘 그림

아침 출근길마다 하늘을 보며 운전하는 즐거움이 크다. 아직 날이 채 밝지 않은 어스름한 아침, 연보랏빛 하늘 아래 펼쳐지는 가창오리나 쇠기러기 같은 겨울 철새들의 군무를 볼 수 있어서다. 새들은 대개 서에서 동으로 그림을 그리며 이동한다. 그림은 슬로비디오를 보는 듯 하지만 감상하는 데 초를 다투어야 한다. 볼 때마다 순간포착으로 찍는 사진이나 크로키 그림을 연상시킨다.

그림의 모양은 여러 가지다. 돌고래 같은 물고기를 그렸다가, 이순신의 학익진 전법 모양을 그렸다가, 솟대 모양을 지었다가, 바람에 넘실대는 긴 꼬리연 대열을 이루었다가…, 땡땡이무늬 옷감을 하늘에 펼치듯, 손에 잡힐 듯 아주 낮게 하늘을 점점이 까맣게 덮기도 한다. 그림은 새의 종류에 따라 수의 많고 적음에 따라 다르게 그려진다. 그리하여 그림은 날마다 새롭고 무질서한 가운데 질서가 있다.

새들도 무리를 짓는 방법이 있다. 대개는 큰 무리를 지어 날지만 열 마리 미만의 소규모 무리도 있고 간혹 혼자서 고독을 즐기는 새도 있다. 마치 사람 사는 세상을 보는 듯하다. 가다가 대열에서 이탈하여 하강과 비상을 거듭하는 새도 보인다. 어떤 새들은 아이들이 그림자놀이를 하듯 지그재그로 날며 장난짓을 한다.

아침 새들이라고 꼭 서에서 동으로 움직이는 것만은 아니다. 떼까마귀 같은 새들은 전신주나 전깃줄, 가로등이나 감시카메라 위에 앉아 쉬거나 추수가 끝난 들판에 내려앉아 떨어진 알곡들을 주워 먹기도 한다. 새들은 참으로 부지런하다. 새벽부터 해맞이를 나서는 것처럼 보일 때도 있고, 행장 챙겨 먼 길 떠나는 여행자들 같기도 하다. 서양 속담에 일찍 일어나는 새가 먹이를 잡는다는 말이 있다. 부지런한 새들을 볼 때마다 그 생각이 스친다.

요즘 한반도 상공엔 겨울의 진객인 철새들이 줄지어 날아든다. 멀리 북쪽 시베리아에서부터 남쪽의 호주, 뉴질랜드에 이르기까지 항해를 하는 이들 철새에게 한반도 습지는 중간 기착지이자 쉼터이다.

출퇴근길 전군도로 상공에서 겨울 철새들을 많이 볼 수 있는 것은 가까이에 금강하구가 있기 때문이다. 금강하구는 주변에 넓은 농경지와 갈대밭, 오염되지 않은 갯벌 등 자연적 조건을 두루 갖추고 있어 천수만, 순천만 등과 함께 우리나라 대표적인 철새도래지이다. 덕분에 금강 하구에 가면 언제라도 여름철새와 겨울철새, 나그네새 중 어느 한 가지는 볼 수가 있다. 사람은 텃세가 무섭지만 까치, 박새, 흰뺨검둥오리 같은 텃새들은 여기서는 텃세 한 번 부리지를 못한다.

우리나라 4대 강 중의 하나인 금강과 서해바다가 만나는 금강 하구. 호수같이 넓은 강과 갈대숲과 철새들의 군무가 어우러지는 풍경은 아름답다는 말로는 표현이 부족하다. 숙연하고 장엄하다. 해마다 이맘때면 특히 겨울철새떼가 장관을 이룬다. 갈대숲 사이로 한가로이 노니는 물새들, 물고기를 잡기 위해 자맥질을 하는 청둥오리들, 하늘을 향해 비상하는 각종 새들을 동시에 볼 수 있다. 황조롱이, 원앙, 고니, 청둥오리, 가창오리, 쇠기러기, 노랑부리저어새, 도요새 같은 이름만 들어도 정겨운 수많은 겨울철새들…. 해마다 이맘때면 이곳에서 철새축제가 열리는 것은 그런 천혜의 조건 덕이다. 이제 겨울철새들은 군산 사람들에게 귀하디 귀한 손님이다.

보름이 이틀 지난 동짓달 열이렛날 오늘 아침, 새들은 또 하나의 장관을 연출하고 있다. 연보랏빛 서쪽 하늘에는 기울어진 새벽 보름달이, 동쪽 하늘에는 홍등 같은 붉은 해가 떠오는 그 하늘을 쇠기러기들이 대열을 이루어 날고 있다. 느릿느릿 긴 꼬리연 그림을 연출한다. 마치 광폭廣幅의 동양화 한 폭을 보는 듯하다.

철새라고 하여 모두가 사랑을 받는 것은 아니다. 철새축제까지 열어 환영받는 새들이 있는 반면, 조류독감을 퍼뜨리거나 농작물에 피해를 주는 새도 있다. 이리 저리 옮겨 다니는 정치인을 철새에 비유하기도 한다. 어느 자리에 머물든 떠나갈 때는 뒷모습이 아름다워야 한다. 그래야 다시 와도 환영을 받는다.

어쩌면 나도 군산의 철새가 될지 모른다. 교단에 서게 되어 첫 발령을 받은 곳이 군산이다. 교직은 대개 4-5년 만에 근무지를 이동해야 한다. 그런 면에서 교사들은 철새와도 같다. 나도 언젠가는 이곳 군산을 뜨게 될 것이다. 다시 와도 군산이 나를 환영하게 하려면 내 머문 자리가 아름다워야 한다. 헤어져도 다시 보고싶은 사람이 되어야 한다.

11월 26일(월요일), 하루 종일 잔뜩 흐리고, 철새들이 낮게 떼지어 날다.

동원이의 변화

음악 〈즐거워지네〉의 2차시 수업은 '신체표현하며 노래부르기'이다. 〈반달〉 노래로 신체표현을 하듯 내가 먼저 동작을 보여주고 아이들에게 따라하게 했다. 두 사람이 짝이 되어야 하므로 상대가 있어야 한다. 내가 시범을 보일 때 양혜지와 강지혜, 박건웅이 먼저 했다. 그러자 오동원도 나와서 나와 같이 해보기를 원했다.

오동원은 담임인 나를 받아들이는 걸 가장 거부하던 아이 중 한 명이다. 처음부터 수업시간마다 앞장서 떠들거나 엉뚱한 말을 하여 수업을 방해했다. 10월 반장이 되어 수업 시작과 끝에 인사를 할 때도 "차려!" "경례!"만 하고 "선생님께"라는 말은 붙이기 싫어하던 아이다. 이렇던 아이가 나와 손뼉을 마주치고 싶어 한다.

오늘 글쓰기 시간에도 동원이는 가장 실감나게 독후감을 썼다. ≪오줌 멀리싸기 시합≫을 가장 재미있게 읽은 것 같았다. 동원이가 글쓰기 공책을 준비한 것도, 글쓰기 공책에 글을 쓴 것도 이번이 처음이다. 반가운 변화이다.

* 마이크를 전담실로 돌려보내다. 한 달 정도 사용했을까? 매를 사용하고부터 마이크 없이도 수업을 할 수 있게 되다.

11월 27일(화요일), 맑음

쉬는 시간에 복도에서 놀다 하은이가 부상을 입었다. 병길이 등과 말타기 놀이를 하다 넘어졌다는데 뒤통수에 주먹만한 혹이 생겨 있었다. 복도가 마룻바닥인데 얼마나 심하게 넘어진 것일까. 급한 대로 보건실로 보냈더니 얼음찜질 주머니를 대고 돌아왔다. 괜찮을지 두고 보아야 할 것 같다.

* 12월 10일로 기말고사 시험 날짜가 잡히다. 나는 이번에도 과학을 맡아 시험문제 출제를 해야 한다. 지난 번 '지구와 달'을 본 다음부터 '소리내기'의 악기 만들기 범위 안에서 문제 출제를 하기로 했다

11월 28일(수요일), 맑음

초등학교 은사님의 전화

5교시 사회수업을 하고 있을 때였다. 교실 전화가 울려 받아보니 김ㅇㅇ 선생님이라고 하셨다. 내가 교단에 선 것은 어떻게 아셨을까. 선생님은 나의 초등학교 3학년에 잠깐 담임을 하셨던 분이다. 선생님은 우리 학교가 초임 발령지로 2개월인가 계시다가 군 입대를 하셨다.

실은 지난 봄에 나도 선생님 소식을 알았다. 전북교육청 홈페이지에 뜬 3월 교원인사발령자 명단에서 선생님 성함을 보았다. 선생님은 전주 모 초등학교 교장으로 계셨다. 마침 그 학교에 발령 동기이자 신규 교사 연수를 같이 받은 S선생이 기간제 교사로 근무하고 있어 옛 은사님이 맞는지 확인해 보기도 했다.

선생님께서 통화하는 동안 건강 등을 자랑하셨다. 벌써 연세가 60이 되셨다는 선생님. 하지만 전군마라톤대회 풀코스도 3번이나 완주할 정도로 운동, 특히 마라톤 마니아이시고 건강연령은 40대라고 하셨다.

선생님께서 우리 학교 교장선생님과도 잘 아신다고 한다. 벌써 내 부탁도 하셨다고 한다. 몸이 불편하다는 제자를 걱정하여 하신 일이겠지만, 앞으로는 어떤 부탁도 하시지 말도록 당부를 드렸다. 선생님께서 조만간 만나자고 하셨지만 방학 전에는 뵙기가 쉽지 않다. 전화라도 가끔 드리는 게 도리일 것이다.

11월 29일(목요일), 아침 안개

'소리내기' 실험 3가지

빨대 피리, 고무줄 가야금, 유리병 실로폰 실험을 연달아 했다. 빨대의 길고 짧음에 따라, 고무줄의 굵고 가늚에 따라, 유리병의 물이 많고 적음에 따라 어떻게 소리가 나는지 아이들이 직접 만들어 확인하게 했다. 그 중 '빨대 피리'는 인기 대폭발! 봄에 만들어 부는 버들피리보다는 소리가 사납지만 그런 걸 불어본 적 없는 아이들은 이것도 놀라운 경험인 것 같다. 누군가 '우리 선생님, 과학실험 짱!'이라며 좋아했다.^^

12월 1일(토요일), 구름 조금

청소구역을 바꾸었다. 책상 옮기기를 하던 아이들은 비질을 하게하고 비질을 하던 아이는 걸레질을, 걸레질을 하던 아이들은 책상을 옮기도록 했다. 나머지 아이들도 성실성이나 적극성 등을 감안하여 적절히 재배치했다.

지금까지는 내가 빗자루를 들고 쓸기를 함께 해왔다. 아이들에게만 맡겨 놓아서는 청소가 되지 않아서다. 하지만 오늘부터는 나는 빗자루를 들지 않기로 했다. 그 대신 아이들 스스로 자신의 구역을 맡아 청소를 마치되, 만약 청소를 깨끗이 하지 않거나 늦게 끝내면 6반이 먼저 급식실에 가도록 하겠다고 했다. 아이들은 급식실에 빨리 가고 늦게 가는 것에 매우 민감하다. 아이들의 이 점을 이용한 것인데, 아니나 다를까. 아이들이 지금까지와는 달리 청소를 빨리 끝내고 청소도 그런 대로 해냈다. 그동안 내가 아이들은 너무 과소평가했던 것 같다.

12월 3일(월요일), 맑음

울음바다가 된 교실

점심시간. 아이들을 먼저 내려 보낸 뒤 뒤따라 내려가니 우리 반 아이들이 몇 명밖에 없다. 4반이 올 때까지 기다리지 못하고 먼저 들어가 버린 것이다. 심지어 1반보다도 먼저 들어가 버렸다. 이문택, 명건우, 강지혜 등 몇 명만 남고 20명 가까운 아이들이 모두 그랬다. 점심시간마다 급식실을 향해 계단을 뛰어 내려가는 아이들이다. 아무리 주의를 주어도 말을 듣지 않았다.

더군다나 오늘은 순서를 무시하고 1반과 4반보다도 먼저 들어간 버린 것이다. 오늘 일을 그냥 넘기면 계속해서 이런 일이 발생할 것이다. 이번에야 말로 버릇을 고쳐놓기로 작정하고 급식실 우리 반 자리로 갔다. 아이들은 내가 가도 아무 거리낌 없이 밥을 먹고 있었다. 그런 아이들에게 밥을 먹는 대로 한 명도 빠짐없이 교실로 가 기다리라고 했다.

교실로 올라가니 녀석들이 긴장한 채 내 책상 앞에 한 줄로 서 있었다. 매를 사용하고부터 그동안에 아이들 태도가 많이 변한 것을 실감할 수 있었다. 전 같으면 이 정도의 일로는 어디로 도망쳐 버리거나 하는 녀석이 많았다. 이미 매의 맛을 본 경험이 있는 박건웅과 몇몇이 나서며 앞으로는 급식실에서 순서를 잘 지키겠다고 사정을 했다. 하지만 용서하지 않았다.

앞에 선 녀석부터 한 대씩 매로 쳤다. 맞은 아이들이 비명을 질렀다. 오길우는 매가 무서워 손을 떨며 겁을 먹었고 최지수는 매도 맞기 전부터 울었다. 그런 아이들에게까지 매를 대는 것이 망설여졌지만 어디까지나 공정해야 했다. 교실은 울음바다가 되었다.

억센 남자아이들은 그렇다 치더라도 여자아이들은 아직은 여리다. 그런 아이들에게 무섭게 매를 대는 나라고 마음이 편할 리 없다. 내내 마음이 착잡했다.

12월 4일(화요일)

교사자기실적평가서

자기실적평가서를 제출하라는 지침이 내려오다. 양식에는 학습지도, 생활지도, 교육연구, 담당업무 별로 목표와 실적을 서술식으로 평가하게 되어 있고, 종합상황에서는 목표달성도, 창의성, 적시도, 노력도 면에서 어느 정도 목표달성을 하였는지 '만족', '보통', '미흡'으로 평가하게 되어 있다. 나는 목표달성도와 창의성은 '미흡'으로, 적시성과 노력도는 '보통'으로 평가하다. 처음 해보는 것이고 내가 나를 평가한다는 점이 좀 쑥스럽다.

12월 5일(수요일)

게시판 그림 바꾸기

벼르고 별러왔던 환경정리를 마침내 오늘 했다. 학습안내판 외에는 그동안 1학기 때 선생님이 해 놓고 간 그대로 게시판을 유지해 왔다. 내가 담임이 된 이후 아이들이 그리거나 만들어 놓은 작품들을 단 한 번도 내 손으로 내걸지 못했다. 늘 시간에 쫓겨 매번 작품만 쌓아두었다. 새로운 작품이 나오면 쌓아둔 작품들은 신선도가 떨어지고 만다. 아이들에게 미안했지만 정말이지 지난 3개월 동안 이런 일을 할 짬을 낼 수가 없게 바빴다.

오늘 게시판에 내 건 작품들은 지난 주 미술시간에 화선지에 그린 동양화이다. 호랑이, 학, 용, 모란 같은 밑그림이 그려져 있는 화선지에 아이들이 색을 칠했다. 그 중 동준이, 민영이, 예진이 등의 작품이 비교적 상태가 좋고 색도 잘 표현해 뽑아서 게시판에 붙였다.

이 작업을 하는 내내 문택이의 도움을 받았다. 문택이는 공부도 잘하지만 우리 반에서 속이 깊고 심성도 매우 고운 아이 중 한 명이다. 지난 번 장학지도를 앞두고 환경정리를 할 때도 나를 많이 도와주었다. 문택이는 이 달 17일에 전주로 전학을 간다. 부임한 지 한 달 만에 나운초등학교로 전학을 가 버린 고서연처럼 우리 반에 꼭 필요한, 괜찮은 아이가 또 한 명 전학을 간다. 너무나 아까운 마음이 든다.

게시판 그림을 바꾸고 나니 교실이 한결 새로운 분위기가 난다. 똑같은 아이들이 그린 그림인데, 내 손으로 꾸민 것에 더 애정이 간다.^^

* 김미숙 선생님에게 학년말 성적처리, 생활통지표 작성 방법 등을 도움을 청하다. 고맙게도 바쁜 시간 내어 30분 넘게 우리 교실에 와 설명을 해주시다. 성적 처리 예시문을 다운받아 주기도 하고, 앞으로 잘 모르는 것은 자주 와서 가르쳐 주시기로 하다. 계획대로 될지 모르지만, 나도 가능하면 방학 전에 모든 성적처리를 마치고 싶다.

12월 7일(금요일), 두 번째 눈 소식. 그러나 군산지역에는 내리지 않다. 아이들이 눈 많이 내리는 강원도가 부럽다고 난리다.

'별명'에 대한 아이들의 생각

상익이가 얼마 전부터 나를 보면 "선생님, 힘내세요. 우리가 있잖아요~" 하고 노래를 부른다. 뒷자리에 앉아 건웅이와 잡담을 하다가도 나와 눈이 마주치기만 하면 이 노래를 부른다. 공부는 썩 잘 하지 못하지만 심성 곱고 내 심부름도 맡아서 하려 하는 아이다.

상익이에게는 남이 못 하는 한 가지 장기가 있다. 양 눈꺼풀을 뒤집은 채로 눈을 깜박거리는 짓이다. 눈꺼풀의 선홍빛 속살을 드러내며 눈을 깜박거리면 꼭 분장한 피에로 같다. 일부러 그렇게 해보려고 해도 쉽지 않은 짓을 상익이는 식은 죽 먹듯 하곤 한다. 이런 상익이에게 하루는 내가 '피에로'라는 별명을 지어주었다. 그랬더니 여기저기서 폭소가 터지고 난리가 났다. 상익이와 썩 잘 어울리는 별명이라고 아이들도 생각하는 것 같았다.

그래서 오늘 국어 시간에 별명에 대한 각자의 생각을 이야기해 보기로 했다. 상익이의 별명을 피에로라고 지어 준 것에 대한 아이들의 생각과, 아이들의 갖가지 별명, 자신의 별명에 대한 선호도 등을 들어보고 싶었다.

먼저 피에로라는 별명을 얻은 당사자의 말부터 들어 보았다. 상익이는 무조건 이 별명에 싫다는 반응을 보였다. 피에로가 어떤 인물이고 이 별명이 자신에게 얼마나 잘 어울리는지는 알려고도 하지 않았다. 별명은 단지 아이들을 놀리기 위한 수단일 뿐이라는 부정적인 인식을 하고 있는 상익이.

상익이의 별명에 대한 아이들의 반응은 제각각이다. 평소 친구들로부터 별명으로 놀림을 많이 받은 아이들은 단순히 이 별명으로 상익이도 놀림을 받을 것이라고만 생각한다. 그래서 무조건 별명으로 부르는 것을 반대한다. 그런 반면 수연이나 지혜, 길우 같이 생각이 깊은 아이는 상익이의 별명이 좋은 별명이라고 했다. 상익이에게 잘 어울리고 오래 기억에 남을 별명이기 때문이란다.

이번에는 아이들의 갖가지 별명과 별명을 짓는 방법을 들어보았다. 아직 3학년인 우리 반 아이들이 친구의 별명을 짓는 방법은 무척 단순하다. 이름의 한 글자를 취해 아무렇게나 별명을 붙인다. 그래서 아이와 전혀 어울리지 않는 생뚱한 별명이 되고 만다. 심지어 어떤 녀석은 저와 제일 친한 친구의 별명을 '병신'이라고 지어 부른다고 한다. 말끝마다 '이 병~신' 한다고 해서 앞으로는 그렇게 부르지 말도록 주의를 주었다. 아이들의 별명을 보면 이 밖에도 김치, 김치찌개, 김밥, 김치볶음밥(성이 김씨인 경우), 바가지, 박하사탕(이상 박씨), 권총, 권투선수(이상 권씨), 양파, 양파링, 양배추, 양치기소년(이상 양씨) 등으로 불린다. 이러니 별명으로 불리는 아이들이 별명을 싫어할 만도 하다.

별명이란 말 그대로 본명 이외의 다른 이름이다. 별명은 그 사람의 장점이나 특징이나 개성을 잘 살려 긍정적인 내용으로 짓는 게 좋다. 별명은 그 사람에게 친근감을 느끼게 하고 오래 기억하게 한다. 단점이나 나쁜 점만 살려 별명을 지으면 그 친구의 부정적인 면만 부각이 되어 친구를 나쁜 쪽으로 기억하게 된다. 그래서 별명으로 불리게 되는 당사자도 기분이 좋지 않다.

별명이 아이들에게만 있는 것은 아이다. 교사인 나도 수필을 쓸 때는 본명이 아닌 필명筆名을 쓴다. 예부터 선비나 예술가들은 본명 외에 호나 예명 갖기를 좋아했다. 물론 이런 어른들의 별명은 자신의 태어난 고향, 인생관이나 기질, 취향, 바람 등 여러 가지를 고려하여 짓는다. 그리고 요즘 인터넷에서 사용하는 ID도 모두 별명에 해당한다. 별명에 대한 이해를 돕는 이런 이야기를 아이들에게 충분히 해주었다.

이 후, 나에게 별명을 지어달라고 조르는 아이들이 많아졌다. 건웅이는 내 책상 앞에서 떠나지 않으며 떼를 쓰다시피 하고, 길우는 청소시간이 아닌데도 빗자루를 들고 내 호감을 사려 한다. 그렇게까지 하며 별명을 갖고 싶은 녀석들이 너무 귀엽다. 꼭 이 아이들에게 잘 어울리는 별명을 지어주고 싶다.

12월 15일(토요일), 눈 아님 비? 또 아이들 기대가 컸던 하루.

송별회 및 과자파티

문택이가 전주로 전학을 간다. 문택이는 우리 반에서 가장 의젓하고 심성 반듯한 아이다. 같이 3학년을 마치지 못하여 그래서 더욱 아쉽다.

오늘 문택이 송별회 겸 과자파티를 열었다. 라면도 끓여먹고 고구마도 구워먹었다. 난리 법석을 떨었지만 아이들이 재미있어 하여 그런 대로 파티를 마쳤다. 문택이에게 ≪모모≫를 선물로 주었다. 그림은 없이 글씨만 있고, 두꺼운 책이라 잘 소화해 낼지 모르겠다. 하지만 1시간 내에 읽어버리는 얇은 책보다는, 생각거리가 많으면서 재미있게 오래 읽을 수 있는 책을 선물하고 싶었다.

똑순이 양혜지가 라면그릇을 엎질러 자기 책상과 수연이 가방과 교실 바닥이 라면 범벅이 되었다. 이제 보니 똑순이가 아니라 덜렁이였다. 조심하라고 그렇게 주의를 주었는데도 기어이 일을 벌이고 말았다. 데인 곳은 없어 그나마 다행이다.

* 1교시 시작 전 교장선생님께 담당업무 관련 결재를 맡으러 갔다. 이 자리에서 교장선생님께서 뜻밖의 말씀을 하셨다. 눈이 많이 오면 서두르지 말고 자동차 속도를 1/3로 줄여 천천히 오라고 하셨다. 그렇지 않아도 눈이 많이 와 출근시간에 늦지는 않을까 내심 걱정하며 다니고 있다. 교장선생님께서 세심하고 자상한 분 같다.

12월 18일(화요일)

영어 역할놀이

어제부터 교과서마다 진도가 끝나고 있다. 오늘은 사회와 도덕과 영어를 마쳤다. 영어 마지막 시간에 역할놀이를 했다. 8단원 It's Snowing에서 공부한 내용을 〈개미와 베짱이〉 이야기에 접목하여 하게 했다. 역할은 개미1, 개미2, 개미3과 베짱이다. 그림을 잘 그리는 민영이에게 미리 그림을 그려놓게 했다.

〈Let's Role-play〉

개미1 : Wow! It's snowing.

개미2 : I like snow.

개미3 : Let's make a snowman.

베짱이 : It's cold. I don't like snow.
I'm hungry.

개미들 : Put on my gloves.

베짱이 : Thank you. Oh! Too small.

개미들 : Sorry. Let's go.

베짱이 : Thank you.

이 대화 내용을 가지고 본격적인 수업을 전개했다. 먼저 역할놀이에 참여할 사람은 손을 들게 했다. 그런 다음 각 역할마다 그림을 나누어 주었다. 역할을 맡은 사람은 이제부터 해당하는 그림을 들고 영어로 말을 하면 된다. 적극적으로 참여한 사람은 강지혜, 오동원, 명건우, 안수연, 양혜지, 이문택, 노희재, 이동준이고 이 중 잘했다 할 정도는 강지혜,

안수연, 양혜지, 노희재이다. 안수연은 모두가 자신 없어 하는 베짱이 역할을 두 번이나 하며 수준 높은 영어 실력을 과시했다. 발음도 최고이고 표현력도 최고였다. 이동준은 영어수업 활동에 오늘 처음 참여했다. 부모님 따라 외국에서 생활도 하였다고 하는데 생각보다 영어를 잘 하는 편은 아니었다.

영어 역할놀이는 내가 겁을 먹어 몇 번 시도해 보지 못한 수업방법이다. 하지만 오늘 다시 해보니 그리 어렵지 않다는 생각이 든다. 오늘 겨울방학 중 근무지외 연수허가원을 냈다. 연수 내용에 영어 교재 연구도 썼다. 방학 동안 영어 한 가지라도 열심히 연구하여 내년에는 영어도 자신 있고 당당하게 가르치고 싶다.

12월 20일(목요일), 구름 끼고 조금 쌀쌀

≪지각대장 존≫과 함께한 보강수업

아침자습 시간이었다. 교실전화가 울려 받아보니 교무선생님 전화였다. 1교시에 내가 1학년 5반에 보강을 들어가야 한다고 했다. 오늘 우리 반은 1,2교시가 미술시간이다. 미술시간은 전담선생님이 들어오기 때문에 나에게 시간이 있다는 것을 알고 그렇게 한 것 같다.

급한 일을 대강 처리한 다음 부랴부랴 1학년 5반 교실로 갔다. 1학년 5반은 후관 2층에 있는데, 나는 급실실에 가는 것 외에 후관은 처음 가본다. 담임이 안 계신 교실이라 아이들이 복도에 나와 뛰는 등 소란스러웠다. 어린 1학년들이지만 이 반에도 꾸러기들은 있게 마련, 내가 들어서는데 어떤 녀석은 아줌마는 누구냐고 묻기까지 했다.

아이들을 모두 자리에 앉게 한 다음 내 소개를 했다. 3학년 5반 선생님인데 미술 전담시간이라 내가 왔다고 하자 그제야 내가 선생님인 것을 이해하는 것 같았다. 이 반 담임선생님은 아이들에게 받아쓰기 시험을 보고 있는 것 같았다. 칠판에 받아쓰기 연습을 하라는 지시사항이 적혀 있고 선생님 책상 위에는 채점 하지 않은 받아쓰기 노트가 쌓여 있었다.

이 학급도 진도는 거의 나갔을 테고, 다 나가지 않았다 해도 내가 무엇을 가르칠지 난감했다. 갑자기 오게 된 보강수업이라 준비해 온 학습 자료가 없었기 때문이다. 나도 받아쓰기 시험이나 볼까 생각하는 중에 아이들 주위를 보니 책장에 동화책이 제법 있었다. 그 순간 아이들에게 동화책을 읽어주자는 생각이 들었다.

선생님이 동화책을 읽어주고 싶으니 무슨 책을 읽어주면 좋겠느냐고 아이들에게 물었다. 그러자 서로서로 읽고 싶은 책을 얘기했다. 그 중 어떤 아이가 큰 소리로 "지각대장 존이요!" 하고 외쳤다. 이 책은 나도 재미있게 읽은 책이고 아이들이 무척 좋아하는 책이라는 걸 알기에 이 책으로 정했다. 책장 주변에 앉은 아이들에게 ≪지각대장 존≫을 찾게 했다. 한 아이가 금방 책을 찾아 나에게 가져 왔다.

제목 그대로 주인공 존은 지각대장이다. 아침마다 학교를 늦게 오기 때문이다. 존 패드릭 노먼 맥허너시는 학교에 가는 길에 하수구에서 튀어 나온 악어에게 하마터면 책가방을 빼앗길 뻔 했고, 나무 위로 피하지 않았다면 덤불에서 나온 사자에게 바지를 물어뜯길 뻔 했고, 다리를 건너다 파도가 밀려와 하마터면 그 파도에 떠밀려 갈 뻔 하기도 했다.

존이 이렇게 무서운 일을 당한 줄 꿈에도 모르는 선생님은 매번 심하게 꾸중을 하셨다. 선생님은 '악어가 나온다는 거짓말을 하지 않겠습니다.' '다시는 사자가 나온다는 거짓말을 하지 않겠습니다.' 다시는 강에서 파도가 덮쳤다는 거짓말을 하지 않겠습니다. '같은 반성을 300번, 400번, 500씩 하게 하셨다.

존의 말을 믿어 주지 않는 선생님이 야속하지만 아이들은 그래도 책이 너무나 재미있다. 함께 왁자지껄 웃기도 하며 저희들끼리 뭔가 자기 생각들을 이야기 했다. 이때는 너무나 소란스러워 더 이상 수업이 되지 않을 것 같았다. 하지만 내가 책을 다시 읽어 나가면 조용히 하라고 하지 않아도 아이들은 금방 떠드는 것을 멈추었다. 그런 아이들 모습이 너무나 귀여웠다.

책을 읽어주는 사이사이 아이들에게 책에 실린 그림을 보여주기도 하고 질문을 하기도 하고 했다. 40명이나 되는 철부지 아이들이지만 책을 읽는 동안은 조용~히 귀를 쫑긋하고 들었다. 선생님이 털북숭이 고릴라에게 붙들려 천장에 매달린 채로 존에게 도와달라고 했을 때, 존이 학교 천장에 고릴라 같은 건 살지 않는다며 모른 척 하는 장면에서는 같이 소리 내어 웃기도 했다. 존이 선생님을 멋지게 복수하는 이 대목에서 아이들은 함께 통쾌함을 느끼는 것 같았다.

책을 읽으며 이야기를 나누다보니 40분 수업이 금방 끝나 버렸다. 아이들과 끝 인사를 나누기 전 재미있었냐고 물었다. 일제히 "네~!"하고 큰 소리로 대답했다. 꾸밈없는 아이들의 대답도 그렇고 아이들 표정에서도 나와 함께한 시간이 즐거웠다는 것을 읽을 수 있었다.

1학년들이고 40명이나 되는 아이들이라서 어떻게 수업을 해 나갈까 내심 걱정을 했었다. 저학년은 집중하는 시간이 짧아 통제하기 힘들다는 얘기를 들었기 때문이다. 하지만 오늘 나의 1학년 아이들과의 수업은 매우 만족스러웠다.

12월 21일(금요일), 철새들, 또 낮게 떼지어 날다. 날씨가 좋지 않은 날은 대개가 이렇다.

문택이의 전학

오늘부터 이문택은 우리 학교, 우리 반 학생이 아니다. 어제 날짜로 전주 서곡초등학교 학생이 되었다. 어제 전주에 가서 전학 절차를 다 밟고 왔다. 그렇지만 문택이는 우리 반 친구들과 하루라도 더 같이 지내고 싶다며 오늘까지 우리 학교에 왔다.

오늘 수학익힘책을 끝으로 모든 교과서 진도가 끝났다. 그래서 아이들은 영화를 보고싶어 했다. 그 바람을 문택이의 CD로 해결할 수 있었다. 지난주부터 문택이가 가져 온 CD로 가끔씩 영화를 볼 수 있었고 오늘은 〈박물관은 살아있다〉를 보았다.

아이들이 영화를 보는 동안 나는 4반에 갔다. 그곳에서 교무업무시스템 상의 연간 수업일수를 배워 마감하느라 1시간도 넘게 있었다. 다른 일도 그렇지만 이 일은 더 머리가 하얘진다. 설명을 들어도 뭐가 뭔지 하나도 모르겠다. 그러느라고 오늘이 문택이와 아이들이 함께하는 마지막 날이라는 걸 깜빡 잊었다.

아이들을 돌려보내고 난 뒤 책상 정리를 하고 있는 문택이를 보고서야 아이들에게 문택이 말을 하지 않은 것을 알았다. 할 수 없이 당번 아이들하고만 작별 인사를 나누게 했다. 그런 뒤 문택이가 책상 위에 가방을 둔 채 어딘가로 갔다. 잘 가라고 악수라도 해야 하는데 나는 또 급한 일이 생겼다. 4반 선생님 반에 다녀오니 문택이도 가방도 보이지 않았다. 이제 영영 가고 만 것 같았다. 문택이에게 너무나 미안하다.

고무줄놀이

2교시에 있는 체육을 5교시로 옮겨 했다. 조금이라도 날씨가 따뜻한 한낮에 운동장 수업을 하기 위해서다. 추운 날씨에 나이 드신 6반 선생님을 밖으로 나가게 하는 것이 죄송했다. 그래서 얼마 전부터는 우리 반 체육수업을 내가 직접 한다. 요즘 학년말 성적처리 때문에 운동장에 나가고 싶어 하는 아이들 마음을 헤아려 주지 못했다. 아무리 바빠도 오늘까지 교실에 묶어 둘 수가 없었다.

오늘 체육시간에는 아이들에게 고무줄놀이를 가르쳐주었다. 미리 준비한 고무줄 2개를 연결하여 양쪽에서 두 사람이 팽팽하게 잡게 했다. 나머지 사람들은 가장 낮은 무릎부터 시작하여 허리, 가슴, 어깨, 입, 머리 위, 만세 순으로 넘는 연습을 했다. 무릎부터 가슴까지는 뛰어 넘고 어깨부터는 덤블링으로 넘으면 된다. 내가 어릴 때 이 동작은 '사까다스'라고 했다.

아이들의 동작이나 모습이 제각각이다. 줄을 넘기 위해 멀리서부터 힘껏 달려오는 모습이나 거리 조정이나 넘는 동작 등이 하나같이 재미있다. 줄넘기를 잘 하던 문택이가 고무줄넘기도 가장 잘 했다. 가슴 높이의 고무줄도 거뜬히 뛰어 넘었다. 건웅이와 동원이, 인성이…, 운동이라면 축구 밖에 모를 만큼 축구를 좋아하는 진우와 희재까지도 축구공을 내던지고 고무줄넘기에 참여했다. 모두가 있는 힘을 다했다. 지혜 같이 겁이 많은 아이들은 줄을 넘는 것도 덤블링으로 넘는 것도 겁을 내고 하지 못했다. 그러면서도 구경하는 것만으로도 재미있어했다.

아이들이 지금은 겁을 먹거나 방법이 서툴러 고무줄을 잘 넘지 못하지만 곧 요령이 생길 것이다. 그래서 앞으로 고학년 체육시간에 하게 되는 장대높이뛰기도 이 아이들이 가장 잘 하게 되었으면 한다. 고무줄넘기를 통해 아이들은 순발력이나 공간지각력, 거리조정능력, 도약력 등을 기르고 친구들과의 사회성도 기르게 된다.

고무줄을 가지고 하는 또 한 가지 놀이가 있다. 2명, 3명, 4명이 고무줄을 잡거나 걸거나 벌리고 서면, 나머지 아이들이 한쪽 발 또는 두 발로 고무줄을 감았다 풀었다 하며 노는 방법이다. 이 놀이를 할 때는 함께 노래를 부르며 한다. 그 옛날, 여자아이들이 이 놀이를 할 때 폴짝폴짝 단발머리가 같이 뛰고, 치마가 들썩이고, 운동화나 검정고무신이 빛나고 했었다.

아직은 고무줄을 가지고 아무것도 할 줄 모르는 우리 아이들이었다. 고무줄놀이는 여자 아이들이 하는 놀이라며 질색을 하던 남자아이들도 많았다. 하지만 오늘 우리 반 아이들 모두가 참여한 즐거운 시간이었다. 우리 아이들에게 또 한 가지 전래놀이를 가르쳐 준 것이 뿌듯하다.

12월 24일(월요일), 맑음

성탄절 이브

하루 종일 몸도 마음도 바쁜 날이었다. 오늘은 우리 반 녹색어머니들이 아침에 교통봉사를 하는 날이다. 제일아파트 쪽은 병길이 어머니와 동원이 어머니가, 정문에는 상익이 아버지가, 그리고 후문에는 지수 어머니와 진우 어머니가 봉사를 해주셨다. 제일아파트까지 가지는 못하고 출근길에 정문과 후문 쪽 부모님과만 인사를 나누고 왔다.

1, 2교시에 아이들 일기장에 댓글을 쓴 다음 3,4교시는 연간수업시수를 맞추느라 진땀을 뺐다. 오늘은 무슨 일이 있어도 문택이 전학 서류를 보내야 하고 연말정산 서류도 작성해 내야하고, 잘 모르는 학년말 성적 처리 방법도 선생님들께 물어볼 게 많다. 그런데 또 갑자기 수업시수를

결산하여 오늘까지 내라고 한다. 엊그제 나이스로 한 것과 동일한 일 같은데 수기手記로 다시 한 번 해야 한다. 학교라는 조직은 무슨 일이든 말 떨어지기 무섭게 끝내야 하는 경우가 많다. 그래서 모든 것이 서툰 나는 날마다 가슴이 조마조마하다.

수업시수 이것만 붙잡고 있다가는 아무것도 할 수 없을 것 같았다. 마음이 조급해서 그런지 아무리 해도 가로 세로 숫자가 맞지 않았다. 남거나 모자라는 수업시수를 적당히 맞춰 넣으라는데 그게 그렇게 쉽지 않았다. 할 수 없이 학급교육과정과 총계만 같게 해서 4반 선생님에게 넘겼다. 지금까지 내가 이렇게 무책임하게 일을 하기는 처음이다.

이렇게 시간을 보내는 동안 1교시부터 4교시까지 죄 없는 아이들은 쥐 죽은 듯 조용히 책을 읽어야 했다. 내가 떠들지 못하도록 겁을 잔뜩 주었기 때문이다. 그런 아이들 숨통을 틔워주기 위해 5교시에는 밖에 내보내 고무줄놀이를 하게 했다. 나는 그 시간에 교실에서 문택이 전학서류라도 먼저 해보려고 했다. 그런데 하필 오늘은 컴퓨터까지 속도가 느려 그 마저도 뜻대로 되지 않았다. 때가 때이니만큼 컴퓨터 사용이 폭주한 때문인 것 같다. 오늘은 정말이지 이렇다 할 아무 일도 한 것이 없다.

이제 아이들을 돌려보낼 시간, 아이들이 크리스마스카드를 주고 갔다. 카드를 주지 않은 아이들도 "선생님, 메리크리스마스!" 하며 돌아갔다. 지혜가 주고 간 카드에서는 계속해서 캐럴송이 흘러나왔다.

12월 25일(화요일)

"우리 아이를 맡아주세요"

상익이 어머니와 전화 통화를 했다. 내년에 가정 형편이 어려운 아이에게 급식비를 지원하는 일로 상의를 하기 위해서였다. 상익이네 집은 아버지가 건강이 좋지 않아 직장을 쉬고 있고 대신 어머니가 부업을 하신다고 들었다.

그래서 혹시 상익이가 지원대상자가 되는지 먼저 가정 형편을 알아보고자 했다. 대화를 해 보니 지원대상자는 아니었다. 상익이 아버지는 지난 여름 뇌경색으로 3개월 동안 휴직을 하시기는 했지만 현재는 복직하여 직장에 잘 나가고 있고, 어머니도 일을 하고 있어 형편이 그리 어렵지는 않은 것 같았다.

이 이야기 끝에 어머니께서 4학년 때도 상익이를 맡아서 가르쳐달라고 했다. 상익이가 선생님을 무척 좋아한다는 말씀에, 나도 상익이를 무척 좋아한다고 했다.^^

12월 26일(수요일)

오늘로써 대강의 성적처리를 마쳤다. 우리 학교는 학년말 성적처리를 1월 15일까지만 끝내면 된다. 하지만 우리 반은 12월 18일 전학 간 문택이 때문에 하루라도 빨리 마친 후 저쪽 학교로 서류를 보내야 한다. 원래 초보인데다 그래서 더 서두르고 허둥대고 했다.

성적처리를 할 때도 3학년 선생님들의 많은 도움을 받았다. 바쁜 중에도 김영애 선생님, 김미숙 선생님, 강은옥 선생님은 우리 교실까지 오가며 내 일을 도와주셨다. 특기 김미숙 선생님의 도움을 많이 받았지만, 이 선생님만 귀찮게 할 수 없어 수시로 다른 선생님께 도움을 청했다.

오늘 마지막 날에는 6학년 4반 김효진 선생님의 도움을 많이 받았다. 이 선생님이 나이스 전출입과 출결업무를 담당을 하였다 하여 도움을 청했는데, 우리 교실에 온 김에 성적처리와 나이스상 학급시간표와 시수 맞추는 것까지 도와주셨다. 시간이 꽤 걸렸는데도 시종일관 웃으면서 일을 도와주셨다. 김 선생님은 성격이 시원시원하고 배려심도 많은 분 같다.

이문택 서류를 출력하여 퇴근길에 김영애 선생님께 보여드렸다. 거기서 두어군데 손 볼 것이 발견되었다. 내일 그 일만 해결하면 방학 전 급한 일은 그런대로 마무리를 하는 것 같다. 학교생활은 정말이지 하루하루가 숨가쁘다.

12월 27일(목요일), 비가 온다는 일기예보가 전북지역은 빗나가다.

드디어 겨울 방학

오늘도 눈코 뜰 새 없는 학교생활이었다. 학교에 가자마자 나이스 성적처리 중 미진했던 '봉사활동' 부분을 마감했다. 1교시에는 새 교과서를 나누어주고 2교시에는 급식실에서 보내온 책거리 떡을 나누어 먹었다. 아이들이 떡을 먹는 사이 내 담당 업무인 각 학급의 출결마감을 체크했다. 그리고 또 하나, 전출 학생들의 서류를 나이스로 송부했다.

4교시에 한다던 졸업식을 3교시에 했다. 우리 학교는 조회를 주로 방송을 통해 한다. 오늘도 운동장에 드나드는 번거로움이나 추위에 떠는 일이 없어 좋기는 했지만, 방학식 기분은 훨씬 덜했다. 이런 저런 운동장 조회가 훗날 추억도 된다는 것을 요즘 아이들이 알기나 할까. 밝은 얼굴로 아이들이 돌아갔다. 지난 4개월 동안 우여곡절이 많았지만 그런 대로 유종의 미를 거두는 것 같다.

아이들을 보낸 뒤 12시에 선생님들과 근처 음식점에서 점심을 함께했다. 교장선생님께서 일일이 테이블을 돌며 인사를 하셨다. 선생님들과도 서먹함이 한결 줄어들어 편안한 식사시간이었다. 올 때 김영애 선생님을 예수병원까지 모셔다 드렸다.

2008년 1월 4일(금요일), 흐림

신년 모임

우리 학교 전 교직원 신년 모임이 있는 날이다. ㅇㅇ횟집에서 있는 12시 모임에 늦지 않기 위해 일찍 출발했다. 전군산업도로를 달리다 보니 군산 지역은 전주보다 눈이 훨씬 많이 온 것 같았다. 아직까지 들판이 눈으로 하얗고 도로 갓길에도 녹지 않은 눈들이 수북했다.

11시 40분에 학교에 도착하니 교장선생님을 비롯하여 많은 선생님이 먼저 와 계셨다. 새해 덕담을 나눈 뒤 교무 선생님으로부터 내가 처리해야 할 공문을 한 통 받았다. 신풍초등학교에서 온 생활기록부 정정을 위한 증빙서류 요청 건이었다. 전에도 이와 비슷한 공문을 처리한 적이 있다. 횟집으로 가기 전 나는 교무선생님과 군산교육청에 들렀다. 급히 제출할 서류가 있다고 해서다.

오늘 신년 모임은 행정실장의 이취임을 겸해서 갖는 자리이다. 이전의 실장님은 젊은 분이고 유머가 풍부한 분이다. 지난 가을 전 교직원이 고창에 다녀올 때도 그렇고, 분위기를 매우 즐겁게 이끌어 갔었다. 새로 오신 분은 연세가 있고 말수도 적어보였다.

횟집에서의 모임이니만큼 점심은 당연히 여러 가지 회가 나왔다. 태안반도 기름유출 파동이 염려되었지만 기름 냄새 같은 건 전혀 나지 않고 회도 매우 싱싱했다. 나는 얼큰한 매운탕으로 밥까지 한 공기를 다 먹었다.

오늘 모임에 김영애 선생님은 참석하시지 않았다. 서울에 꼭 다녀와야 할 일이 있다고 하셨다. 선생님이 안 계셔도 다행히 자리가 별로 불편하지 않았다. 그동안 내가 김영애 선생님을 많이 의지했었다. 하지만 이제는 선생님들도 나를 낯설게 대하지 않는 것 같고 동료 교사로서 자연스럽게 대하는 것을 느낄 수 있다.

올 때 주공 5단지에 들렀다. 그곳 경비실에 17평이나 21평 전셋집을 부탁하고 왔다. 지난 가을부터 근처 부동산 중개업소에 부탁을 해놓았으나 단 한 곳에서도 연락이 오지 않았다. 그래서 이번에는 아파트 경비아저씨들께 부탁을 해보기로 한 것이다. 학교와 가깝고 여러 가지로 조건이 맞을 것 같아 전세물만 나오면 그곳으로 이사를 했으면 한다.

집에 거의 다 왔을 때 교무선생님의 전화를 받았다. 아직 군산에 있으면 아까 학교생활기록부 관련 공문을 처리하고 갔으면 하는 것 같았다. 나는 일직인 14일에 가서 처리할 생각만 했었다. 식사 후 학교로 가서 처리를 해버리고 왔으면 그 일은 오늘 마무리를 해버리는 것인데 생각이 거기까지 미치지 못했다.

1월 5일(토요일), 맑음

초등학교 3학년 때 담임이셨던 김태균 선생님을 만나 뵈었다. 선생님 말씀에 따르면 정확히 37년 3개월 만이라고 한다. 예순이 된 연세에도 불구하고 젊고 활기찬 선생님 모습을 읽었다. 얼굴에 주름살도 별로 없고 머리에도 새치 하나가 없으셨다. 모르는 사람에게는 40대 후반이라고 해도 속아 넘어갈 듯하다.

선생님께서 당시 내가 매우 밝고 활달한 성격이었다고 하셨다. 애교가 많았다고도 하시는데 믿어지지 않는다. 선생님은 당시의 제자 중에 나와 숙자, 송주원만 기억을 하셨다. 숙자는 당시에 얼굴이 뽀얗고 속눈썹이 진했다고 기억하고, 당시 우리 반 왕초였던 송주원도 비교적 정확하게 기억을 하셨다.

선생님을 같이 뵙기로 했던 숙자는 사정이 생겨 참석하지 못했다. 혼자 뵙게 되어 죄송한 마음이었고 선생님도 많이 아쉬우신 것 같았다. 식사를 하는 동안 선생님께서 학교생활에 필요한 많은 말씀을 해주셨다. 그동안 초등학교 은사님과는 한 분과도 교류가 없었다. 다음에 뵐 때는 친구들도 많이 참석하기를 선생님도 나도 바라는 마음이다.

1월 7일(월요일), 아침 안개.

신규교사 추수 연수

오늘부터 5일간 군산교육청에서 신규교사 추수연수가 있다. 안개가 짙게 낀 전군산업도로를 달리는 기분이 새로웠다. 지금은 짙은 안개 속에서도 편안하게 달리게 되었지만, 처음 2개월 동안 아침마다 이 길을 달리며 얼마나 마음이 무거웠던가. 아이들을 지도하고 통제하는 일 등 모든 게 미숙하여 지치고 두려운 나날이었다.

교육청에 도착하여 신풍의 조성환 선생님, 신흥의 김준기 선생님, 소룡의 유경화 선생님과 반갑게 인사를 나누었다. 작년 9월에 함께 군산에 발령을 받아 나머지 선생님들도 낯설지는 않다.

이번 연수는 강회석 장학사님의 소관업무인 것 같았다. 모든 순서를 장학사님께서 직접 챙기셨다. 첫 시간부터 청장님과 여러 강사 선생님들께서 지루하지 않은 강의를 해주셨다. 연수자료에 실린 내용을 강의하기보다 학교 현장에서 직접 부딪히는 내용, 실질적인 도움이 되는 내용들을 말씀해 주셨다.

내일부터는 김준기 선생님과 카풀을 하기로 했다. 선생님은 오늘 자기소개를 할 때 85학번이라고 했다. 나를 빼고 유일한 40대라서 더 친근감이 간다. '미발추' 출신이지만 다른 미발추들과 같이 시험 거부를 하지 않고 당당하게 임용시험을 보아 합격한 선생님이라고 알고 있다. 카풀을 하는 동안 선생님과 더 많이 친해졌으면 한다.

1월 8일(화요일), 10m 앞이 보기 힘들 정도로 안개가 짙게 끼다.

연수 둘째 날

카풀을 같이 하는 젊은 선생님이 아침에 조금 늦게 왔다. 그래서 CBS 방송국에서 8시 30분에 출발을 했다. 안개까지 10m 앞을 보기 힘들 정도로 짙게 끼어 속도를 낼 수가 없었다. 교육청에 도착하니 강회석 장학사님의 〈학교교육과정 편성 · 운영〉 강의가 벌써 시작해 있었다. 안개 때문에도 이해는 하시겠지만 그래도 죄송한 마음이 들었다. 2교시와 3교시에는 전주 서천초등학교 교장선생님께서 〈전북 초등교육의 방향 및 장학자료 활용〉 강의를 해주셨다.

점심을 먹고 난 다음에는 신시도초등학교 교장선생님께서 〈생활지도의 실제〉에 대하여 강의해 주셨다. 이 선생님은 유인물도 여러 장을 준비하셨다. 그 중에서 교사평가지 양식은 활용가치가 있다는 생각이다. 학생들이 담임의 교수학습방법과 생활지도의 여러 면을 평가하는 양식이다. 평가지는 무기명으로 작성을 한다. 인사고과에 반영되지 않는, 나만 아는 평가인 셈이다. 이런 것을 해보면 내가 아이들에게 무엇을 잘못하고 있는지 알 수 있어 내 수업방법이나 생활지도 방법을 개선해 나갈 수 있다.

1월 9일(수요일), 봄날씨처럼 포근해서 두꺼운 점퍼 입은 것이 거추장스러울 정도

아이들을 존중하는 교사

오늘은 첫 강의는 미룡초등학교 최한성 선생님의 〈국어과 교수 · 학습지도의 실제〉였다. 선생님은 교육경력 9년차라고 했다. 인상이 무척 친근감을 주는 선생님은 강의도 매우 재미있게 하고 보조 자료도 많이 활용했다. 모두 수업시간에 활용하면 좋은 자료들이었다. 할 수만 있다면 강의를 몇 시간 더 듣고 싶을 정도로 정말 유익한 시간이었다.

두 번째, 조성례 장학사님의 〈학급교육과정 편성 · 운영〉 강의에 이어 세 번째 강의는 김진영 장학사님이 했다. 주제는 〈ICT 활용 교수학습방법〉이었으나 실제로는 초임 교사들에게 현장에서 필요한 것들을 여러 가지 말씀해 주셨다. 그 중 내가 새겨들은 것이 많다. 교과전담시간에 다른 반 선생님의 수업 참관을 많이 하라는 것과, 내 수업장면을 교감선생님이나 동학년 선생님들에게 참관을 부탁드리는 것, 음악시간에 티나라 반주를 사용하지 말고 아이들에게 오르간 반주를 맡기라는 것, 아이들에게 반존칭을 쓰라는 것 등이다.

카풀을 같이 하는 김준기 선생님은 지난 학기 내내 다른 반 선생님의 수업참관을 많이 했다고 한다. 나도 수업참관을 하고싶은 마음은 있었지만 늘 시간이 부족하여 하지 못했다. 하지만 새학기부터는 꼭 그렇게 할 생각이다. 그리고 다른 선생님들께 내 수업을 참관하고 조언을 해주시는 것도 부탁을 드릴 생각이다. 이렇게 하여 내 수업방법을 개선해 갈 생각이다. 지난 학기에는 아이들에게 존칭을 쓰지 않았다. 늘 아이들과 전쟁을 하다시피 하다보니 존칭을 쓸 분위기가 되지 않았다. 그렇게 하다보니 내 위엄이 더 서지 않았던 것 같다. 앞으로는 아이들을 존중하는 뜻에서도 존칭을 쓸 생각이다.

1월 10일(목요일)

긍정적 마인드

오늘도 세 분 선생님들의 강의가 있었다. 첫 시간에는 대야초등학교 마석우 교장선생님께서 〈창의성교육과 성공적인 수업의 조건〉에 대해 강의해 주셨다. 선생님은 동료 교사들 중 무엇이든 가장 먼저 성취를 하고 진급도 가장 빨리 하셨다고 한다. 상담교사, 특수교사, 중등 영어교사 등 자격증만 해도 여러 개이고 방학 때마다 쉬지 않고 연수도 몇 개씩 받았다고 하신다. 이 선생님 말씀 중 내가 꼭 마음에 새겨두고 싶은 것이 있다. 성공적인 사람은 무슨 일을 만날 때 'now and here'의 자세로 적극적으로 부딪히나 실패한 사람은 'next…'라고 하며 소극적으로 대처한다는 것이다. 이왕에 할 일이라면 '다음에…'하며 미루지 말고 적극적으로 임하라는 말씀, 뒤늦게 교직생활에 뛰어든 나에게 꼭 필요한 사고라는 생각이다.

그리고 또 하나. 그동안 나는 늘 이런 생각을 하며 자기합리화를 했었다. 내 나이 또래의 경력 많은 선생님들과 달리 뒤늦게 출발한 탓에 많이 뒤쳐질 수밖에 없다고 생각했다. 그렇게 합리화를 한다고 뭐가 나아지겠는가. 그래서 오늘부터는 이렇게 생각하기로 했다. 이 나이에 신규 선생님들과 함께 가장 최신의 교육내용으로 연수를 받는 것은 내 나이 또래의 교사 중 가장 참신한 교사가 될 수 있는 좋은 기회라고 긍정적, 적극적으로 생각하기로 했다. 교사 중에는 1년차 같은 10년차와 10년차 같은 1년차가 있다는 말, 이 말도 교육능력은 경력과 비례하지는 않는다는 뜻이다. 모두가 나 하기 나름일 것이다.

두 번째 강의는 역시 대야초등학교에서 오신 노영주 교감선생님께서 〈학급환경구성〉에 대해 강의해 주셨다. 이분 강의내용 중에서는 환경정리를 할 때 교실 앞면에는 시간표 외에는 아이들의 주의나 시선을 분산시킬 수 있는 어떤 게시물도 걸지 말라는 것, 선인장 종류의 화분은 교실에는 어울리지 않는다는 말씀 등 새겨둘 내용이 여러 가지 있었다. 그 중에서도 신발장 정리정돈이 잘 되어있는 학급은 모든 것이 잘 되어있는 것 같다는 말씀…, 내가 생각해도 그럴 것 같다. 그리고 나도 환경정리를 할 때는 학부모의 도움도 받을 생각이다.

마지막 강의는 강회석 장학사님께서 하셨다. 강 장학사님은 오전에 도교육청에 출장을 다녀오셨다고 하는데, 인사담당의 고충이 나름대로 있으신 것 같았다. 장학사님은 남성이지만 감성이 풍부한 분도 같았다. 조명을 끄고 마이크도 끄고 프리젠테이션만 켜셨다. 그런 다음 우리에게 '마음에 두면 좋은 11가지 메시지'와 '내일 오늘 지금 당장'이라는 제목의 메시지를 눈으로 읽어나갈 수 있도록 띄워 주셨다. 모두 마음에 새겨둘만한 문구였다. 강 장학사님의 멋진 면을 오늘 본 것 같다.

* ○○스님의 문자를 받다. 지금 화엄사 근처에 머물고 있다고 한다. 전화 통화를 하여 내일 5시에 전주역 앞에서 만나기로 약속하다.

1월 12일(금요일), 호남지방에는 비가, 강원 영동에는 폭설이 내리다.

연수 마지막 날

오늘은 모두 교수-학습 지도의 실제에 대한 강의를 했다. 첫 번째 순서는 개정초등학교 이경숙 선생님이 영어수업에 대해 해주셨다. 이 선생님은 교육경력이 20여년이 되는데도 목소리가 전혀 상하지 않았다. 또랑또랑하고 발음도 명확하고 수업보조자료를 활용하는 능력도 매우 탁월하다. 이런 선생님과 영어공부를 하는 아이들은 행복한 아이들이겠다는 생각이 들었다.

마지막에 지도하신 신흥초등학교 문선미 선생님의 사회과 강의도 알찬 내용들이었다. 이 선생님은 국어과 강의를 해주신 최한성 선생님과 수업 방식이 비슷했다. 협동학습의 여러 수업모형과 수업보조자료도 비슷했다. 아마 '좋은교사'인가 하는 모임을 같이 하시는 것 같다. 노련하게 보조자료를 준비하고 수업을 진행하는 선생님이 너무나 부럽고 존경스럽다. 나도 '좋은교사' 모임에 가입하여 협동학습 공부를 하고 싶다.

연수가 끝난 뒤 수료증을 받았다. 연수 기간 동안 친숙해진 선생님들과도, 5일 동안 수고하신 강희석 장학사님과도 아쉬운 작별을 했다. 다음에 어디서 만나도 반가울 것 같다.

* 강원과 영동지역에 눈이 많이 내린다는 뉴스를 듣고 스님과의 약속을 취소하다. 만약 전주에서 발이 묶이면 스님이 많이 불편해질 수 있어서다. 이번 방학 동안 내가 토굴에 다녀오는 방법을 생각 중이다.

1월 14일(월요일)

일직날

40일이 넘는 겨울방학 기간 중 오늘은 하루 있는 나의 일직날이다. 말로만 듣던 방학 중 당직이다. 9시가 못 되어 학교에 도착하니 교장선생님께서 먼저 와 계셨다. 방과후 지도를 하고 있는 박은희, 이호 선생님도 만났다. 수업을 받으러 온 아이들도 보고 운동장에서 놀고 있는 아이들도 많이 보였다. 날씨가 많이 쌀쌀했지만 별 추위가 느껴지지 않았다. 우리 학교, 우리 아이들, 그리고 동료 선생님들…, 모든 것이 친근했고 마음이 들뜨기도 했다.

선생님들과 인사를 나눈 다음 먼저 책상부터 닦았다. 청소를 마친 다음 내가 처리해야 할 공문을 찾았다. 학교생활기록부 정정을 위한 증빙서류 요청이 또 한 건 와 있었다. 방학 전에 전주 풍남초등학교에서 보낸 것과 같은 내용이었다. 2006학년도에 우리 학교에서는 1학년들의 〈우리들은 1학년〉 과목을 교과학습발달상황에 올리지 않았다. 당시의 담임이셨던 김춘자 선생님, 이금덕 선생님과 통화 후 기안문을 작성했다. 그런 다음 결재를 받아 공문 발송을 마쳤다.

점심시간이 되었다. 교장선생님과 선생님들이 한 자리에서 같이 식사를 했다. 칼국수 면발을 후루룩거리며 먹을 때는 소리에 신경이 쓰이긴 했다. 그래도 비교적 편안하게 한 그릇을 다 먹었다.

식사를 마친 다음부터는 우리 반 학교생활기록부를 출력하여 수정 작업을 했다. 입력해 놓은 채로 볼 때는 별 틀린 곳이 없는 것 같았는데 출력해 보니 손볼 곳이 많았다. 학생부 자료 오류검증에서 '확인필요'라고 뜬 〈특별활동〉은 원인이 무엇인지 끝내 찾지 못했다. 17일 전 교직원 출근하는 날 3학년 선생님들이나 이 업무 담당 선생님에게 여쭤보아야 할 것 같다.

일직 덕분에 학교에 나와 많은 일을 할 수 있었다. 성적처리 업무 중 잘 모르는 것은 여러 선생님에게 물어가며 했다. 자꾸자꾸 물어도 귀찮아하지 않고 친절하게 가르쳐 준 선생님들이 감사하다. 하루 임무를 잘 마치고, 4시 30분이 지나 학교 문을 나서는 발걸음이 가벼웠다.

1월 16일(수요일), 영하 5도나 되는 맹추위

아이들과 통화

겨울방학이 반쯤 지났다. 지금쯤 우리 반 아이들은 어떻게들 지내고 있을까? 처음에는 몇 명에게만 전화를 해 볼 생각이었다. 하지만 하다 보니 대부분의 아이들에게 하게 되었다. 아이들도 어머니들도 내 전화가 많이 반가운 것 같고, 모두 건강하게 방학을 보내고 있는 것 같다. 물어보지도 않았는데 숙제는 벌써 다 해 놓았고 일기도 꾸준히 쓰고 있다는 녀석들이 있다. 선생님 전화라고 어려워하지 않고 평소 학교에서처럼 하고 싶은 이야기를 주저리주저리 말하는 녀석도 있다. 모두가 나의 사랑스런 아이들이다.

올해도 자기 아이의 담임이 되어주길 바라는 학부모도 있었다. 작년에 내가 아이들에게 좋은 책을 추천하여 읽히고 일기와 글쓰기 지도까지 꼼꼼하게 해준 것을 마음에 두고 있는 것 같았다. 머지않아 헤어진다고 생각하니 어머니들까지도 더 정이 새록새록 하다.

1월 17일(목요일), 영하 9도

엿 나눠먹기

전 교직원이 출근하는 날. 7차 교육과정 개정안에 대한 연수 등이 있었다. 교과전담 및 특별실 시간운영계획, 연간행사활동 운영계획, 2008학년도 학사력 등의 유인물을 보며 설명도 들었다. 새해 우리 학교 학사일정이 빡빡하다.

점심을 먹은 다음 차에서 엿을 꺼내어 교무실로 가져갔다. 작년 9월에 부임인사를 했어야 하나 늘 시간에 쫓기다 보니 하지 못했다. 각 학년과 행정실에 한 봉지씩을 나누어 드렸다. 확실히 삼계엿이 맛은 좋은 것 같다. 선생님들이 이구동성으로 맛있다는 말씀을 했다. 큰 돈 들이지 않고 많은 선생님을 만족시킨 것 같아 엿을 선택하길 참 잘 했다는 생각이 들었다.

1월 18일(금요일)

강아지 같이

이틀 째 학교에 출근하는 날. 후문을 막 들어서는데 우리 반 아이 지수가 보였다. 부르는 소리를 듣고 돌아보더니 반가운 기색이 가득한 얼굴로 달려왔다. 발을 동동 구르며 꽁꽁 언 손을 내밀었다. 잠깐 이야기를 나누는 동안 손난로 같은 내 따뜻한 손(아이들이 그렇게 부른다)으로 지수의 꽁꽁 언 손을 녹여주었다. 학원에 가는 길이라고 하여 지수를 돌려보냈다.

몇 초나 지났을까. 지수가 다시 뭐라고 소리를 치며 달려왔다. 지수 뒤에는 은유가 달려오고 있었다. 은유에게 나를 만났다는 얘길 한 것 같았다. 전력을 다해 달려오는 두 아이가 마치 오랫동안 떨어져 있던 어미를 만난 강아지들 같았다. 그 모습이 너무나 사랑스러웠다. 선생님들이 보람을 느낀다는 것이 바로 이런 경우를 두고 하는 말일 것 같다.

* 오늘은 각 반의 2008학년도 시간표와 연간수업시수를 짜다. 유서정 선생님의 도움으로 진땀 빼지 않고 일을 마치다.

1월 19일(토요일), 봄처럼 포근하다.

감자 좀 사오세요

내일 스님 토굴에 가져갈 장을 보러 이마트에 갔다. 삼계엿도 사놓고, 고산곶감도 사놓고 하였지만, 과일 한 가지쯤 더 사기 위해서다. 오렌지를 살까 하고 둘러보니 제주 한라봉이 눈에 들어왔다. 물건을 고르고 있는데 휴대전화가 울렸다. 받아보니 뜻밖에 스님 전화였다. 감자 좀 사왔으면 하고 조심스럽게 말했다. 여간해서는 전화를 하지 않는 스님이 전화까지 하여, 나에게 처음으로 무엇인가 부탁을 했다.

1월 20일(일요일)

스님의 토굴에 다녀왔다. 익산↔포항, 대전↔통영, 88고속도로, 중앙고속도로 등 고속도로만 해도 4곳이나 거쳐야 하고, 300km가 넘는 먼 곳이다. 동이 트기 전 출발하여 장수, 함양, 대구를 거쳐 예천에는 11시쯤 도착했다. 다시 토굴까지는 1시간 정도가 더 걸렸다.

스님이 마을 입구까지 마중을 나왔다. 내 차는 주유소에 세워놓고 스님 차를 타고 토굴로 향했다. 토굴은 옛 가옥 한 채와 새로 지은 선방禪房 한 채, 작은 해우소 한 채 해서 모두 세 동. 이 중 선방과 해우소는 스님이 직접 지었다고 한다. 경사진 산비탈에 자리한 토굴 앞에는 스님이 일구었을 밭도 제법 넓었다. 산이 앞을 가로막고 있어 나는 조금 답답한 느낌이 들었다. 하지만 일부러 속세와 떨어져 조용히 참선하는 스님에게는 어쩌면 더 없이 좋은 환경인지도 모른다.

스님이 부엌에서 점심을 준비하는 동안 나는 주변 풍경을 카메라에 담았다. 선방, 풍경風磬, 들짐승용 돌식탁, 해우소…, 눈까지 내려 더 운치 있는 그림이었다. 방으로 들어가자 소박하고 정갈한 살림과 스님이 깎았을 법한 목침이 보였다. 장작불을 충분히 지폈는지 방이 따뜻했다. 스님이 손수 차린 밥상 앞에 마주 앉았다. 찌개 그릇에 수저를 대며 스님이 내가 사 간 감자가 아주 맛이 있다고 했다. 그때까지도 멋쩍고 쑥스럽던 분위기가 조금 풀리는 듯 했다.

설거지를 마친 다음 스님이 뒤 건물 선방으로 차를 마시러 가자고 했다. 2층 구조로 되어 있는 건물의 1층 방에 들어서자 독특한 향냄새가 느껴졌다. 그동안 어디서 맡아보지 못한 맑은 향기에 나도 모르게 햐! 하고 감탄사가 나왔다. 황토 바람벽과 통나무, 황토 벽지까지 발라 건물 전체가 참선도량다웠다.

좁은 미로 같은 통로를 따라 이번에는 2층으로 올라갔다. 이곳은 차를 마시며 사색하는 공간 같았다. 차와 다기가 준비되어 있고, 음향기기와 CD도 있고, 책도 있고…, 무엇보다도 정면을 차지한 대형 유리를 통해 눈 오는 풍경을 그대로 느낄 수 있었다. 스님이 스테레오를 켜자 잔잔한 음악이 흘러나왔다.

스님이 차를 준비하는 모습을 조용히 지켜보았다. 얼마쯤 정적이 흘렀다. 고요한 가운데 스님이 이야기를 시작했다. 종교는 물론 학문과 예술… 모든 면에 걸친 스님의 깊고 폭넓은 교양을 알고 있었지만, 오늘은 더 진지하여 스님의 대화 상대가 되지 못하는 내가 한없이 작고 미안하고 부끄러웠다.

그 때가 2시 조금 넘었을까? 산 밑이라면 아직은 한낮이다. 그런데도 눈 때문인지 벌써 해가 지고 있다는 느낌이 들었다. 이쯤에서 일어나야 할 것 같다. 짧은 만남이 스님도 아쉬운 것 같았지만, 88고속도로에 눈이라도 쌓이는 경우 중간에 발이 묶일 수도 있다. 토굴을 나서기 전 스님이 직접 번역한 ≪법구경≫ 한 권을 주었다.

돌아올 때도 같은 길을 따라 왔다. 걱정했던 만큼 눈은 내리지 않았지만, 겨울 밤길이라 많이 조심스러웠다. 도착하여 바로 전화를 했다. 그 사이 놓고 온 내 글 〈사향思香〉을 읽은 것 같았다. 글이 좋다는 말을 했다. 스님이 내 글에 대해 구체적인 평을 한 것은 이번이 처음이다.

다음에 올 때는 전에 보내 준 지팡이를 다시 가져오라고 했다. 그 지팡이는 일부러 소백산을 뒤져 물푸레나무로 깎은 것이라고 한다. 물푸레나무는 단단하여 죽비로 쓸 만큼 좋은 나무라고 하는데, 그래서 그런지 좀 무거워 지팡이로 사용하지 못하고 곱게 모셔두고 있다. 이름도 참 예쁜 물푸레나무, 담그면 물을 푸르게 물들이는 나무라하여 붙여진 이름이라고 알고 있다. 우연 같지 않은 우연이다. 10년도 훨씬 이전부터 나도 주변을 푸르게 물들이는 사람이 되고 싶다는 뜻에서 내 인터넷 ID로 물푸레나무를 쓰고 있으니 말이다. 스님이 다시 알맞게 다듬어 주면 내 평생의 지팡이로 삼고 싶다.

자리에 누웠지만 맑은 정신에 쉬 잠이 들 것 같지 않다.

1월 25일(금요일)

글벗 김재희, 장효근 선생님과 겨울 섬진강을 다녀오다.

2008학년도

3학년 2반 아이들과

3월 3일(월요일), 구름 조금 끼고 약간 흐림

새 출발

아이들만 새 출발이 아니다. 교사인 나도 오늘은 새로운 우리 반 아이들을 만나는 첫 날이다. 먼저 도착하여 아이들을 맞이하고 싶어 서둘렀는데도 8시 20분이 되어서야 학교에 도착했다. 많은 아이들이 벌써 와 기다리고 있었다. 작년만큼 긴장된다거나 하지는 않았다. 아이들이 인사를 많이 하고 내가 장애가 있는 것에 별로 놀라는 것 같지는 않았다. 9시가 되기 전에 출석부터 불렀다. 오늘 전학 온 아이까지 포함하여 우리 반 인원은 모두 41명이다. 작년 아이들보다 일곱 명이 많다.

방송으로 시업식을 했다. 운동장에 줄을 서지 않아도 되지만 옛날에 비해 요즘 시업식은 참으로 싱겁다. 교장선생님 말씀을 듣는 아이들 표정마다 아직은 서먹하고 어색하다. 시업식이 끝난 다음 간단하게 내 소개를 하고 자리를 정하고, 학급 기본 규칙 같은 것도 정했다.

첫날이라 평소보다 많이 힘들 것을 각오했었다. 그런데 오늘 정말 순탄한 하루였다. 한두 명 산만한 녀석이 있기는 하지만 대부분은 내 말을 잘 따르고 눈빛도 초롱초롱하다. 그래서 목도 쉬지 않았고 긴장도 되지 않았고 급식실에서는 점심밥도 다 먹었다. 작년 2학기 시작에 비교하면 너무나 다르다. 학부모도 몇 명 찾아오셨는데, 자연스럽게 면담했다. 지난 6개월 동안 이렇게 많이 단련된 것이 나 스스로도 놀랍다.

처음부터 아이들에게 반半존칭을 쓰려고 노력했다. 그런데 첫날부터 존칭과 반말을 섞어 가며 썼다. 꾸짖거나 할 때는 아이들에게 존칭을 쓰는 것이 결코 쉬운 일은 아니다. 그래도 더 많이 쓰려고 노력할 것이다. 그래야 아이들을 존중하는 마음이 생기고 아이들도 담임인 내가 저희들을 인격적으로 대한다는 것을 느끼게 될 것이다.

내일은 자기 소개하는 글을 쓰게 할 계획이다. 오늘 써 온 글(새학년 새학기를 맞으며)은 내용이 비슷비슷하다.

3월 4일(화요일), 춘설春雪이 몇 장 흩날리다.

1－2교시에는 나를 소개하는 글을 쓰고 나머지 시간에는 쓴 글을 발표하는 시간을 가졌다. 글을 진지하게 쓰는 아이가 여러 명 눈에 띄었으나, 대부분 앞에 나와 발표하는 것은 쑥스러워한다. 아직 선생님도 친구들도 익숙하지 않아서일 것이다. 그래도 짧은 시간에 아이들을 파악하는 데는 큰 도움이 되었다.

3월 6일(목요일), 흐림

첫 수업을 했다. 사회, 도덕, 말 · 듣, 수학, 음악 순으로 한 결과 무난한 수업이었고 아이들 반응도 좋다. 퇴근 전에 칠판에 동시 한 편을 판서해 두었다. 이제부터 우리 반 아이들에게 매 주 한 편씩 동시를 외우게 할 생각이다. 매 주 외우면 학년을 마칠 때 50편쯤 외울 수 있을 것이다. 계획대로 되기만 하면 우리 아이들의 정서에 크게 도움이 될 것이다.

* 3월 반장에 홍수아가, 부반장에는 김예진이 선출되다.

3월 8일(토요일)

체육수업에 대비해 시내에 나가 트레이닝복을 샀다. 올해는 내가 직접 체육수업을 하려고 한다. 작년에는 옆 반 선생님과 바꾸어 수업을 했는데 장단점이 있었다.

3월 10일(월요일), 구름 조금

동시 외우기

출근하여 교실에 들어서니 아이들이 공책에 열심히 〈물뿌리개 하늘〉을 적고 있다. 이 동시는 내가 지난 금요일 날 퇴근하기 전 칠판에 적어 두고 갔다. 다 적은 아이는 시에 어울리게 그림도 그려 넣고 있다. 멀리서 보아도 알록달록 예쁘기도 하다. 벌써 중얼중얼 시를 외우는 아이들도 눈에 띈다. 다 적었을 때쯤 아이들과 내가 함께 큰소리로 시를 낭송해 보았다. 아이들 눈에 빛이 나고 매우 흥미있다는 표정이다. 이 동시를 1주일 동안 열심히 외운 다음, 토요일 특별활동 시간에 한 사람씩 앞에 나와 외워보자고 했다.

3월 13일(목요일)

환경정리를 하느라 작년 제자인 송은유의 도움을 받았다. 은유는 먼저 찾아와서 도와줄 일 없냐고 묻기까지 한다. 자칭 '선생님의 퀵서비스' 송은유. 환경심사가 끝나면 은유에게 책이라도 선물할 생각이다.

3월 14일(금요일)

오늘은 작년 제자 송은유, 강지혜와 우리 반 홍수아, 이지혜의 도움을 받다.

3월 15일(토요일), 구름 많이 낌.

처음 동시 외우기를 하는 날. 동시 외우기를 어떻게 하는지 궁금하여 아침부터 설레는 아이들이다. 한 사람씩 일어나 자리에서 외우게 하였다. 대부분의 아이들이 시를 매우 잘 외웠다. 시 외우기가 무척 즐겁다고 하고 다음에 외울 동시가 기다려진다는 아이들이 많았다. 하지만 염불보다는 잿밥에 관심이 더 많은 아이들도 있었다. 오늘 아이들에게 준 사탕은 어제 화이트데이에 아이들이 나에게 준 것들이다.

3월 16일(일요일), 맑음

〈우리교육〉 윤홍은 기자가 전주에 왔다. 교원의 장애인의무고용법 발효 1년을 맞아 나와 특수학교 홍모 교사를 취재하기 위해 서울에서 전주까지 온 것 같다. 윤 기자와 나는 교동의 한식당에서 점심을 겸하여 2시간 넘게 대화를 나누었다.

학교생활을 하는데 문제가 되는 것들을 취재하기 위한 듯 보였으나, 나는 교사들과의 갈등이나 학교에 대한 불만은 별로 없다. 편의시설이 갖추어지지 않아 불편한 것 외에는 그다지 불편한 것도 없다. 오히려 학교나 동료교사들이 나를 많이 배려해 주고 아이들도 나를 많이 도와준다. 나는 일반 교과목을 가르치는데 별 문제가 없다. 다만 체육교과에 나오는 모든 종목을 아이들에게 지도할 수 없어 그것이 미안하다고 했다. 사회나 음악 등 후속활동이 필요한 교과의 경우 보조교사가 필요할 때도 있다. 하지만 국가적 차원에서 그렇게까지 장애인 교사를 배려할 예산이 있는지를 생각하면 회의적이라고 했다.

지난번 장애인직업안정연구원 연구원처럼 같은 질문도 했다. 시각, 청각 장애를 가진 교사들이 교단에 설 때 어떤 문제점이 있을지 물었다. 시각장애인 혹은 청각장애인 교사에 맞는 교육기자재가 갖추어져 있으면 어느 정도 가능하다. 하지만 아직 지체장애인 교사를 위한 엘리베이터조차 갖추지 못한 학교가 많다. 내가 근무하고 있는 학교만 해도 아직 엘리베이터가 없다.

윤홍은 기자와 헤어진 뒤 생각해 보니 〈우리교육〉이 장애인 등 소외된 계층이나 사회정의에 많은 관심을 갖는 교육사업체인 것 같다.

3월 17일(월요일)

오늘 마침내 환경정리를 마쳤다. 게시판 중앙에는 그림과 장래 희망 사진을 붙이고, 오른쪽에는 주간학습안내, 추천도서목록, 이 달의 영어, 금주의 동시 등을 게시하는 학습안내판을 붙였다. 그리고 왼쪽에는 '생각이 크는 나무' 란에 연필과 종이, 신문스크랩, 재미있는 전래놀이 난을 두었다.

교실 양쪽 중간쯤에는 시간표와 시정표를 붙였다. 솜씨 좋은 내 동생이 포스터물감으로 직접 그리고 글씨를 쓴 이 둘은 누가 보아도 정성이

담긴 것을 알 수 있다. 아이들은 이것을 내가 직접 한 줄로 알고 솜씨가 좋은 선생님이라고들 한다.^^

환경정리 비용으로 각 반에 배정된 돈은 10만원이다. 그런데 우리 반은 5만원 정도가 들었다. 돈은 적게 들었지만 내 취향대로 깔끔해서 그런대로 마음에 든다.

3월 18일(화요일)

첫 과학실 이용—가루물질 반응실험

41명의 아이들을 데리고 과학실에 가야 한다. 보조교사도 없는 실험실 수업이라 부담스러웠지만 이번 차시는 과학실에서 해야 하는 수업이다. 알코올램프에 불을 붙여 가루물질의 반응 실험을 해야 하기 때문이다.

과학실로 갔다. 아이들을 여섯 모둠으로 앉힌 다음 페트리 접시 4개씩을 놓게 했다. 각 페트리 접시에는 소금, 녹말, 탄산수소나트륨, 황산구리의 네 가지 가루물질을 담았다. 그런 다음 먼저 네 가지 가루물질의 색깔, 알갱이의 크기, 촉감 등을 확인하게 했다. 그 다음에는 이들 가루물질이 탄산수소나트륨과 요오드용액에 어떻게 반응하는지 실험을 통해 알아보았다. 마지막으로 이들 가루물질을 은박접시에 담아 알코올램프에 가열하는 실험을 했다. 소금과 녹말과 황산구리와 탄산수소나트륨의 변화를 눈으로 확인할 수 있었다. 스포이트 사용법, 알코올램프에 불을 붙이고 끄는 방법은 내가 시범을 보였다.

실험을 마친 다음 교실에 와서 정리학습을 했다. 숨 가쁘게 수업을 했는데도 아이들은 과학실 실험을 처음 경험해 본 것에 큰 의미를 두는 것 같다. 그 정도로도 과학 실험이 무척 재미있다고 한다.

* 오늘은 학부모총회 날, 18명의 학부모가 오시다. 학부모들에게 1년 동안의 학급경영계획을 밝히다. 교과 지도 외에 우리 반 특색사업은 동시 외우기, 배 달 4권씩 추천도서 읽기, 독서토론과 독후감 쓰기이다. 이 밖에도 체육수업을 전래놀이 중심으로 하겠다는 의사도 밝혔다. 인쇄물을 보거나 내 의견을 듣고 특별히 이의를 제기하는 부모님은 없다. 학급 일에 기꺼이 협조해 주겠다는 약속도 받다. 학부모대표로 김민석의 어머니가, 부대표는 최재호의 어머니가 결정되다.

3월 21일(금요일)

환경심사를 받던 날

보름 가까이 환경정리를 해왔다. 경험이 전혀 없는 나로서는 학년 초 환경정리가 신경이 매우 쓰였다. 그래서 그동안 작년 제사와 올해 제자들을 몇 명씩 불러 나름대로 교실을 꾸몄다.

마침내 오늘 환경심사를 받았다. 교장선생님께서 본관을 하시고 교감선생님은 우리 반이 있는 후관을 하셨다. 그냥 와서 한번 빙 둘러만 보고 특별한 말씀 없이 그냥 가셨다. 다른 반보다 특별할 것은 없지만 그래도 나름대로 열심히 준비를 했는데 조금은 싱거웠다.

〈고마운 돌〉 외우기

이번 주 동시 외우기는 두세 명씩 하게 했다. 한 시간 안에 모두 마치려면 이 방법이 낫겠다 싶어서다. 혜린이 같이 시 외우기를 좋아하고 잘 외우는 아이들은 여럿이 시를 외우는 일이 몹시 아쉬운 것 같았다.

하지만 혼자 외우기 쑥스럽거나 자신이 없는 아이들은 오히려 좋아하는 것 같다. 이번에도 시를 잘 외운 아이들에게는 '참, 잘했어요' 도장을 찍어 주고, 조금 못한 아이들에게는 '잘했어요' 도장을 찍어 주었다. 사탕은 모두 하나씩 주었다. 아이들이 시 외우기에 재미를 붙여가는 것 같다.

3월 22일(토요일), 비 조금

제 18대 국회의원 선거가 보름 남짓 남았다. 그 전에 ○ 의원에게 얼마라도 감사표시를 하고 싶었다. 진즉부터 마음을 가져왔으나 그동안 여유가 없어 하지 못했다. 더 미루다가는 어쩌면 영원히 기회를 놓치고 말 수도 있다.

○ 의원은 내가 교단에 설 수 있기까지 가장 큰 은혜를 입은 분이다. 이 분이 국회에서 교단에도 장애인교사가 설 수 있도록 개헌법안을 발의했다. 그동안 장애인은 교육대학에 진학할 수 없었고 설사 진학한다고 해도 교사가 될 수 없었다. 나도 대학 재학 중 장애를 입었지만 지난 1993년의 임용시험에서 장애가 있다는 이유로 탈락의 고배를 마셨다.

○ 의원 덕분에 교육공무원법이 개정되어 마침내 작년 9월 교단에 섰다. 이 은혜에 조금이라도 보답을 하고 싶었다. 며칠 후면 18대 국회의원 선거가 있다. ○ 의원은 17대 국회의원 중 가장 의정활동을 잘 한 의원으로 선정되기까지 했다. 그래서 18대 국회에서도 그런 훌륭한 국회의원이 되었으면 한다.

후원금을 보낸 뒤, ○ 의원이 직접 전화를 걸어 와 고맙다는 말을 여러 번 했다. 그리고 이런 순수한 돈을 받게 되어 너무나 기쁘다고 했다. 많은 돈은 아니지만 십시일반이라고 조금이라도 도움이 되었으면 하고,

꼭 재당선되어 장애인을 위한 좋을 일을 더 많이 하였으면 한다.

3월 24일(월요일)

3학년이 되어 가장 기억에 남는 일

'3학년이 되어 기억에 남는 일'에 대해 쓰라며 지난 금요일 일기 글감을 정해주었다. 오늘 미술 전담시간에 아이들 일기장을 교무실로 가지고 와 읽었다. 대부분의 아이들은 동시 외우기와 오징어 놀이를 한 것을 적었고, 한 아이는 몸이 불편한 선생님을 만난 것이 3학년이 되어 가장 기억에 남는다고 했다. 대부분은 긍정적인 것들이어서 일기를 읽는 내 마음이 흐뭇했다.

3월 26일(수요일), 아직 찬 기운은 있지만 햇빛은 봄볕.

체육조회

오늘부터 체육조회를 한다. 내가 온 이후로 그동안 운동장 조회를 한 번도 한 적이 없다. 몸이 불편한 나야 좋지만, 활동 왕성한 자라나는 아이들에게는 바람직하지 않다는 생각을 그동안 해왔다.

간편한 차림으로 등교하라는 말을 어제 아이들에게 했다. 줄 서는 연습도 시켜 놓았다. 그래서인지 첫 날인데도 오늘 우리 반 아이들은 운동장에서 줄을 잘 섰다. 하필 체육전담 선생님이 개인적인 사정으로 학교에 나오지 못했다. 그래서 오늘 체육조회는 교장선생님께서 직접 하셨다. 간단하게 앞뒤로 몇 번 뛰는 연습을 했다. 들어올 때도 우리 아이들이 제일 질서를 잘 지키며 왔다.

다음 주부터는 체육조회 때 새천년 체조를 할 계획인 것 같다. 아이들에게 미리 TV자료라도 자주 보여주어야 할 것 같다.

3월 27일(목요일)

4학년 1반 아이가 교통사고를 당하여 교무실에서 긴급회의를 갖다. 4학년이라는 말에 지수와 은유에게 전화를 걸어 작년 우리 반 아이가 아닌지 확인하다. 내일 아이들에게 교통질서 잘 지키며 등하교하는 교육을 하여야겠다.

"4444－4444번은 귀신전화래요."

어제 우리 반 아이들로부터 들은 소리이다. 학교에 소문이 파다하다고 했다. 말도 안 되는 소리라고 묵살했는데, 급기야 오늘 4반에서 일이 터졌다. 아이들이 담임선생님 핸드폰으로 걸어 본 이 전화번호가 하필 영업용 전화였던 모양이다. 한 시간 넘게 아이들이 전화를 하는 바람에 영업 손실이 크다며 담임이 책임을 지라는 둥 전화번호 주인이 생떼를 썼다고 한다. 어제는 교통사고 때문에, 오늘은 귀신전화 때문에 학교가 온통 뒤숭숭했다.

3월 29일(토요일), 비는 비인데 봄을 재촉하는 비.

아이들의 진짜 마음

오늘은 토요일. 시 외우기와 글쓰기가 있는 날이다. 오늘 외울 동시는 교과서에 세 번째 실린 〈해야 나오너라〉이다. 1교시 ≪읽기≫ 시간에 이 동시 감상과 낭송을 한 다음 남은 시간부터 시 외우기를 했다. 이 시는 지금까지 외운 두 편의 시에 비해 조금 긴 편이다. 이번에는 혼자서 외우기에 자신있는 사람부터 손을 들어 외우게 했다.

그런 다음 특활과 재량 시간을 연결하여 글쓰기를 했다. 글쓰기 주제는 '내가 가장 친하게 지내고 싶은 친구'이다. 아이들이 글을 거의 다 썼을 무렵 경찬이가 누군가의 쪽지를 갖고 나왔다. 쪽지에는 반장인 홍수아를 따돌리자고 하는 내용이 적혀 있고 심한 욕설도 있었다. 추궁을 한 끝에 쪽지를 주고받은 사람은 하은지와 정지윤으로 밝혀졌다. 친구를 따돌리는 경우 매를 댄다고 경고 했던 대로 두 아이를 불러내어 매를 댔다. 정지윤은 펑펑 울었다.

아이들 글쓰기 공책을 집으로 가져왔다. 점심도 먹는 둥 마는 둥 오후 내내 글을 읽었다. 그런데 뜻밖의 글이 있었다. 하은지와 정지윤 모두 가장 친하게 지내고 싶은 친구로 홍수아를 적었던 것이다. 머리가 멍했다. 은지와 지윤이의 진짜 마음은 무엇일까?

해야 나오너라

임석재

해야 해야 어서 나오너라.
참깨 들깨 볶아 줄게
복주깨로 물 떠 먹고
북을 치며 나와서 쨰앵 쨍.

해야 해야 어서 나오너라.

먹장구름 헤쳐 내고
제금 장구 울리면서
해죽 웃고 나와서 쨰앵 쨍.

해야 해야 어서 나오너라.
장맛비를 몰아 내고
먹구름도 쫓아 내고
화사하게 나와서 째앵 쨍.

3월 31일(월요일), 구름 조금

선배 교사 수업 참관

미리 양해를 구해놓은 대로 4－5교시 미술 전담시간에 전미숙 선생님 수업 참관을 하였다. 사회와 음악 수업을 보았다. 사회는 모둠수업을 하고 내가 가르치지 않은 것도 가르치는 것을 보았다. 그런가 하면 티나라에서 학습지를 뽑아 수업내용을 정리했다. 나는 지금까지 학습지를 선생님들이 직접 만드는 줄 알았다. 정말 좋은 정보를 얻었다. 음악도 이론까지 꼼꼼하게 가르치는 것을 보았다.

* 하은지와 정지윤을 불러 토요일에 매 맞은 손을 만져주다. 홍수아에게도 아이들의 속마음을 말해주다.
* 4월 반장에 나경찬이, 부반장에는 조혜린이 선출되다.

4월 1일(화요일), 바람 약간 불고 흐림

과학의 달 행사가 열렸다. 물로켓 발사대회에 김지훈이 참가했다. 과학상상 그림그리기 우수작에는 유미르, 김원준, 한가린 작품을 선정하고, 과학독후감에는 이지혜, 윤시연, 정민지, 정영우의 작품을 우수작으로 선정했다.

4월 2일(수요일)

과학시간에 철가루가 늘어선 모양 관찰하기 실험을 했다. 한 모둠에 6~7명씩 되는 아이들이지만 실험이 서툴렀다. 돌아다니며 일일이 도움말을 주어야 했다. 나는 힘이 많이 들었으나 아이들은 재미있고 신기한 모양이다. 모둠 수업은 몇 배로 힘이 더 든다. 하지만 아이들은 이날 일기장에 과학 실험이 너무 재밌었다고 썼다.

4월 3일(목요일)

지곡초등학교에서 두 학교 친목 배구대회를 가졌다. 이전 행정실장이 지곡으로 전근을 가셨는데, 이 선생님이 이번 친목대회를 추진했다고 한다. 우리 학교는 교장선생님과 김상옥, 장대웅, 강영호, 한성룡, 박민이 선생님이 뛰셨는데, 우리학교가 지곡에 약간 밀리는 느낌을 받았다. 그곳에서 작년에 우리 학교에 근무했던 선생님도 만났다.

4월 4일

이번 학년도부터 단기방학이란 것이 생겼다. 한 학기에 4일씩 샌드위치 데이 같은 때 아이들의 체험학습을 돕기 위한 목적으로 생긴 제도라고 한다. 아이들은 앞 뒤 휴일을 연결하여 가족과 함께 장거리 여행도 할 수 있고 그 계절, 그 시기에 체험할 수 있는 여러 가지 산 경험을 할 수 있다. 대신 방학은 줄어든다고 한다. 학부모들이나 사회에서는 이런 단기 방학 제도를 교사들이 노는 날로 오해하기도 하는 것 같다.

4월 5일(토요일)

노란색 스쿨버스

어제와 오늘 우리 학교는 단기방학 기간이다. 이때에 맞추어 지난여름 지리산에 산행 때 신세를 진 두 글벗을 고향의 데미샘에 안내하기로 했다. 데미샘은 섬진강의 여러 발원지 중 최장거리 샘으로 알려져 있다. 전주에서 한 시간을 달려 샘으로 향하는 길로 들어서니 못 보던 펜션도 생기고 가로수 벚나무마다 꽃망울이 방울방울하다. 1주일쯤 후면 꽃들이 만개할 것 같다. 원신암까지 한 달음에 도착했다. 길이 험해 나는 남고, 일행은 이내 데미샘을 향해 떠났다.

이제 혼자 남아 한적한 시간을 보내야 한다. 마을 호수래야 10호도 안 되는 동네, 구석구석을 기웃거렸다. 마을 입구에 원목으로 잘 지은 마을회관이 새로 들어서 있고, 샘으로 오르는 길과 계곡에도 대대적인 새 단장을 한 흔적이 보인다. 전에 없던 분식집도 생기고 지금 새로 짓고 있는 집들도 있다. 햇볕 잘 드는 양옥집 마루에는 두 노인이 이쪽을 바라보며 한담閑談을 나누고 있다. 화단도 잘 가꾸어져 철쭉이 마당 가득한 그 댁에 다가가 볼까 하다 발길을 돌렸다.

버들가지에는 지금쯤 물이 올랐을까? 냇가로 나가 보았다. 바위 난간에 서서 간신히 꺾은 가지 하나를 틀어보았으나 뜻대로 되지 않는다. 아직 물이 안 오른 탓이다. 우리 반 아이들에게 섬진강 발원지 버들피리 소리를 선물하려던 계획은 물거품이 되었다.

눈을 멀리 두니 마을 앞 밭 가양에 수령이 꽤 오래 되었을 감나무가 한 그루 있다. 따로 할 일도 없는 터라 가까이 가보았다. 감나무 등걸마다 이끼가 파랗다. 그 아래 재미있는 글씨가 새겨 있다. 세월의 때가 잔뜩 서린 시멘트바닥 위에 '놀이터'와 '깨끗이'라는 두 문구가 흐릿하다. 70년대 새마을 운동의 흔적으로 보인다. 아마도 이 감나무 밑이 아이들 놀이터였던 모양이다. 소꿉놀이를 하더라도 검정고무신일망정 벗고 올라앉으라는 뜻일 것이다. 내 어릴 적 모습이 떠올라 절로 웃음이 난다.

저만치, 노란색 미니버스가 모퉁이를 돌고 있다. 오늘은 토요일이다. 12시쯤 학교가 끝난, 하교하는 아이들이 타고 있으리라. 아이들은 몇 명이나 타고 있을까. 갑자기 마음이 설레어 왔다.

마을 못 미처 산등성이로 난 길옆에 차가 멈춰 선다. '전라북도 진안교육청'이란 글씨와 심벌마크가 선명하다. 아마도 저 한참 아래 백운초등학교에서 온 차량일 터이다. 반가움과 호기심을 안고 스쿨버스를 지켜보았다. 한 아이가 내린다. 6학년쯤 되었을 꽤 체격이 큰 여자아이다. 아이를 내려주고 버스가 다시 붕~ 출발한다. 그런데 차는 여기 원신암 마을로 오는 것이 아니라 멈춰 선 곳에서 그대로 돌아서고 있다. 그러고 보니 차 안에는 운전사 말고 아무도 없다. 원신암 마을에는 초등학교에 다니는 아이가 단 한 명도 없다는 것인가. 버스는 흙먼지도 날리지 않고 이내 돌아가 버렸다.

이제 나의 관심은 스쿨버스에서 내린 여자아이한테로 향했다. 아이에게 말을 걸어보고 싶지만 그러기에는 아이와 나와의 거리가 너무 멀다. 부르는 대신 아이의 걷는 뒷모습을 지켜보았다. 이상하게도 아이는 주변에 눈길 한 번을 주지 않는다. 아지랑이가 피어오르는 길을 따라, 산등성이로 난 길을 따라 성큼성큼 사라져 버렸다. 어딘가 모르게 서운하다. 올 때 본 기억으로 거기 어디쯤에 새로 생긴 축사畜舍가 있었던 것 같기도 하다. 추측컨대 축사 주인과 아이는 이곳 토박이가 아닐 지도 모른다.

아이가 가는 길을 따라가 보기로 했다. 길옆으로 꽃이 노랗게 핀 산수유나무가 있고, 자운영과 양지꽃도 있다. 조금만 고개를 들면 산등성이와 냇가마다 파릇파릇한 봄기운, 버들개지, 맑은 계곡물, 산 군데군데 진달래도 보이건만 아이는 그런 것엔 눈길 한 번 주지 않았다. 아이가 사라진 그 자리에 보안 시스템까지 갖춘 거대한 축사 두 동이 보인다. 마음이 쓸쓸하다.

신발을 끌며 가던 길을 내려오는데 저 멀리 그리 넓지 않은 숲이 눈에 들어왔다. 저수지 옆으로 자리한, 폐교된 지 꽤 오래 된 신암분교였다. 차를 가지고 학교 쪽으로 다가가 보았다. 깨진 유리창, 너덜너덜해진 교실 출입문, 건물 정면을 다 덮어버린 훌쩍 자란 편백나무들, 잡목들로 무성한 학교 울타리…. 안으로 들어서니 이런 어수선한 교정에 한봉 벌통들만이 줄지어 있었다. 저수지가 내려다보이는 전망 좋은 이곳은 봄에는 진달래 핀 산 물그림자 드리우고 여름에는 피어오르는 물안개로 그 풍경이 장관일 것이다. 가을에는 내장산이 부럽지 않은 빛 고운 단풍, 겨울에는 눈 속에 파묻힌 동화 속 같은 학교였을 것이다. 이렇게 맑은 공기, 이렇게 맑은 물 먹고 자란 아이들은 지금은 다 어디서 무엇을 하고 있을까.

그러고 보니 이 근방 4개의 초등학교가 모두 폐교되었다. 이 학교

3~4km 밑에 있는 반송초등학교는 벌써 오래 전에 무슨 무슨 수련원으로 바뀌었고, 여기서 산 하나 너머의 나의 모교 성신초등학교는 어느 기업체의 사원 연수원으로 새 단장을 마쳤다. 내 꿈은 폐교되기 전 모교에서 아이들을 가르치는 것이었지만 그것은 이제 영영 이룰 수 없는 꿈이 되고 말았다.

이 밖에도 평장초등학교와 좌산초등학교가 폐교의 운명을 피해 가지 못했다. 근방의 네 개 초등학교가 모두 폐교되고 면 소재지마다 겨우 하나만이 남아서 노란색 스쿨버스로 아이들을 실어 나른다.

내가 초등학교에 다니며 성장했던 70년대 당시만 해도 아이들은 산 넘고 물 건너 네 학교를 오가며 운동회 등 큰 행사를 공유했다. 학교 대항 계주도 있어 나도 참가했던 경험이 있고, 달리기와 소고춤과 꼭두각시 춤을 구경하려고 10리가 넘는 산길을 멀다하지 않았다. 그런 추억들이 너무나 그립다.

2시가 넘어서야 데미샘에 갔던 일행이 돌아왔다. 샘에서 길어 온 물로 답답한 가슴을 달랬다. 돌아오는 내내 노란색 스쿨버스가 자꾸만 눈에 아른거린다. 모레 출근하면 우리 아이들에게 오늘 이야기를 들려주려고 한다. 아이들이 10리를 가도 초등학교 하나 없는 오늘날 우리 농촌의 현실을 어느 정도나 이해를 할 지 모르겠지만 말이다.

4월 8일(화요일)

맹장염으로 군산의료원에 입원한 정다운의 문병을 다녀오다.

4월 11일(금요일), 쾌청. 화단에 핀 노란꽃 수선화도 활짝 웃다.

오징어 놀이

오늘은 체육시간에 오징어놀이를 했다. 교실에서 그림을 그려 다시 설명해 준 대로 먼저 운동장에 오징어를 그렸다. 그런 다음 20명씩 두 팀으로 나누어 놀이를 시작했다. 아이들은 재미있어하는데 지켜보는 나는 안타까웠다. 공격팀도 수비팀도 수가 너무 많다. 다음에는 오징어를 두 마리를 그려 나누어 해야 할 것 같다.

오징어 놀이를 하다가 김민석이 발목을 삐끗했다. 어머니가 와서 병원에 데리고 갔다. 다행히 인대가 놀라 얼음찜질만 하면 된다고 한다. 요즘 아이들은 운동 부족으로 사소한 놀이에도 걸핏하면 부상을 입는다.

4월 13일(일요일), 흐림

감기기운이 있었지만 전주천에서 버들가지를 꺾어왔다. 이번에도 전주천 근처에 사는 동생이 버들가지를 꺾어주면서도 내가 철부지 어린아이 같다며 또 군소리를 해댄다. 그러거나 말거나. 꺾은 가지들로 오후 내내 아이들 한 명 한 명에게 줄 버들피리를 만들었다.

4월 14일(월요일), 안개가 짙게 끼다.

반가운 만남

4－5교시에 보강을 들어가 달라는 담당 선생님의 연락이 왔다. 4학년 1반 선생님이 벚꽃예술제에 출전하는 아이들을 인솔하여 가셨다고 한다. 우리 반은 4－5교시가 미술이 전담시간이다. 그래서 내가 보강을 들어가야 하는 것 같다.

4학년 1반 교실은 우리 교실 바로 위층에 있다. 그 반에는 작년에 내가 가르쳤던 아이들도 많이 있다. 가벼운 마음으로 4학년 1반으로 올라갔다. 담임이 없는데도 생각보다 교실이 조용해서 보니 창문 너머로 건우가 앞에 나와 있었다. 이 달 반장이 건우인 것 같았다. 건우는 작년에도 우리 반에서 매우 모범적인 아이였다. 내 일도 자주 도와주고 해서 내가 많이 귀애했고, 종업식 때는 책도 선물했다. 건우는 급식실에서나 어디서 나와 마주치면 매우 반가워하고 인사도 깍듯이 한다. 그런 건우가 칠판 앞에 나와 있는 모습을 보니 더 반갑고 흐뭇했다.

문을 열고 교실로 들어서자 많은 아이들이 일제히 환호성을 질렀다. 반가움의 표시였다. 내가 보강을 들어오리라고 꿈에도 생각을 못했을 것이다. 건우 말고도 다혁이, 건웅이, 정준이, 예진이, 지수가 1반에 있었다.

수업을 하기는 뭐하고 해서 가지고 간 현덕의 ≪나비를 잡는 아버지≫를 읽어주려고 했다. 그런데 보니 사회 시험지를 풀고 있었다. 다음 시간도 과학 시험지를 풀기로 이미 준비가 되어 있는 것 같았다.

두 시간 내내 아이들과 화기애애한 가운데 시간을 보냈다. 5교시 째는 전미숙 선생님이 나 먹으라고 콜팝을 보내 주셨는데, 그것을 아이들에게 하나씩 나누어 주었다. 양이 적어 모두 줄 수는 없었지만 나는 먹지 않아도 배가 부른 기분이었다.

4월 15일(화요일)

4월 30일에 치를 중간고사 범위를 발표했다. 국어는 둘째마당까지, 수학은 3단원 평면도형까지, 사회는 1단원 우리고장의 모습까지, 과학은 2단원 자석놀이까지이다.

과학이 진도가 제일 늦어서 오늘에야 시험범위까지 수업을 마쳤다. 실험이 많아 다른 과목에 비해 수업이 훨씬 힘들다. 오늘도 자석의 둘레에 철가루가 늘어선 모양을 관찰하는 실험을 두 시간 연달아 했다. 40명이 넘는 아이들과 하는 실험 수업은 정말이지 너무나 힘이 많이 든다.

다행히 오늘 수업은 의도한 대로 실험결과가 잘 나왔다. 실험 결과를 아이들 눈으로 확인시킬 때는 뿌듯했다. 지난 시간에 설명이 부족했거나 미진했던 부분도 다시 짚어주었다. 내 실수를 아이들이 잘 모르는 것 같아 다행이다.

4월 17일(목요일)

5월 운동회에 대비해 교가, 어린이날 노래, 어머님 은혜를 미리 가르쳐야 한다. 겸사겸사 음악시간에 처음으로 오르간 반주에 맞춰 교가를 가르쳤다. 아이들은 몸이 불편한 내가 오르간 연주를 할 수 있다는 사실에 놀라는 표정이었다. 직접 반주를 넣어 음악수업을 하니 훨씬 생동감이 있었다.

4월 18일(금요일), 맑았으나 좀 나른하게 느껴지는 하루

수건돌리기

체육시간에 수업 시작도 하기 전에 사고가 났다. 운동장으로 나가던 예진이가 계단을 내려가다 넘어져 발목을 삐끗한 것이다. 민석이도 지난번 체육시간에 다친 발을 또 다친 것 같았다. 운동장으로 이미 나간 아이들을 교실로 불러들였다. 다친 민석이와 예진이를 두고 나갈 수 없어서다.

무엇으로 교실수업을 할까 생각 끝에 아이들에게 수건돌리기를 하게 했다. 책상을 뒤로 밀어놓았지만 41명이 둘러앉기에는 공간이 너무 좁았다. 둥근 원이 되지 못하고 삐뚤빼뚤한 원이 만들어졌지만 그런대로 재미있는 시간을 보냈다. 남자는 여자 뒤에 수건을 놓고, 여자는 남자 뒤에 수건을 놓게 했다. 그랬더니 녀석들이 평소 호감이 있던 아이에게 수건을 놓는다. 몇몇 아이에게 수건이 집중되어 수건이 한 번도 치지가 안 된 아이들도 생겼다. 할 수 없이 골고루 놓으라는 간섭을 해야 했다. 그런가 하면 남의 자리에 놓인 것까지 차지하는 날샌돌이도 있다. 너무 자주 그럴 때는 얄미운 생각이 들기도 했다. 수건돌리기 놀이를 가지고도 아이들의 관계를 읽을 수 있었다.

재미를 더해주기 위해 꼬리잡기를 추가했더니 놀이가 더 박진감이 있었다. 꼬리를 잡혀 탈락하지 않으려고 전력질주를 하여 교실은 흥분의 도가니가 되었다. 40명이 넘는 아이들이 수건돌리기를 하기에는 교실이 좁아 안타까웠다. 체육시간이 끝난 다음에야 예진이 어머니가 오셔서 예진이를 병원에 데리고 갔다. 예진이도 다행히 큰 부상은 아니라고 한다.

버들피리 선물

지난 일요일에 만들어 둔 버들피리를 오늘 학교에 가지고 갔다. 미니 냉장고에 넣어두었다가 마지막 시간에 아이들에게 하나씩 선물했다. 예상했던 대로 하나 같이 신기해하며 좋아들 한다. 소리가 제대로 나는지 확인하여 41명의 아이들에게 하나씩 주는 데만 한 시간이 넘게 걸렸다. 아이들이 좋아하는 모습을 보니 너무나 흐뭇했다. 예진이는 "선생님 감사합니다."하고 진심으로 고맙다는 말을 하고, 표정에서도 행복해하는 모습이 가득했다.

4월 19일(토요일)

독서 감상문 쓰기 지도

한 달 전 추천해 준 책 ≪화요일의 두꺼비≫, ≪안내견 탄실이≫를 가지고 우리 반 아이들에게 처음으로 독서 감상문을 쓰게 했다. 먼저 좋은 감상문의 예문을 보여주고, 쓰는 방법에 대해서도 미리 자세히 설명을 해 주었다. 첫 독후감 쓰기에서 절반의 아이들이 성공적인 감상문을 썼다. 특히 미르는 줄거리 위주의 감상문이 아닌, 생각과 느낀 점 위주의 독창적인 독후감을 썼다.

그동안 디지털도서관에 올려놓은 아이들의 독후감을 보면 줄거리 소개 정도에 그치는 경우가 많았다. 그런 독후감 쓰기에 습관이 되어서인지 아직 그 틀에서 벗어나지 못한 아이들이 많다. 자세하게 설명을 해 주었는데도 자꾸만 원래 습관대로 쓴다. 이런 아이들이 머지않아 제대로 된 독후감을 쓰게 되는 것이 내 바람이다.

셋째 시간에는 교과서 동시 중 〈그림자〉를 외웠다. 2/3 정도가 외웠다. 이번에는 강화물로 초콜릿을 준비했다. 잘 외운 애들은 당연히 받고, 외우려고 시도를 한 아이들까지도 초콜릿을 주었다. 하지만 아예 외우려고 시도도 하지 않은 아이들은 이번에는 주지 않았다.

그림자

문삼석

난 꼬마도 될 수 있고
엄청난 거인도 될 수 있다.
아파트 벽쯤 단숨에 오르고
물 위로 벌렁 누울 수도 있다.
하지만 난
혼자서는 안 논다.
꼭꼭 누구랑 같이 논다.
누구가 누구냐구?
바로 너지 누구야.
언제나 너를 따라
함께 노는 나.
그럼 난 누구게?

멋진 송은유

아침자습시간에 은유가 뒷문에 와서 손을 흔들었다. 연두색 계통의 옷을 입고 모자까지 썼다. 무심코 손을 흔들어주다가 생각하니 걸스카우트 단복을 자랑하러 온 게 아닐까 하여 내 자리로 불렀다. 아니나 다를까. 며칠 전 걸스카우트에 가입했고, 새 단복을 입고 오늘은 어딘가로 극기훈

련도 간다고 했다. 작년 선생님인 나에게 무엇이든 자랑하고 싶어하는 은유. 언젠가는 친구들이 저를 왕따를 시킨다며 나에게 와서 눈물까지 보였다. 기쁠 때도 속상할 때도 나를 찾는 은유가 고맙고 깜찍하다.

4월 21일(월요일), 흐림.

운동회 연습

돌아오는 5월 9일은 운동회 날이다. 우리 학교는 가을에는 학예회를 하고 운동회는 봄에 한다. 31학급이나 되는, 중소도시 치고는 꽤 규모가 큰 학교이다. 주변이 택지개발지구가 되는 바람에 시골 소규모학교에서 어느 날 갑자기 과밀학교가 되었다. 그런 바람에 운동회도 약식으로 할 수 밖에 없다. 각 학년별로 단체 경기 한 종목, 학급은 6명씩 뛰는 개인 달리기가 전부이다.

오늘부터 운동회 연습에 들어갔다. 우리 3학년은 단체 경기로 '공 전달하기 게임'을 한다. 1반에서 5반까지 각각 한 줄로 서서 발을 벌린 채 공을 뒤로 보낸 다음, 맨 뒷사람이 머리 위로 해서 다시 공을 앞으로 전달하는 경기이다. 다섯 반 중에서 가장 빨리 공을 전달한 반이 우승을 하게 된다. 오늘은 이 연습과 입·퇴장까지 연습을 했다. 그런데 선생님들의 사인이 맞지 않아 혼선을 빚었다.

아이들을 하교시킨 뒤 4반에 모여 선생님들끼리 몇 가지 수신호를 정했다. 호루라기 소리와 함께 깃발을 앞으로 들면 '준비!' 이고, 그 다음 다시 호루라기 소리와 함께 기를 위로 올리면 '시작!'이다. 입장과 퇴장은 1·2반, 3·4·5반이 양쪽으로 나누어 하게 된다. 그 밖의 몇 가지 약속도 정했는데, 나는 잘 듣지 못해서 내일 옆 반이 하는 것을 보고 배울 생각이다.

운동회는 반마다 인솔교사가 필요하기 때문에 나도 운동장에서 같이 뛰어야 한다. 그런데 나는 걸음이 느려 아이들과 같이 뛸 수가 없고 아이들 인솔이 어렵다. 학년 대표 선생님이 보조교사나 대체교사가 있는지 알아보았으나 계획에 없다는 체육선생님 답변이 있었다고 한다. 있으면 더 좋겠지만 없으면 없는 대로 해낼 수 있을 것도 같다. 1반 선생님과 상의한 결과 나는 입장할 때와 퇴장할 때 모두 뒤에서 지도하는 식으로 진행을 해나가자고 했다.

나는 이것 외에 놀이마당 때 아이들에게 페이스페인팅 하는 것도 맡았다. 한 번도 해 본 경험이 없지만 일단 책을 보고 한두 가지 그림을 익혀둘 생각이다. 의자에 앉아서 하는 일이고 내가 그림에 전혀 소질이 없는 것은 아니어서 크게 걱정은 하지 않는다.

* 한 가지 걱정스러우면서도 흥미있는 현상 발생, 1반과 우리 반 남자아이들이 패싸움 비슷한 신경전을 벌이다. 바로 옆줄에 서 있다보니 장난기 비슷하게 한 모래장난이 발단? 어쨌거나 전부터 이웃 동네, 이웃나라 간에 분쟁이 잦은 비슷한 현상이라고나 할까. 문제는 우리 반 아이들은 단속이 되는데 1반 아이들은 우리 반보다 말썽꾸러기가 많고 말도 더 안 듣는다는 사실이다. 운동회가 끝나기 전까지 앞으로 어떻게 진행될지 관심있게 지켜 볼 일이다.

4월 22일(화요일), 하루 종일 구름이 끼고 흐리다.

오늘은 운동장에 두 번이나 나갔다. 아침 체육조회 때 나가고, 3교시 3학년 단체 연습 때 나갔다. 운동장 앞에서 뒤로 왔다 갔다 하며 아이들 연습을 도와야 하기 때문에 많이 힘이 들었다. 뛰어다닐 수 없는 안타까움…, 그런 내 마음도 모르고 우리 반 아이들 몇몇은 연습도 제대로 하지 않고 딴짓을 한다.

궁리 끝에 다음 달 반장을 오늘 미리 뽑았다. 5월 반장과 부반장까지 4명이 아이들 앞뒤에서 나를 보조하면 한결 낫겠다는 생각이 들어서다. 아이들이 반장을 추천할 때 담임인 나도 추천해도 되는지 아이들에게 물었다. 모든 아이들이 찬성을 하여 나도 한 아이를 추천했다. 우리 반에서 가장 어른스러운 이지혜이다. 5월 운동회를 치르는데 지혜 같은 아이가 필요하다. 예상했던 대로 아이들이 손을 많이 들어 지혜가 5월 반장이 되었다. 부반장은 이동준이 되었다. 동준이는 키가 좀 작다. 그래도 이 아이 역시 모든 면에서 똘똘하다. 이름은 같지만 작년 이동준과는 천지차이다. 역시 우리 반 아이들은 사람 보는 눈이 있다.

* 퇴근 후 교감선생님께 전화를 드렸다. 학교에서는 교무실에서 회의를 하는 바람에 말씀을 드리지 못했다. 체험학습 때 학부모들에게 도움을 청해도 되는지 허락을 받고 싶어서다. 2명만 도움을 받겠다고 하였더니 승낙해 주셨다.
바로 학부모대표인 민석이 어머니에게 도움을 요청했다. 흔쾌히 승낙 받고 내 점심까지 준비한다고 하여 사양하지 않았다. 대신 덜 부담스럽도록 김밥만 준비해 주시면 맛있게 먹겠다고 했다.

4월 24일(목요일), 아침 기온이 5도까지 내려간 때늦은 추위

호루라기 소리

오늘까지 청백계주 대표를 선발해야 한다. 계주에 나가고 싶은 사람을 거수로 확인했더니 많은 아이들이 손을 들었다. 오늘은 체육이 들어 있지 않아 2교시에 아이들을 데리고 운동장으로 나갔다. 호루라기 소리에 맞추어 6명씩 60m 달리기를 시켰다. 경찬이가 출발선에서 아이들을 출발시키면 내가 도착점에서 순위를 매겼다.

1차로 1등과 2등을 선발한 뒤 선발된 아이들을 모아 다시 한 번 뛰게 했다. 아이들이 긴장하여 먼저 출발하는 아이들이 있는가 하면, 도중에 넘어지는 아이들도 있었다. 서로 먼저 도착하기 위해 전력을 다하여 뛰었다.

호루라기를 불며 아이들의 달리기 시합을 이끄는 내 모습이 그리 어설프지는 않았나 보다. 아이들이 내 신호에 따라 잘 움직여 주었다. 우리 반에서 남자는 이정원이 여자는 노아란이 선발되었다. 간발의 차로 탈락한 아이들 중에 아쉬워하는 사람이 몇 사람 있다.

돌쇠와 마님

오늘 수업시간에 짝꿍인 김민석과 김예진이 딴짓을 하다가 들켰다. 야단을 치고 있는데 누군가 김민석이 김예진의 돌쇠라고 했다. 야단을 치던 내가 쿡쿡 웃음이 나왔다. 요즘 인기 있는 드라마 〈미우나 고우나〉에서 강백호와 나단풍은 연인 사이다.

강백호는 나단풍을 마님이라 부르며 스스로 돌쇠가 되기를 마다하지 않는다. 드라마 속의 두 인물처럼 잘 어울리는 김민석과 김예진, 이 두 아이는 어제 5월 반장 선출 때도 서로를 추천했다. 민석이에게 예진이의 돌쇠라는 말을 한 사람은 4월 반장 나경찬이다. 이제부터 나도 김민석과 김예진을 돌쇠와 마님으로 불러볼까?^^

2008년 4월 25일(금요일), 바람이 적당히 불고 쾌청한 날씨

체험학습 날 황당 사건

오늘은 우리 학교 현장체험학습의 날이다. 봄 소풍인 셈이다. 3학년은 군산항과 금강하구둑을 거쳐 마지막에 철새조망대를 둘러 본 뒤 3시 30분까지 학교로 돌아오게 된다. 우리 반은 민석이 어머니와 창민이 어머니께서 동행하며 도움을 주시게 된다. 이번에도 나성관광 차로 9시쯤 학교를 출발했다. 첫 목적지는 군산항이다. 군산항으로 향하는 산업도로 주변에는 보리가 푸릇푸릇했다.

군산항에 도착했다. 아이들이 승선경험을 할 해양경비정이 있는 곳까지 이동하는 동안 부두 주변 모습을 수 있었다. 주변에는 각종 곡물이 쌓여있고, 통나무와 콘테이너들도 보였다. 군산항은 원래 곡창지대인 우리 지역의 쌀을 일본에 수출하던 항구로 유명했다고 한다. 지금은 중국과의 무역 직거래로 중국무역의 전초기지로서 중요한 항구이다.

차에서 내린 뒤 어머니께서 아이들을 인솔하여 해양경비정이 있는 곳으로 향했다. 아이들은 호기심을 가지고 배 안을 구경했다. 아이들은 해양경찰, 배 이런 것들에 매우 관심이 많다. 배에 오르고 내릴 때 경찰 아저씨들이 아이들 손을 일일이 잡아주었다. 계단이 많이 높았기 때문이다. 배를 다 구경한 다음에는 그 배를 배경으로 단체사진을 찍었다.

차에 올라 이번에는 금강하굿둑으로 향했다. 도착하니 11시나 되었을까? 11시 30분까지 반별로 자유 시간을 보내기로 했다. 돗자리를 펴고 자유롭게 앉게 한 다음 장기자랑을 하자고 했다. 먼저 김예진이 나와서 일본 노래를 불렀다. 일본어로 부르고 나서 우리말로도 불렀다. 그 다음에는 경찬이가 MP3를 귀에 꽂고 노래를 불렀다. 아마도 랩송인 것 같았다. 영어와 우리말을 섞어서 부르는데 소리가 작기도 했지만 허허 벌판이라 소리가 모아지지 않아 무슨 노래인지 잘 들리지 않았다. 그 다음에는 이정원이 나와 덤블링 장면을 보여주었다. 우리 반 청백계주 대표에도 뽑힌 정원이는 이제 보니 운동신경이 발달하고 운동을 매우 좋아하는 것 같다. 장기자랑 때 부르겠다며 청소시간에도 열심히 노래연습을 했던 원준이는 기회를 주었는데도 끝까지 노래를 부르지 않았다. 원준이는 이제 보니 정작 기회가 되었을 때는 멍석을 깔아주어도 못하는 아이 같다.

곧 점심시간이 되어 모여 앉아 점심을 먹었다. 점심을 먼저 먹은 아이들은 아이스크림을 사먹는 등 우왕좌왕했다. 전에 내가 초등학교에 다닐 때는 이 시간쯤에 보물찾기를 했다. 어디어디쯤에 보물이 숨겨져 있다는 구역을 알려주면 돌 밑이나 나뭇가지, 풀숲 등을 구석구석 찾고 다녔다. 그 재미가 쏠쏠했다. 일정 시간이 지나면 보물찾기에 대한 상품도 주고 장기자랑도 했다. 그런데 요즘 초등학교에서는 거의 그런 놀이를 하지 않는다.

1시쯤 철새조망대로 이동하기로 했다. 주차장으로 오니 뜻밖에 교장선생님께서 와 계셨다. 우리 반 도우미로 와 주신 두 분 어머니께 감사인사를 하러 일부러 오셨다고 했다. 나는 교장선생님의 자상함과 따뜻함에 또 감동했다.

철새조망대에서는 아이들만 올려 보내고 나는 밑에서 쉴 생각도 했다. 하지만 혼자 무료하게 있기도 그렇고 지금까지 나도 조망대까지 올라가 본 적은 없다. 쉬엄쉬엄 아이들과 함께 올라가 보니 생각보다 올라갈 만했다. 물고기들이 있는 분수대를 돌아 청둥오리 모형의 건물로 향했다. 거기서 넓은 금강이 한눈에 내려다보여 절로 감탄이 나왔다. 더 위로 올라가니 독수리 같은 새들이 있고, 그 더 위에는 식물원과 부화체험관이 있었다. 독수리들이 갇힌 새장 안에서 넓은 날개를 펼쳐 보이도 하였다. 그것을 본 아이들이 일제히 "날아 봐!" "날아 봐!" 하며 외쳤다. 갑작스런 소란에 독수리들이 놀란 모양이었다. 큰 날개를 접어버리고는 부리부리한 눈으로 아이들을 쳐다보았다. 나는 식물원에는 들어가지 않고 부화체험관 앞에서 아이들을 기다렸다. 먼저 다녀 온 예진이가 와서 식물원 안에 앵무새가 있고 제법 흉내도 낸다고 했다. 앵무새 흉내를 내는 예진이가 귀여운 앵무새 같았다.

부화체험관에는 새들의 부화과정을 볼 수 있는 여러 가지 자료가 많이 전시되어 있었다. 실제 막 알에서 부화한 병아리들도 여러 마리 있었다. 부화체험관을 둘러 본 다음 영상관에 들러 철새에 관한 영상물을 보았다. 바이칼호수에 사는 가창오리들이 만주와 시베리아를 거쳐 머나먼 여행 끝에 따뜻한 우리나라에 와 겨울을 나는 모습을 생생한 영상으로 보여줄 때 아이들은 환호성을 연발했다. 2시까지 차에 오르게 하기 위해 이제 아이들을 챙겨 아래로 내려가야 했다.

그런데 건물 밖으로 나오니 두 어머니가 걱정스런 얼굴로 나를 기다리고 있었다. 우리 아이들이 아까 식물원에서 새장을 열어놓아 새들이 날아가 버렸다며, 관리인이 담임인 나를 다녀가라고 했다는 것이었다. 그 말을 듣고 아이들에게 혹시 누가 새장을 열었는지 알아보았다. 그런데 아무도 연 사람이 없다고 했고, 오히려 들어갔을 때 새장 하나가 열려있었다고 한다. 그렇다면 우리 책임이 아니지 않는가.

어찌됐건 일은 명확히 하고 가자는 생각이 들었다. 새장 문이 이미 열려있는 것을 보았다는 세 아이를 데리고 매표소로 갔다. 그런 다음 식물원 관리인을 불러달라고 했다. 우리 반 두 어머니에게 책임추궁을 했다던, 모 노총 조끼를 입은 스포츠머리의 그 남자가 곧 내려왔다. 우리 아이들은 새장 문을 열지 않았으며, 들어갈 때 이미 문이 열려있는 것을 보았다는 아이들을 대면시켰다. 그렇지만 남자는 아이들의 말을 무시했다. 분명히 우리 학교 아이들이 새장 문을 열었다는 것이었다. 그래서 한 마리에 2백만 원씩이나 하는 새가 두 마리나 날아가 버렸다는 것이었다. 나 참 기가 막혀서…. 그렇게 비싼 새라면 더더욱 관리인이 자리를 비우지 말았어야 했다. 그 사이에 누구누구 다녀갔는지 어떻게 알고 우리에게 모든 책임을 지운다는 것인가.

한참 신경전이 오갔다. 그 사이 관리인의 말투가 조금씩 누그러짐을 느꼈다. 확신 하건대 우리 아이들이 거짓말을 할 리는 없고, 이건 분명 그 사람의 관리 책임이다. 더 할 얘기가 없다며 아이들을 데리고 차로 돌아왔다.

어머니들께서 자신들이 잘 못 도와주어 일이 이렇게 된 것 같다며 미안해 하셨다. 하지만 어머니들은 아무 잘못이 없다. 책임을 질 일이 있으면 담임인 내가 지면 된다. 하루 내내 수고해 주신 분들께 내가 오히려 미안할 뿐이다.

이런 일은 있었지만 아이들과 오늘 하루 즐거운 시간을 보냈다. 곁에서 지켜 본 두 어머니도 그렇게 생각하시는 것 같다. 이런 경험이 있었으니 다음 체험학습을 갈 때도 우리 아이들이 시설물 등에 더 조심을 할 것 같다.

4월 29일(화요일), 가로수 은행나무마다 새순, 새잎이 싱그럽다.

오늘도 3교시에 운동회 연습을 했다. 입퇴장 연습과 반별 게임, 마지막에 조별 달리기도 했다. 반별 연습 때 우리 반이 제일 빨리 끝내고 만세를 불렀다. 그런데 지도교사인 김상옥 선생님은 4반에 우승 깃발을 들어주셨다. 우리 반보다 4반이 공을 굴리지 않고 한 명 한 명 더 전달을 잘 했다고 하셨다.

연습 때부터 규칙을 잘 지켜서 하는 것은 당연하다. 입 · 퇴장 때는 1반 선생님이 우리 반도 인솔을 해주신다. 아이들이 처음보다는 덜 우왕좌왕 하지만 아직도 우리 반 아이들은 줄이 반듯하지 못하고 열중 쉬어, 차려, 뒤로 돌아, 좌향좌, 우향우를 제대로 못 한다. 내가 시범을 보여 제대로 가르치지 못하기 때문이다. 교감선생님께서 그런 것까지 잘 하려 애쓰지 말라고 하시지만, 아이들에겐 좀 미안하다. 김상옥 선생님께서 3학년 선생님들을 대신해 너무나 수고를 많이 하신다.

* 아이들이 돌아가고 난 뒤 김은서의 엄마가 다녀가시다. 은서가 여름방학 때 서산으로 전학을 가게 되는 것 같다. 내가 아이들에게 동시도 외우게 하고 좋은 책도 추천을 해 주고 글쓰기도 지도해 주고 하여 부모님들이 매우 좋아하고 있다는 말을 전했다. 은서도 전학을 가면 동시를 못 외우게 되는 것이 제일 걱정된다고 했단다. 내가 생각해도 동시 외우기는 참 좋은 아이디어인 것 같다.^^

5월 2일(금요일)

청백계주 연습

오늘 체육조회시간에는 전교생이 새천년체조 연습을 했다. 이어서 1교시까지 청백계주 연습을 했다. 각 반의 달리기 대표들이 모여 청백으로 계주를 치렀는데, 오늘 연습은 여학생은 청군이 이기고 남학생은 백군이 이겼다. 역시 대표로 뽑힌 아이들이라 그런지 모두가 정말 잘 달렸다. 뒤처지던 쪽이 곧 상대편을 따라잡거나 앞지르기를 할 때면 운동장은 흥분의 도가니가 된다. 옛날이나 지금이나 운동회의 하이라이트는 뭐니 뭐니 해도 청백계주이다. 전교생이 자기 쪽 선수를 응원하느라 아이들은 목이 터져라 응원전을 벌인다.

우리 반의 아란이와 정원이도 잘 했지만, 작년 제자인 다혁이가 달리기를 아주 잘 하는 것을 보았다. 바람을 가르며 달려 앞에 가던 아이를 앞지르는 모습이 너무 멋졌다. 아마 운동회 때는 더 손에 땀을 쥐게 할 것이다.

눈물을 보인 날

2-3교시에도 거의 수업은 하지 못했다. 그제 치른 중간고사 시험지를 아이들에게 나누어 주고 채점에 실수가 있는지 네 과목 모두 점검하는 시간을 가졌기 때문이다.

이제 점심시간이 되어 복도에 줄을 세우고 있을 때였다. 3반 남자아이 몇 명이 갑자기 달려와 나를 넘어뜨리고 달아났다. 순식간에 내가 심하게 넘어지고 안경까지 부서졌다. 순간 당황했다. 그리고 화도 났다. 아이들이 보는 앞에서 힘없이 넘어지는 모습을 보인 나 자신한테도, 복도에서 선생님조차 보지 않고 마구 뛰는 녀석들에게도 화가 났다. 녀석들은 나를 넘어뜨린 것조차 모르는 것 같았다.

우리 반 아이들이 나를 일으켜주었다. 문제의 녀석들을 불렀다. 처음에는 주춤거리던 녀석들이 슬금슬금 나에게로 왔다. 3반 선생님이 지켜보고 있었지만 일단 녀석들을 야단은 쳐야할 것 같았다. 선생님도 그제야 상황을 알아차린 것 같았다.

네 녀석이었다. 일부러 그런 것은 아니지만 어쨌거나 선생님을 넘어뜨릴 정도로 복도에서 심하게 뛴 것은 마땅히 야단을 맞아야 한다. 우리 반 아이들이 아니고, 이번이 처음이라 심하게 야단을 치지는 않았다. 다음에도 복도에서 뛰는 것을 보면 그때는 정말 혼을 내겠다고만 했다.

급식실에 가니 여기저기서 아이들이 선생님 괜찮으시냐고 묻는다. 안경이 부서지긴 하였으나 다친 데는 없다. 그런데도 자꾸 눈물이 나왔다. 아이들이 볼까봐 눈물을 훔치지 않으려고 했다. 그럴수록 더 눈물이 흘러 내렸다. 더 밥을 먹을 수 없어 유나에게 식판을 부탁하고 그냥 교실로 돌아왔다.

작은 충격에도 쉽게 넘어지고 마는 나, 아이들 앞에서 눈물을 보인 내가 더 바보 같고 속이 상했다.

5월 3일(토요일), 32도나 되는 한여름 날씨

동시 외우기와 과자파티

처음으로 우리 반 아이들이 과자파티를 했다. 중간고사를 치른 뒤끝이고 다음 주 월요일은 어린이 날이다. 지난주에는 시 외우기를 할 마땅한 시간을 내지 못했다. 그래서 체험학습을 가는 도중 관광버스 안에서 했다. 분단별로 하였는데, 그 때 3분단이 제일 잘 외웠지만 아이들은 그렇게 하는 시 외우기를 별로 좋아하지 않았다. 그래서 오늘을 무척이나 기다렸다. 시 외우기가 끝나면 아이들에게 줄 어린이날 선물도 준비해 두었고, 마침 학부모님까지 간식을 넣어준다고 하여 아이들에게는 오늘이 파티날이나 다름없다.

3교시가 되기 전 학용품 선물과 간식이 도착했다. 아이들이 그렇게도 좋아하는 콜팝을 먼저 먹게 했다. 개인적으로 가져 온 과자와 음료수도 꺼내어 같이 먹도록 했다.

이제 본격적으로 동시 외우기에 들어갔다. 벌써 일곱 번째 시이다. 이번에는 2분단→1분단→3분단 순으로 했다. 오늘은 전래동요 '비야, 비야, 오는 비야'를 외웠다. 선물은 공책 두 권과 연필 세 자루씩이었는데, 비교적 시가 짧고 선물도 있어서 그런지 모든 아이들이 시를 외웠다. 오늘 받은 선물로 아이들이 글쓰기 공책에 글을 더 잘 쓰고 시를 더 잘 외웠으면 한다.

비야, 비야, 오는 비야.
꿩의 길로 가거라.
토끼 길로 가거라.
까치 길로 가거라.
우리 누나 시집갈 때
꽃가마 안에 물이 새면
비단 치마 얼룩진다.
(전래동요)

5월 6일(화요일), 학교 울타리 감나무의 연둣빛 새잎들이 곱다.

운동회 총연습

9시부터 운동회 총연습을 했다. 원래 운동회 날은 오전에는 놀이마당 중심으로 하고 오후에 겨루기 마당으로 하게 된다. 그런데 오늘은 오전에만 했다. 놀이마당은 각각의 위치만 확인하는 식으로 했다. 그리고 바로 경기로 들어갔다.

3학년은 개인달리기가 10시쯤 있었고 단체경기가 11시쯤 있었다. 그런 다음 내내 다른 학년 반의 경기를 구경했다. 우리학교는 그늘이 거의 없다. 그래서 아이들도 교사들도 흙먼지와 30도에 가까운 무더위 속에 한나절을 보냈다. 구경하는 아이들도 진행하는 선생님들도 모두가 힘이 들었다.

작년에 우리 반이었던 윤다혁과 박영진이 청군 대표로 멋지게 달리고, 자폐아 정민혁이 달리는 모습을 처음으로 보았다. 어깨가 구부정하게 뛰었지만 끝까지 뛰는 모습을 보니 대견했다.

5월 7일(수요일), 들판은 모내기 준비에 한창이다.

카네이션 만들기

어젯밤 인디스쿨에서 카네이션 만들기를 배워 두었다. 오늘은 아이들이 어버이날에 대비해 부모님께 편지를 쓰고 카네이션도 만들게 된다.

두 시간에 걸쳐 꽃을 만들고 편지도 썼다. 생각보다 카네이션이 만드는 방법이 간단하고 시간도 적게 걸렸다. 그런대로 꽃 한 송이씩을 만들었다. 이제 편지봉투 안에 쓴 편지를 넣고 편지지 밖에는 카네이션을 붙이게 했다. 내일 아침 부모님께 드리면 좋아하시겠다고 벌써부터 아이들 얼굴이 화안하다.

어버이날 편지쓰기 우수작은 지창민과 김민석의 것을 뽑다. 두 아이 편지가 길지는 않지만 멀리 떨어져 계신 아버지와 할아버지를 생각하는 마음이 기특하여 선정을 했다.

5월 9일(금요일)

운동회 날

오늘은 우리 학교 운동회 날이다. 처음 치르는 운동회라 아이들이 아닌데도 많이 긴장이 되었다. 오전 놀이마당 때 나는 아이들에게 페이스페인팅을 해주었다. 우리 반 아이들이 다녀가고 나자, 작년 제자 강지혜, 명건우, 안수연, 박예진 등이 다녀갔다. 오후에는 60m개인달리기, 3학년 단체경기를 치렀다. 단체경기는 우리 반도 세 우승팀 중 한 팀에 들어갔다.

하루 종일 운동회를 치렀지만 오전에 앉아서 페이스페인팅을 한 덕분에 생각보다 많이 피곤하지는 않다. 우리 반 아이들도 규칙을 잘 지켜 단 한 명도 말썽부리는 아이가 없다.

오늘 많은 학부모가 다녀가셨다. 작년 제자인 조상익도 어머니를 모시고 왔다. 상익이가 나를 며칠만 보지 못해도 보고 싶어 한다고 해서 같이 웃었다.

5월 13일(화요일)

구구단 외우기

지금 우리 반 수학 진도는 4단원 나눗셈이다. 나눗셈을 하려면 곱셈을 알아야 한다. 이 단원에 들어가기 전 먼저 우리 반 아이들이 구구셈을 외우고 있는지 확인했다. 일제히 구구단을 외우게 한 다음 아이들의 입모양이나 태도를 둘러보며 잘 외우는 아이와 잘 못 외우는 아이를 가려냈다. 대부분이 잘 외웠으나 역시 평소 수학을 잘 못하는 대여섯 명이 구구단도 외우지 못했다. 이 아이들에게 일주일 동안 외울 기회를 주었다.

평소 숫기라고는 없는 수현이가 뜻밖에도 그 날 자신이 외울 수 있는 범위를 약속을 했다. 겨우 5단까지 외우는 것이었지만 기분 좋게 허락을 했다. 스스로 약속하는 모습을 보였기 때문이다.

그렇게 며칠이 걸려 오늘은 마지막 두 사람 수현이와 예지가 마침내 9단까지 외우는 날이다. 수학시간이 지나고 쉬는 시간에 두 아이를 불러 구구단을 외우게 했다. 그런데 둘 다 아직도 외우지를 못했다. 호통을 치며 방과 후에 남으라고 했다. 외울 때까지 집에 보내지 않을 거라는 엄포도 놓았다. 보기가 딱했던지 예진이가 두 친구에게 구구단을 적어 주었다. 그런 예진이의 모습이 너무도 예뻤다.

아이들이 돌아간 뒤 나는 일을 하고 수현이와 예지는 열심히 구구단을 외웠다. 예진이가 적어주고 간 구구단을 보며 서로 주거니 받거니 열심히 외우는 모습이 너무나 귀여웠다. 다 외웠으면 와서 검사를 맡으라고 하자 두 사람이 같이 외웠다. 그런데 번갈아가며 틀렸다. 몇 번이나 더 퇴짜를 맞았을까? 둘이 신나게 외우는 소리로 들어볼 때 이제 거의 외운 것 같았다.

두 아이를 내 자리로 불렀다. 더 외우라고는 하지 않았다. 그동안 고생했다며 두 아이에게 과자 몇 개씩을 주었다. 얼굴이 환해진 아이들이 구십도로 절을 했다. 내 마음도 아이들처럼 가벼웠다.

5월 14일(수요일), 구름 조금

스승의 날 받은 편지

내일은 스승의 날이지만 우리 학교는 교육자의 날로 정한 휴업일이다. 그래서 어제 아이들에게 평소 존경하는 스승님께 편지를 써오게 했다.

교실에 들어서니 내 책상 위에 카네이션이 듬뿍 꽂힌 커다란 꽃바구니가 놓여있다. 평소 학급 일에 협조를 많이 하시는 ○○ 어머니께서 보내신 것 같았다. 아이들이 하나 둘 편지를 주고 갔다. 내 책상에는 어느새 편지가 수북이 쌓였다. 작년 제자들도 수줍게 와서 편지를 놓고 갔다. 아이들이 꾹꾹 눌러 쓴 편지가 궁금하여 방과 후 시간을 기다리기까지 무척 힘들었다.

아이들의 편지 중

고마우신 선생님께
선생님 안녕하세요? 저는 시연이에요.
지금까지 우리들을 가르쳐주시고 보살펴주셔서 감사해요.
또 저희들이 까불고 장난쳐서 수업시간에도 많이
힘들게 해서 죄송해요. 앞으로는 우리들이 수업
시간에도 선생님 말씀을 잘 듣고 까불지 않을께요.
선생님 앞으로 힘들어도 힘내세요. 그리고 앞으로도
우리를 열심히 가르쳐 주세요.
선생님 사랑해요!
선생님 힘내세요!!?

2008년 5월 12일
시연 올림

*모든 일에 정성을 담는 시연이는 편지도 색색깔로 줄을 바꾸어 가며 썼다.

♡전현자 선생님께♡
선생님, 안녕하세요? 전 은서예요.
앞으로 한 해 동안 공부 잘 가르쳐주세요.
그리고 재미있는 동시를 많이 가르쳐 주셔서 감사해요.

동시 외우는 시간은 참 즐거워요. 몸이 불편하신데도
열심히 공부를 가르쳐 주셔서 아주 감사해요.
앞으로도 즐겁게 동시도 외우고 공부도 했으면 좋겠어요.
선생님은 친절하시고 공부도 잘 가르치시는 것 같아요.
그리고 우리가 선생님 말씀도 안 듣고 시끄럽게 할 때가 많죠?
앞으로는 우리가 선생님 말씀도 잘 듣고 시끄럽게 하지도 않을 게요.
선생님,
전 많은 동시를 외워서 우리 엄마, 아빠께 들려드리고 싶어요.
그리고 동시는 재미있어요. 그래서 요즘은 더 열심히 동시를 외우고 있어요.
엄마께서는 동시를 많이 외우면 동시 박사가 될 거라고 하셔요.
전 동시만 매일 외우고 싶어요. 더 재미있는 동시 많이 가르쳐주세요.
그럼 안녕히 계세요.

—은서 올림

선생님께
선생님, 안녕하세요?
저 경찬이예요.
3달 동안 밖에 공부를 안 했는데, 이렇게 많이 친해졌네요.
선생님 죄송해요. 선생님 다리가 불편하신데도 저희가 떠들어서.
그리고 감사해요. 우리를 가르쳐주셔서요.
이제 저 선생님 말씀 잘 듣고 선생님 많이많이 도와드릴게요.
선생님 다리 빨리 나으세요.
선생님 힘내세요. 우리가 있잖아요.
선생님 힘내세요, 우리가 있잖아요. 힘내세요.
선생님 힘내세요.

* 경찬이는 편지 밑에 선생님이 지팡이를 버리고 팔짝 뛰어오르며 웃는 그림을 덧붙였다.

선생님께

선생님, 안녕하세요?

선생님을 좋아하는 혜린이에요.

제가 자세히 생각해 보니까, 선생님은 저희 엄마 같아요.

저는 그러는 선생님이 참 좋아요.

제가 선생님을 처음 만났을 때에는 어떤 선생님인가 참 궁금하였어요.

선생님과 두 달 동안 생활해 보니 선생님이 참 좋은 선생님이었어요.

첫 날에는 선생님이 참 무서웠지만 점점 더 좋아졌어요.

몸이 불편하시지만 공부를 잘 가르쳐주시는 선생님이 지금까지 저를 맡아왔던 선생님들보다 제일 자랑스러웠어요. 저는 4, 5, 6학년 다 선생님이 맡았으면 참 좋겠어요.

저는 이제 선생님 말씀도 잘 듣고 다음에는 지금보다 공부를 열심히 해서 다음 시험에는 이번 시험보다 더 잘 볼게요. 그래서 선생님을 기쁘게 해 드릴게요.

선생님, 항상 건강하고 행복하셨으면 좋겠어요.

2008년 5월 13일 화요일

선생님을 존경하는 혜린 올림

*혜린이는 지난 번 중간고사에서 우리 반 최고 점수를 낸 학생이다.

감사하고 존경하는 전현자 선생님께

선생님 분홍빛 수달래가 피어나는 맑은 날씨의 5월이에요. 잘 지내시고 계시나요?

선생님, 짧은 시간이었지만 저와 작년 3학년 5반 친구들을 가르쳐주셔서 감사해요. 선생님, 선생님께선 다른 선생님에게는 배울 수 없는 여러 가지를 알려주셨어요. 글쓰기, 전래놀이 등을 말이에요. 특히 오징어 놀이요. 남아서 선생님 청소 도와주는 것도(걸레도 제대로 빨지 못했지만요.) 지금은 즐거운 추억 같아요. 비록 문택이, 혜지도 전학갔지만요.

마지막으로 선생님 1학기 동안 가르쳐주셔서 감사해요.

그리고요, 선생님 저 오늘 맞았어요. 반 아이들이 떠들어서라나요? 아무튼 회장이 됐으면 그만큼은 당연히 혼나야겠지요?

그리고 마지막으로 하나 더 말씀드릴 게 있어요. 저 오늘 상장 두 개 탔어요. 하나는 효도편지 그리고 또 하나는 선행아 표장장이요. 기분 너무 좋아요.

그럼 안녕히 계세요.

2008년 5월 13일
선생님의 제자 지혜 올림

*지혜 덕분에 수달래라는 꽃이름을 처음 알다. 수달래는 물가에 피는 진달래나 철쭉을 말하는 것 같다. 지혜만큼이나 꽃이름이 예쁘다.

전현자 선생님께
선생님! 저 건우예요.
전에 3학년 때 가장 생각나는 것은
교실 문 앞에서 조마조마하면서 선생님께 들키지 않고
놀래키는 것이 재미있었어요.
선생님이 문 앞은 아시니까 계단 올라오실 때
놀래키는 것도 재미있었는데 지금도 선생님을 놀래킬 때는
3학년 때 기억이 생각나고
그 놀이를 같이 했던 문택이 생각도 나요.
또 선생님이 눈치를 채셔서 안 놀라셨을 때는 좀 안타까웠어요.
다음부터 저랑 마주쳤을 때 선생님 전화번호 좀 알려주세요.
그리고 가르쳐 주신 것 감사해요.
5학년 때는 선생님이 가르쳐 주셨으면 좋겠어요.

2008년 5월 14일
4학년 1반 명건우 드림

* 교실 문 뒤에서 선생님을 놀래키기 위해 숨어 있는 건우, 복도를 걸어오는 지팡이 짚은 선생님 그림을 곁들임.

존경하는 전현자 선생님께
안녕하세요? 선생님
화사한 계절 5월에 인사드립니다.

비록 6개월이라는 짧은 시간이었지만 편지를 주고받을 만큼 정이 들었나 봐요.

선생님이 가르쳐 주셔서 글짓기 상을 받을 수도 있었고, 지루하던 글짓기가 자신 있고 재미있어요.

이젠 작가가 되고 싶기도 해요.

그리고 나눗셈도 잘 하게 되었어요. 응용문제를 풀던 그 날이 어렴풋이 기억나네요.

그리고 주위에 좋은 선생님이 계시니 마음이 편안해요.

누구에게도 말 못할 그런 말을 털어놓을 수 있는 선생님 말이에요.

그분이 전현자 선생님이시잖아요.

제가 커서 선생님이 흐뭇해하시도록 글짓기에 노력을 할꺼에요.

상상해 보았어요. 내가 커서 훌륭한 사람이 되어

"전 3학년 때 전현자 선생님께 배웠습니다." 하고 말하는 장면을요.

선생님, 감사합니다. 선생님께 배운 모든 것, 모든 추억, 잊지 않을께요.

2008년 5월 기분 좋은 날

전현자 선생님을 아주아주 존경하는 제자 퀵서비스 은유 올림^^

5월 16일(금요일)

공개수업 사전 협의

다음 주 금요일에 4학년 2반 김효진 선생님이 국어 공개수업을 한다. 그 전에 수업연구팀에서 오늘 사전 협의회를 가졌다. 나도 3시 30분부터 참석하려 하였으나 급한 전출입 업무를 처리하느라 4시가 넘어 참가했다.

그 날 수업의 주제는 '문단의 중심 문장과 뒷받침 문장 알아보기' 이다. 아마 내가 가기 전에 이미 학습 동기 유발, 공부할 문제 확인, 공부할 순서 확인 등을 상의한 것 같다. 내가 갔을 때는 아이들이 어떻게 하면 중심문장에 대한 뒷받침하는 문장을 잘 말하게 할 지 의견을 모으고 있었다. 중심문장은 급식실에서 조용히 하는 방법, 부모님께 효도하는 방법, 체험학습 때 가고 싶은 곳 등 아이들이 뒷받침하는 문장을 쉽게 찾을 수 있는 것들로 하자고 했다. 역시 경험 많은 선생님들 같았다.

상의해야 할 내용이 더 있는 것 같았으나 퇴근 시간이 다 되어 이쯤에서 회의를 마쳤다. 사전 협의는 매우 중요한 단계일 것 같다. 내 공개수업 때도 저런 과정을 거치게 될 것 같아 다행이다.

5월 17일(토요일)

독후감 검사

오늘 재량활동 시간에 ≪나쁜 어린이표≫를 가지고 독후 활동을 했다. 아이들의 학교생활과 관련된 책이라서 이야기 거리가 풍부했다.

이 책에는 건우라는 주인공과 '나쁜 어린이표' 스티커를 남발하는 선생님이 등장한다. 교사인 내가 보아도 좀 심하다는 생각이 들 정도이다. 아이들은 모두 나름대로의 독서감상문을 썼다. 공책 한 면을 다 채운 아이들이 많았고 그 이상을 쓴 아이도 여러 명이었다. 그래서 기대가 컸다.

집에 오자마자 아이들의 독후감부터 읽었다. 하지만 조금 실망이었다. 내용은 전보다 크게 나아진 것이 없었다. 여전히 줄거리 간추리기 위주로 써 놓고 맨 밑에 제 생각을 한두 줄 쓰고 그친다. 어떤 아이들은 줄거리 소개와 내 생각을 전혀 별개로 쓰는 경우도 있다. 한 번 몸에 잘 못 밴 습관을 고쳐지기란 좀처럼 쉽지 않다.

나쁜 어린이표 스티커를 주는 선생님에 대해 비판하면서 몇몇 아이가 내 이야기를 썼다. 우리 선생님은 노란 스티커를 주지는 않지만 매를 사용하는데 그 매가 매우 아프다고 했다. 대부분의 아이들이 매를 '사랑의 매'혹은 '약매'로 받아들이고 꼭 필요하다고 말한 아이들이 많지만, 매를 자주 맞는 당사자인 경우 자신의 잘못을 인정하면서도 더 이상 매는 맞고 싶지 않다고 썼다.

아이들 글을 읽고 많은 반성을 했다. 매 없이 학급경영을 할 수 있는 좋은 방법이 없을까?

5월 19일(월요일), 어제부터 내린 비의 뒤끝, 빗줄기가 많이 가늘어졌다.

직원연수–생활기록부 누락 / 정정내용 체크

흔히 말하는 모임이나 회의를 학교에서는 '연수'라고 한다. 우리 학교 직원 연수는 수요일에 하는 경우가 많다. 이 날 교장선생님, 교감선생님, 행정실장님의 말씀이 있기도 하고, 각 부나 계에서 선생님들에게 전달할 사항을 전달하기도 한다. 하지만 필요할 경우 요일이 변경되기도 한다. 오늘도 그랬다. 이번 주 연수가 월요일로 변경되었다는 연락을 받고 마음이 급해졌다. 이번 주에 나도 처음으로 직원연수라는 것을 하게 되어 있기 때문이다. 연수 내용은 내 담당 업무와 관련된 '생활기록부 누락, 정정 사항 체크'이다.

교무실에 선생님들이 모인 가운데 4시부터 내가 먼저 연수를 시작했다. 배부한 인쇄물을 읽어가며 생활기록부 누락, 정정 사항 기재요령을 설명해 나갔다. 해당 학급의 담임은 학생들의 생활기록부 상 누락이나 정정할 내용을 찾아 양식에 기록한 뒤 그 자료를 나에게 보내주어야 한다. 그러면 나는 내용을 취합하여 해당 교사가 근무하는 학교에 자료요청 공문을 보내고, 회신이 오면 그 내용을 다시 현재의 담임들에게 보내 수정이나 보완작업이 이루어지도록 해야 한다.

갑자기 교무실 분위기가 썰렁해졌다. 어떤 선생님은 그동안 매 학기 성적처리를 할 때 오류검증 절차를 거치기 때문에 생활기록부 상에 오류나 누락이 있을 수 없다며 언성을 높이셨다. 하지만 결코 그렇지 못하다. 그동안 내가 처리한 공문 중 다른 학교로 전학 간 학생들의 관련 자료요청만 해도 수십 건이었다. 학교교육과정 간 차이로 인한 원인도 있고 담임선생님의 실수도 있다.

교장선생님께서는 이 작업을 여름 방학 전까지 마치라고 하신다. 그 때까지 제대로 마칠 수 있을지 모르겠다.

5월 20일(화요일)

문택이의 편지

작년 12월 말 전주로 전학 간 문택이한테서 편지가 왔다. 아마 스승의 날에 쓴 편지 같았다. 문택이는 전주에서 서곡초등학교에 다니고 있었다. 편지 내용은 이렇다.

전현자 선생님께

안녕하세요. 저 문택이에요. 그동안 안녕하셨어요?

저는 전학을 와서 잘 있어요. 그리고 오늘은 스승의 날이어서 제가 이렇게 편지를 씁니다.

경미란 선생님이 3학년 1학기에 미국으로 유학을 가셨잖아요.

그래서 선생님이 3학년 2학기를 맡으셨잖아요.

경미란 선생님도 좋으셨는데 선생님도 좋았어요. 그래서 어머니께서 저보고

"문택이는 좋은 선생님만 만나네."

라고 하셨어요. 저도 선생님처럼 좋은 선생님을 만나서 좋았어요.

그리고 선생님 때문에 자신감도 생겼어요. 감사해요. 또 활기도 얻었어요.

그래서 어머니께서 저보고 칭찬도 하셨어요.

아참, 선생님은 지금 몇 학년 몇 반이에요? 그리고 되도록 답장 주세요.

그럼 안녕히 계세요. 그리고 건강하세요.

2008년 5월 15일 목요일

3학년 5반이었던 문택이 올림

받은 즉시 답장을 보냈다.

너무나 반가운 이름 문택아, 잘 지내고 있었구나!

그렇지 않아도 늘 전화 한 번 해봐야지 생각했었단다.

엄마도 잘 계시고 형도 중학교에 잘 다니고 있지?

네가 염려해 준 덕분에 선생님은 다시 3학년 맡아서 잘 지내고 있단다.

작년 아이들보다는 선생님 말을 잘 들어서 올해는 한결 힘이 덜 들고 있단다.

작년에 문택이와 한 반이었던 4학년 제자들도 선생님을 만나면 얼마나 반가워하는지 몰라.

강지혜, 송은유, 최지수, 박예진, 명건우, 조상익 등은 아직도 선생님 많이 도와주고 있어.

새봄 환경정리 때는 지혜랑 은유의 도움을 특히 많이 받았단다.

건우는 급식실에서, 복도에서, 계단에서 여전히 선생님을 많이 놀래킨단다.

이번 스승의 날 편지에도 너랑 그런 장난 했던 이야기를 썼더라.

그때가 그립고 문택이도 많이 보고 싶다고….

문택아,

너를 우리 학교 4학년에 같이 진급시키지 못하고 전학을 보내야 했을 때, 선생님은 아들 하나를 잃는 것처럼 너무나 섭섭했단다.

너는 모든 면에서 모범생이었고 선생님도 많이 도와주는 성품 반듯한 제자였거든.

그래서 네가 전학가던 날 눈물이 나더라. 오늘 편지를 받았을 때도, 그리고 지금

이 편지를 쓰면서도 너무 기뻐 눈물이 난다. 선생님은 조금 눈물이 많아.^^

문택아, 건우가 네 얘길 자주 한다. 너랑 통화도 가끔 하고 그런다고….

언제 문택이랑 건우랑 같이 한번 만났으면 좋겠다.

문택아, 만날 때까지 건강하게, 즐겁게 학교생활 잘 하거라.

엄마께도 안부 꼭 전하렴.

그럼 오늘은 이만 안녕~~~

2008년 5월 21일

군산 수송초등학교에서 전현자 선생님이

* 방과 후에 경찬이 어머니가 오셨다. 경찬이는 공부도 잘 하지만 무엇보다도 봉사정신이 매우 높다. 요즘 아이 같지 않게 학급을 위해 자기희생도 마다하지 않는다. 얼마 전 통화 때 이런 칭찬 끝에, 경찬이가 학원을 너무 많이 다녀 일기 쓸 시간도 없고 읽고 싶은 책을 읽을 시간도 없고 늘 피곤하다는 아이의 말을 전했었다. 어머니가 내 말을 새겨들은 것 같았다. 경찬이가 다니는 종합학원을 끊었다고 한다. 영어와 태권도 외에는 모두 끊고 혼자 공부하기로 부모님과 약속을 했다고 한다. 아이들이 학원을 끊으면 친구가 없어 심심해한다는 말을 들었다. 의젓한 경찬이는 이런 문제를 스스로 잘 극복하리라 믿는다.

5월 21일(수요일)

미래 연극배우 예진이

어제부터 예진이가 청소를 빨리빨리 끝내려 서두른다. 나 역시 아이들이 늘 청소를 오래하는 것을 지적해 왔다. 빨리 끝내고 노는 시간을 많이 가지라고 하는데도 아이들은 늘 꾸물꾸물 한다. 오늘부터는 12시까지 청소를 마치고 4교시가 시작되는 12시 30분까지 30분 동안 자유롭게 시간을 보내라고 했다. 아이들이 일제히 좋아라 소리를 질렀다. 그리고 서둘러 청소를 마쳤다.

예진이가 '인진서커스'인가 뭔가를 하겠다며 아이들을 교실 앞으로 모았다. 여자 아이들은 거의 모두 모였고 남자 아이도 서너 명 있었다. 조용히 자리를 잡고 앉거나 주위에 서서 예진이를 지켜보았다. 예진이가 도둑들이 쓰는, 눈과 입만 뚫린 검은 빵모자를 쓰고 슈퍼맨처럼 어깨에 보자기를 둘렀다. 무엇을 어떻게 하는지 나도 구경꾼이 되어 지켜보았다.

먼저 아이들로부터 박수를 유도를 했다. 그런 다음 도둑과 공주, 엉덩이춤, 스트레스송 등 준비한 레퍼토리를 펼쳤다. 혼자만 하는 것이 아니라 중간중간 아이들도 참여를 시켰다. 떠들거나 집중하지 않으면 벌도 주고, 긴 머리 거꾸로 흩뜨려 무섬증을 주기도 하고, 아이들의 핸드폰 앞에서 깜찍하게 포즈도 취했다.

약간 두서는 없지만, 단 5분도 집중력 없는 아이들을 30분씩이나 혼자 쥐락펴락하는 능력이 대단하다. 공연이 끝나자 유나가 종이와 연필을 들이민다. 연예인들이 하듯 유나 종이에 예진이가 뭐라고 사인을 해준다.^^

예진이는 넉넉한 집에서 자라고 공부도 곧잘 한다. 영특함을 일찍 간파한 교육열 높은 예진이 부모님이 예진이를 7살에 입학시키는 조기입학도 단행했다. 그런 예진이인지라 학기 초부터 내 눈에 띄었다. 공부 욕심도 많고 하여 쓸데없는 것까지 욕심을 부리는 그런 아이면 어쩌나 조금은 걱정을 했다.

그런데 지금까지 지켜본 바론 예진이는 그만하면 성격도 좋다. 급식실에서 짓궂은 남자아이들이 제 맛있는 과일을 훔쳐가 버려도 웃고 넘어가는 아이다. 구구단을 못 외우는 아이에게 제 손으로 구구단을 적어 외우게 도와주는 친구다.

이런 예진이는 리더십도 뛰어나다. 친구들을 몰고 다니는 능력, 친구들을 30분씩이나 꽁꽁 묶어두는 능력, 그리고 저 연기력…. 예진이는 우리 반 웃음과자 같다.

5월 22일(목요일)

다시 찾은 목소리

오늘 음악시간 공부할 단원은 〈자장가〉이다. 자장가란 어느 때 들려주는 노래인지는 아이들도 이미 잘 알고 있다.

자장 자장 우리 아기 자장 자장 우리 아기
꼬꼬 닭아 우지 마라 우리 아기 잠을 깰라
멍멍 개야 짖지 마라 우리 아기 잠을 깰라
자장 자장 우리 아기 자장 자장 잘도 잔다

금자 동아 은자 동아 우리 아기 잘도 잔다
금을 주면 너를 사며 은을 주면 너를 사랴
나라 에는 충신 동아 부모 에는 효자 동아
자장 자장 우리 아기 자장 자장 잘도 잔다

전래동요인 이 자장가를 들려주고 나서 노랫말에 담긴 뜻을 아이들과 같이 알아보았다. 이 자장가에는 금과 은처럼 귀한 자식이 자라서 나라에는 충신이 되고 부모에 효도하는 훌륭한 사람이 되기를 바라는 부모의 마음이 담겨있다. 무심코 들었던 자장가에 그렇게 깊은 뜻이 담겨 있다는 것을 새롭게 안 아이들은 놀랍다는 표정이다.

전래동요가 어떤 노래인지에 대한 보충설명도 해주었다. 전래동요란 노래를 지은 사람과 노래를 지은 연대를 알 수 없는, 오랜 옛날부터 우리 조상 대대로 불러오는 입에서 입으로 전해져 내려오는 노래를 말한다.

한참 설명을 하고 있을 때 예진이가 손을 번쩍 들어 질문을 했다. 자기가 알고 있는 자장가는 이 노래가 아니라고 했다. 그렇지 않아도 그 이야기를 하려던 참이었다. 그래서 생각나는 대로 모차르트, 슈베르트, 김대현, 권길상 등이 작곡한 자장가를 내 목소리로 직접 들려주었다. 자장가가 이렇게 여러 가지가 있다는 것이 아이들은 또 신기한 모양이다.

그동안 내 목소리가 갈라지고 쉬어서 제대로 음악지도가 되지 않았다. 그런데 마침내 내 목소리를 되찾은 것 같다. 티나라를 이용하지 않고 내 음성으로 아이들에게 직접 여러 자장가를 들려줄 수 있었다. 모처럼 아이들도 나도 흡족한 수업이었다.

언제부턴가 서서히 내 목소리를 찾고 있다. 초임인데다 유난이 말썽꾸러기 아이들이 많았던 작년에는 소리를 마구 질러 내 목이 엉망이었다. 며칠 동안은 저음조차 전혀 내지 못해 바로 앞의 아이한테도 내 목소리가 전달되지 못하는 지경까지 갔다. 선생님들이 목을 아끼지 않으면 성대를 수술하는 경우도 많다고 하여 나도 목을 아껴야 한다는 생각을 늘 하고 소리를 지르지 않으려고 궁리도 많이 했었다. 하지만 올해 학기 초까지도 목이 쉬고, 특히 음악시간에 고음의 노래를 거의 하기가 힘들었다.

그런데 이제 이전의 내 목소리로 돌아가고 있는 걸 느낀다. 완전하지는 않지만 이젠 적어도 갈라지는 소리는 나지 않는다. 내 목소리로 아이들과 같이 노래를 부를 수 있어 너무나 다행이다.

가린이 걱정

오늘도 방과 후에 할 일이 많다. 밀린 업무를 처리하고 있는데 가린이 어머니가 오셨다. 가린이의 소극적이고 소심한 성격에 대한 걱정이 큰 것 같았다. 실제로 가린이는 또래들에 비해 어리고 여린 편이다. 수업시간에 멍 하니 다른 생각을 하고 있을 때가 많고 활동에도 그다지 적극적으로 참여하지 못한다. 쉬는 시간조차도 거의 친구들이 노는 것이나 구경하지 함께 어울리지 못한다. 일기장에 친구를 고자질하는 내용을 쓰기도 한다. 어머니는 아이의 그런 저런 것이 모두 걱정인 것 같다. 부모로서 당연한 염려이다.

가린이 어머니와 나도 같은 생각, 같은 걱정을 했다. 그래서 수업시간에 참여를 유도하기 위해 자주 발표 기회를 주기도 한다. 하지만 거의 대답을 하지 못한다. 틀릴까봐 걱정이 되어 대답을 잘 못 하겠다고 하였단다.

이런 저런 이야기를 나누는 동안 가린이 엄마의 눈시울이 붉어졌다. 가린이에 더 관심을 가져야 할 것 같다.

5월 26일(월요일), 구름 많고 바람이 불다.

선물 주고받기 놀이

3교시 영어시간에 3단원의 3차시 수업을 했다. 두 시간에 걸쳐 공부한 '생일날 선물 주고받을 때의 대화'를 가지고 선물 주고받기 놀이를 하게 했다. 준비물로는 친구에게 주고싶은 선물 그림이다. 주고받을 영어 대화는 다음과 같다.

A: Hi.

B: Hi. Happy birthday,_____. This is for you.

A: What's this?

B: It's a _____.

A: Thank you.

B: Your welcome.

이번에도 책상을 뒤로 옮기고 자유롭게 교실을 돌아다니게 했다. 그러는 동안 선물을 주고 싶은 사람을 정하고 정한 친구와 선물을 주고받으며 대화를 나누는 것이다. 그 친구와 선물을 주고받았으면 이번에는 다른 친구에게 다가가 같은 방법으로 대화와 선물을 주고받는다.

처음으로 나도 아이들 속에 들어가 같이 선물 주고받기 놀이를 했다. 예진이가 먼저 나에게 오렌지를 주었고 나는 고맙다고 했다. 나는 은지와 서린이와 가린이 등에게 선물을 주었다.

시간이 많지 않아 더 많은 아이에게 선물을 주고 대화를 유도하지 못해 많이 아쉽다. 하지만 이 놀이를 하는 동안 아이들이 영어 대화도 익히고 친구들과 마음의 교류까지 하는 것 같았다. 나와도 더 친근감이 드는지 아이들이 나에게 선물을 많이 했다.

* 현구 어머니가 완두콩을 한 봉지나 가지고 오셨다. 할아버지 댁에서 현구가 직접 딴 것이라고 하여 기꺼이 받다.

5월 27일(화요일)

재난대비 훈련

중국 쓰촨성 대지진으로 인한 사망·실종자가 10만 명에 육박한다고 한다. 어린 학생들의 피해가 특히 커 어느 현에서는 거의 한 세대 아이들이 사라졌다는 말도 전한다. 우리나라도 지진 안전지대가 아니라고 한다. 중국과 같은 재해에 대비해 오늘 전국의 초·중·고등학교에서 재난대비훈련을 했다. 훈련에 들어가기 전 지진이 어떤 것인지, 지진이 일어났을 때 어떻게 대처해야 하는지에 대해 미리 영상물로 보여주었다.

2시에 첫 번째 사이렌이 울렸다. 아이들을 모두 책상 밑으로 들어가게 했다. 건물이 붕괴될 경우 몸을 보호하기 위해서다. 1차 지진이 잠시 소강상태이다 싶을 때 2차 사이렌이 울리면 계단을 통해 신속하게 건물 밖으로 나가야 한다. 밖으로 나간 다음 대피소로 몸을 피했다. 여기까지 하는 동안 우리 반 아이들은 한 사람도 장난스럽지 않고 진지했다. 아이들은 진짜 지진이 났을 때 뛰지 못할 선생님을 걱정하기도 했다.

* 아란이 어머니가 쑥개떡을 보내주시다. 3학년 선생님들에게 음료수와 함께 한 장씩 나누어 드리다. 얇게 만들어 먹기 좋고 빛깔도 좋고 맛도 아주 좋다. 소소한 이런 것에서 더 정이 느껴진다.

5월 28일(수요일), 비.

줄넘기 대회

비가 많이 내려서 수요일 체육조회를 하지 못했다. 오늘 하기로 되어 있는 줄넘기 대회도 교실에서 했다. 책상을 모두 뒤로 옮기기는 하였으나 그래도 좁은 교실. 그 속에서 41명이나 되는 아이들과 다섯 단계나 되는 대회를 치르는 데는 불편이 많았다. 점수를 후하게 주려 해도 탈락자가 많아 최고 단계인 1급까지는 이정원과 최재호 2명밖에 오르지 못했다. 이정원은 체육은 뭐든 잘 하는 것 같다.

5월 29일(목요일)

혜린이의 눈물

무엇 때문인지 혜린이가 책상에 엎드려 울고 있었다. 왜 우는지 묻자 수아가 대신 대답을 해주었다. 은서가 무슨 스티커를 가지고 노는 일로 혜린이가 서운을 산 모양이다. 하필 그때 너무 바빠 은서와 혜린이를 화해시키지 못하고 혜린이의 마음도 달래주지 못했다. 혜린이도 은서도 너무 예쁜 아이들이다. 두 아이 중 누구도 서로를 다치게 하거나 아프게 할 아이들이 아니다. 뭔가 서로 오해가 있을 것이다.

* 1학년을 뺀 총 26학급 중 16학급이 생활기록부 정정/누락 자료를 보내주다. 내일 한 번 더 독촉을 한 다음 자료가 더 오지 않으면 교장선생님께 결재를 올릴 생각이다.

5월 31일(토요일)

동시 외우기

송상홍의 동시 〈어쩌지〉를 외우다. 오늘은 원준이만 동시를 외우지 못하다. '참, 잘했어요' 도장을 찍어주고 원준이를 포함한 모든 아이들에게 사탕도 하나씩 주다. 아이들은 꾸준히 동시 외우기를 즐긴다.

어쩌지

송상홍

방귀를 뽕 뀌어서
친구들이 웃을 땐 어쩌지?
하하하, 같이 웃고 앉아 버리지.

잘난 척 어제 한 말이
부끄러울 땐 어쩌지?
소리를 버럭버럭 지르며
머리를 감아 버리지.

그런데
철이 일기장에
내 잘못이 적혀 있을 땐
어쩌지, 어쩌지?

*6월 반장에 이정원이, 부반장에 윤시연이 선출되다.

6월 2일(월요일)

영어 공개장학수업을 앞두고 환경심사를 한다고 한다. 최소한 신발장 이름표라도 바꿔야겠다는 생각에 부반장인 시연이에게 도움을 청했다.

그러자 수아와 유나도 도와주겠다고 나선다.

신발장 이름표는 지난 새 학기에 붙인 것이다. 그동안에 해지거나 더럽혀져 너덜너덜한 것이 더러 있었다. 그런 것 위주로 떼어 내고 투명테이프를 다시 붙이게 했다. 아이들은 이런 일을 하고 나는 교실 게시판을 손보았다. 영어 4단원과 주간학습안내, 전래놀이, 신문스크랩 등을 바꾸거나 다시 부착했다.

다 끝난 뒤 아이들에게 빵과 음료수를 사주었다. 그런데 시연이가 돌아가 감사하다며 쪽지를 보냈다. 감사는 오히려 내가 해야 하는데….

6월 3일(화요일), 장마는 아직 이른데 어제부터 제법 많은 비가 내리다.

은지가 김지훈과 짝꿍을 하기 싫다고 집에 가서 말했나 보다. 어머니한테서 전화가 왔다. 우리 반에는 많이 말썽을 피우는 아이는 없지만 굳이 꼽자면 지훈이가 조금 그런 편이다. 수업시간에 마음대로 돌아다니거나 아이들에게 욕을 하거나 한다. 내가 하도 엄하게 하니까 그 정도지 하루에도 몇 명과 시비를 벌일 수 있는 아이다. 여자 아이들은 지훈이한테서 담배냄새도 난다고 한다. 지훈이가 피울 리는 없고 아마도 지훈이 아빠가 담배를 많이 피우시는 것 같다.

6월 4일(수요일)

경찬이와 예진이가 짝꿍이 된 지 한 달도 못 되었을 거다. 두 아이 모두 처음에는 매우 만족해하는 표정이었다. 그런데 두 녀석이 수업시간에 장난이 좀 지나치다. 누구보다도 어른스럽게 행동하는 경찬이가 수업에 집중을 하지 않는다. 몇 번 주의를 주었는데 그 때마다 서로가 짝을 바꾸어 달라는 말을 한다. 마음에 없는 소리라는 걸 알기에 그냥 두고 보고 있었다.

그런데 오늘은 기어이 내 인내에 한계에 왔다. 정도가 더 심한 예진이를 은지와 바꿔야겠다고 생각했다. 그런데 예진이는 지난번에 지훈이와 앉았고 뒷자리에 앉기엔 예진이 키가 좀 작다. 그래서 대신 경찬이를 지훈이와 앉게 했다. 누구를 보내도 상처를 받을 것이다. 하지만 너무 떠들어서 더 이상은 안 된다.

6월 5일(목요일)

휴지 2장과 먹다 만 우유 때문에

아이들이 오늘은 어느 날보다 청소를 일찍 끝냈다. 12시도 안 되었으니 30분 이상을 충분히 자기 시간을 가질 수 있다. 톤 높은 목소리로 아이들에게 "어서 나가서 마음껏 놀아라~" 했다. 그만큼 나도 기분이 좋았다. 평소 같으면 아이들은 4교시 시작종이 칠 때까지 청소를 하기도 하기 때문이다.

교실에 남은 아이들은 삼삼오오 모여 놀거나 책을 읽었다. 나는 그 시간에 학교신문에 실을 우리 반 아이의 글을 고르고 있었다. 글쓰기 공책에 쓴 글을 다시 워드로 쳐서 오늘 중으로 학교신문 담당 선생님에게 보내야 했다.

그러니까 청소 끝난 지 1분이나 지났을까? 무심코 눈에 띈, 교실 앞에

뒹굴고 있는 티슈 두 장. 그걸 본 순간 화가 치밀었다. 쓰레기 함부로 버리지 않기를 그렇게 강조해 왔고, 금방 청소를 끝내지 않았던가. 쓰레기통도 바로 코앞에 있었다. 문제가 또 있었다. 이제 보니 어떤 녀석이 반쯤 먹다 만 우유를 그대로 버렸다.

아이들을 모두 교실로 불러들였다. 그리고 복도 쪽 창문을 모두 닫게 했다. 아이들이 내 심상치 않은 목소리에 모두 긴장하고 앉았다. 먼저 화장지 두 장을 칠판 밑에 그대로 버린 사람부터 색출을 했다. 자백을 하라고 했으나 아무도 나오지 않았다. 이 때, 다운이가 사물함에서 화장지를 꺼내는 것을 보았다는 아이가 나타났다. 다운이를 다그치자 그제서야 아란이에게 뽑아 주었다고 했다.

아란이는 비 온 운동장에서 미끄러졌다고 하여 조금 전 내가 쓰던 화장지를 통째로 준 아이가 아닌가. 아란이를 불러냈다. 네가 그랬느냐고 호통을 치자 아란이가 겁이 잔뜩 든 목소리로 그제야 시인을 했다. 아까 선생님이 준 화장지는 어떻게 하고 교실에 화장지를 버렸는지 물었다. 아무 대답을 하지 못했다. 틀림없이 또 습관대로 무심코 버렸을 터이다. 아무리 바지가 젖었더라도 혼을 낼 건 내야 했다. 아란이 손바닥에 매를 댔다. 교실에 침묵이 흘렀다.

이번에는 우유 버린 사람을 색출할 차례다. 그동안 먹다 버린 우유 때문에 거의 날마다 골치를 앓아왔다. 정 먹기 싫으면 먹고 싶은 친구라도 먹을 수 있게 제발 먹다 버리거나 하지 말라고 그렇게 말을 해도 소용이 없었다. 사물함 안에서 상하게 하거나 창밖으로 던져버리거나 몇 모금 안 마시고 버리고는 했다. 고육지책으로 먹고 난 우유 곽에 자기 이름을 써 내라고까지 했다. 덕분에 한동안 잠잠하더니 또 이런 일이 벌어진 것이다. 이번에도 순순히 자백하는 녀석이 없었다.

이제 범인을 찾아내는 건 한결 쉽다. 반장을 시켜 창고에 가서 우리 반 우유박스를 도로 가져오게 했다. 박스를 찾아 올 동안 우유를 먹는 21명을 교실 앞으로 불러냈다. 우유 곽에 이름이 있는 아이는 결백하고 그렇지 않는 아이만 골라내면 된다. 그런데 우유 곽에 이름을 적지 않은 아이가 3명이 나왔다.

2명은 평소에 우유를 잘 먹거나 더 먹고 싶어하는 아이다. 나머지 한 아이는 우유먹기를 아~주 싫어하는 신유나다. 하지만 유나는 끝까지 부인했다. 할 수 없이 3명 모두에게 매를 들었다. 셋 중에 두 사람은 억울할 것이다. 하지만 이런 날을 대비해 적어놓으라는 이름을 적지 않은 벌이다.

아이들을 돌려보내고 나서 계속 우울했다. 늘상 일어나는 일인데 그때마다 예민하게 반응하는 선생님, 아이들에게 잔뜩 겁을 주고 죄 없는 두 아이한테까지 매를 댄 선생님, 아이들 눈에 이런 선생님이 어떻게 보였을까.

6월 6일(금요일)

문택이에게 전화를 하다. 현충일이라 마침 집에 있어 문택이가 직접 전화를 받다. 군산보다 좋다고 스스럼없이 말하는 문택이. 군산이 그립다고 하지 않아 섭섭할 수도 있지만 새로운 지역, 새로운 학교에 잘 적응해 가는 것 같아 대견하다. 언제 기회를 보아 만나자는 약속을 하다.

6월 7일(토요일), 맑음. 들판의 논배미마다 푸른 물결로 출렁이다.

좋은교사 전북모임에 다녀오다

오늘 드디어 좋은 교사 모임에 가는 날이다. 조혜정 선생님과 3시에 전주교대에서 만나기로 했다. 교문에 들어서니 선생님이 먼저 와 있었다. 핀을 꽂아 뒤로 넘긴 차랑차랑한 긴 생머리, 감색 원피스와 흰색 조끼로 코디한 차림새가 천상 조신하고 순수한 선생님 상이었다. 선생님은 나더러도 예뻐졌다는 말로 반가움을 표시했다.

모임이 있다는 사회관으로 들어서려는데 혜정 선생님이 어느 분께 "교수님~"하며 인사를 했다. 전북 모임을 주관하시는 전주교대 서관석 교수님이라고 했다. 교수님은 다가가기 부담스러운 근엄한 교수님 상이 아니라, 얼굴에서 따뜻하고 편안하고 사람 좋아 보이는 그런 인품이 배어났다. 혜정 선생님이 나를 소개하자 진심으로 반기는 표정이 안면에 가득하시다.

103강의실에는 많은 선생님이 와 있었다. 초임교사 연수 때 강사로 오셨던 분도 두 분 보였다. 키보드 반주에 맞추어 부르는 찬양에 약간은 긴장되던 마음이 가라앉았다. 여기가 선생님들 모임이 아니라 어느 교회 청년회 모임에 온 느낌이 들 정도였다. 같이 부르고 싶었지만 아쉽게도 찬양곡은 내가 전혀 모르는 노래였다. 한참 계속된 찬양이 끝난 다음 기도의 시간이 이어졌다. 좋은 교사를 꿈꾸는 전북 모임과 전국 모임을 위한 기도, 우리 자신을 위한 기도, 아이들을 위한 기도, M.T. 준비를 위한 기도, 여름 전국 모임을 위한 기도가 계속 이어졌다. 기도가 서툰 나로서는 눈감고 앉아있기가 쑥스럽기도 했다.

찬양과 기도가 끝난 다음, 이재석 선생님의 교단일기 발표가 있었다. 이재석 선생님은 교육연수원에서 같이 신규연수를 받아 낯이 익었다. 자신이 근무하는 학교라며 PPT로 천연잔디가 깔린 백운초등학교를 소개했다. 지명 그대로 백운白雲은 하늘에 유난히 흰구름이 많은 덕태산 기슭에 있는 학교이다. 나의 모교는 아니지만 내가 다닌 중학교와 같은 소재지에 있는 학교라서 깜짝 놀라고 반가웠다.

17명의 5학년 아이들과 생활하는 모습을 담은 교단일기는 선생님의 인간적인 고뇌가 담긴 글이었다. 아침에 좋은 기분으로 출근을 하였다가도 아이들의 바르지 못한 수업 태도, 바르지 못한 언어 습관 등 때문에 어느새 열을 받고 마는 자신을 발견하곤 한다.

재석 선생님의 일기는 꼭 내 일기를 보는 것 같았다. 나도 우리 반 몇몇만 없으면 더 수업 분위기도 좋고 반 평균도 오르고 한층 평화로운 반이 될 것이라는 교사답지 못한 생각을 할 때가 있었다. 바로 엊그제도 어찌 보면 아이들로서는 사소한 일을 가지고 지나치게 화를 내고 아이들을 다그치고 했었다. 그 일로 연휴 내내 마음이 무거웠다. 재석 선생님의 교단일기를 듣고 서 교수님도 한 말씀 하셨다. 자아가 강하게 일어설 때마다 하나님이 내 안에 계신다는 사실을 떠올리라고 하셨다. 모쪼록 재석 선생님이 백운에서 꼭 좋은교사가 되기를 바라는 마음이다.

이어서 특강이 시작되었다. 전북좋은교사모임에서는 별도 전문성 모임이 있다. 협동학습, ET+영어, 꿈그림, 미디어연구, 독서연구, 놀이연구, 수학연구 등이다. 이 중 매 달 한 모임이 특강을 하게 되는데, 이번에는 협동학습 분과 차례인 것 같았다. 3명의 선생님이 협동학습 자료를 준비하여 우리들이 직접 활동을 했다. 모두 학교 현장에서 활용 가능한 유익한 활동이었다.

4시 30분부터는 각 전문분과별 모임을 가졌다. 혜정 선생님과 나는 협동학습 분과에 참여하기로 했다. 협동학습 분과는 강의실이 103호실이어서 따로 이동하지 않아도 되었다. 책상 배치만 달리하여 모임을 가졌다. 협동학습의 중요한 앰버인 최한성 선생님과 문선미 선생님은 알고 보니 군산교육청에서 신규추수연수 때 뵌 분들이었다. 그때 협동학습에 대한 강의를 너무나 잘 하였던 분들을 여기서 다시 만나게 되다니! 너무나 감사해서 가슴이 떨렸다.

모임이 끝난 다음 교대 앞 식당에서 함께 저녁을 먹었다. 식사를 하는 동안 ≪협동학습-모둠세우기≫≪협동학습-학급세우기≫≪공동체를 세우는 협동학습≫이라는 세 권의 책도 소개받았다.

6월 11일(수요일), 바람은 조금 불었으나 맑음

콩주머니놀이

오랜만에 갖는 체육시간이다. 4월부터 5월 초순까지는 거의 운동회 연습만 하다시피 했고, 운동회가 끝난 후에는 또 다른 행사며 줄넘기 대회를 치르느라 또 한 달을 보냈다. 2개월 넘게 이렇다 할 체육수업이 없는 건 아이들, 특히 체육을 좋아하는 아이들에게는 참을 수 없는 고통이다.

6월에 들어서자 햇볕이 너무 따갑다. 하지만 아이들이 얼마나 운동장에 나가고 싶어 하는지 알기에 차마 교실수업을 하겠다고 말할 수 없었다. 오늘은 콩주머니놀이를 할 계획이다. 지난 번 운동회 때 1학년 아이들이 콩주머니 주워담기 경기를 할 때 챙겨 놓은 콩주머니가 우리 교실에 10개쯤 있다. 그것을 아이들 손에 들려 운동장으로 나가게 했다.

그동안 나는 체육수업을 교육과정대로 하지 못했다. 대부분은 내가 하고 싶어도 할 수 없는 종목이기 때문이다. 작년에는 체육수업에 겁을 먹어 옆 반 선생님과 바꾸어 수업을 했다. 내가 그 반 음악수업을 해주고 우리 반 체육을 그 반 선생님이 해주는 식으로 했다. 그런데 나이 드신 남자 선생님이라 날씨가 더우면 더운 대로 죄송하고 날씨가 추워지면 추운대로 또 죄송했다.

그래서 12월에는 내가 직접 했다. 아이들과 뛰고 달리는 수업은 할 수가 없어 궁리 끝에 내 나름대로 재구성하여 체육수업을 했다. 운동장에 오징어 모양을 그려놓고 전래놀이인 오징어놀이를 가르쳤다. 다음에는 고무줄놀이를 하게 해보았다. 아이들의 반응이 상상 외로 좋았다. 그동안 체육시간만 되면 교실에 남아있는 아이들이 태반이었다. 학교 밖으로 나가 아파트 놀이터에서 놀다 오는 아이들도 있었다. 그런데 전래놀이중심으로 내가 직접 체육수업을 하면서부터 수업에서 이탈하는 아이들이 없어졌다. 아이들은 선생님이 하는 체육이 더 좋다고, 이제부터 선생님이 해달라고 아우성이었다.

12월 한 달의 이런 수업이 큰 경험이 되었다. 그래서 올해는 체육수업을 아예 내가 직접 하기로 마음을 먹었다. 교과서에 나와 있는 축구형 게임 대신 둥글게 서서 공 패스하는 놀이를 하게 하거나 운동장에 오징어를 그려놓고 하는 오징어놀이, 고무줄놀이, 콩주머니놀이 등 놀이중심으로 체육수업을 했다. 비가 오거나 운동장 사정이 여의치 않을 때는 교실에서도 할 수 있는 놀이를 했다. 아이들은 이런 나의 체육수업 방식을 무척 좋아하고 기다린다. 오늘 콩주머니놀이도 기대에 부풀어 있다.

아이들을 남녀 두 줄 체조대형으로 세워 간단하게 몸 풀기를 하였다. 그런 다음 운동장 트랙에 그려진 흰 선을 이용하여 콩주머니 놀이에 필요한 선을 그렸다. 콩주머니놀이는 놀이가 매우 간단하다. 긴 사각형을 그린 다음 남자 아이들은 공격을 하고 여자 아이들은 사각형 안에서 콩주머니를 피해 다니거나 받는 수비를 하면 된다.

우리 반은 인원이 41명이나 된다. 그렇기 때문에 콩주머니 한 개만 가지고는 한 경기 끝나는데 시간이 너무 많이 걸렸다. 그래서 콩주머니 두 개를 가지고 했다. 수비팀은 어디서 날아올지 모르는 콩주머니를 피해 다니느라 정신이 없었다. 머리 위로 떠서 약하게 날아오는 콩주머니는 피하지 말고 받으면 좋다. 그렇게 되면 죽은 우리 편을 다시 한 명 살려낼 수 있다. 그런데 처음 해보는 놀이라서 아이들은 콩주머니를 피해 다니기에도 정신이 없고 바쁘다.

몇 분 안 되어 공격과 수비가 바뀌었다. 이번에는 남자 아이들이 선 안으로 들어가게 되었다. 여자 아이들은 확실히 콩주머니를 던지는 힘이 약하고 던지는 거리도 짧다. 남자 아이들도 도망다니기에 급급하기는 마찬가지다. 날아오는 콩주머니를 받아 자기편을 살려내는 사람은 거의 없었다. 시간은 더 걸렸지만 이번에도 곧 공격과 수비가 바뀌었다.

남녀 각 두 번씩 공격과 수비팀에서 뛰고 나서 오늘은 경기를 마쳤다. 아이들은 더 하고 싶다며 졸라댔지만 오늘만 날이 아니다. 햇빛과 땀 때문에 몸은 힘들었지만 아이들만큼이나 나도 즐거운 체육시간이었다.

6월 12일(목요일)

동현이의 눈물

오늘 도덕시간에 공부할 내용은 〈부모님의 은혜〉이다. '부모님께서 나를 키우시면서 가장 힘들었을 때'는 언제였을지 자유롭게 이야기하는 시간을 가졌다. 경찬이는 형과 싸울 때, 예진이는 언니와 싸울 때, 지혜는 동생을 잘 돌보지 않을 때, 유나는 자신이 밥을 잘 먹지 않을 때, 원준이는 공부를 하지 않을 때, 지윤이는 자신이 잘 아플 때 등을 얘기했다.

이번에는 평소 발표를 잘 하지 않던 동현이가 손을 번쩍 들었다. 반가운 마음에 동현이에게 발표할 기회를 주었다. 동현이는 "제가 여섯 살 때요…"하고 이야기를 시작했다. 여섯 살 때 두 발 자전거를 배울 때였단다. 심하게 넘어져 많이 다쳤던가 보다. 다리에 피가 나고 많이 아팠을 때 아빠가……, 여기까지 말을 하는 동안 점점 눈자위가 떨리고 눈물이 글썽이는가 싶더니 동현이가 이내 울어버리는 게 아닌가.

이렇게 여린 아이인 걸 그동안 몰랐다. 동현이는 우리 반의 말 안 듣는 몇 안 되는 아이 중 한 명이다. 공부도 신통치 않은 아이가 이런 핑계 저런 핑계로 숙제도 잘 안 해오지, 학급에서 자기 역할도 스스로 다 못하지, 우유도 잘 먹지 않지 하여 꾸중을 자주 듣는 편이다. 그래서 그런지 슬슬 내 눈치를 보는 것 같고 수업에도 적극적으로 참여하지 못한다. 그런데 동현이가 저렇게 말을 잘 할 때도 있다니….

항상 느끼는 거지만 아이들에게 성적이 최고는 아니다. 성적은 늘 상위권을 달리지만 삐뚤어진 인성을 가진 아이도 있고, 성적은 바닥을 기지만 마음은 비단결 같은 아이가 있다. 나는 공부만 잘 하는 아이보다 후자의 아이들이 더 예쁘다. 어린 시절 자신이 위기에 처했을 때 달려와 일으켜 세워주고 피를 닦아주신 아버지를 잊지 않는 동현이의 그 마음이 비단결이다. 이제부터 동현이를 새로운 마음으로 보게 될 것 같다.

* 여름방학 직무연수 신청

'독서와 논리·논술교육 지도자과정 직무연수'를 신청하다. 7월 28일부터 8월 8일까지 10일간 전주교대에서 받게 되는데 조혜정 선생님과 같이 받기로 하다. 독서와 논술 지도방법을 좀 더 확실하게 다지게 되어 좋은 기회이고, 선생님과 같이하게 되어 든든하다.

6월 13일(금요일), 구름 조금 낌.

한 학부모의 방문

아이들이 돌아간 뒤 과학 기말고사 문제를 출제하고 있을 때였다. ○○이 고모라며 두 분 학부모가 찾아오셨다. ○○는 어머니가 돌아가셔서 고모에게 많은 도움을 받고 있는 것을 이미 알고 있고, 아직 미혼으로 보이는 나이 좀 들어 보이는 큰고모라는 분은 학교에 몇 번 다녀가시기도 했다. ○○가 그런 고모가 계시다는 게 퍽 다행이라는 생각을 그동안 해왔다.

○○는 매 번 학력우수상을 받을 만큼 공부를 곧잘 한다. 그림솜씨도 있고 풍선으로 만들기도 잘 한다. 시 외우기도 좋아하고 글로 자기 생각도 잘 표현하는 아이다. 이렇게 무엇이든 잘 하는 아이지만 성격이 화통하진 않아서 친구들과 잘 어울리고 그러는 편은 아니다. ○○에 대한 이런 저런 이야기를 두 분 고모님에게 솔직하게 말씀드렸다.

이야기가 어느 정도 끝났을 때, 큰고모님이 '애국가' 이야기를 조심스럽게 꺼냈다. '애국가 쓰고 부르기'에 대해 이야기를 들은 모양이었다. 6월은 호국보훈의 달이다. 여기에 맞추어 학교에서 다음 월요일에 애국가 4절까지 쓰고 외우기 행사를 한다. 그러고 보니 이 분들이 학교에 온 이유를 알 것 같았다. 학년 초 ○○ 가족은 '여호와의 증인'이라며 가정환경조사서에 자신들의 종교를 분명하게 밝힌 바 있다.

큰고모님은 다시 한 번 자신들의 종교를 강조하여 말했다. 그러면서 ○○가 학교에서 애국가를 부르고 태극기에 절하는 것을 강요하지 말 것을 요구했다. 자신들은 대한민국이라는 작은 국가의 국민이기에 앞서 하나님 정부의 백성이며 국가적인 것을 초월한다고 했다. 하나님의 백성된 자들로서 국가나 이념 같은 것으로 분열되는 것을 받아들일 수 없다고도 했다. 뭐라고 답을 하면 좋을지 나도 잠시 생각을 하였다.

대한민국의 국민이라면 누구나 종교의 자유가 있다. 그래서 어느 종교를 믿든 아무도 그 종교인의 신앙을 침해할 권리는 없다. 대개의 나라는 우리나라처럼 종교의 자유가 있지만 불교, 이슬람, 기독교 같은 종교를 국교로 하고 있는 나라도 있다. 그런 나라들조차도 애국가를 부르고 그 나라 국기에 대하여 예의를 표하고 그 나라의 국토방위를 위해 군대도 있다.

태극기와 국가는 그 나라를 상징하고 국민들이 나라사랑하는 마음을 갖게 한다. TV에서 보면 해외에 있는 동포들이 우리나라 태극기를 보면 가슴이 떨리고 애국가를 들으면 눈물이 난다고 한다. 우리 아이들에게 학교에서 태극기를 소중히 하고 애국가를 제대로 알고 부르게 하는 것은 바로 이런 나라사랑의 마음을 갖게 하기 위함이다. 내가 태어난 나라를 사랑하고 자랑스럽게 생각하도록 지도하는 것은 자라나는 아이들에게 심어주어야 할 교육자로서 당연히 해야 할 일이다.

나도 종교를 갖고 있다. 하지만 아이들에게 내 나라 대한민국과 종교 중에서 어느 것이 중요한지, 어느 것이 더 우선인지 그런 것을 가르치지는 않는다. 국가와 종교는 선택의 문제, 옳고 그름의 문제가 아니다. ○○ 고모에게 내 생각을 이 정도는 이야기를 해주었다.

월요일에 아이들과 애국가 4절까지 쓰고 외우기를 한다. ○○에게 이 행사에 꼭 참여해야 한다고 강요하고 싶지는 않다. 이제 겨우 3학년인 어린 ○○가 판단하고 선택하기에는 아직은 너무 버거운 문제인 것 같아 안타깝다.

* 이번 주에는 동시 두 편을 외우다

빗방울

권오삼

어, 어
나뭇잎에 떨어졌네!

어, 어
전깃줄에 걸렸네!

그럼
어디 한번
매달려 볼까?

대롱대롱대롱

아이고
힘 빠졌다
톡—.

왜가리

윤석중

왜가리야
왝
어디가니
왝

엄마찾니

왝

아빠찾니

왝

왜 말은 않고 대답만 해

왝왝

＊ ≪초대받은 아이들≫을 가지고 독서토론 후 독서감상문도 쓰다.

6월 16일(월요일), 구름 많이 낌.

초파리 실험 준비

내일부터 과학 7단원 〈초파리의 한살이〉를 공부한다. 여기에 대비해 아이들에게 초파리를 채집해 오라고 말은 했지만 혹시나 해서 나도 준비를 하려고 한다. 어제 집기병과 솜과 기름종이를 갖다 주며 과일가게 아저씨에게 부탁을 드렸다. 그랬더니 아저씨가 많은 수의 초파리를 채집해주셨다.

오늘 미술 전담시간에는 과학실에 가 이호 선생님에게 실체현미경 사용법도 배웠다. 나는 태어나서 처음 보는 현미경이다. 실체현미경은 제물대와 대물렌즈, 조절나사, 접안렌즈의 구조로 되어있다. 아이들에게 이들의 기능과 사용법을 가르쳐주려면 교사인 내가 먼저 알아두어야 한다.

과학은 한 단원 한 단원이 긴장의 연속이다. 늘 실험을 해야 하기 때문이다. 이 정도면 7단원 지도할 준비는 어느 정도 된 것 같아 안심이다.

* 평소 성실하며 봉사정신 높은 윤시연과 박민영이 자진하여 실험에 필요한 초파리를 채집해 오다.

6월 18일(화요일), 장마의 시작? 어제부터 비

2교시에 교장선생님께서 교실 순시를 하시다. 우리는 그 시간이 원래 체육이었지만 〈읽기〉로 바꾸어 수업을 하다. 다섯째마당의 〈2.알면 힘이 솟아요〉의 4차시 수업. '개'에 대한 설명문을 읽고 문단의 중심 내용을 알아보다.

6월 20일(금요일)

방귀 자랑

1학기 들어 두 번째 체험학습의 날이다. 목적지는 군산에 있는 대우자동차공장이다. 이번에는 그곳에서 차를 보내주게 되어 우리 아이들은 경비를 들이지 않고 체험학습을 하게 되었다. 차는 10시까지 학교로 오기로 되어 있었다. 그래서 1교시는 수업을 해야 하지만 들뜬 아이들을 데리고 수업을 하기는 뭐했다. 궁리 끝에 이번 주에 외워야 할 권오삼 선생님의 동시 〈색시방귀〉를 외우기로 했다. 아이들도 대 찬성이다.

색시방귀

권오삼

엉덩이를 들썩하니

기다렸다는 듯
뽀옹
방귀가 나오네

냄새는 떼어 놓고
소리만 살짝 나온
부끄럼쟁이
내 색시방귀.

2연으로 된 짧은 동시인데다 방귀가 소재인지라 아이들 대부분이 월요일 첫 날 다 외웠다.

동시를 외우는 동안 방귀냄새 고약한 아빠 엄마의 흉을 보는 아이들이 나타났다. 여기서 힌트를 얻어 '우리 엄마 아빠 방귀는…'이런 주제로 자유롭게 이야기하는 시간을 가졌다. 예진이, 경찬이, 민지, 재호, 현구가 나와서 아빠, 엄마, 오빠, 언니 등의 방귀 이야기를 했다. 어느 새 방귀 흉이 아니라 방귀 자랑이 되어 버렸다. 교실은 그야말로 폭소의 도가니가 되었다. 아이들이 똥 이야기를 좋아하는 것처럼 방귀 이야기도 좋아한다는 것을 오늘 새삼 알았다.

* 체험학습은 사고 없이 잘 다녀오다. 이달 반장과 부반장의 도움이 컸다.

6월 24일(화요일), 구름 끼고 약간 후텁지근한 날씨.

은지의 부상

우리 반은 화요일에 과학이 2교시와 3교시 연달아 들어있다. 오늘은

7단원 〈초파리의 한살이〉 마지막 수업을 해야 한다. 〈초파리의 한살이〉는 2교시에 거의 마칠 수 있었지만 중요하다 싶은 내용을 다시 짚어주며 3교시까지 했다. 그러고 나니 3교시 수업이 10분쯤 일찍 끝났다.

우리 학교는 학생 수가 많은 탓에 3학년은 3교시가 끝나면 점심을 먹고 청소도 한다. 청소를 조금이라도 빨리 끝내기 위해 급식실에 가기 전 아이들은 책걸상을 미리 교실 뒤로 옮겨 놓는다. 아직 10분이 남았지만 일단 책걸상을 뒤로 옮겼다. 오늘같이 10분이나 시간적 여유가 있을 때는 수건돌리기를 하면 좋을 것 같았다. 곧 기말고사 시험이 있어 그동안 아이들이 학교에서도 집에서도 시험 압박이 컸다. 이번에는 도학력고사로 기말시험을 보는데다 시험범위도 1학기 전 과정을 보기 때문에 아이들에게 매우 부담이 많았다. 그런 시험 스트레스에서 조금이나마 해방을 시켜주고 싶었다.

아이들이 수건돌리기 대형으로 앉았다. 오늘은 창민이가 맨 처음 술래를 했다. 복도 창문을 모두 닫게 했는데도 아이들 소리가 요란하여 옆 반에 미안한 마음이 없지 않았다. 5분쯤 지났을까? 술래인 재욱이가 앞선 술래인 은지를 뒤쫓는 순간 갑자기 은지가 넘어졌다. 순간 아찔했다. 은지가 넘어진 쪽 모퉁이에는 칠판지우개떨이개가 있고 이 상자 모서리의 각이 매우 심하기 때문이다. 얼굴을 감싸고 울고 있는 은지 얼굴에서 피가 보였다. 걱정했던 대로 은지 입술 밑이 각진 그대로 찢어져 있고 피가 흐르고 있었다. 너무나 당황했다. 휴지로 지혈을 시키면서 일단 놀란 아이들을 진정을 시켜 모두 급식실로 보냈다.

보건 선생님께 연락을 취하여 응급조치를 마쳤다. 이 상황을 교무실로 먼저 보고를 해야 할지, 아이를 먼저 병원에 보내야 할 지 고민이 되고 겁도 났다. 그러는 사이 연락을 받은 은지 부모님이 도착했다. 은지 아버지께서 교실에 들어오자마자 언성을 높이며 화를 심하게 냈다.

이유야 어떻든 내가 은지 부모라도 그랬을 것이다. 은지 부모님이 서둘러 은지를 데리고 나갔다.

교무실에 보고를 해야 하는지 고민되어 동학년 선생님들께 다시 자문을 구했다. 안전공제가 있으니 우선 병원에 가서 아이 치료과정을 보는게 좋겠다는 말을 듣고 곧장 은지가 가 있다는 학교 앞 병원으로 갔다. 은지는 상처부위를 꿰매고 있는 중이었다. 응급실에서 곧 은지가 나왔다. 턱이 붓지 않은 것으로 보아 뼈는 다치지 않은 것 같았으나 엑스레이를 찍어보기로 했다. 엑스레이 결과는 좋았다. 뼈는 아무 이상이 없다고 했다. 놀란 가슴을 쓸어 내렸다. 상처 부위는 촘촘히 꿰매었고 아직 어린 아이라 심한 흉터는 남지 않은 것 같다고 했다. 천만 다행이다.

내가 너무 의욕이 넘쳐 이런 일이 벌어졌다. 나머지 시간에 조용히 시험공부나 하라고 했으면 이런 사고는 일어나지 않았다. 은지 부모님께 통합교육 운운하기는 했지만, 이제부터 교실에서는 교과서 공부 외에는 아무것도 하지 않을 생각이다.

6월 25일(수요일), 구름.

교감선생님께 보고

은지의 사고에 대하여 교감선생님께 보고를 드렸다. 선생님께서 학교안전사고공제가 있다며 심각하게 생각하지 않는 것 같아 안심이다.

은지 어머니가 재욱이 엄마에게 다시 다녀간 것 같다. 은지와 은지어머니는 재욱이가 은지를 밀어 넘어졌다고 생각하고 있다. 하지만 나도 보았고 목격한 아이들의 말도 다르다. 은지 저 혼자 넘어졌다.

이참 저참 은지 어머니와 통화를 했다. 어머니는 하필 과학시간에 수건돌리기를 한 것이 못내 아쉬운 것 같다. 그렇지만 초등학교 교육과정이 정해진 시간에 반드시 정해진 과목만 가지고 수업을 해야 하는 건 아니다. 학습효과를 높이기 위해 필요할 때는 과목을 넘나들며 수업할 수 있다는 말을 해주었다. 다행히 아직까지는 은지 어머니가 더 강하게 나오지는 않는다. 은지가 운이 없어 그런 것 같으니 앞으로 은지나 잘 돌봐달라는 말만 했다. 은지 얼굴을 볼 때마다 너무나 속상하다.

6월 27일(금요일), 다시 장마가 북상한다는 소식.

사회 모둠수업

모처럼 모둠 대형으로 앉아 수업을 하였다. 주제 1은 ' 시장 하면 떠오르는 낱말'을 마인드맵으로 표현하기이고, 주제 2는 '시장이 없다면' 불편한 점을 소비자 입장과 생산자 입장에서 적게 하는 것이다. 오랜만에 하는 사회수업이고 지금까지 공부한 〈시장과 우리 생활〉 단원을 정리하는 순서라서 어려움 없이 재미있게 수업을 했다.

홍수아, 이수민, 하은지 등이 참여한 1모둠이 가장 먼저 성과물을 냈고, 이지혜, 강현구, 김예진, 김은서 등이 참여한 6모둠은 가장 완성도 높은 성과물을 냈다. 두 모둠에게 땅콩캬라멜 1개씩을 보상으로 주었다. 캬라멜을 못 받은 모둠은 많이 아쉬워했지만 기회는 다음에도 얼마든지 있다.

〈시장과 우리 생활〉 단원이 확실하게 복습 된 것 같고, 아이들도 즐겁게 참여한 성공적인 수업이 된 것 같다.

동시 외우기

이 달의 추천도서 ≪신발 속에 사는 악어≫에 나오는 동시 한 편을 외우다. 아이들이 모두 시의 장면을 떠올리며 재미있게 외우다.

산적과 벼룩

위기철

우락부락한 산적들이
모락모락 모닥불 앞에서
붉으락푸르락 술을 먹다가
오락가락 정신이 나가서
엎치락뒤치락 싸움을 했는데
보일락말락 작은 벼룩이
수염 위로 오르락내리락
콧구멍 속으로 들락날락.

동료 선생님과 함께 한 저녁식사

퇴근길에 박은희 선생님이 롯데백화점 쇼핑을 하러 우리 카풀 차를 타고 왔다. 같이 오는 40여 분 동안 얘길 나누었는데도 헤어질 때는 아쉬웠다. 박 선생님은 작년에 6학년 담임이고 내 바로 옆 반에 교실이 있어서 급할 때 가끔 도움을 받았다. 내가 작년에 우리 반 아이들에게 시달릴 때 많이 안타까웠다는 말을 선생님이 했다. CBS 주차장에서 나는 내리고 선생님은 김도영 선생님 차를 타고 롯데 백화점 쪽으로 갔다.

집에 오자마다 샤워를 하고 빨래도 했다. 세탁기에 빨래를 짜다가 문득 박 선생님 저녁 걱정이 되어 전화를 해보았다. 다행히 아직 롯데에 있다는 말을 듣고 콩나물국밥이라도 같이 먹자고 제의를 했다. 선생님이 기꺼이 동의했다. 7시 40분쯤 내가 롯데로 갔다. 그곳에서 선생님을 만나 교동으로 향했다. 교동은 전주교대 근처에 있어 학창시절 향수가 많이 있는 곳이라며 선생님도 대찬성했다.

새로 생긴 실개천을 따라 '전주향'에 가서 한정식을 먹었다. 반찬이 깔끔하고 분위기도 예스러워서 선생님도 무척 좋아했다. 굴비와 게장이 같이 나오고 음식 맛도 매우 좋았다.

식사를 마친 후 이번에는 덕진연지로 향했다. 연지 또한 선생님이 학창시절 많이 찾던 곳이라고 했다. 전주는 아담하면서도 곳곳에 이런 좋은 곳이 많아 살기 좋은 고장이고 했다. 선생님은 집이 광주 우산동이다.

식사를 하는 동안, 차를 타고 오가는 동안 선생님의 연애담을 들었다. 선생님 남자친구는 전형적인 A형 남자라서 성격이 꼼꼼하고 신중하여 O형인 박 선생님과 정 반대라고 했다. 군산 가는 막차를 놓치지 않으려고 연지를 조금만 돌다 돌아왔다. 10시가 넘은 시간에 구 덕진역 앞에 선생님을 내려 주었다. 선생님은 내일 아침 7시에 걸스카우트 대원들을 데리고 에버랜드에 다녀와야 한다.

우리 학교 선생님과 처음으로 이런 개인적인 시간을 가졌다. 박 선생님은 나보다 많이 젊지만 동료교사이고 취향도 비슷한 것 같아 함께하는 동안 참 편안했다.

* 7월 반장에 정지윤이, 부반장에 지창민이 선출되다.

7월 2일(수요일)

많은 공기놀이

오전에 비가 많이 내려 체육을 교실에서 했다. 이런 날에 대비해 그동안 아이들이 공깃돌을 모아 놓았다. 30~40개씩 주워다 놓은 공깃돌이 꽤 된다. 체육시간이 되자 책상을 뒤로 옮긴 뒤 모둠별로 둥그렇게 앉게 하였다. 모둠장들에게 먼저 많은 공기 하는 법을 가르쳐 준 다음 이 아이들이 돌아가 자기 모둠에 놀이 방법을 전수하게 했다.

공기놀이는 요즈음에는 남자아이들도 많이 한다. 거의 다섯 알 공기이다. 대부분 문구점에서 파는 플라스틱 공깃돌을 가지고 한다. 더군다나 요즘 아이들은 많은 공기놀이는 거의 해 본 경험이 없다. 이런 우리 아이들에게 돌멩이로 하는 여러 가지 공기놀이의 참맛을 경험하게 하고 싶다.

모둠별로 통 속에 든 공깃돌을 충분히 가져가게 했다. 여자 아이들은 윗옷 앞자락에 공깃돌을 받아가는 사람도 있다. 옛 생각이 난다. 옛날 아이들은 치마나 윗옷 앞자락이 늘어지도록 공깃돌을 주워 모았었다.

아이들이 둥그렇게 모여앉아 공기놀이를 시작했다. 먼저 두 알 집기부터 하게 했다. 공깃돌을 흩어 놓고 허공에 던진 공깃돌이 내려올 동안 바닥에 흩어놓은 두 알 이상의 공깃돌을 주우면 된다. 손바닥에 잡힌 공깃돌을 세어 두 개 이외의 나머지 공깃돌을 따낸다. 따낸 공깃돌은 무릎 앞에 모은다. 이때 다른 공깃돌을 건드리거나 허공에 던진 공깃돌을 놓치면 기회는 상대방 친구에게 넘어간다. 공깃돌을 줍다가 떨어뜨려도 마찬가지다. 이와 같은 순서를 반복하여 공깃돌을 많이 따낸 사람(편)이 이긴다.

처음부터 만만치 않은 놀이였던가 보다. 군데군데 다섯 알 공기로 돌아가 버린 아이들이 보인다. 하지만 많은 아이들은 왁자지껄하며 이 새로운 놀이에 몰입했다. 특히 여자 아이들은 엄마나 이모에게 들은 이야기를 하며 나름대로 놀이를 즐겼다. 급식실에 가야 할 시간만 아니라면 공기놀이를 더 하게 하고 싶지만 오늘은 여기까지…, 아이들이 다시 공깃돌을 모아 통 속에 넣었다. 이 공깃돌은 우리 반 누구나 가지고 놀 수 있다.

공기는 두 사람 이상의 아이만 모이면 어느 때 어느 곳에서든지 쉽게 할 수 있는 놀이이다. 이 놀이는 자연물을 이용하며 어릴 때 손가락 조정력을 키우는 데 많은 도움이 된다. 다음에는 나도 같이 퍼질러 앉아 아이들과 공기놀이를 해볼 생각이다.

* 1년동안 맡아왔던 학적과 전출입업무를 행정실로 넘긴다고 한다. 그동안 행정실 직원 1명이 휴직을 하는 바람에 이 업무를 교무실에서 해왔던 것 같다. 앞으로 나는 출결과 문집관련 업무만 보게 된다.

7월 3일(목요일)

건웅이 소식

급식실에서 반 아이들과 점심을 먹고 있을 때였다. 작년 제자인 건우가 와서 건웅이가 다쳤다는 말을 전했다. 같은 반 아이가 건웅이 얼굴의 중요한 곳을 젓가락으로 어떻게 하여 방금 보건실로 갔다는 것이었다. 너무 놀라 가만히 있을 수가 없었다.

건웅이는 작년에 우리 반이었고 소위 문제아 중의 문제아였다. 건웅이 때문에 속상했던 일을 일일이 열거 할 수 없을 정도다. 하지만 본성은 여린 아이여서 내 진심이 통하여 곧 온순한 아이가 되었다. 아이들을 때려 울리지도 않았고 내 수업을 방해하는 일도 없었다. 오히려 밀걸레질 같은 힘든 청소를 자청해서 하였다.

이런 건웅이가 4학년에 가서도 탈 없이 잘 지내는지 늘 관심을 가지고 지켜보았다. 같은 반에서 건웅이와 함께 공부하는 건우나 지수에게 건웅이의 안부를 묻곤 했다. 건웅이가 완전히 다른 아이가 되었다고 해서 얼마나 기특해하였는지…. 언젠가 건웅이 반에 보강을 들어간 적이 있다. 그 때 건웅이는 누구보다도 나를 반겼다. 그랬던 건웅이가 다시 싸움을 하고 다치기기까지 하였다니, 눈에 별 탈이 없어야 할 텐데 마음이 놓이지 않았다.

부랴부랴 보건실로 전화부터 해보았다. 다행히 눈은 다치지 않고 눈 밑을 꿰매러 병원으로 보냈다고 한다. 천만 다행이다.

7월 4일(금요일), 고온다습한 날씨, 땀이 비 오듯 하다.

은지의 치료 종료

은지 어머니의 전화를 받다. 오늘로써 정형외과 치료는 마쳤으나 흉터를 걱정하는 것 같다. 흉터 제거를 위한 성형외과 치료는 6개월 이후에나 가능하다며 어떻게 해야 할 지 내 의견을 물었다. 6개월 후 치료비도 안전공제가 되는지, 성형외과 비용도 안전공제가 되는지 알아보고 답을 드리겠다고 했다. 지금까지 서울정형외과에서의 치료비는 대략 8만원 정도 되는 것 같다.

* 문집 샘플로 신흥초등학교 문집을 받다. 생각보다 두껍지는 않다. 나도 우리 학교 문집을 올해 안에 만들어 내야 한다.

7월 9일(수요일)

하은지 부상 건에 대한 결재를 이제야 올렸다. 안전공제회에 치료비를 신청하기 위해서다. 처음 겪는 일이라 그동안 마음고생을 많이 하였겠다며 교장선생님께서 나를 안심시키셨다. 수업 중에 일어난 일이고, 아이들 학습 효과를 높이기 위해 한 일이니 아무 문제가 없다고 하셨다. 정말 다행이다.

7월 18일(금요일)

첫 독서토론

교과서 진도도 다 나가고 하여 처음으로 독서토론을 해보았다. 책은 ≪오줌 멀리싸기 시합≫으로 했다. 책 제목만 보면 여자아이들은 거부감이 들 수도 있었으나 다행히 그런 아이는 거의 없었다. 토론은 이런 순서로 했다. 아이들 중 한 사람이 먼저 대강의 줄거리를 이야기 한 다음 등장인물들, 이야기의 무대, 오줌멀리싸기 시합 방법, 주인공 갑모와 도채의 성격, 주인공에게 하고 싶은 말, 내가 주인공이라면 등의 순서로 했다. 한 아이가 말을 하고 나서 보충설명을 하고 싶은 사람이 있으면 더 하게도 했다. 이번 활동에는 김예진, 나경찬, 강현구, 이지혜, 김지훈, 이동준, 이수민 등이 적극적으로 참여했다.

독서토론을 한다니까 독서토론이 무엇인지 궁금해 하는 아이들이 많았다. 그리고 무척 관심을 갖는 것 같았다. 몇몇 아이들은 적극적으로 참여하였으나 어떤 아이들은 말할 기회를 주어도 아무 말을 하지 못했다. 아마 독서토론을 처음 경험하기 때문일 것이다. 하지만 눈동자만은 초롱초롱하고 매우 재미있어하는 표정이었다.

토론을 한 다음 그것을 바탕으로 독서감상문을 쓰게 했다. 역시 그냥 독서감상문을 쓰게 하는 것보다 훨씬 자기 생각이 풍부한 글이 많이 나왔다. '참 잘했어요' 도장을 꽝꽝 찍어 주었다. 다음 시간인 3교시는 마침 컴퓨터 시간이었다. 글쓰기 공책에 쓴 글들을 모두 디지털 도서관에 올리게 했다.

7월 19일(토요일), 비, 150mm 가까운 비

아이스크림을 쏜 날

오늘은 아이들이 기다리고 기다리던 날이다. 내가 이 날 아이들에게 아이스크림을 쏘기로 하였기 때문이다. 착하고 동시도 잘 외우고 공부도 열심히 하는 우리 반 아이들이다. 명목은 지난 기말고사 성적이 좋은 것이지만, 이렇게 예쁜 아이들에게 실은 진즉부터 아이스크림을 사주고 싶었다. 오늘은 1교시에 동시 외우기를 하고, 2교시에는 동시 쓰기를 한다. 3-4교시에는 책거리 겸 과자파티를 신나게 하게 된다.

어느 새 아이들에게 놀이가 되어 버린 동시 외우기. 41명 전원이 유경환 님의 동시 〈꽃씨 안이 궁금해〉를 외우기 위해 웅얼웅얼 거린다. 이번에는 21번부터 시작하여 한 명씩 외우게 했다. 그동안 시 외우기를 할 때 시간이 부족한 관계로 가끔은 3-4명씩, 한 모둠씩, 한 분단씩 같이 외우게 할 때도 있었다. 그럴 때마다 시 외우기를 즐기는 아이들은 불평이 이만저만이 아니었다. 틀리는 아이들 때문에 중간에 맥이 끊기거나 보상을 받지 못할 때가 있었기 때문이다. 무엇보다도 자기만의 분위기와 감정을 살려 자기 속도로 시를 외울 수가 없었다. 그런 불편을 이번에는 겪지 않아도 되었다.

가장 소극적인 21번 예지가 먼저 시를 외우게 되었다. 예지는 학교 성적은 그리 좋지 않지만 시 외우기는 잘 하는 편이다. 이번에도 한 군데 걸림이 없이 시를 잘 외웠다. 테이프를 잘 끊었으니 나머지 아이들은 문제도 없다. 단 한 사람의 낙오자가 없이 먼저 시작한 21명이 시를 외웠다.

시 외우는 모습이 너무 사랑스러워 아이들 모습을 하나하나 사진에 담았다. 다음에는 나머지 20명이 외울 차례이다. 1번 현구부터 차례로 외웠다. 그런데, 그런데…, 기어이 지훈이에서 막히고 말았다. 지훈이가 마지막 두 연에서 더 나아가지 못하고 더듬거렸다. 일단 지훈이를 들여보냈다. 나머지 아이들이 무사히 외운 다음 지훈이에게 한 번 더 기회를 주었다. 이번에는 틀리지 않고 잘 외웠다. 5연 10행이나 되는 짧지 않은 동시를 41명의 아이들이 모두 외웠다. 너무나 대견하다. 아이들은 아이들대로 시외우기가 너무나 즐겁다며 목소리를 높였다.

때맞추어 아이스크림이 도착했다. 아이들은 화장실 가는 것도 잊고 이내 과자파티를 시작했다. 끼리끼리 모여 과자를 먹거나 이야기를 나누었다. 경찬이는 남의 것 과자를 빼앗아 먹고 예진이는 모둠마다 돌아다니며 참견을 한다. 역시 우리 반 감초들이다. 이 장면까지도 사진에 담았다.

7월 21일(월요일)

노력상장

조금 늦었지만 지난 번 기말고사에서 학력우수상과 진보상 중 어느 상도 받지 못한 여섯 명의 아이들에게 노력상을 주었다. 이 아이들도 성적 향상을 위해 함께 노력했기 때문이다. 상장은 진보상장 양식에서 내용을 고치고, 학력우수상과 진보상을 받은 아이들에게는 주지 않은 상품(연필 한 자루씩)도 주었다. 주는 나도 기분이 좋고 받는 아이들도 모두 기분이 좋은 것 같다. 지켜보는 반 아이들도 모두 흐뭇해했다. 이 아이들이 상처받은 자존심도 회복하고 보다 자신감을 가졌으면 하는 마음이다.

1학기 마지막 동시 외우기

바람의 울음

정두리

자꾸 휘어지는
아기 소나무를 보며
바람이 매를 듭니다.

쑤-욱
가슴을 펴!

매를 맞으며 우는 것은
소나무가 아닙니다.
회초리 내던지고
긁힌 자국 만져주며
오래도록
바람은 울고 있습니다.

이번에는 마음에 맞는 친구와 같이 시를 외우도록 했다. 은서 · 가린 · 시연이가 같이 외우고, 미르 · 재욱 · 정원, 동준·경찬이 같이 외우는 모습을 카메라에 담았다. 사탕 같은 강화물이 없어도 이제는 아이들 스스로 동시 외우기를 즐긴다. 은서는 내일까지만 학교에 나오면 다른 학교로 전학을 간다.

'바람'은 무엇을 뜻할까? 물었더니 은서가 '엄마'라고 대답을 하다. 바람은 엄마도 될 수 있고 아빠도 될 수 있고 선생님도 될 수 있다. 어른들이 너희들 잘 되라고 매를 들 때도 있지만 속으로는 울고 있다는 걸 너희들도 알겠지?

종이학과 편지

1학기 마지막 수업 날. 4-5교시에 자유롭게 시간을 보내라고 하였더니 아이들은 삼삼오오 모여 무엇인가를 하며 놀았다. 그러는 동안 나는 학기말 급한 업무를 보느라 아이들이 무엇을 하는지 관심 가질 여유조차 없었다. 그런데 끝종이 울리고 종례를 하려 할 때 남자 아이들이 하나 둘 내 앞으로 나왔다. 경찬이, 창민이, 미르, 정원이, 재욱이, 동준이, 민석이, 병찬이가 색종이로 곱게 접은 종이학과 하트 편지들을 주고 갔다. 그 안에 한 학기 동안 잘 가르쳐 주셔서 감사하다는 내용이 담겨있었다. 감동! 이럴 때는 남자아이들이 더 살갑다. 그러자 이번에는 여자 아이들이 무엇인가를 내밀고 갔다. 다운이는 '선생님 전상서'로 시작하는 사진과 하트로 예쁘게 꾸민 편지를 주었고, 예진이는 1학기 동안 학생들을 잘 가르쳐주셨기에 상을 드린다며 '친절 상장'을 만들어 주었다. 가슴에서 뭉클 무엇인가가 올라온다. 아이들이 볼까봐 의자를 돌리고 몰래 눈물을 훔쳤다.

7월 22일(화요일)

조금 특별한 여름방학 숙제

1학기 동안 열심히 달려왔으니 방학 때만이라도 아이들을 놀리고 싶다. 그런데 숙제가 좀 많다. 3학년 공통 과제가 다섯 가지(일기 쓰기, 교육방송 시청, 편지 쓰기, 책 5권 이상 읽고 독서록에 기록하기, 만들기나 그리기, 줄넘기), 선택과제가 3가지 이상이다.

선택과제 중 한 가지는 우리 반 특색사업인 시를 두 편 외우라고 했다. 시는 〈달팽이〉와 〈봉선화〉를 외우게 했다. 달팽이는 여름에 많이 볼 수 있는 생물이고 짧으면서도 아이들이 좋아할 만 한 제목이라서 골랐다.

〈봉선화〉는 조금 특별한 숙제이다. 이 시는 시조이고 어른들을 대상으로 쓴 시이다. 그래서 3학년 아이들한테는 좀 길고 내용도 어려운 편이지만 아주 공감 못할 내용은 아니다. 이 시조는 부모님과 같이 외우도록 했다. 그동안 우리 아이들이 동시를 외우는 것을 보고 부모님들이 대견해 한다는 이야기를 많이 들었다. 여름 방학 때 한 번 만이라도 아이들과 같이 시를 외우며 시 외우기가 얼마나 재미있는지 경험하게 하고 싶었다.

이 시는 봉숭아물을 들이며 외우면 더욱 좋다. 부모님도 모두 비슷한 추억이 있을 것이기 때문이다. 많은 아이들이 이맘때면 언니나 동생과 같이 봉숭아물을 들인다. 이때의 추억을 오래 간직했으면 해서 이 시조를 외우게 했다. 이 시의 이해를 돕기 위해 시조와 시의 같은 점과 다른 점을 대강 설명을 해주었다. 좀 긴 시이긴 하지만 그동안 어떤 시도 잘 외워 온 저력이 있는 우리 아이들이다. 나는 틀림없이 우리 반 아이들이 이 시조도 거뜬히 외울 것으로 믿는다.

책을 5권 읽는 숙제가 있지만 ≪보름달 따던 날≫도 읽어오도록 했다. 여름방학이 끝나는 것을 아쉬워하는 아이들 마음이 잘 담겨있는 책이라서 아이들이 공감하고 재미있어 할 책이다. 방학이 끝난 후 이 책으로 독서토론을 할 생각이다.

은서의 전학

시 외우기를 무척 좋아하는 은서가 충남 서산으로 전학을 간다. 은서와 함께하는 것이 오늘로 마지막이다. 전학을 보내게 되어 너무나 아깝다. 은서는 공부도 잘 하고 제 할 일 스스로 잘 하고 시 외우기를 특히 좋아했다. 작년 2학기 때 문택이를 전학 보내며 아까웠던 경험이 있다. 그래서 오래오래 기억해 두려고 은서랑 아이들이 시 외우는 모습을 사진에 담아 홈피에 올려놓았다. 시 외우는 아이들 표정이 너무 밝다. 시 외우기를 즐거워하는 아이들 표정이 살아있다. 은서도 이 사진과 이때의 추억을 오래오래 간직했으면 한다.

7월 23일, 5일 째 비. 장마는 언제쯤 끝이 나려나?

방학동안 해야 할 일

오늘부터 방학이다. 방학은 방학이지만 할 일이 빡빡하다. 첫 날인 오늘 오전에는 교육감 선거가 있어 북초등학교에 가 투표를 해야 한다. 오후에는 글친구 최재범 선생님의 수필집 출간 축하모임이 있다.

내일부터는 고장 난 베란다 샤시와 전화기 등도 수리해야 하고, 건강검진을 받는 등 병원에도 다녀야 하고 은행 일도 봐야 한다. 정작 큰일은 열흘 동안 전주교육대학교에서 '독서와 논리 논술교육' 연수를 받는 일과, 학교 문집 발간 계획안을 짜는 일, 공개수업 지도안을 짜는 일 등이다.

이 밖에 ○○스님의 토굴에도 한 번 다녀오고 싶지만 시간이 날 것 같지 않다. 방학 기간 중에 일직이 있고 전 교직원 출근 날도 이틀이나 된다. 아참, 교무업무시스템 상의 생활통지표도 마감을 해야 한다. 내 방학을 기다리고 있는 가족과 친구들을 다 만날 수 있을지 모르겠다.

7월 27일(일요일)

다시 읽은 ≪몽실 언니≫와 ≪탁류≫

이번 여름방학 연수 전에 읽어야 할 ≪몽실 언니≫와 ≪탁류≫를 3일에 걸쳐 다시 읽었다. 날씨는 덥고 글씨가 작아 ≪탁류≫를 읽을 때는 간신히 읽었다.

≪몽실 언니≫는 가난과 전쟁으로 얼룩진 한 시대를 꿋꿋하게 살아가면서도 가족 간의 아픔을 어루만지고 사랑을 실천하는 언니요 누나요 어머니를, ≪탁류≫는 1930년대 우리 역사의 좌절과 암울한 상황을 초봉이라는 여성의 기구한 삶을 통해 상징적으로 이야기하고 있다. ≪탁류≫를 읽을 때는 흙탕물 같은 이야기에 또 다시 눈살이 찌푸려졌다.

* 근 한 달간 안구 건조증이 있어 병원에도 다니고 약도 사서 눈에 넣고 했다. 더 큰 탈이 나지 않아야 할 텐데 걱정이다.

7월 28일(월요일)

여름방학 연수 첫 날

전주교대에서 하는 〈독서와 논리·논술교육 지도자과정〉 연수를 오늘부터 시작했다. 교육문화관 301호에서 받게 되는 연수의 첫 강의는 전주교대 윤리교육과 이재훈 교수와 아동문학가 이재복 선생이 맡아서 했다. 이번 연수의 총 책임자로 보이는 홍인재 선생님은 남자가 아닌 여자 분이었다. 이번이 3회째라는데 매우 열심히 준비를 한 것 같다.

7월 29일(화요일)

오늘은 독서교육에 관련된 강의를 들었다. 특별히 남는 것이 있다면 최근에 나온 좋은 책을 많이 알아 둔 것이다. 덕분에 아이들에게 읽힐 책이 많아졌다. 마지막 시간에 자기소개를 한 다음 분임조를 짜고 각 조별로 분임토의 주제를 정했다. 내가 속한 조에서는 독서캠프 주제를 '장애인에 대한 다름의 인정과 이해'로 정했다. 그리고 주 교재는 ≪아주 특별한 우리 형≫으로 하기로 했다. 분임토의 주제와 관련된 책까지 정했으니 이제 독후활동만 기획하면 된다.

아침 9시부터 오후 5시까지 8시간을 앉아 있으려니 너무나 힘들다. 의자까지 딱딱하여 척추부터 목뼈, 뒷목까지 뻐근하고 고개를 돌릴 수 없게 불편하다. 이러다가 연수를 중간에서 포기해야 할지도 모른다. 내일은 내게 맞는 의자를 부탁해 볼 생각이다.

7월 30일(수요일)

연수 셋째 날. 첫 강의는 인후초등학교 이영환 선생님이 하셨다. 알고 보니 이 분은 연수를 주관하는 전북청소년교육문화원의 일원이었다. 전북청소년교육문화원은 전교조 소속 선생님들이 전북의 참교육을 실현하기 위해 만든 단체라는 것을 오늘에야 알았다. 홍인재 선생님이나 이영환 선생님, 오늘 논술교육 강의를 해 주신 체육고등학교 최병흔 선생님한테서 좋은 인상을 받았다.

홍인재 선생님이 내 의자를 바꾸어 주었다. 덕분에 한결 덜 피곤하게 강의를 들었다. 우리 조 주제가 '장애인 문제'에서 '성교육'으로 바뀌었다. 성교육에 관련된 책은 나에게 한 권도 없다. ≪슬픈 란돌린≫이란 성교육 책이 있다는데 사서 보려면 시간이 촉박할 것 같다. 그리고 독후활동도 생각해 보아야 한다. 내 짝 전은영 선생님은 '성역할 바꾸어보기' 활동을 생각하고 있는 것 같다. 나는 성폭력이나 성추행에 대처 방법, 면담 · 상담활동을 생각하고 있다.

7월 31일(목요일)

오늘 첫 강의는 여울초등학교 류정아 선생님이 체험 중심 독후활동에 대한 강의를 했다. 좋은 책도 많이 알게 되고 다양한 방법의 독후활동도 배우게 되고, 여러 가지 팝업과 팝업책 만들기도 배웠다. 학교에서 매우 유용하게 쓸 것 같고 아이들에게 가르쳐 주어도 무척 좋아할 것 같다.

두 번째 강의는 생태놀이 기획가인 황정택 선생님이 했다. 이 분은 서른 살의 젊은 남자 강사이다. 강의실에서 먼저 생태체험 사진을 보고 나서 밖으로 나가 여러 가지 숲체험놀이를 했다. 서어나무와 장수하늘소가 한 조가 되어 둘이 손을 잡고 안에서 뛰고 밖에서는 사냥꾼과 포수가 양쪽에서 콩주머니로 공격을 한다. 내가 가르쳐 준 콩주머니놀이보다 아이들이 더 재미있게 할 것 같다.

이 밖에도 여러 가지 숲체험놀이를 했다. 모두 의미 있으면서 아이들에게 좋은 놀이인 것 같다. 놀이들이 실려 있는 ≪얘들아 숲에서 놀자≫를 꼭 사서 보고 체육시간에 아이들에게 가르쳐 줄 생각이다.

8월 1일(금요일), 바람 한 점 없이 매우 후텁지근.

독서 현장 탐방

소설 ≪탁류≫의 무대 군산을 다녀오다. 군산 내항(째보선창), 식산은행, 미두장, 채만식 생가터, 채만식 묘, 채만식문학관, 콩나물고개, 정주사 집터 등을 둘러보다. 군산은 내 근무지가 있는 지역이지만 콩나물고개 인근은 처음 가보는 곳, 소설을 더 잘 이해하는 계기가 되다.

8월 4일(월요일)

이재훈 교수의 '논리 · 논술' 두 번째 강의에 이어, 홍인재 선생님의 ≪몽실 언니≫를 가지고 한 '동화 속에서 논제 찾기' 강의가 있었다. 책을 읽고 그 속에서 논술의 주제를 찾는 방법이다. 먼저 핵심 단어 찾기 순서가 있었다. ≪몽실 언니≫의 내용 중 중요하다고 생각되는 낱말의 첫 글자만 알려주면 나머지 두 글자 혹은 세 글자를 맞추는 놀이이다. 책에 나오는 주요 낱말은 쌀밥, 절름발이, 암죽, 전쟁, 고아, 고갯길, 부잣집 등이다. 내가 제일 먼저 '쌀밥'을 맞추고 나머지 낱말도 많이 맞추어 혼자 문화상품권을 받았다. 아이들 말대로 기분 짱이었다.

논제는 분임별로 여러 가지가 나왔다. 중복된 논제도 여럿 있었다. 우리 분임에서는 '부모라고 하여 아버지가 몽실이를 무조건 데려와도 되는가?', '꽃 파는 소녀가 남의 도움을 거절하는 태도는 잘못된 것인가?', '북촌댁처럼 결혼할 때 자신의 결함이나 비밀을 숨겨도 되는가?' 등의 논제가 나왔다. 하지만 이 중에서 논제로서 적당한 것은 첫 번째 것만 해당된다는 것을 알았다. 논제로서 적절하려면 의견대립이 성립할 쟁점이 있어야 하는데, 두 번째와 세 번째 논제는 답이 명백한 참 혹은 거짓에 해당한다.

마지막에 분임토의 시간을 가졌다. 우리 조에서는 '성교육'과 관련된 주제로 분임토의 보고서를 작성해야 한다. 이 보고서에는 성의 이해, 양성평등, 성폭력과 관련된 내용이 담기게 된다. 나는 ≪슬픈 란돌린≫이란 성폭력 관련 책을 바탕으로 함께 이야기해 보기, 성폭력 경험(사례) 적기, 성폭력 관련 OX퀴즈 문제 등을 만들어야 한다. 저녁까지 해서 총무 하춘영 선생님에게 보내야 한다.

* 재호가 보낸 문자를 받다. 반가운 마음에 바로 전화를 걸다. 그런데 재호가 라면국물을 엎질러 허벅지에 2도 화상을 입었다고 하다. 다행히 입원을 할 정도는 아니라지만 물놀이에 갈 수 없어 속상하다는 재호, 나도 재호 만큼 안타까운 마음이다.

8월 5일(화요일)

지금까지 들은 강의 중 가장 마음에 드는 강의를 들었다. '윤리적 사고와 논리'라는 제목의 교원대 박병기 교수가 한 강의였는데, 윤리니 논리니 논술이니 하는 용어 자체는 머리가 아픈 것이었지만 나를 포함하여 한 사람도 조는 사람이 없었다. 박 교수는 어려운 내용을 조금도 어렵지 않게, 목소리는 조용하면서도 적당히 유머를 섞어가며 했다. 비로소 내가 수준 높은 사람들과 함께하고 있다는 것이 실감이 났다. 내가 한 단계 up된 기분이 들었다.

정 반대의 강의도 오늘 경험했다. 전북대 모 철학과 강사의 강의는 너무나 지루하고 졸음만 왔다. 교재에 있는 내용을 그대로 빽빽하게 판서를 해대는 딱한 강사님! 강의가 끝나자마자 모든 선생님들이 일제히 책상 위로 쓰러지다시피 누워버렸다. 똑같은 논술 강의를 하는데, 어떤 교수는 세 시간 내내 눈동자 초롱초롱 빛나게 하고, 어떤 교수는 모두가 졸거나 하품하거나 책상위에 몸을 부리게 한다. 확실히 똑같은 지식을 전달하는데도 기술이 필요하다. 나의 수업은 아이들에게 전자일까 후자일까?

8월 6일(수요일)

분임토의 보고서 발표

각 분임별로 그동안 준비해 온 독서캠프 분임토의 보고서를 발표했다. 1분임부터 4분임 순으로 했는데, 1분임은 환경, 2분임은 가족, 3분임은 친구, 우리 4분임은 성性이 주제였다. 각 분임 보고서는 모든 회원이 최소한 한 가지씩의 활동지를 만들고 총무가 그 활동지들을 모아 전체적인 보고서를 만드는 식으로 했다. 역시 선생님들이라 모든 분과의 보고서가 훌륭하고 완벽하다. 이 독서캠프 보고서들은 하나하나가 학교 현장에서 지도안으로 활용해도 된다.

8월 7일(목요일)

어제와 오늘에 걸쳐 익산 이일여중 김원진 선생님이 학교수업과 논술지도에 대한 강의를 했다. 아이들이 여러 단계를 거쳐 논술문을 쓰기까지의 과정을 자료까지 복사하여 보여주었다. 하나같이 성의가 있고 내용이 매우 알차다. 이 선생님에게 국어교육을 받는 아이들은 논술 걱정을 하지 않아도 될 것 같다.

오후에는 평화중학교 윤양금 선생님이 '아동 그림 읽기와 미술치료' 강의를 했다. 그림을 통한 아동 이해의 정확한 적중률에 모두 놀랐다. 종이 한 장에 자기 자신을 상징하는 네 컷의 그림, 나무, 집, 어항, 풍경 등을 그린 다음 그 그림을 읽고 그 사람의 성격, 인성, 심리상태 등을 진단한다. 그런데 나 같은 경우 적중률이 90% 이상이다. 아이들에게도 이 방법을 적용한다면 아이들을 이해하고 아이들 문제를 해결하는데도 많은 도움이 될 것 같다.

* 지난 금요일 '탁류'의 군산에 다녀올 때 인솔해 주셨던 효림초등학교 K 선생님이 ≪땅은 바다를 안고≫라는 전국 문학지도 1권을 보내주시다. 앞자리에 같이 앉아 오가는 동안 고은, 안도현, 박남준 시인 등에 대해 잠시 이야기를 나눴었다. 안도현 시집을 보내준다고 했던 것 같은데, 뜻밖에 시중에서 구하기 힘든 귀한 책을 보내주시다. 선생님은 매우 약속을 잘 지키고 자기 말에 책임을 지는 분 같다.

8월 8일(금요일)

연수 마지막 날

전북외국어고등학교 유상우 교사의 '논술교육과 첨삭지도' 강의가 있은 후 학생이 쓴 논술문을 첨삭하는 실기시험이 있었다. 주어진 글은 논거가 분명하지 않아 첨삭하기 매우 까다로웠다. 선생님들은 여백의 빈 곳이 없을 정도로 무엇인가 빽빽하게 적어 첨삭을 하였으나 나는 머리가 너무 혼란스러웠다.

오후에 지금까지 공부한 내용을 테스트하는 객관식 시험을 본 다음 수료식을 했다. 열흘 동안 힘든 연수였지만 손에 잡히게 얻어가는 것도 있고 무엇보다도 새로운 선생님들을 만난 것이 큰 소득이다. 내 짝 전은영 선생님과 남원의 김종길 선생님은 공개수업 지도안도 보아 주며 많은 조언을 해주셨다.

수료식이 끝난 다음, 조혜정 선생님과 홀가분한 마음으로 오목대 벤치에 앉아 뒷이야기도 나누고 쇼핑도 하고 저녁도 같이 먹었다.

8월 11일(월요일)

학교 문집 샘플

S출판사에 다녀왔다. 문집 발간 예산도 알아보고 샘플도 얻어오기 위해서다. 이 출판사는 모든 공정이 회사 안에서 이루어지기 때문에 다른 출판사나 인쇄소에 비해 비용이 저렴하다. 출판 경험도 풍부하여 책도 잘 만드는 것으로 알고 있다. 그래서 군산의 진포초등학교도 이곳에서

문집을 만들었다고 한다.

출판사에 다녀와서 바로 발간 계획안을 짜보았다. 1안은 전교생의 작품이 모두 들어가게 하는 안이고 2안은 학급당 우수작품을 15~20편 싣는 안이다. 대강의 안을 우선 내일 교장선생님께 보여드릴 생각이다.

8월 12일(화요일), 땀이 비 오듯 한 날.

일직 날

출근하자마자 대강 교무실 청소부터 했다. 청소를 마친 다음 공문처리를 했다. 그런 다음 문집 샘플과 계획안을 교장선생님께 보여드렸다. 교장선생님께서 보시고 1안, 2안을 보완하고 기안문을 작성하여 다시 결재를 올리라고 하셨다. 학년별 글의 종류는 교육과정을 감안하여 결정하라고 하셨다. 나는 미처 그것까지는 생각을 못했다. 역시 교장선생님이시다.

내가 일직인 줄을 미리 알고 한 학부모께서 과일을 사오셨다. 이 학부모님은 평소에도 자녀의 담임에 대한 예우가 깍듯한 분이다. 복숭아를 덜어 선생님들과 나누어 먹었다. 이호 선생님과 전미숙 선생님의 결혼 청첩장을 받았다. 두 분이 사귀고 있다는 얘기는 들었으나 이렇게 급속도로 진전이 된 것을 알고 조금은 놀랐다. 결혼식은 9월 27일이라고 한다. 돌아올 때 박은희 선생님과 같이 와 교동에서 저녁을 같이 하고 헤어졌다.

* 안전공제회에서 하은지의 치료비가 결제된 것을 확인하다. 치료비는 본인 과실분 10%를 제하고 나오다. 은지 어머니에게 이 사실을 알려드렸더니 감사하다고 말하

다. 나중에 성형수술도 순탄하게 마칠 수 있기를 은지 어머니도 나도 바라는 마음이다.

8월 13-14일

우리 반 41명의 아이들과 통화를 했다. 별 탈 없이 건강하게 방학생활을 하고 있는지 궁금하여 일일이 전화를 걸었다. 전화를 받는 아이들 목소리에서 반가움이 묻어난다. 시연이 같은 아이는 너무 좋아 폴짝폴짝 뛰는 기분이 느껴진다. 전화기를 내려놓기가 아쉬울 정도다.

서산으로 전학 간 은서에게도 전화를 했다. 평소 수줍음 많은 은서지만 그동안의 이야기를 잘도 풀어 놓는다. 집에서 30분 거리에 있는 도서관에 가서 내가 추천한 책들을 빌려 읽고 있다고 한다. 은서는 우리 반에서 시 외우기를 가장 좋아하던 아이다. 그래서 김용택 시인의 〈콩, 너는 죽었다〉 시를 꼭 외워두라고 했다. 이 시는 2학기 국어교과서에 나온다. 시를 미리 외워두었다가 그동안 외운 시들과 자랑도 하라고 말해주었다. 은서의 장기가 그곳 반 아이들과 빨리 친해질 수 있는 매개媒介가 될 수도 있어서다.

아이들 어머니와 통화를 한 경우도 많다. 어떤 어머니는 이번 여름방학 숙제가 매우 마음에 든다며 〈봉선화〉라는 시조는 어머니가 미리 외웠다는 말도 했다. 나의 수업방법이나 학급경영에 대해서도 매우 만족한다는 말도 했다. 시행착오를 많이 겪지만 그래도 내가 우리 반 아이들을 그런대로 잘 이끌고 있는 것 같아 뿌듯한 마음이었다.

8월 16일(토요일)

쪽지 보내기

지금 4학년인 작년 제자들에게 쪽지를 보냈다. 늦었지만 스승의 날 아이들이 보내 온 편지에 대한 답신이다. 일일이 편지로 답장을 해주고 싶었지만 좀처럼 시간을 낼 수 없어 지금까지 미루어 왔었다. 지혜, 건우, 은유, 예진이, 병길이, 민영이, 여영이… 한 사람도 소중하지 않은 아이가 없다.

8월 19일(화요일), 구름 많음

혜린이, 시연이, 서린이, 다운이, 가린이가 고사리 같은 손으로 쓴 편지를 보내오다. 받은 즉시 일일이 친필로 답장을 보내다.

8월 22일(금요일)

문집 제작 관련 연수

어제와 오늘 전 교직원이 학교에 출근했다. 담당 선생님들로부터 개정된 7차 교육과정과 관련한 연수를 받았다. 바뀐 내용 중에 수학, 과학, 실과 같은 과목은 난이도에 따라 아래 학년으로 내용이 내려오거나 위 학년으로 올라간 경우가 있었다.

연수 마지막 순서로 학교문집 제작에 대한 연수를 내가 했다. 계획안 1, 2안 중 일단 2안이 채택되었다. 1안은 600페이지 두께로 전교생의 작품을 싣되 예산 500만원을 초과하는 금액은 수익자부담으로 하게 하는 안이고, 2안은 350페이지 두께로 한 반에 15~20편의 우수작품만 싣되 예산 범위 내에서 만드는 안이다. 회의 결과 2안을 기본으로 하되 나머지 아이들의 한 줄짜리 글이라도 실어서 모든 아이들의 글이 들어가게 하는 게 좋겠다는 쪽으로 뜻이 모아졌다. 한 줄 글은 학년마다 나의 장래 희망, 삼행시, 한 줄 동시 등의 주제를 정하여 하면 될 것 같다는 의견도 나왔다. 역시 경험이 많은 선생님들이라 좋은 아이디어가 많다. 예산 범위 내에서 전교생의 글을 실을 수 있는 방법을 많이 고민해 보아야 할 것 같다.

8월 23일(토요일)

문집 편집위원 선정

개학 전에 혼자 집에서 문집 편집위원을 누구누구로 하면 좋을지 생각해 두었다. 그리고 오늘 조심스럽게 전화를 해 보았다. 다행히 도움을 요청한 모든 선생님이 협조를 약속해 주었다. 1학년 박은희 선생님, 2학년 현은숙 선생님, 4학년 김현희 선생님, 5학년 김도영 선생님, 6학년 임보경 선생님이 같이 하기로 약속을 받았다. 다른 업무만으로도 항상 바쁜 분들인데 순순히 응해주어 너무나 감사하다.

* S출판사와 K인쇄소에도 전화를 걸어 다시 견적을 받아 보았다. 1000권 분량으로 코팅표지, 칼라화보 48면, 본문 280쪽으로 했을 때, 이번에도 역시 가격 차이가 많이 난다. 똑 같은 조건에서 S사는 570만 원 정도를 말하고 K사는 1200만 원을 말한다. S사에서 만들면 약간의 추경예산을 보태면 500만원 예산으로 문집

발간이 무난할 것 같다.

8월 25일(월요일)

여름방학 잘 보내고 건강하게 등교한 아이들과 만나다. 과제물 걷어 우수아 뽑고, 자리와 청소구역 다시 정하고 나니 하루가 훌쩍 지나가 버리다. 방학 과제물 전시회를 한다 하여 미리 대강 전시를 해놓고 퇴근하다. 내일은 생활통지표 출력하여 결재 맡은 뒤 아이들에게 배부해야 한다. 2학기는 더 숨 가쁘게 돌아갈 것이다. 기본적인 수업과 업무 외에도 문집 발간 책임을 맡고 있고, 공개수업도 해야 하고, 학예회도 기다리고 있다. 체력 보강을 위해 그래서 집에 오자마자 산책을 30분 정도 하다.

8월 26일(화요일), 흐림. 들판 조생종 벼는 벌써 노란 빛깔이 돌기 시작한다.

공개수업 준비

오늘은 아이들에게 팝업 만드는 법을 가르쳐 주었다. 나중에 공개수업 때 발표의 한 방법으로 이 기법을 활용하게 하기 위해서다. 팝업을 만드는 것까지는 좋았다. 아이들이 무척 좋아하며 독특한 얼굴을 만드는 아이들도 많았다. 문제는 ≪보름달 따던 날≫의 이야기를 모둠별로 새롭게 꾸미고, 그것을 발표하는 과정에서 드러났다. 아이들이 이야기를 새롭게 꾸미는 것을 처음 해보는데다, 역할을 나누어 발표를 해보는 것 또한 처음이었다. 당연한 결과지만 한 모둠도 만족스런 결과가 나오지 못했다. 심지어 2모둠의 장은 자기 모둠을 소개하고 내용을 어떻게 새롭게 바꾸었는지 그 소개를 하는 것조차 하지 못하고 부끄러워했다. 내가 처음부터 너무 욕심을 부렸다. 여간 연습을 하지 않고서는 이 방법이 아이들에게 무리라는 생각이 든다. 그래도 내일 한 번 더 연습을 해보기로 했다. 아이들에게는 ≪화요일의 두꺼비≫를 가지고 오라고 했으나 보내놓고 생각하니 그것 보다는 ≪선녀와 나무꾼≫ 같은 이야기가 더 적당할 것 같다는 생각이 든다. 내일 아이들과 이 전래동화를 가지고 한 번 더 연습을 해보려고 한다.

8월 27일(수요일)

공개수업 연습

오늘은 아이들이 좋아하는 동화 ≪화요일의 두꺼비≫를 가지고 공개수업 연습을 하였다. ≪선녀와 나무꾼≫으로 바꿀 생각도 했으나 아이들이 강력하게 이 책을 원했다. 오늘도 100분에 가까운 연습을 했다. 오늘은 칠판에 대강의 활동 순서를 적어주었다.

'이야기 새롭게 꾸며 쓰기'의 순서는 이렇다. 바꿔 쓸 부분 결정→무엇을 어떻게 바꿀지 결정→역할 나누기→대본 만들기→팝업이나 머리띠 만들기→연습하기→발표하기.

어제 할 때는 아이들도 나도 힘이 많이 들었다. 여전히 미숙하기는 하지만 그래도 오늘은 한결 나아졌다. 한 번 더 연습을 하면 아이들도 나도 어느 정도는 자신감을 가질 것 같다. 공개수업에서 가장 중요한 것은 어느 부분의 무엇을 어떻게 바꿀 것인지 모둠끼리 의논을 한 다음, 그것을 토대로 대본을 잘 짜는 일이다. 대본만 훌륭하면 거기에 맞게 역할을 나누고 연습만 하면 된다.

* 2학기에는 일기장을 나누어 검사하기로 하다. 미술 전담이 2시간 들어 있는 월요일엔 1번~20번, 도덕전담이 1시간 들어 있는 수요일엔 21번~30번, 4교시 수업만 있는 금요일에 31번부터 나머지를 하기로 하다. 그동안 40권이 넘는 아이들 일기장을 매 주 월요일에 한 번 봐주는 것은 무리가 있었다. 첨삭 한 줄도 변변하게 하지 못할 때가 많았다. 나누어서 하게 되면 1학기 때보다는 조금 더 성의있는 일기 지도가 될 것이다.

8월 29일(목요일), 맑음. 더위가 꺾여 굵은 땀은 덜하다.

2학기 첫 수업

사회, 체육, 말듣, 수학, 음악 순서로 2학기 첫 수업을 했다. 작년 2학기에 해본 경험이 있어 한결 수월함을 느꼈다. 선생님이 자신감이 있으니까 아이들도 수업시간 내내 즐겁게 참여했다. 내 수업에 매우 만족해하는 아이들 표정을 읽었다. 이러니 같은 학년을 오래 한 선생님이나 경력이 많은 선생님들은 매 시간 얼마나 쉽고 재미있게 수업을 할까.

체육시간에는 '콩주머니놀이2'를 했다. 환경친화적 용어를 사용하여 약간의 변화를 주었는데, 기존의 놀이 방법과 달리 장수하늘소와 서어나무가 한 팀이 되고 사냥꾼과 포수가 한 팀이 된다. 가위바위보를 하여 이긴 팀이 홈에서 뛰게 되는데, 두 사람씩 짝을 지어 손을 잡고 한다. 8월의 늦더위가 남아있어 운동장에서 뛰는 것을 아직은 힘들어 하면서도 확실히 기존의 놀이보다 재미있어 했다. 교실에 들어와서는 콩주머니를 손 위에서 번갈아가며 허공에 띄우는 놀이를 보여주었다. 내가 어렸을 때는 콩주머니 3개를 가지고도 하였으나 그 방법까지는 능숙하게 보여주지 못했다. 아이들이 "선생님, 꼭 서커스 같아요." 하며 신기해하고 재미있어했다.

* 대강의 환경정리를 다시 하다. 학년 초에 한번 하고 그동안 거의 변화를 주지 못해 게시판의 부착물이 대부분 빛이 바래서다. 여름방학 과제물도 한쪽 공간에 게시를 해 놓다. 공개수업이 임박하여서는 시간을 내기 힘들다.

8월 29일(금요일), 맑음

김상옥, 김종열 선생님의 명예퇴직과 김선자 교감선생님의 교장 승진으로 인한 송별회가 열렸다. 김상옥 선생님은 오늘 울다 수업을 다 못 마치셨다고 한다. 38년이라는 긴 교단생활을 마감하는 감회가 남달랐을 것이다. 나도 정든 우리 반과 내년에 헤어질 때 눈물이 날 것 같다. 하물며 경력이 많은 선생님들이야 오죽 할까.

교감선생님은 우리 앞에서 눈이 빨갛게 되도록 우셨다. 교감선생님은 음악을 좋아하시는 분답게 감정도 풍부하시다. 나 또한 교감선생님과 헤어지는 것이 많이 아쉽다. 그래도 화기애애한 가운데 송별회를 마쳤다.

8월 30일(토요일)

1교시에 읽기를 하다. 2~3교시에는 이번 주 동시 〈작은 것〉 외우기를 하다.

작은 것

황베드로

웅덩이가 작아도
흙 가라앉히면

하늘 살고
구름 살고
별이 살고

마당이 좁아도
나무 키워 놓으면

새가 오고
매미 오고
바람이 오고

* 9월 반장에 김민석이, 부반장에는 한가린이 선출되다.

9월 1일(월요일)

2학기 첫 번째 숙제를 내주다. 국어 첫째마당에서 공부하는 공통점과 차이점에 대한 내용이다. 그동안 3차시에 걸쳐 촛불과 전등, 풍차와 바람개비, 연필과 붓의 공통점과 차이점을 충분히 공부하다. 이를 바탕으로 금강산과의 공통점과 차이점을 비교하기 위해 자신이 잘 아는 산을 조사하여 오도록 하다. 총명한 이수민이 하교하기 전 미리 일기를 쓰면서 자신은 이런 숙제를 매우 좋아한다고 적다.

9월 2일(화요일), 어제에 이어 오늘도 비.

학예발표회에서 맡은 일

아이들을 돌려 보낸 후 학예회 문제로 동학년 선생님들이 모였다. 나에게는 '동화구연' 이 맡겨졌다. 나는 다음 달에 생전 처음 해보는 공개장학수업이 있고, 2학기 내내 학교문집발간에도 매달려야 한다. 그런데도 경력 많고 경험 많은 선생님들 대신 경험 적고 일 많은 나 같은 신규들에게 학예회를 맡겼다. 처음에는 좀 너무한다는 생각이 들었다. 하지만 해마다 돌아오는 학예회에 나도 한 가지쯤은 할 줄 아는 것이 있어야 한다는 생각에 적극적으로 부딪히기로 했다.

9월 3일(수요일)

우리 반에 백지원이라는 여학생이 전학을 오다. 전주 용와초등학교에서 왔다고 하다. 경미란 선생님이 오늘부터 도덕수업을 하다. 그 시간에 나는 21번부터 30번까지 일기검사를 하다. 일기검사를 나누어서 틈틈이 하게 되어 더 꼼꼼하게 하다.

9월 4일(목요일)

옆반 선생님과 학예발표회 건으로 이야기를 나누었다. 내가 문집 제작 문제로 일이 많은 것을 감안하여 서로 협력하여 동화구연을 준비하기로 했다. 한결 마음의 부담이 줄었다. 공개수업의 큰 걱정도 한 가지 덜게 되었다.

동기유발을 패러디 동화나 바뀐 동화를 동영상으로 보여주고 원래 동화에서 무엇이, 어떻게 바뀌었는지를 묻는 발문을 던지면 될 것 같다. 이런 아이디어는 같이 카풀을 하는 젊은 선생님의 두뇌에서 나왔다.

9월 5일(금요일)

2학기 환경정리를 다시 했다. 시연이와 지윤이가 도와주었다. 문구점에서 사 온 감나무 두 그루와 허수아비 하나, 단풍잎과 은행잎 몇 장으로 가을 풍경을 꾸미고 아이들 그림은 가을 분위기에 맞게 차차 바꾸어 갈 생각이다. 크게 한 것은 없지만 1학기 환경정리 때보다 한결 수월하게 끝낸 것 같다. 1학기에는 작년 제자인 4학년들의 도움을 받았는데, 이번에는 우리 반 아이들을 데리고 했다. 이만큼 우리 아이들이 자란 걸 실감했다.

9월 9일(화요일), 구름 조금

지난 8월말 신흥초등학교 문선미 선생님에게 싸이월드로 쪽지를 보냈었다. 공개수업 지도안 작성과 관련하여 도움을 요청하는 내용이었다. 그 쪽지를 보고 선생님이 오늘 답장을 보내주셨다. 저녁에 바로 선생님에게 지도안을 보냈다.

9월 10일(수요일)

종량제 봉투에 쓰레기를 2/3만 채워 버렸다가 교장선생님께 들키고 말았다. 붉은 글씨로 꾸중까지 써 붙인 채 주인을 찾는 우리 반 쓰레기 봉투를 보고 죄송한 마음이 들었다. 교장실로 찾아뵙고 이실직고하자 허허 웃으시며 "아이들이 그랬겠지, 선생님이 그렇게 하라 시키진 않았겠죠." 하시던 교장선생님. 실은 내가 그렇게 하라고 시켰다. 1학기 때 쓰고 남은 봉투가 많아 적당히 넣어 버리게 했다. 쓰레기가 오래되면 냄새가 나는 것도 한 이유다. 어찌됐건 우리 교장선생님의 꼼꼼하고 알뜰하신 성품은 알아주어야 한다.

9월 11일(목요일)

2학기 교과서에 실린 동시를 가지고 동시 외우기를 하다.

은행잎 편지

김한룡

물 위에 동동
은행잎 한 잎

띄워 보내자.

이사 간 순이에게
편지 보내자.
네 살던 집
앞마당
은행나무에

요렇게
노오란
가을이 왔다.

9월 17일(수요일), 체육조회 때부터 땀을 흘렸다. 아침부터 몹시 덥다.

나의 조교들

아이들이 곱셈을 어려워하고 잘 풀지 못한다. 물론 잘 하는 아이들은 하나를 가르치면 열을 안다. 이렇게 잘 하는 아이들이 요즈음 며칠 동안 나의 조교가 되어 공부가 부족한 아이들을 가르치고 있다. 오늘은 조혜린, 윤시연, 이동준, 지창민, 이지혜 등이 방과 후에 10분씩 부족한 아이들을 가르쳤다. 그 사이에 나는 조교들이 통과시킨 아이들만 최종 확인을 하여 돌려보냈다. 밀린 업무만 아니라면 내가 직접 부족한 아이들을 가르치겠지만 학교 일이라는 게 늘 시간에 쫓길 만큼 바쁘다. 우리 반 아이들은 모두 봉사정신이 높다. 자신보다 공부가 부족한 친구를 도와

주고, 선생님의 힘든 부분을 많이 도와준다. 알림장에 예고를 한 대로 내일과 모레는 몇 명 남지 않은 부족한 아이들을 직접 지도를 하여 곱셈 단원을 마무리 할 생각이다.

* 신흥초 문선미 선생님이 지난 번 보낸 공개수업지도안에 꼼꼼히 첨삭을 하여 주시다. 역시 협동학습의 달인답다.

9월 18일(목요일), 여전히 한낮에는 33도에 가까운 더운 날씨다.

학부모와 충돌

오늘 수학은 곱셈 단원의 마지막 차시 수업이다. 어쩐 일인지 덧셈, 뺄셈에 비해 아직까지 많은 아이들이 곱셈을 어려워하는 것 같다. 내가 잘 못 가르치고 있는가 하여 지도안을 다시 보았지만 특별히 잘 못 가르친 것은 없는 것 같다. (세 자리 수)×(한 자리 수)부터 시작하여 다시 곱셈에 대한 정리를 해 주면서 단원을 마쳤다. 그리고 방과 후에는 남게 한 아이들이 곱셈을 제대로 하는지 한명 한명 테스트를 했다. 지난 2-3일은 수학을 잘 하는 아이들 도움을 받았다. 그 덕분에 오늘까지도 곱셈을 못 하는 아이들은 많지 않았다. 오늘은 방과 후 시간에 여유가 있다는 창민이와 영우가 나의 조교가 되어 주었다. 문제를 잘 푸는 대부분의 아이들은 두 조교가 보내고, 두 조교도 가고, 이제 ○○을 포함한 몇 명만 남았다. 이 아이들은 오늘 안 되면 내일까지 내가 개별지도를 할 생각이었다.

2시 30분쯤 되었을 때다. ○○의 엄마가 전화를 해왔다. 이 엄마는 아이를 남겨 숙제나 부족한 공부를 시킬 때마다 전화를 한다. 아이가 영어 학원 차를 자꾸 놓친다는 것이다. 일찍 보내주면 자신이 알아서 집에서 숙제도 공부도 시켜 보낸다고 했다. 그러나 ○○는 여전히 숙제를 해 오지 않거나, 지금 공부하는 '곱셈' 단원을 제대로 해내지 못했다. 엄마의 부탁을 잊은 건 아니지만, 이런 ○○을 다른 아이들과의 형평성 때문에도 혼자만 보내기가 곤란했다.

오늘은 엄마 심기가 매우 불편한 것 같았다. 자신이 알아서 할 테니 앞으로는 절대 아이를 남기지 말라고 언성을 높이며 말을 했다. 그 말을 듣는 순간 나도 화가 났다. 다른 아이들도 있는데 ○○만 혼자 보낼 수 없지 않느냐, 집에서 해 보낸다고 하지 않았느냐, 그런데 아이가 여전히 숙제도 해오지 않고, 아직 곱셈을 잘 하지 못한다, 내가 ○○에게 적당히 했으면 좋겠냐며 야단을 치듯이 말을 했다. 그런데 이 말에 더 화가 난 것일까? 자신은 나의 학생이 아니라 학부모라며 목소리가 더 높아졌다. 더 이상의 입씨름을 하고싶지 않아 즉시 ○○을 돌려보냈다.

2시 40분에 교원평가와 관련한 3학년 선생님들의 모임이 있었고, 3시에는 10월 8일에 있을 3학년 기초학력진단평가에 대비한 연수가 있었다. 그런데 돌아와 보니 ○○엄마로부터 또 전화와 문자가 와 있었다. 아이가 어디로 사라져 버렸다며 무슨 일이 있으면 나보고 책임을 지라는 협박성 문자였다. 알아보니 ○○는 같이 남아 공부했던 친구 집으로 간 뒤, 거기서 친구 어머니께서 차에 태워 학원으로 데려다 준 뒤였다.

그 사이에 이 엄마가 교무실까지 전화도 한 모양이었다. 뭐라고 들으셨는지 교감선생님께서 우리 교실에 오셨다. ○○ 엄마가 내일은 교장선생님을 만나러 온다고 했다며, 교감선생님께서 나에게 아이들 지도에 너무 욕심을 부리지 말라는 뜻으로 말씀을 하셨다.

언젠가 나이 드신 어느 선생님들이 그러셨다. 공부 가지고 아이들에게 큰 욕심을 부릴 것까지는 없다, 아이들은 지금 당장은 못 하더라도 크면 다 하게 된다고 했다. 두 선배 선생님께서 초임인 나에게 이런 조언을 한 것을 잊지는 않았다. 그렇지만 나는 우리 아이들이 3학년에서 알아야 할 기본적인 수학과 우리 말 맞춤법만큼은 어느 정도 알게 하여 4학년에 진급시키고 싶다. 그런 생각 때문에 방과 후에 일부러 없는 시간을 내어 수학을 지도하고 받아쓰기도 지도하고 있다. ○○을 포함하여 다행히 우리 반에는 부진아는 없고 미진아들만 몇 명이 있다. 나는 우리 반의 어떤 아이도 포기하고 싶지 않다.

9월 19일(금요일), 하늘에 구름 한 점 없이 청명하지만 여전히 덥다.

무릎 꿇는 교사

○○가 학교에 오지 않았다. 엄마가 고의적으로 보내지 않았을 것 같은 생각이 들었지만 일단 집으로 전화를 걸었다. ○○ 엄마 말로는 아이가 숙제를 하지 않아 보내지 않았다고 했다. 내가 평소 숙제에 대해 비교적 엄격한 건 사실이고, 그것 때문에도 우리 아이들은 숙제를 잘 해오는 편이다. 하지만 ○○는 그렇지 못할 때가 많았다. 우리 반 아이들이 이 광경을 지켜보는 가운데 또 다시 나와 ○○ 엄마 사이에 큰 소리가 오갔다. 교장선생님을 찾아가겠다는 협박성 말을 하고 엄마가 먼저 전화를 끊었다.

담임 흠집내기를 하기로 작정을 한 모양이었다. 오늘은 5학년 선생님 공개수업이 있는 날이지만 이 일 때문인지 교장선생님과 교감선생님이 늦게 참관을 오셨다. 느낌에 ○○ 엄마가 정말 교장선생님을 찾아온 것 같았다. 점심시간에 교장선생님으로부터 학부모가 일찍 보내주길 원하는 아이는 그렇게 하는 게 좋겠다는 조언을 들었다.

퇴근 전에 ○○ 엄마에게 다시 전화를 했다. ○○을 중간에 놓고 이러지 말고 내일은 아이를 학교에 보내라고 좋게 말을 했다. ○○이 엄마가 순순히 그렇게 하겠다고 했다. 그렇게도 기세등등하던 사람이 많이 꼬리를 내린 것 같았다.

내일은 토요일, 아이들과 동시 외우는 시간이 있다. 집에 오자마자 시장에 나가 아이들에게 줄 햇밤을 사서 쪄 놓았다. 작은 보상이라도 있을 때 아이들은 동시 외우기에 한층 재미를 붙인다.

그런데 저녁 9시가 넘은 시간에 전화가 울리며 또 ○○ 엄마의 전화번호가 떴다. 이번에는 또 무슨 일로 전화를 했을까. 받고 싶지 않았다. 그런데 계속해서 전화가 울렸다. 피하기만 하는 것이 능사는 아니다 싶어 정면승부를 하기로 했다.

전화를 받았다. 또 다시 어제 일에 대해 시비를 거는 엄마. 누가 먼저 화를 냈다고 할 수 없을 만큼 어제는 서로 감정이 대립했고, 엄밀하게 따지면 ○○ 엄마가 먼저 언짢은 말투로 아이를 당장 보내라고 했다. 사과를 받을 사람은 오히려 나다. 누구보다도 신경을 쓰고 있는 자기 아이의 담임에게 이토록 집요하게 무례하게 굴어도 되는지 싶어 너무나 화가 났다.

나더러 자신에게 무릎을 꿇으라는 말이 아니고 무엇인가. 전에 TV에서 학부모들 앞에서 무릎 꿇는 선생님을 보았지만, 내가 이런 경우를 당하리라고는 상상도 못했다. 이 엄마 자신은 내가 가르치는 학생이 아닌 학부모라는 것을 강조하고 또 강조했다. 영락없이 나도 이 젊은 엄마 앞에 무릎을 꿇지 않으면 당장이라도 다음 행동에 들어가겠다는 협박이 아니고 무엇인가. 끝까지 내 잘못을 인정하지 않자 엄마가 두고 보자며 또 일방적으로 전화를 끊었다.

가슴이 답답해 왔다. 더 일이 확대되어 시끄러워지는 것은 막아야 했다. 반대표와 자모인 두 어머니와 전화통화를 했다. 이 어머니들은 평소에도 학급 일에 협조를 잘 하는 분들이다. 두 분 중 한 어머니는 그 날 ○○을 영어학원에 데려다 주어 이미 이 내용을 알고, ○○ 엄마와 평소 친하게 지내는 대표 어머니도 벌써 알고 있었다. ○○ 엄마가 내 말은 듣질 않으니 어머니들이 설득하여 아이를 학교에 보내도록 도와달라고 했다.

○○ 엄마에게 사과할 것은 없지만, 일을 더 크게 벌이는 일은 일단 막아야 했다. 만약 그렇게 되면 학교는 물론, 남은 2학기 동안 우리 반이 엉망이 되어버릴 것을 엄마들도 함께 염려하고 있다. 오늘은 내가 교단에 선 이래 최악의 날이었다.

9월 20일(토요일), 가을을 재촉하는 비가 내리다. 기다리고 기다리던 비다.

콜팝을 넣어 주고서

아침자습 시간이 되어도 ○○는 등교하지 않았다. 하지만 오늘 다시 전화를 걸어 아이를 보내라고 사정하고 싶지 않았다. 다행히 8시 40분쯤 되자 ○○ 엄마가 아이를 데리고 나타났다. 교실로 들어서더니 나에게는 양해도 구하지 않고 아이들에게 ○○와 사이좋게 지내 줄 것 등을 얘기했다. 아이들 대답이 시원치 않자 어머니가 재차 부탁을 했다. 사실 ○○는 정상적인 아이들과 달리 여러 면에서 뒤쳐지고 사회성도 떨어진다. 그래서 그런지 친구도 거의 없다. 이런 아이라서 그동안 내가 어떤 아이보다도 ○○에게 관심을 가져왔다. 어쨌거나 나중에 반 아이들을 모두 집으로 초대하겠다는 말을 하고 ○○ 엄마는 돌아갔다.

그러나 이제부터가 문제였다. 우리 반 아이들도 나도 예전의 활달하던 수업분위기로 돌아가지 못했다. 매 주 한 번씩 갖는, 우리 반 아이들이 그토록 즐겁게 참여하는 동시 외우기에도 이번에는 1/3 정도만 참여했다. 시 외우기가 끝나갈 무렵 ○○ 엄마가 보냈는지 콜팝이 배달되었다. 이것을 아이들이 먹는 동안 내 마음은 한없이 착잡했다.

새는 새는 나무 자고

전래동요

새는 새는 나무 자고
쥐는 쥐는 구멍 자고
소는 소는 마구 자고
닭은 닭은 홰에 자고

납닥납닥 송어 새끼
바위 아래 잠을 자고
매끌매끌 미꾸라지
펄 속에 잠을 자고.

돌에 붙은 따개비야
나무 붙은 솔방울아
나는 나는 어디 붙어
꺼부꺼부 잠을 자나

우리 같은 아이들은

엄마 품에 잠을 자지.

* 전주 효림초등학교 K 선생님이 전북의 문학지도 두 권을 보내주시다. 지난 8일에 1권을 주신 이후, 이 책에 대해 내가 매우 흡족해 하는 것을 알고 다시 2권과 3권을 보내주다. 이 책에는 전라북도 문학인들의 생가와 삶의 터, 문학의 향기가 모두 담겨 있다. K 선생님은 전북작가회의 소속 시인이기도 하다.

9월 22일(월요일)

문집 1차 편집위원 회의

3시 30분에 우리 반 교실에서 문집 편집위원 회의를 처음으로 갖다. 김영애, 현은숙, 김현희, 김도영, 임보경 선생님이 참석하다. 원고모집과 1차 교정까지의 기일을 11월 3일까지로 하고 본문은 1-2학년은 8쪽, 3-6학년은 10쪽에 담기로 하다. 선생님들의 의견에 따라 담임 선생님 사진은 넣지 않고 대신 담임이 같이 찍은 학급 단체사진을 넣기로 하다. 1-2학년, 3-4학년, 5-6학년 별로 글의 장르를 정했으나 담임이 알아서 융통성 있게 하기로 하다.

* ○○○ 엄마 일과 관련하여 교장, 교감선생님께 사과를 드렸다. 물의를 일으켜 죄송하다고 하였더니 의욕을 가지고 아이들을 지도하는 전 선생에게는 잘못이 없다며 교장선생님께서 오히려 나를 위로해주셨다.

아침에 출근할 때까지만 해도 앞으로는 아이들 일기지도고 뭐고 하지 않고 수업도 하고 싶어 하는 아이들만 끌고 가고싶은 마음이었다. 그런데 내가 오기도 전에 내 책상위에 일기장이 쌓여 있는 걸 보고 차마 그대로 돌려줄 수가 없다. 어느새 한 명 한 명의 일기를 읽고 댓글을 달고 있는 나.

하지만 ○○○한테만은 마음이 가지 않는다. 속은 뻔한 ○○가 자꾸 내 앞으로 와 뭐라고 말을 걸었지만 대꾸도 하고 싶지 않다. 엊그제 콜팝을 얻어먹고도 아이들 역시 ○○와 놀아주는 아이가 없다. 엄마가 밉지 아이가 미운 것은 아이다. 그렇지만 나도 사람인 이상 치유의 시간이 필요하다.

9월 24(수요일)

2008학년도 우리 학교 학예발표회 날짜를 발표했다. 우리 학교는 운동회보다 이 행사를 더 성대하게 치른다. 그만큼 준비기간이 길고 연습도 열심히 한다. 이번 행사에 나는 동화구연을 맡았다. ≪화요일의 두꺼비≫로 3학년 각 반에서 한 명씩 참여하는 동화구연을 선보일 계획이다.

9월 26일(금요일)

학교운영위원회 참석

오늘 우리 학교 운영위원회가 열렸다. 나는 학교문집 건으로 회의에 참석했다. 처음부터 함께하지 않고 내 차례가 되어 불려간 지라 조금 당황은 하였으나 문집 발간과 관련하여 차분하게 말을 하려고 애썼다. 그런데 정해진 시간 안에 회의를 끝내려면 내 말이 간단명료해야 했던가

보다. 동석한 한 선생님께서 중간에 말을 자르고, 학부모위원들도 조금 고압적이라는 느낌을 받았다. 나는 무슨 죄인이라도 되는 것처럼 잔뜩 주눅이 들었다. 나보다 한창 나이가 아래인 부모들인데 내가 왜 그랬을까. 아마도 내 봄이 불편한 것이 의식이 되어서 그랬을 것이다. 그러지 않으려고 해도 아직도 낯선 사람들 앞에 서면 나도 모르게 자꾸 움츠리게 된다. 어쨌거나 교장선생님과 교무선생님께서 보충설명을 해주시고 모든 권한을 교장선생님께 위임하는 것으로 안건이 통과되었다.

원래 계획은 각 반의 우수작품을 20편 정도 싣고 여기에 작품이 들어가지 못하는 학생을 포함하여 전 학생이 주제가 있는 글 한 줄 씩을 넣기로 했었다. 몇 군데 출판사에 알아본 결과 예산 500만 원 범위 내에서 1000권의 책을 만들려면 320쪽을 초과할 수 없기 때문이다. 그런데 운영위원 대부분의 의견은 달랐다. 돈이 더 들더라도 모든 학생의 작품을 싣자고 하였고 출판사도 군산에서 정하자고 했다.

이러한 의견이 나왔더라도 교장선생님 생각이 중요하다. 다음 주에 교장선생님을 찾아뵙고 의견을 들어본 다음 편집위원 선생님들에게 바뀐 내용을 전달해야 한다. 회의가 끝나고 난 뒤 내가 뭔가를 크게 잘못한 것처럼 마음이 가볍지 못했다.

9월 27일(토요일)

동화구연 대본

5학년 선생님이 학예회 때 쓸 ≪화요일의 두꺼비≫ 대본을 빌려다 주었다. 대학 재학 시절 분임활동 자료라고 한다. 하드보드지 앞면에 책화보를 싣고 뒷면에 대본을 적어놓았다. 나는 화보는 필요하지 않고 대본만 필요하다.

대본을 보니 동화의 중요한 부분을 7~8분 분량으로 요약하여 연결해 놓았다. 동화구연 대본을 만드는 방법을 이제야 알겠다. 비교적 잘 만들어진 대본이다. 하지만 학예회 때 시간을 얼마나 주는지에 따라 가감해야 할 수도 있다. 등장인물도 지금 대본은 두꺼비 워턴, 올빼미 조지, 사슴쥐 이렇게 셋 뿐이지만, 3학년 각 반에서 최소한 한 명씩은 참가할 수 있도록 5명의 등장인물은 있어야 한다. 내 생각에 워턴의 형 모턴과 해설자 한 명을 추가시키면 될 것 같다.

9월 29일(월요일), 맑음

지난 금요일에 못한 박은희 선생님의 공개수업 사후협의를 오늘 했다. 이어서 한 내 공개수업 사전협의를 다 끝내지 못하고 4시 교원연수에 들어갔다. 다 못한 것은 모레 수요일 다시 하기로 했다. 손볼 것이 많다고 하는데 너무 시간이 촉박하다.

* 2학기에 들어 온 문제집이 많아 그동안 수고한 매월 반장 부반장들에게 1권씩을 주다.

9월 30일(화요일), 바람 적당히 불고 쾌청한 날

청어엮자 놀이

음악시간에 청어엮자 노래를 가르쳤다. 이 노래는 우리 고장 군산의

위도 근방에서 청어를 잡고 그것을 엮을 때 부르던 노래이다. 우리 고장에 전해오는 놀이이고 노래이니 이왕이면 아이들이 꼭 알아두었으면 해서 더 열심히 가르쳤다.

이 노래는 3차시 수업을 하도록 계획되어 있다. 첫 시간에는 노래와 전래노래의 특징, 시김새에 대해 가르치고, 두 번째 시간에는 직접 장구로 장단을 쳐가며 노래를 가르쳤다. 그리고 오늘 셋째 시간에는 운동장으로 데리고 나가 직접 노래를 부르며 놀이를 하도록 했다.

처음에는 모둠끼리 하게 한 다음, 다음에는 번호 순으로 두 팀으로 나누어 하고, 마지막에는 남자 여자로 나누어 하게 했다. 한 명도 이탈하지 않고 너무나 신나게 청어를 엮고 청어를 풀었다. 우리 반 아이들은 전래놀이를 너무나 좋아한다. 그래서 가르치는 나도 신이 난다.

오늘 외운 시

콩, 너는 죽었다

김용택

콩타작을 하였다
콩들이 마당으로 콩콩 뛰어나와
또르르또르르 굴러간다
콩 잡아라 콩 잡아라
굴러가는 저 콩 잡아라
콩 잡으러 가는데
어, 어, 저 콩 좀 봐라
쥐구멍으로 쏙 들어가네

콩, 너는 죽었다

*10월 반장에 하은지가, 부반장에는 유미르가 선출되다.

10월 1일(수요일)

동화구연 대본 바꾸기

오늘 학예회에서 할 동화구연과 관련한 학년 모임을 가졌다. '화요일의 두꺼비'는 대본이 너무 길고 누구나 아는 동화가 아니라는 의견이 나와 '노랭이영감 길들이기'로 바꾸었다. 3-4학년 동화구연은 4분 정도가 적당하다고 한다. 3반 선생님과 내가 대본을 읽으며 시간을 재보았다. 4분 정도가 걸렸다. 이야기도 웃음을 자아내면서 메시지가 뚜렷하여 아이들이 지루하지 않을 것 같았다.

동화구연은 모두 우리 반 아이들이 맡아서 하기로 했다. 그 대신 5반 선생님이 하는 종목에는 우리 반에서는 참여시키지 않기로 했다. 네 명의 등장인물을 누구누구로 할지는 공개수업이 끝난 후 생각하기로 했다. 동화구연 연습은 옆 반 두 분 선생님이 도와주시기로 해 크게 걱정은 안 한다.

10월 2일(목요일)

원숭이 학교 현장체험학습

3학년 현장체험학습의 날이다. 이번에도 작년 3학년들이 간 부안 원숭이 학교로 갔다. 오가는 차안에서 동시외우기도 하고 한줄 동시도 쓰며 알찬 시간을 보냈다. 원숭이 학교에는 여러 가지 볼거리가 있다. 그 중에서 아이들에게 가장 인기가 있는 건 역시 원숭이 공연 관람이다. 원숭이 공연은 어린이집 아이들부터 6학년에 이르기까지 모두 좋아한다.

오늘 소풍에는 3반 학부모 대표 두 분이 3학년 선생님들 점심을 준비해 왔다. 한 어머니는 내가 부탁을 드리지 않았는데도 우리 반 아이들이 학교 안을 다 돌 동안 뒤따르며 돌봐주셨다. 교무선생님도 같이 와주셨다. 아마 나 때문에 학교에서 일부러 보내주신 것 같다. 선생님께서 우리 반 아이들이 매우 얌전하고, 체험하는 내내 수첩에 메모를 한 반도 우리 반뿐이라고 하셨다. 너무나 기특하고 대견한 우리 반 아이들이다. 덕분에 무사히 체험학습을 마칠 수 있었다.

10월 4일(토요일)

ㅇㅇ의 긍정적 변화

오늘은 토요일. 아이들이 기다리고 기다리는 동시 외우기가 있는 날이다. 처음 아이들과 시 외우기를 시작했을 때, 외우기 싫어하고 겁을 먹는 아이들을 위해 종종 강화물을 준비했다. 시를 잘 외우는 아이들에게는 '참 잘했어요' 도장을 찍어주고 학용품이나 사탕이나 초콜릿을 주었다. 아이들인지라 일단 과자를 먹기 위해서도 시를 외우려고 하는 아이들이 많았다.

그런데 아이들은 이제 강화물이 없어도 시 외우기가 즐겁다. 한 주라도 내가 시 외우기를 빼먹지 않을까 걱정을 한다. 시를 외우는 표정 하나하나가 그렇게 밝고 사랑스러울 수가 없다. 우리 반 아이들은 크게 싸우지도 않고 심하게 욕설을 하는 아이도 없다. 나는 이런 우리 반 분위기를 동시를 많이 외운 덕이라고 생각하고 있다. 시가 아이들 감정을 순화시키고 정서적으로 맑은 감성을 키워준다고 확신하고 있다. 다음 주 월요일에 우리 반 공개수업이 있다. 그래서 오늘은 시 외우기를 하지 않고 다음 주 적당한 때를 보아 할까 하는 생각도 했다. 그런데 ○○부터 나서며 기어이 시 외우기를 하자고 조른다.

○○는 누구보다도 동시 외우기에 겁을 먹던 아이였다. 처음부터 아예 외울 생각을 하지 않았다. '나는 동시 같은 건 못 외운다'는 생각이 아이를 지배하는 것 같았다. 아이들 외우는 모습만 부러운 눈으로 지켜볼 뿐이었다. 그러다 차차 조금씩이라도 외우려고 노력하는 모습이 보였다. 그런 ○○에게 자신감을 심어주기 위해 특별히 신경을 써주었다. 그러자 어느 날부턴가 ○○도 동시를 외워왔다. 그리고 친구들 앞에 서서 작은 소리로 동시를 외웠다. 가다가 막히는 대목이 있으면 내가 옆에서 도와주었다.

○○는 이제 완전히 자신감을 찾았다. 오늘만 해도 누구보다도 앞장서서 동시 외우기를 하자고 졸랐다. 시 외우기뿐만이 아니다. 오늘 ≪쓰기≫ 시간에는 '토끼와 거북이 이야기 새롭게 꾸며 쓰기'1차시 수업을 할 때, 손을 번쩍 들어 자기만의 생각을 발표했다. 토끼와 거북이가 경주를 하다가 강을 만나면 토끼는 수영을 못 하니까 돌을 던져 징검돌을 놓은 다음 건널 것이라고 했다.^^ 수업시간에 처음으로 자발적이며 적극적인 참여였다. ○○의 발표 내용과 발표 자세를 듬뿍 칭찬해 주었다.

○○는 이제 모르는 문제는 모른다고 당당하게 말을 할 수도 있다. 며칠 전 수학시간이었다. 원의 지름과 반지름의 원리를 이용하여 사각형의 한 변의 길이를 재는 문제를 아이들과 같이 풀었다. 잘 이해가 안

되는 사람 있으면 손을 들어보라고 했다. 그러자 ○○가 손을 들어 잘 모르겠다고 했다. ○○ 같은 아이들을 위해 다시 한 번 자세하게 설명을 해 주자, 이제는 알겠다며 ○○가 머리를 끄덕였다. ○○의 이런 긍정적 변화는 요즘 부쩍 눈에 띈다.

학기 초, ○○는 자주 꾸중을 듣는 아이 중 한 명이었다. 수업시간에 마음대로 교실을 돌아다니거나 집중을 하지 않고 멍~하게 다른 생각을 하고 있을 때가 많았기 때문이다. 숙제도 잘 해 오지 않고 준비물도 챙겨오지 않고…, 내가 볼 때 ○○는 꼭 버릇없이 자란 부잣집 외동딸 같았다. 반 면학분위기를 위해 학기 초에는 아이들에게 더 엄하게 하던 때라 ○○도 예외가 아니었다. 자주 꾸중을 하고 매도 댔다.

○○의 이런 학교생활을 어느 정도 알고 계셨던지, 어느 날 ○○ 어머니께서 찾아오셨다. 이런 저런 대화 끝에 ○○가 입양아라는 사실을 털어놓았다. 그 순간 나는 그동안 ○○을 엄하게 다룬 것에 대해 후회했다. ○○ 어머니가 다녀가신 이후 나는 ○○의 교육 방식을 바꾸었다. 모든 것을 사랑으로 감싸 안고 서두르지 않기로 했다.

○○가 변화를 보인 것은 나의 교육 방식을 바꾼 이후부터다. 작은 것에도 자주 칭찬을 해주었다. 그러자 그렇게 안 쓰던 일기도 자발적으로 써 오고, 숙제도 잘 해오고, 준비물도 잘 챙겨 온다. 동시를 열심히 외우고, 모르는 것이 있으면 스스럼없이 모르겠다고 말하고, 지목을 하지 않아도 수업시간에 스스로 손을 들어 발표도 한다. 친구들과도 잘 어울리며 정도 많아 먹을 것이 있으면 꼭 친구들과 나누어 먹는다.

○○을 보더라도 확실히 아이들은 꾸중보다는 칭찬이 훨씬 효과적이다. '칭찬은 고래도 춤추게 한다'고 했다. 그런데도 40명이 넘는 많은 아이들을 상대하다 보니 생각대로 되지 않을 때가 많다. 이제부터는 아이들 때문에 화가 날 때마다 ○○을 생각하려 한다.

오늘의 동시

빵 세 개

문삼석

빵 세 개
어떻게 나누나?

나 두 개, 동생 한 개.
난 형이니까, 더 크니까.

빵 세 개
그게 아니지.

나 한 개, 동생 두 개.
난 형이니까, 더 크니까.

* 아이들 도움을 받아 공개수업 준비를 마치다. 학습지도 프린트를 해놓고 실물화상기도 점검을 해놓다. 나도 아이들도 실수를 하지 말아야 할 텐데, 월요일이 걱정된다.

10월 6일(월요일), 구름 많이 낌.

공개수업을 마치고

그럭저럭 공개수업을 마쳤다. 걱정했던 것보다는 큰 실수는 안 한 것 같았는데 각론으로 들어가니 고칠 점이 한두 가지가 아니었다. 먼저 공부할 문제를 아이들이 말하게 하지 않고 교사가 먼저 말을 했다는 지적을 받았다. 나는 수업 이전에 공부할 문제를 미리 판서를 해 놓았다. 판서해 놓은 공부할 문제 속에는 오늘 수업의 핵심인 '새롭게'라는 말을 써 넣을 수 있는 괄호가 있다. 교과서를 보고 아이들 스스로 이 말을 찾아내면 내가 그대로 받아 적는 방식으로 했다. 그런데 이런 과정에서 무엇이 잘못인지 모르겠다.

아이들의 발표 태도와 목소리의 크기에서 자신감이 부족한 점도 지적되었다. 활동 때 노는 아이들이 많았다는 지적, 한 모둠당 인원이 너무 많았다는 지적, 모둠장을 가운데 앉게 하라는 지적, 실물화상기로 아이들 그림을 보여줄 때 내 몸이 TV를 가렸다는 지적-이 부분은 시간이 부족한 관계로 아이들 그림이 미완성이 많아 내가 그림에는 크게 마음을 쓰지 않았다.

어찌됐든 내 실수이다. 또 있다. 판서한 내 글씨의 크기가 고르지 않거나 획순이 바르지 않았다는 지적, 실물화상기를 쓰고 나서 바로 끄지 않았다는 것, 교사의 위치와 동선, 글과 그림을 연관 지어 보여주지 못했다는 것 등을 지적받았다. 지적받은 것이 너무 많다.

칭찬도 없었던 것은 아니다. '창의적 사고력 신장'에 딱 맞는 수업이었다는 선생님, 성실하고 꼼꼼한 성격답게 매우 열심히 준비한 노력이 보인다는 선생님…, 교장선생님도 수업이 끝나자마자 수업 잘 한다며 칭찬을 하셨다. 이런 칭찬의 말들은 염려했던 것보다는 잘 했다는 뜻으로 받아들인다.

이번 공개수업을 준비하는 동안 많은 공부가 되었다. 내년에 공개수업을 할 때는 덜 긴장하고 덜 두려웠으면 하는 마음이다.

10월 7일(화요일)

일기 글감 정하기

어제 공개수업 관계로 일기검사를 하지 못했다. 그래서 오늘 하게 되었는데, 우리 반 아이들 일기를 보고 실망했다. 대부분의 아이들이 아직까지도 일기를 별 생각 없이 쓴다는 것을 다시 확인했다.

오늘은 이런 아이들에게 조금 잔소리를 했다. 일기는 날마다 반복하여 일어나는 이야기를 쓰기보다, 하루 일 중 가장 특별했다고 생각되는 것을 골라 쓰는 것이다. 어제 너희들의 가장 특별한 일이 무엇인지 일기를 쓰기 전 단 몇 초라도 생각하는 시간을 가졌는가? 어제 우리 반은 선생님들을 모셔놓고 공개수업을 했다. 공개수업을 위해 그동안 우리 반이 어떻게 준비를 해왔고, 공개수업 때는 실제로 어떠했고, 수업을 마치고 나서 어떤 생각과 느낌이 있었는지, 이런 이야기를 쓸 수 있어야 하는 게 아닌가.

동준이와 민영이만 빼고 나머지 아이들은 매일 쓰다시피 하는 마트나 학원 간 이야기, 놀이터에서 논 이야기를 썼다. 그나마 마지못해 서너 줄 쓴 것이 고작이다. 일기 글감을 정하는 방법과 일기 쓰는 방법에 대해 내가 그동안 목이 아프도록 이야기를 해주었건만, 새겨들은 아이들이 별로 없었다는 얘기다. 아무리 아이들이라지만 실망스럽고 맥이 빠진다.

10월 8일(수요일)

4교시에 걸쳐 3학년 기초학력진단평가를 치렀다. 문제는 별로 어렵지 않았으나 갑자기 이예지가 배가 아프다며 보건실을 왔다 갔다 했다. 예지는 이상하게도 시험 볼 때마다 배가 아프다.

* 동화구연 참가 학생을 정하다. 임금님 나경찬, 노랭이영감 지창민, 돌쇠 김예진, 해설 홍수아이다. 대본을 나누어 주고 오늘부터 방과 후 시간을 이용하여 연습에 들어가다.

10월 9일(목요일)

은행잎에 동시 쓰기

오늘 음악시간에는 〈가을바람〉 노래를 불렀다. 이 노래의 노랫말 속에는 가을바람이 살랑살랑 불 때 떨어지는 은행잎, 단풍잎이 나온다. 이 단원과 관련된 음악의 기본을 지도한 다음, 아이들이 미리 준비해 온 은행잎을 꺼내 놓게 했다. 노랗게 단풍이 든 은행잎 위에 그동안 외워 온 동시를 적어 보자고 했다.

아이들은 매우 신기한 것 같았다. 코끝에 땀이 송골송골 맺힌 채로 수를 놓듯 은행잎에 시를 적기에 열중했다. 은행잎을 많이 가져 온 아이들은 가져오지 않은 아이들에게 나누어 주기도 하고, 서로 동시를 적어 바꿔 갖기도 했다. 은행잎 편지를 써 친한 친구에게 선물하겠다는 아이도 있다. 색다른 경험을 하게 도운 나도 아이들만큼이나 즐거운 시간이었다.

10월 10일(금요일)

이번 주 동시

흔들리는 마음

임길택

공부를 안 하고
놀기만 한다고
아버지께 꾸지람을 들었다.

잠을 자려는데
아버지께서 슬그머니
문을 열고 들어오셨다.

자는 척
눈을 감고 있으니
아버지께서 내 눈물을 닦아 주었다.

미워서
말도 안 하려고 했는데
맘이 자꾸만 흔들렸다.

10월 14일(화요일)

지난 주 월요일에 한 우리 반 공개수업 장면을 담은 CD를 받다. 선생님들이 지적한 장면이 모두 들어 있을 것이다. 내 수업장면이니 보고 잘못된 교수법은 고쳐나가야 한다. 그런데 쑥스러워 어떻게 볼까?

10월 15일(수요일)

2학기 들어 두 번째 전학생이 왔다. 이름은 조성훈, 지곡초등학교에서 왔다고 한다. 성훈이가 수줍음을 많이 탄다며 어머니가 대신 인사를 하셨다. 성훈이까지 42명이나 되는 우리 반 아이들…. 아이들 앉아있는 모습을 둘러보니 정말 많다. 그야말로 콩나물 교실이다.

10월 16일(목요일), 조금 덥게 느껴진 하루.

원형 닭싸움 놀이

오늘은 체육시간에 원형 닭싸움 놀이를 했다. 기존의 닭싸움 놀이와 경기 방법은 같고, 원 안에서 하는 것만 다르게 했다. 싸움 중에 원 밖으로 밀려나가는 사람은 탈락하게 된다. 게임은 남녀가 따로 토너먼트 형식으로 우승자를 뽑은 다음, 결승에서 맞붙는 방법으로 했다.

예상했던 일이기는 하지만 우리 반 모든 운동의 강자는 역시 이정원이었다. 남자 우승자로 뽑힌 뒤 여자 우승자인 이예지와 붙어 최고의 자리에 올랐다.

이번 닭싸움 놀이에서 아이들의 여러 가지 새로운 면을 보았다. 무엇보다도 놀라웠던 것은 이예지가 여자 우승을 했다는 사실이다. 예지는 가장 허약하고 친구들과 잘 어울리지 못하고 공부도 뒤쳐지고…, 이래저래 좀 걱정이 되는 아이다. 지난 번 기초학력진단평가를 볼 때는 시험을 보는 도중 배가 아프다며 화장실과 보건실을 몇 번이나 왔다갔다했다. 이런 예지가 닭싸움에서는 저보다 키 크고 건강한 아이들을 다 물리치는 것을 보고 깜짝 놀랐다. 넘어질 듯 넘어질 듯 끝까지 포기하지 않았다. 예지가 그처럼 승부근성이 있는 줄을 예전엔 미처 몰랐다.

유나도 마찬가지였다. 약하고 여리게만 생각했던 유나도 두 번째 싸움에서 여자 결승까지 올랐다. 예진이에게 밀려 여자 우승까지는 오르지 못했지만, 저보다 몸집 크고 단단한 아이들을 여러 명 물리쳤다. 예지와 유나 같은 아이들을 보면서 흐뭇한 마음이 들었다. 두 친구의 승부근성을 닮도록 나머지 아이들에게 말하여 주었다.

10월 17일(금요일)

MP3와 우리 반 아이들

우리 반 여자아이들이 점심시간마다 삼삼오오 모여 무엇인가를 한다. MP3와 연결된 이어폰을 나누어 귀에 꽂고 듣거나 중얼중얼 따라 부르는 모습이다. 궁금증이 일어 하루는 이 아이들을 불렀다. 무얼 듣고 있느냐고 물었더니 원더걸스, 소녀시대, 다비치, 빅뱅 같은 가수 이름이 줄줄 나오고 노바디, 소핫, 키싱유, 신데렐라, 사랑과 전쟁, 하루하루, 천국… 같은 노래 제목이 술술 나온다. 아이들 중에는 특정 그룹의 브로마이드를 가지고 다니는 사람도 있다. 내가 보기에도 열광팬들 같은 생각이들 정도다.

아이들은 유행에 매우 민감하다. 어떤 아이가 로보톱 팽이를 가져오면 교실에 급속도로 이 팽이가 번진다. 딱지를 가져오기 시작하면 딱지가, 카드가 번지기 시작하면 카드놀이로 수업시간도 잊는다. 그러긴 하지만 아직 초등학교 3학년 아이들이 어른인 나도 잘 모르는 가수와 가요명을 꿰는데는 놀라지 않을 수 없다.

그러고 보니 요즘 아이들은 음악시간이 아니면 거의 동요를 부르지 않는다. 동요는 별 재미가 없다는 것이다. 오늘 우리 반 아이들 전체에게 물어보아도 같은 대답이 나왔다. 동요는 전혀 신이 나지 않는단다. 가요는 같이 춤을 추는 등 행동까지 같이 할 수 있지만 동요는 노래만 부르니까 시시하단다. 자기만 동요를 부르면 친구들이 유치하다고 생각한단다.

어떤 아이는 서슴없이 이런 말까지 했다. "동요는 여섯 살, 일곱 살 아이들이 부르는 노래 아니었어요?" 하기야 요즈음은 유치원에서조차 활동용 음악으로 가요를 틀어준다고 한다. 가요에 맞추어 율동을 하면 아이들이 더 좋아한다는 것이다. 그래서 동요는 이제 어린이집에서나 들을 수 있는 노래로 전락해버렸다.

무엇이, 어디서부터 잘못된 것일까. 이제 겨우 초등학교 3학년 밖에 되지 않는 우리 아이들이다. 아이들이 동요보다 가요를 좋아하여 이어폰까지 나눠 끼며 가요를 듣는 것은 나에게도 책임이 있다. 그동안 내 딴에는 좋은 동화책을 추천해 주고, 동시를 외우게 하고, 전래놀이를 함께하기는 하였지만 동요를 부르게 하지는 않았다. 나는 그것으로 아이들 동심이나 감성을 길러주는 데 충분하다고 생각했다.

아이들 만할 때 나는 라디오로 어린이 방송 듣기를 좋아했다. 산골이라 전파가 잡히지 않아 지지지 끓었지만 그런 라디오를 귀에 바짝 대고 동요를 따라 부르곤 했다. 당시 어린이 방송을 진행했던 김방옥 언니의 또랑또랑하던 목소리가 지금도 귀에 쟁쟁하다.

그 덕분인지 나는 지금도 동요를 매우 좋아한다. 어른이 되어서도 동요가 좋아 차에 동요 CD를 가지고 다니며 듣고, 매 년 어린이 날마다 창작동요제 같은 TV 프로 보는 것을 즐긴다. 가곡에 명곡과 애창곡이 있듯이 동요에도 명곡과 애창곡이 있다. 나이 먹은 어른들도 좋아하는 반달, 엄마야 누나야, 섬집아기, 오빠생각 등은 만인의 영원한 애창곡이다. 최근 몇 년 사이 창작된 곡들 중에도 좋은 곡이 많다. 이렇게 아름다운 동요를 두고 어른 흉내를 내며 따라 부르는 가요는 아이들 동심을 멍들게 한다.

동요가 있기 전 아이들은 전래동요를 듣고 부르며 자랐다. 할머니와 어머니의 전래동요를 들으며 잠을 자고, 전래동요를 부르며 여러 가지 놀이를 했다. 그런데 요즈음은 핵가족화 현상으로 할머니의 자장가를 듣기도 어렵거니와, 놀이문화가 사라져 놀이할 때 부르던 노래도 사라졌다. 요즘 아이들은 그저 컴퓨터 앞에 앉아 싸움이나 즐길 뿐이다.

가요는 성인들을 위해 작곡된 노래이다. 이와는 달리 동요는 말 그대로 아이들에게 동심을 길러주기 위해 만든 노래이다. 어른이 불러도 좋은 노래가 동요이다. 아직 때 묻지 않은 아이들이 이런 좋은 노래를 부르지 않는 것은 모두 어른들 책임이고 나의 책임이다.

놀이하듯 동시를 외우듯, 우리 아이들이 그렇게 동요를 부르게 할 좋은 방법이 없을까?

* 오늘도 방과 후에 동화구연 팀과 '노랭이 영감 길들이기' 연습을 하다. 경찬, 창민, 수아, 예진…, 호흡이 척척 맞고 연습도 신나게 하다. 끝나고 먹는 간식이 꿀맛이란다.^^

10월 18일(토요일)

동시 외우기(30)

오늘 마침내 동시 외우기 30번 고지에 올랐다. 오늘 외운 동시는 〈도깨비〉라는 제목의 4연 19행이나 되는 윤석중 님의 시이다. 이 동시는 6학년 2학기 국어교과서에도 실렸다고 하니 3학년 아이들로서는 외우기 쉽지 않을 거라고 생각했다. 그런데도 우리 아이들이 절반 이상 외웠다.

아이들에게 이 동시를 모두 외워야한다고 강요하지는 않았다. 하지만 길다고 겁내지만 말고 용기를 가지고 도전해 보기를 권했다. 이 시는 조금 길기는 하지만 매우 재미가 있고 또 장면을 떠올리면 외우는 데 그리 어렵지는 않다. 그동안 동시를 잘 외웠던 아이들은 역시 이 동시도 술술 외웠다. 하지만 시 외우기에 게을리했던 아이들은 이 시는 아예 외울 생각을 하지 않았다. 단지 좀 길다는 게 이유였다.

동시 외우기 하나만 보아도 아이들의 성향을 알 수 있다. 도전정신이 있는 아이들은 조금 외우기 어렵겠다 싶은 동시도 용기를 가지고 도전한다. 이런 아이들은 이제 시 외우기에 대한 두려움을 완전히 떨쳐냈다. 좀 더 어려운 시도 외울 수 있다며 더 어려운 동시를 주문하기까지 한다. 이 아이들은 평소 공부하는 것도 매우 성실하다. 검사를 하지 않아도 틀린 시험 문제는 반드시 다시 풀어 나에게 와서 검사를 맡는다. 그러니 시험을 잘못 볼 수가 없다. 일기를 꾸준히 쓰는 것도 대개 이런 아이들이다. 그런 반면 시 외우기를 게을리 하는 아이들은 대부분 일기 쓰기나 숙제 같은 것도 불성실하다.

아이들 스스로 말했다. 시를 30편이나 외우는 동안 암기력이 높아졌고 자신감이 생겼으며 사고력, 어휘력, 상상력 등이 늘었다고 한다. 그래서 앞으로 더 열심히 시를 외울 것이라고 한다. 영우의 어제 일기에는 동시 30편을 외운 아들이 대견한 부모님 모습도 그려 있다. 나 역시 놀랍고 뿌듯하다.

도깨비

윤석중

새 집으로 이사 온 날 밤.
비 오고 바람 불고 천둥치던 밤.
뒷산에 뒷산에 도깨비가 나와
우리 집 지붕에 돌팔매질하던 밤.

덧문을 닫고 이불을 쓰고
엄마한테 붙어 앉아 덜덜 떨다가
자려고 자려고 마악 드러누우면
또, 탕 탕 떼구루루 툭!
귀를 막고 눈을 감고
그래도 탕탕 떼구루루 툭!

이튿날 아침
뒷산에 뒷산에 가 보니까
복숭아 나무 썩은 열매가
바람에 불려 떨어져서
탕, 탕, 생철지붕을 치고는
떼구루루 굴러 내려
땅으로 툭!

그래서 밤새도록

탕, 탕, 떼구루루 퉁!

동화구연 순회 연습

3학년 각 반을 돌며 동화구연 연습을 했다. 돌쇠 역을 맡은 예진이가 제일 실감나게 역할을 해내고, 수줍음을 많이 타는 노랭이 영감 창민이는 동화구연을 하는 내내 쑥스러워했다. 해설을 맡은 수아는 여전히 목소리가 작고 말이 좀 빠르다. 임금 역을 맡은 경찬이는 목소리는 제법 어울리지만 위엄이 덜하다. 그렇지만 듣는 아이들은 한 사람 한 사람의 연기도 재미있고 이야기도 재미있다는 반응을 보였다. 선생님들도 후한 평을 해주셨다. 조금씩 보완을 해나간다면 학예회 때 망신은 당하지 않을 것 같다.

오늘 전주의 한 행사 옷 대여점에 의상을 주문했다. 임금, 양반, 평민(남) 이렇게 세 벌이 있어야 하는데 하필 가장 중요한 임금 옷이 없다고 한다. 꼭 구해주어야 한다고 신신당부했으나, 만약 그곳에 없으면 다른 곳을 알아보아야 한다. 해설을 맡은 수아는 집에 한복이 있다고 하여 굳이 옷을 빌리지 않아도 될 것 같다.

10월 21일(화요일)

머릿니 때문에

보건실에서 쪽지가 왔다. 요즘 머리에 이가 있는 아이들이 더러 있다며 실태를 파악해 달라고 했다. 며칠 전에도 같은 내용의 쪽지가 와 우리 반도 조사를 했었다. 머리가 가려운 사람만 조사를 하였는데 특별한 아이는 없었다.

하지만 오늘은 달랐다. 창민이 머리에서 서캐가 발견되었다. 군데군데 이에 물어뜯긴 흔적도 보였다. 아이에게 서캐 정도만 있는 것을 얘기하고 앞으로 더 청결하게 하지 않으면 이가 생길 수 있다고 말해주었다. 창민이 어머니에게도 메모를 하여 보냈다.

방과 후 밀린 업무를 보고 있을 때였다. 손전화가 울려 받아보니 창민이 어머니였다. 창민이가 머리에 이가 있다며 아이들로부터 놀림을 받았다고 했다. 창민이 할아버지께서 입원해 계신 관계로 며칠동안 아이들에게 소홀히 한 때문인 것 같다며 아들에게 너무나 미안하다고 하셨다. 창민이 어머니께서 깔끔한 분인 줄 내가 알고 있고, 분명히 이가 있다고 말하지도 않았는데 짓궂은 녀석들이 그 사이에 창민이를 놀린 것 같았다.

창민이가 놀림당하지 않도록 아이들에게 말 좀 잘 해달라는 부탁을 받았다. 창민이는 남자 아이이지만 많이 여린 편이다. 작은 일로도 충분히 상처를 받을 수도 있는데 내가 좀 더 신중하지 못했다.

종종 매스컴을 통해 요즘 아이들 중에 이가 있는 아이가 있다는 보도가 나오고, 한 명이 이가 생기면 반 전체로 급속도로 번진다는 말을 들은 적이 있다. 하지만 우리 반에서 이런 일이 일어날 줄 생각도 못했다.

후진국형 감염이라고 하여 예전에 내가 학교 다닐 때는 이가 있는 아이가 많았고, 서캐가 있는 경우는 매우 흔했다. 그때는 잘 씻지 않아 이가 많았지만 요즈음은 샴푸나 비누로 자주 머리를 감는데도 이가 생기는 경우가 있다. 청결하지 못해 생기는 것이 아니라, 단체생활을 많이 하거나 애완동물 등의 접촉을 통하여 옮기게 된다는 것이다.

이가 심각한 질병을 옮기는 것은 아이다. 가려움증과 피부손상으로 자신이 조금 불편할 뿐이다. 하지만 다른 사람에게 옮길 수는 있다. 이는 남자아이들보다 여자아이들에게 더 많다고 한다. 내일은 여자아이들 머리도 살펴보아야 할 것 같다.

10월 23일(목요일), 학교 울타리 단풍 든 감잎이 너무 곱다.

어제 본 중간고사 결과가 나왔다. 조혜린과 이수민이 올백을 맞았다. 내가 가르친 아이들 중에 올백이 나온 것은 이번이 처음이다. 반 평균도 87점이 넘는다. 우수상장과 진보상장을 또 수십 장 만들어야 하는 이 행복한 고민….^^

이번 주 외운 동시

개구쟁이

문삼석

개구쟁이래도 좋구요
말썽꾸러기래도 좋은데요
엄마,
제발 '하지 마. 하지 마.'하지 마세요.
그럼 웬일인지
자꾸만 더 하고 싶거든요.

꿀밤을 주셔도 좋구요.
엉덩일 두들겨도 좋은데요.

엄마,
제발'못 살아. 못 살아.'하지마세요
엄마가 못 살면
난 정말 못 살겠거든요.

10월 28일(화요일)

동화구연에 필요한 의상을 모두 갖추게 되다. 그동안 의상 대여점에 경찬이가 입을 임금님 옷이 없다고 하여 많이 걱정을 하다. 내일은 총연습, 모레가 드디어 학예회 날이다.

10월 29일(수요일)

군산교육문화회관에서 학예회 총연습을 하다. 우리 반 동화구연 팀은 마이크가 없는 상태에서 연습을 하다. 갑작스레 일정을 앞당긴 바람에 대부분의 팀에서 연습 부족을 드러내다. 그나마 김현희 선생님 지도의 태권무가 가장 나았다는 생각. 의상대여점에서 아이들 옷이 도착하다. 안심이다.

10월 30일(목요일), 구름 조금 끼고 바람도 약간.

제 6회 수송 어울 한마당

오늘 학예발표회를 그런대로 잘 마친 것 같다. 공연장이 소란스런 가운데서도 우리 아이들 목소리가 마이크를 통해 또렷하고 분명하게 전달됐다. 아이들이 나도 놀랄 만큼 침착하게 자신들의 역할을 잘 소화해 냈다. 해설을 맡은 수아는 매우 또랑또랑한 목소리로 해설을 해주었고, 왕의 역할을 맡은 경찬이도 왕의 위엄을 잃지 않고 잘 소화해 냈다.

소심하여 가장 염려했던 창민이 또한 노랭이영감 역할을 너무나 잘 해냈다. 연습할 때 그토록 자신만만했던 돌쇠 예진이가 오히려 동작이 작아서 의아했다. 나중에 알고 보니 허리춤에 찬 핀마이크가 떨어질 것 같아 연습할 때만큼의 큰 동작을 못하였다고 한다. 우리 반 동화구연 공연 때 핀마이크에 문제가 있었다.

노랭이영감 창민이 얼굴에 붙인 핀마이크도 공연 중 떨어져서 창민이 동작이 조금 지연되었고 잠시 동안 목소리가 들리지 않고 했다. 그렇지만 창민이가 당황하지 않고 침착하게 자기 역할을 잘 소화하고 마무리를 잘 하였다.

팔이 안으로 굽어서가 아니라, 사실 이번 학예회에서 우리 반 아이들 공연이 제일 잘 했다고 생각한다.^^ 공연을 본 학부모들과 아이들 반응도 그랬다. 다른 팀은 사람 수가 많은데다 자주 보는 공연이지만 우리 팀은 수도 4명으로 적당하고 이야기가 지루하지 않았다. 저녁에 뒤풀이를 하는 자리에서 선생님들도 우리 아이들이 동화구연을 매우 잘 했다는 평을 하셨다.

그동안 매일 아이들을 남겨놓고 연습을 시켰다. 아이들도 나도 시간을 내는 일이 쉽지 않았지만 혼연일체가 되어 열심히 연습했고 오늘 그 결실을 보았다. 아이들도 나도 매우 만족한 학예발표회였다. 수고한 아이들에게 내일 내가 자장면을 쏘기로 했다. 롯데마트에 데리고 가서 아이들이 먹고 싶은 것은 다 사줄 생각이다.

또 하나의 큰 산을 넘었다. 교단생활에서 어려운 산은 이제 한 번씩은 넘은 셈이다. 아이들과 함께하는 이런 시간들이 너무나 소중하고 가슴 뿌듯하다. 오늘 어떤 아이가 그랬다. 저희 엄마보다 선생님인 내가 좋다고….^^ 그만큼 선생님인 나를 신뢰한다는 뜻일 것이다. 내가 저희들과 생활하며 혼신을 다하고 있다는 것을 아이들도 느끼는 것 같다. 앞으로 10년이 목표이다.

다른 선생님들은 40년에 한 일을 나는 10년 동안에 아이들에게 내가 줄 수 있는 것을 다 주고 싶다. 하고 싶어도 더 할 수 없는 때가 왔을 때, 미련이나 아쉬움 없이 교단을 떠날 수 있도록 하루하루 최선을 다할 것이다. 오늘은 정말로 보람있고 가슴 뿌듯한 날이다.

10월 31일(금요일)

구암초등학교 수업 참관

구암초등학교 공개수업에 다녀왔다. 3학년 공개수업이라 이번 출장은 신규인 내가 아니면 갈 사람이 없다. 처음 가는 학교라 길을 헤매는 바람에 조금 늦게 도착했다. 수업 주제는 동시 〈동생 때문에〉에 담긴 시 속 아이의 마음과 생각 알기.

노련한 선생님의 차분한 수업, 짜임새 있는 수업 프로그램, 아이들의 적극적인 참여, 수업 보조자료의 적절한 활용 등 거의 완벽한 수업을 보았다. 동시 지도는 동시를 통해 상상력과 사고력을 키우는 데 있다. 그런 의미에서 오늘 수업이 매우 적절했다는 생각이다. 우리 반 수업 때 이대로 해도 좋을 것 같다.

뒤풀이

동화구연 팀과 뒤풀이를 했다. 하교도 늦게 하며 매일 수고한 아이들에게 자장면 쏘기로 한 약속을 지킨 것이다. 롯데마트에 가서 아이들이 먹고 싶다는 것을 다 사주었다. 후식으로 아이스크림까지 먹었으나 그래보았자 3만원으로 충분했다. 헤어지기 싫다며 차에서 내리려고 하지 않은 창민이, 전주 우리 집까지 따라와 자고 싶어 하는 수아, 학원가기 싫다며 차를 타고 학교 주변을 더 돌자는 경찬이와 예진이. 나도 아이들만큼이나 헤어지기 싫은 저녁이었다.

*11월 반장에 안재욱이, 부반장에는 정서린이 선출되다.

11월 1일(토요일)

전주 카풀 선생님들 중에 나만 성과급을 받았다. 나머지 선생님들은 모두 올 3월 발령이라 성과급이 없다. 부러워하는 선생님들에게 어도원이라는 일식집에서 내가 아구찜을 샀다. 찜이 나오기 전에 여러 가지 횟감이 나왔다. 이 음식점은 음식이 매우 깔끔하고 음식 맛도 내 입에 딱 맞다. 선생님들도 모두 맛있어 하는 것 같아 모처럼 식사를 같이 한 보람이 있었다. 사실 같이 카풀을 하면서도 이런 자리가 한 번도 없었다.

오늘 외운 동시

동생 때문에

이혜영

새로 산 장난감

동생이 부러뜨렸지 뭐야.
화가 나서
꿀밤 한 대 줬지.

세게 때린 것도 아닌데
내 동생, 큰 소리로 우는 거야.
엄마가 달려왔고
난 벌을 섰지.
형이면 형 노릇 하라는 엄마 말씀.

장난감은 부러지고
들어올린 두 팔은 아파 오고
씩씩거리며
동생을 노려보았지만
동생은 엄마 뒤에 살짝 숨었어.
그리곤 살짝 웃는 거야.

으으
잘못은 동생이 먼저 했는데
왜 나만 혼이 나야 하는지.

나, 이제부터
동생 할 거야.

11월 5일(수요일)~11월 7일(금)

각 반의 문집 글이 모두 도착하다. 모두 합해 300쪽 분량이다. 다음 차례는 출판사를 결정하는 일이다.

11월 14일(금요일)

두 번째 학부모 공개수업

작년에 한 번 해 본 경험이 있어 올해는 그리 긴장되지는 않았다. 수업 준비도 많이 고민하지 않았다. 수업은 ≪읽기≫ 넷째마당에 나오는 〈동생 때문에〉라는 시를 가지고 했다. 먼저 김진광 님의 〈버섯〉이라는 동시를 가지고 동기유발을 했다. 짧은 동시이지만 이 시에는 시를 통해 말하고자 하는 시인의 마음이나 생각이 잘 담겨 있다. 아이들은 이제 이런 정도는 쉽게 찾아낸다.

공부할 문제를 확인한 다음 바로 활동으로 들어갔다. 〈활동 1〉에서는 시 읽기를, 〈활동 2〉에서는 시의 마음과 생각 알아보기, 마지막 〈활동 3〉에서 마음과 생각 표현하기 활동을 했다. 학부모님이 많이 와 참관하는 관계로 가급적 많은 아이들에게 발표기회를 주었다. 무엇보다도 이번 수업의 제재가 〈동생 때문에〉라는 시이다. 아이들과 부모님이 많이 부딪히는 문제이기도 해서 아이들은 부모님에게 할 말이 많고, 부모님들은 아이들 마음을 알 수 있는 좋은 기회이다. 그래서 더 많은 아이들에게 발표기회를 주려고 했다. 그러다 보니 조금 시간을 초과했다. 하지만 거의 모든 아이들이 발표를 하여 참관한 부모님들은 흐뭇했을 것이다.

11월 15일(토요일), 비는 비인데 보슬비.

체육 전담 선생님의 도움을 받은 수업

다음 주에 우리 학교 줄넘기 대회가 있다. 1학기에 이어 두 번째이다. 줄넘기 대회는 학년별로 등급이 정해져 있고 4급부터 1급까지 동작을

20번까지 해야 한다. 솔직히 1학기 때는 대강 하였다. 내가 줄넘기 시범을 보일 수 없었기 때문이다.

앞으로 넘기와 뒤로 넘기를 오래 하는 사람, 2단 넘기 등 기술적인 줄넘기를 추가한 사람에게 높은 점수를 주었다. 하지만 2학기에는 제대로 하고 싶었다. 이런 생각을 하게 된 이유는 체육 보조선생님의 도움을 받을 수 있게 되었기 때문이다. 2학기부터 보조선생님이 오셔서 필요하면 도움을 받을 수 있게 되었다.

체육전담인 장대웅 선생님에게 도움을 청했더니 흔쾌히 들어주었다. 그리고 오늘 마침내 체육시간에 첫 도움을 받았다. 보조 선생님이 오실 줄 알았더니 장대웅 선생님이 직접 와서 시범을 보여주셨다. 4급에서 1급까지 시범을 보여주고, 1학기에 1급을 딴 이정원과 최재호는 4학년에 해당하는 동작을 가르쳐주셨다. 줄넘기를 잘 하는 정원이와 재호는 조금 어렵다 싶은 4학년 동작도 금방 소화를 해냈다. 내가 1학기 때 두 아이를 아무렇게나 1급을 준 것이 아니었다. 다음 주에 충분히 연습을 시킨 다음, 아이들에게 떳떳하게 줄넘기 급수를 줄 수 있게 되었다. 앞으로도 필요하면 이렇게 체육시간에 도움을 받게 되어 얼마나 다행이고 안심이 되는지 모르겠다.

동시 한 편

초승달

서재환

얄미운 생쥐가
하늘에도 사나 봐요.

낮에는 숨었다가
밤만 되면 야금야금

둥근 달
다 갉아먹고
손톱만큼 남겼어요.

11월 19일(수요일)

첫눈 내린 날

첫눈 치고는 꽤 많은 눈이 내렸다. 평소보다 10분 일찍 집에서 출발했다. 서두르지 말고 안전 운전하여 오라는 교장선생님의 문자도 받았다. 그리 많은 눈은 아니라고 생각했는데, 평소보다 두 배나 걸려 9시가 다 되어서야 학교에 도착했다. 그동안 아이들은 이제나 저제나 하며 선생님을 기다리고 있었다. 오늘 같은 날이 아니라도 우리 반 아이들 매일 한두 명 쯤은 내 차가 도착하는 시간에 나와서 기다리고 있다. 그리고는 내 가방을 받아 교실까지 들어다 준다. 오늘은 혜린이와 지혜가 내 가방을 들어주었다.

소복이 내린 첫눈으로 은빛 세상이 된 교정, 아이들은 내가 교실에 들어서자마자 첫눈 이야기로 재잘거린다. 누구 말부터 들어야 할 지, 너무 소란스러워 한 녀석의 말도 귀에 들어오지 않는다. 오늘 체육이 들지는 않았지만 눈싸움을 하도록 3교시에 시간을 내주기로 아이들과 약속했다. 아이들 환호성에 교실이 떠나갈 듯하다.

수업 시작종이 울렸다. 아이들의 재잘거림을 그치게 한 뒤, 바로 수업을 시작했다. ≪읽기≫책 넷째마당 첫 단원을 몇 줄이나 읽었을까. 아이들은 눈이 금방 녹아버리지나 않을까 온통 마음이 운동장에 가 있다. 나 역시 같은 마음이었던지라 하던 수업을 중단하고 아이들을 밖으로 내보냈다. 2교시 시작 전에 들어오기로 약속을 하고 아이들은 한 사람도 남지 않고 밖으로 뛰쳐나갔다. 얼마나 좋으면 "선생님 사랑해요!"외치고는 손으로 하트를 그리며 나가는 녀석도 있다.

녀석들은 나와의 약속을 지키지 못했다. 눈밭에서 더 뛰어놀고 싶은 아이들 마음을 어찌 모르랴. 2교시 도덕 전담시간만 아니라면 더 시간을 줄 수도 있었을 것이다. 하지만 이 정도만으로도 다른 반들은 너무나 부러운 것 같다. 어떻게 알았는지 창민이의 쌍둥이 형 창우는 우리 반이 정말 1교시에 눈싸움을 했는지 확인까지 하며 부러운 마음을 숨기지 못했다.

시연이와 혜린이 같이 인기 있는 여자아이들은 남자아이들로부터 눈송이로 집중 공격을 받은 것 같다. 씩씩거리며 와서 일러바치는 모습까지도 너무나 사랑스럽다. 늦게 들어온 아이들을 심하게 야단칠 수 없는 이유였다.

우리 반 커플들

점심시간, 홍수아가 다가와 귓속말로 비밀 한 가지 알려준단다. 무슨 말인가 했더니 저하고 지창민하고 서로 좋아하는 사이란다. 황수현을 통해 수아가 먼저 사랑고백을 했다는 것이다. 이후부터 수아와 창민이는 쑥스러워 서로 눈도 못 맞춘다나 뭐라나. 다른 커플도 있다며 백지원–김민석, 이정원–정지윤을 이야기하는데, 언제까지 갈 지 두고 볼 일이지만 이제 겨우 3학년인 요놈들이! ^^

2008. 11. 25(화)

2008 교사자기실적평가서를 제출하다. 학생상담시간, 학부모상담시간, 학습지도, 생활지도, 교육연구, 담당업무 별로 자기 실적을 평가하여 목표달성도, 창의성, 적시성, 노력도 면에서 만족, 보통, 미흡에 동그라미 하도록 하다. 나는 자기 평가 종합 상황에 모두 자신있게 '만족'에 동그라미하다. 작년에는 '보통'과 '미흡'에 동그라미를 했던 기억이 있다.

11월 28일(금요일), 을씨년스럽고 추웠던 하루.

산가지 놀이

비가 온 관계로 오늘 체육시간은 교실수업을 했다. 어제 아이들에게 산가지를 가져오게 했다. 이걸 가지고 모둠끼리 산가지 놀이를 하게 했다. 산가지 놀이란 가는 젓가락 굵기의 나뭇가지들을 흩어놓고 하나씩 주워가며 하는 놀이이다. 이 때 다른 나뭇가지를 움직이면 상대편으로 기회가 넘어간다.

내가 어렸을 때 이 놀이는 겨릅을 가지고 했다. 겨릅이란 삼베를 만드는 삼 껍질을 벗기고 남은 속대를 말한다. 여름방학 내내 마을 모정에 모여앉아 여자아이들은 이 놀이를 하며 놀았다. 그때는 이 놀이가 산가지 놀이라는 것을 몰랐고 교단에 선 후에 알았다. 아이들에게 또 한 가지 전래놀이를 가르쳐 주게 되었다.

추운 겨울에는 운동장 체육이 사실상 어렵다. 몇 사람만 빼고는 대부분의 아이들이 밖에 나가는 것을 꺼리기도 한다. 이런 때 산가지 놀이는 사회성 발달이나 감각력, 지각력을 기르는데도 매우 좋은 놀이이다.

* 은지 일이 일단락되는 것 같다. 어제부터 은지 엄마와 여러 차례 전화통화를 했다. 겨울방학동안 은지에게 재수술(성형수술)을 하게 하기 위해서다. 나 역시 아이들을 4학년에 진급시키기 전 은지 일을 마무리 짓고 싶다. 알아보니 레이저 치료는 한 번 가지고는 효과가 없고 여러 번 해야 하는데 안전공제회에서 1회 밖에 치료비를 주지 않는다고 한다. 되도록 최대한 흉터가 남지 않게 치료를 해주고 싶어 은지 어머니에게 성형수술을 하는 방법을 권했다.

나와 통화를 끝낸 즉시 성형외과에 다녀 온 모양이다. 퇴근길에 은지 엄마 전화를 다시 받았다. 그런데 목소리가 밝지 않다. 은지 얼굴의 꿰맨 부위를 본 전문의사 말이 성형수술은 은지가 다 성장한 뒤, 그러니까 고등학교를 졸업한 이후에나 해야 효과적이라고 했다는 것이다. 의사가 말한 대로 재수술은 은지가 다 성장을 한 다음에 하는 게 좋겠다며 속이 많이 상하지만 어쩌겠냐고, 포기하는 것 같은 말을 했다. 속상하고 안타깝기는 나도 마찬가지다.

11월 29일(토요일)

문집 표지 제목 마감

문집 표지 제목 공모를 마감했다. 한성룡, 성지연, 문명희, 이길연 선생님께서 참여해 주셨다. "솔향기 글향기"라고 쓴 내 것까지 적은 제목들을 교장선생님께 보여드렸다. 교장선생님께서 보시고 내 것 "솔향기 글향기"를 "솔향기 글내음"으로 고쳐 표지 제목으로 정하셨다. 앞에 '솔향기'를 넣은 것은 우리 학교 교목이 소나무의 일종인 섬잣나무이기 때문이다.

출판사는 우리 학교 고정 인쇄소인 영문사로 결정이 되었다. 다음 주에 영문사 직원을 만나 문집 제작 방법을 의논하고 자료를 넘겨주게 된다. 겨울방학 전에 교정까지 모두 마치려면 서둘러야 한다.

* 12월 반장에 황수현이, 부반장에는 정영우가 선출되다.

12월 1일(월요일), 흐림

문집을 만들 영문사 사장님이 우리 교실로 방문하다. 원고를 넘겨주고 대강의 이야기도 나누다. 책은 2월 개학에 맞춰 완성을 하더라도 교정은 방학시작 전까지 끝내기로 하다.

12월 4일(목요일)

우리 학교가 도 장학지도 대상 학교로 선정되어 돌아오는 9일에 장학지도를 받게 되었다. 이 날 기말고사를 도 학력평가로 보게 되고, 학년마다 표집된 반은 감독도 장학사님이 하게 된다. 기말고사가 끝난 다음에는 6-1반 공개수업 및 협의회가 있다. 7-8교시에는 학교 교육과정 전반에 걸친 감사가 있다. 만만치 않은 일정인 것 같다.

이에 대비해 오늘 연수가 있었다. 학급별로 처리하고 준비해야 할 것도 많고, 청소나 환경정리도 다시 해야 한다.

12월 2일(화요일)

체육 시험지를 받고

이길연 선생님이 출제한 기말고사 체육 문제지를 받았다. 그런데 나도 잘 모르는 문제가 여러 개이다. 얼른 체육 교과서를 훑어보았다. 훌라후프, 굴렁쇠굴리기, 평균대, 과녁 맞히기, 여러 가지 스텝 등이 분명히 교과서에 있다.

그런데 나는 그동안 체육을 전래놀이 위주로 한다는 생각만 하고 교과서는 아예 볼 생각조차 하지 않았다. 이제야 들어가 보니 티나라에 교과서 내용이 동영상 자료와 함께 잘 담겨 있다. 늦게나마 아이들에게 자료를 보여주면서 너무나 미안한 마음이었다.

12월 5일(금요일)

폭설 때문에

올해 들어 두 번째로 많은 눈이 내렸다. 전북지방에 15~20cm의 눈이 내린다는 예보가 있었지만 설마 했다. 그런데 새벽부터 내리기 시작한 눈이 퇴근시간이 되어도 계속 내렸다. 결국 평소보다 30분 일찍 퇴근을 하였다.

작년에는 다행스럽게도 겨울방학이 시작되기 전까지 단 한 차례도 눈이 내리지 않다. 원래 군산은 서해안에 위치해 눈이 많이 내리는 지역이라고 한다. 하지만 혼자 출퇴근하는 나를 걱정해서인지 하나님이 눈을 적게 내려주셨다.^^

올해는 신규 선생님이 3명이나 합류하여 함께 출퇴근을 하였다. 오늘은 평소보다 3배가 넘는 많은 시간이 걸렸지만 지루하거나 겁이 나지는 않다. 카풀을 하는 덕 같다.

오늘 운전 담당은 박민이 선생님이고 내일은 임보경 선생님이다. 하필 이런 때 젊은 선생님들이 고생을 하게 되었다.

12월 6일(토요일)

대리운전

알람시계가 새벽 5시가 되어 잠을 깨웠다. 일어나자마자 창밖부터 보았다. 다행히 어제 저녁 이후 눈이 더 내린 것 같지는 않았다. 출근 준비를 서둘렀다. 교장선생님께서 이런 날은 서두르지 말고 천천히 오라고 하셨지만, 10분이라도 일찍 출발을 하여야 9시 이전에 학교에 도착할 수 있다.

오늘 카풀 담당은 임보경 선생님이다. 운전 경력이 1년이 안 된다. 어제 퇴근길에 체인을 어디 가면 살 수 있느냐 물으며 오늘 아침 운전을 걱정했었다. 밤에 눈이 너무 많이 내리면 휴교령이 내릴 수도 있고, 아니면 4명이 다 같이 연가를 내자는 어떤 선생님 의견도 있었다. 하지만 아침까지 우리 학교 휴교령 소식은 없다. 그렇다고 4명이나 되는 전주팀이 모두 연가를 내는 것은 학교에 너무 폐를 끼치는 일이다. 라디오를 켰다. 군산보다 눈이 더 많이 내린 부안과 정읍의 몇몇 학교만 휴교령이 내렸다는 뉴스가 나온다.

6시에 임보경 선생님에게 내가 운전을 하겠다는 뜻의 문자를 보냈다. 즉지 전화가 왔다. 그렇지 않아도 선생님 부모님께서 운전을 반대하셨다며 크게 안도했다. 다행히 임 선생님은 우리 아파트 바로 이웃에 산다.

임 선생님과 같이 7시 10분에 차를 출발했다. CBS에서 나머지 선생님들을 태우고 차는 전주-군산 산업도로를 다렸다. 다행스럽게도 도로는 매우 한산했다. 오늘이 토요일인데다 아마도 폭설로 쉬는 직장이 많은 모양이었다. 시속 60km로 달리면서도 위험한 상황은 벌어지지 않았다. 심난한 기분이기보다 주변 설원雪原도 감상하며 콧노래까지 나오는 출근길이었다. 나중에 모두 추억이 될 것이다.

오는 동안 여러 명의 우리 반 아이들 전화를 받았다. 뉴스에 휴교령이 내린 학교가 많다는데 우리 학교는 안 쉬냐고 묻는 아이, 난로에 구워먹을 고구마를 가지고 가도 되냐고 묻는 아이, 교실 난로를 저희들이 켜도 되냐고 묻는 아이…. 나도 어서 가서 아이들에게 따뜻하게 난로를 켜 주며 고구마도 구워먹게 하고 싶다.

8시 40분에 무사히 학교에 도착했다. 교장선생님께서 밖에 나와 계시고 눈싸움을 하는 아이들도 여러 명이었다. 나는 마중 나와 준 수아의 손을 잡고 미끄러지지 않게 조심조심 교실로 향했다. 교실로 들어서자 아이들이 벌떼처럼 몰려와 재잘거린다. 난로 불부터 켜고 가벼운 마음으로 토요일 수업을 시작했다.

12월 9일(화요일), 구름 많고 흐림

도 학력평가가 있던 날

오늘은 도장학 겸 도학력평가를 보는 날이다. 이번에 군산시내 도 장학대상 학교로 우리학교가 표집이 되었다. 이 평가에 대비해 모든 선생님이 보통 때보다 일찍 출근했다. 곧 이어 각 학년의 표집 반이 발표되었는데 모든 학년의 2반이 대상이라고 했다. 제발 우리 반이 표집이 되지 말기를 아이들과 내가 그렇게 바랐건만 기어이 표집이 되고 말았다. 표집이 되면 장학관님이 들어와 직접 시험 감독을 하게 된다. 우리 학교는 이번 기말고사를 도 학력평가로 보기 때문에 답안지도 두 번 작성을 해야 한다. 시험지에 쓴 답안은 시험지째 교육청에서 가져가게 된다.

표집 될 가능성에 대비해 4과목 답안지 양식을 미리 따로 만들어 놓기는 하였다. 하지만 기출문제를 보면 매년 국어나 수학의 경우 원고지

쓰기나 컴퍼스로 원 그리기 같은 문제가 나온다. 그럴 경우 그 부분의 시험지를 그대로 복사하여 아이들 답안지에 만들어주어야 한다. 걸음이 느린 내가 교무실에서 시험지의 일부를 복사하고 오려붙이고 다시 또 아이들 수만큼 복사하여 후관의 2층 우리 교실까지 갖다 주어야 한다. 시험에 지장을 주어서는 안 된다. 표집반 발표가 난 후부터 이런 생각 때문에 내 속은 타들어 갔다. 다행히 교무보조 선생님이 복사 일을 도와주어 시험 시작 시간까지 많이 늦지는 않았다.

3학년 장학 담당 장학사님은 전주 만성초등학교에서 오신 교장선생님이었다. 시험지가 든 봉투 4개를 들고 계단을 올라가기 불편하여 염치불구하고 선생님 도움을 받았다. 계단을 다 오르지도 못했는데 시험 시작 종이 울렸다. 교실에 들어서자마자 아이들에게 교장선생님을 소개한 뒤, 시험지를 나누어 주었다. 벌써 5분 가까이 시간이 지났다. 답안지를 두 번 작성하는데 시간이 부족하지는 않을까 벌써부터 걱정이 되었다.

아이들이 시험을 보는 동안 교장선생님께서

"아이들이 표정이 참 밝네요!"

하셨다. 무슨 뜻인가 하고 잠시 생각했다. 장애인 선생님과 생활하는데도 아이들이 그렇다는 뜻인가? '설마 그런 뜻으로 말씀하진 않았겠지!' 하면서 미소로 대답을 대신했다. 그러고 보니 42명이나 되는 우리 반 아이들 표정이 참 밝았다. 나는 속으로 '좋은 동시를 많이 외운 덕인가?' 싶어 흐뭇한 생각이 들었다.

아이들은 매우 열심히 시험지를 풀었다. 국어시험이라서 그런지 서술형 문항이 무척 많다는 생각이 들었다. 벌써 시간이 절반 정도 지났는데 아이들은 문제를 아직 반도 못 푼 것 같았다. 이러다가는 따로 학교 답안지를 작성할 시간이 부족할 것 같았다. 아이들에게 시간이 많지 않음을 강조해 주었다. 이제 10분밖에 남지 않았다. 한가린을 비롯하여 아직도 여러 아이들이 학교 답안지에는 손도 대지 못하고 있었다. 남은 시간을 거듭 말을 해주어도 여전히 시험지에 깨알 같은 글씨로 열심히 답을 적고 있었다. 내 속이 타들어 갔다.

기어이 끝종이 울렸다. 원칙대로 하자면 이제 시험지와 답안지를 모두 걷어야 한다. 아이들도 나도 서로 얼굴만 바라보았다. 상황을 파악하고 교장선생님께서 조용히 교실을 나가주셨다. 시간을 조금 더 줄 테니 학교 답안지에 못 옮겨 적은 답을 빨리 옮겨 적으라고 했다. 아이들이 옮겨 적는 동안 나는 계속해서 시계로 눈이 갔다. 5분쯤 흘렀다. 아직도 다 옮겨 적지 못한 아이들이 보였다. 왜 하필 우리 반이 표집이 되어서 우리 아이들을 이렇게 힘들게 하는지. 모두가 내 잘못인 것처럼 아이들에게 너무나 미안했다. 그렇다 하더라도 더 시간을 줄 수는 없었다. 빨리 시험지와 답안지를 걷고 다음시간 수학시험을 치러야 한다. 울상을 짓는 아이들 얼굴이 보였지만 어쩔 수 없었다.

수학시험은 오히려 시간이 넉넉했다. 아이들은 40분 동안에 두 군데 모두 답을 적었다. 3교시 4교시는 더 시간의 여유가 있었다. 아이들이 그렇게 마지막까지 시험을 치르는 동안, 내 머리 속은 1교시에 다 못 쓴 아이들 답안지 생각으로 가득했다. 방법이 없을까. 분명히 학교 편의상 두 번 답을 적게 한 것인데, 우리 반 아이들이 피해를 보게 할 수는 없었다.

시험이 모두 끝난 후 회수한 시험지를 교무선생님께 갖다 드렸다. 이때 우리 반 아이들이 학교 답안지에 답을 다 옮겨 적지 못했다는 말씀을 드렸다. 그러자 옆에 있던 5학년 어떤 선생님은 2교시 수학시간까지 연장해서 풀게 했다는 말을 했다. 그렇게 해도 되는 것이었으면 왜 사전에 언질을 해주지 않았는지, 항의라도 하고 싶은 심정이었다. 하지만 이미 시험이 끝난 상태이고 답안지도 걷었으니 교무선생님도 어떻게 할 상황이 못 되었다.

교실로 돌아왔지만 아이들도 나도 점심을 맛있게 먹을 수가 없었다. 왜 그렇게 시간이 많이 부족했을까. 그동안 표집 될 경우에 대비해 여러 차례 답안시 작성 방법을 아이들에게 이야기해 주었고, 시간이 부족할 수 있음도 누누이 강조해 왔다. 도대체 어디에 원인이 있을까? 수학도 아닌 국어시험에서 왜 유독 그렇게 시간이 많이 부족했을까? 허탈한 심정으로 남은 시험지들을 펼쳐보았다.

문제는 거기에 있었다. 국어 시험문항 25개 중에 선다형은 9개 밖에 없고, 무려 16문항이 서술형이었다. 그것도 단답형은 거의 없고 이야기의 주인공에게 하고 싶은 말 쓰기, 부모님에게 하고 싶은 말 쓰기, 이어질 내용 상상하여 쓰기, 인물의 성격 새롭게 바꿔 쓰기 등 마음먹기에 따라, 혹은 아이들 역량에 따라 쓸 내용이 너무나 많은 시험지였다. 평소 글쓰기 활동을 많이 한 우리 반 아이들인지라 물 만난 고기들처럼 나름대로 제대로 쓰려고 하다 보니 시간이 부족했던 것 같았다. 시험지에만 답을 적었다면 아무 문제가 없었다. 그런데 그렇게 꼼꼼하게 쓴 답을 다시 또 답안지에 옮겨 적다 보니 시간이 부족할 수밖에 없었다.

아이들이 하교한 뒤 한 학부모의 전화를 받았다. 평소에 공부를 곧잘 하는 아이의 어머니였다. 아이가 답안지에 답을 다 옮겨 적지를 못했다는데, 그럼 어떻게 되는 거냐고 물었다. 속 시원한 답을 할 수 없는 나는 더 괴로웠다. 다행히 퇴근 후 교무선생님으로부터 전화가 왔다. 내일 이 문제를 윗분들께 말씀을 드리고 해결방법이 있는지 알아보겠다고 했다. 너무나 다행이다. 꼭 해결방법이 나왔으면 좋겠다.

12월 10일(수요일)

답안지를 다시 작성하고…

오늘은 어제 다 못 본 예체능과목 시험을 보았다. 4과목 40문항을 푸는 데 1교시로 충분했다. 아이들이 시험을 치르고 있는 동안 교감선생님께서 전화를 하셨다. 교무선생님으로부터 어제 일을 이야기 들으신 것 같았다. 예체능시험이 끝나는 대로 대상 아이들을 데리고 교무실로 오라고 하셨다. 어제 못 옮겨 적은 답을 적게 해준다는 말에 시험이 끝나자마자 아이들을 데리고 교무실로 갔다.

교감선생님께서 매우 꼼꼼하게 옮겨 적지 못한 문항과 답을 체크한 후, 옮겨 적을 기회를 주셨다. 우리들에게는 아무 잘못이 없다. 그런데도 큰 죄라도 지은 사람처럼 아이들도 나도 잔뜩 위축이 되었다. 다행히 아이들이 시험지를 받자마자 답을 쓰고 일어섰다. 어제 쓴 답안을 다시 한 번 쓰는 것인데 시간이 오래 걸릴 이유가 없다. 다시는 이런 일로 교무실에 오가는 일이 없었으면 한다.

12월 12일(금요일)

자애로운 스승

오늘 퇴직교사인 문우 최 선생님으로부터 이메일을 받았다. 최근에 모 문예지에 실린 내 수필을 칭찬하는 끝에 나더러 훌륭한 문필가로, 자애로운 스승으로 우뚝 서라고 하셨다. 그런데 내가 과연 자애로운 스승일까?

엊그제 기말고사를 치른 것을 끝으로 2008학년도 교과서 진도가 거의 끝나가는 상태다. 그래서 이번 주에는 아이들에게 동시를 두 편씩 외우게 했다. 한 편은 김용택 시인의 〈우리 동네 버스〉라는 비교적 짧은 시이고, 한 편은 위기철 시인의 ≪신발 속에 사는 악어≫에서 뽑은 동시 〈곶감〉이다. 지난 며칠 아이들이 이 두 편의 동시를 얼마나 실감나게 외우는지 지켜보았다. 이런 아이들에게 주기 위해 나는 또 나대로 귤까지 사서 차에 싣고 갔다.

4교시와 5교시 두 시간에 걸쳐 시 외우기를 했다. 이번에도 30명 이상의 아이들은 동시 두 편을 거뜬히 외웠다. 이 아이들에게는 주먹만 한 귤 두개씩을 보상으로 주었다. 나머지 10여명이 문제였다. 번번이 잘 하는 아이들 속에 끼어 적당히 립싱크로 무임승차를 하려 하는 녀석들! 갈수록 시 외우기에 게으름을 피우고 있다. 녀석들이 좀 얄미운 생각이 들었다. 어제 귤을 살 때는 모두에게 줄 생각으로 아예 박스째 샀다. 그런데 소극적인 녀석들을 보는 순간 마음이 바뀌었다. 좀 치사한 방법이기는 하지만 오늘은 시 한 편이라도 외우려고 노력한 아이에게만 줘야겠다는 생각을 했다. 그래서 끝까지 한 편도 외우지 않은 서너 명에게는 귤을 주지 않았다.

아이들은 이상한 군중심리가 있어 사소한 것에 목숨을 걸곤 한다. 특히 먹는 것 앞에서 더욱 심하다. 오늘 귤을 먹지 못한 아이들은 자존심에 상처를 입었을 수도 있다. 그까짓 귤 안 먹어도 좋다며 시 외우기를 포기한 아이. 귤로 유인을 해서라도 아이들에게 시 한 편이라도 더 외우게 하려는 선생님. 아무리 의도가 좋다 하더라도 방법에서 자애롭지 못한 교사였다면 시를 외우게 하는 목적이 퇴색하고 만다. 이런 점에서 오늘 나는 그리 자애로운 교사는 못되었다. 다음 〈무릎 학교〉 를 외울 때는 이런 치사한 선생님은 되지 말아야지.

곶감

위기철

하얀 눈이 소복소복 내리는
깊은 산 속 오두막집에
우는 아이 달래는 어머니의 목소리.

"늑대 온다, 뚝 그쳐!"
"살쾡이 온다, 뚝 그쳐!"
"불여우 온다, 뚝 그쳐!"
"도깨비 온다, 뚝 그쳐!"
"호랑이 온다, 뚝 그쳐!"

달래도 달래도 아이는 자꾸 울고
울어도 울어도 곶감은 안 주고

하얀 눈은 자꾸자꾸 쌓이는데
깊은 산 속 오두막집 쪽창 밑에는
늑대 살쾡이 불여우 도깨비 호랑이가
옹기종기 모여 밤새도록 오돌오돌 떨고.

12월 17일(수요일)

문집 표지 사진

어제와 오늘 아침자습 시간에 도서실에서 문집 표지 사진을 찍었다. 표지에 아이들의 책 읽는 모습을 담았으면 좋겠다는 교장선생님의 제안에 따른 것이다. 원래 학교의 사진 담당은 김영기 선생님이지만 선생님이 병가를 내는 바람에 내가 직접 찍게 되었다. 어제 찍은 사진은 도서실 책상의 빈자리가 너무 많았다. 그래서 오늘 우리 반 아이들을 데리고 가 다시 찍었다. 다행히 아침자습 시간이라 책을 빌리러 온 아이들이 많고 책상에 앉아 책을 읽는 아이들도 있었다. 우리 반 아이들이 그 사이사이에 앉았다. 아이들이 책을 고르는 모습, 사서교사에게 책을 빌리는 모습, 책을 읽는 모습 등을 모두 담으려고 신경을 썼다.

찍은 사진을 고르고 골라 10장의 사진을 인쇄소에 보냈다. 이번 주 토요일에 교정지를 가져오기로 했는데, 어떻게 표지에 넣을지 기대된다. 표지는 한 가지만 만들어 오지 말고 이렇게 저렇게 몇 가지 만들어 달라고 했다. 그 중에 가장 나은 것으로 교장선생님, 교감선생님께 고르게 할 생각이다.

* 우리 반 윤시연, 조혜린, 홍수아 세 사람이 나란히 앉아 정독을 하고 있고, 나머지 아이들은 책을 고르거나 빌리거나 하는, 도서실 풍경이 잘 담긴 사진이 표지 그림으로 결정되다. 시연이, 혜린이, 수아가 이 사실을 알면 얼마나 좋아할까.^^

오늘의 동시

무릎 학교

하청호

내가 처음 다닌 학교는
칠판도 없고
숙제도 없고
벌도 없는

조그만 학교였다.

비바람이 불고
눈보라가 쳐도
걱정이 없는
늘 포근한 학교였다.

나는
내가 살아가면서
마음 깊이 새겨 두어야 할
귀한 것들을
이 조그만 학교에서 배웠다.

무릎 학교
내가 처음 다닌 학교는
어머니의 무릎
오직 사랑만이 있는
무릎 학교였다.

12월 19일(금요일)

은자야!

언제부턴가 아이들이 은지를 은자라고 부른다. 물론 장난으로 그러는 거다. 그런데도 은지가 전혀 싫은 내색이 없다. 오히려 화안하게 웃는 얼굴이다. 나도 심부름을 시킬 때 장난삼아 "은자야!" 하고 불러보았다.

훨씬 친근감이 있다.

모 TV 전원드라마에 나오는 양산댁의 외동딸이 은자이다. 은자 남편이 자기 처를 언제나 "은자야~"하고 부른다. 그것도 사랑이 뚝뚝 묻어나는 목소리이다. 아마도 우리 반 아이들이 이 드라마를 보고 배운 것 같다.

은지를 은자로 부르기 시작한 그 다음부터 민지와 예지도 자자를 넣어 불러 보았다. 두 아이들 역시 좋아하는 기색이 완연하다. 민지는 민지라고 부를 때보다 민자라고 부르니까 더 정감이 느껴진다고 했다. 민지라는 이름은 흔한 이름이고 민자라는 이름은 색다르고 더 좋다고 한다. ㅎㅎㅎ 내가 민지만 할 때만 해도 민자라는 이름은 흔하디 흔했고, 민지라는 세련된 이름은 거의 찾아볼 수도 없었다. 그야말로 격세지감이 아닐 수 없다.

오늘의 시

아무리 크면 뭐하겠어

권영상

산이
아무리 크다 해도
그 안에 옹달샘 하나는 있어야
산도 산이라 할 수 있지.

아무리 하늘이 크다 해도
그 안에 별 하나 없다면
하늘은 정말 하늘도 아니지.

들판이 아무리 크면 뭐하겠어.
그 안에 들꽃 한 송이
피지 않는다면 들판은 들판도 아니지.

정말이지, 아무리
마음이 크다면 뭐하겠어.
그 안에 눈물 한 방울 없다면
그건 마음도 아니지.

12월 23일(화요일), 눈발 몇 송이 날리다.

동시집 선물

2학기 진도는 거의 끝냈고 요 며칠 우리 반 아이들은 거의 매 시간 책을 읽거나 동시를 외우거나 한다. 내일은 겨울방학을 한다. 그래서 오늘 과자파티를 하기로 했다. 하고 싶어하는 아이들 마음을 외면할 수 없어서 장기자랑도 같이 했다.

이런 순서를 갖기 전에 먼저 시상을 했다. 지금까지 동시를 잘 외우고 일기를 꾸준히 잘 쓴 아이들에게 약속대로 ≪봄 여름 가을 겨울≫이라는 예쁜 동시집을 선물했다. 이 책을 선물받은 아이는 윤시연, 조혜린, 이동준, 홍수아, 이지혜, 한가린, 박민영, 최재호 이렇게 8명이다. 지금까지 아이들이 동시를 45편이나 외웠다. 특히 오늘 상을 받은 아이들은 45편을 모두 외웠다. 그리고 이 아이들은 동시 외우는 것을 너무나 즐긴다. 심지어 혜린이는 하루라도 시를 외우지 않으면 심심하다고까지 한다. 이런 점들을 예쁘게 보아 동시집을 선물한 것이다.

나머지 아이들도 동시를 외우느라 애를 많이 썼다. 그리고 다 외우지는 못했어도 즐겁게 참여한 아이들이 많았다. 시집은 아니지만 그래서 나머지 아이들에게도 선물 하나씩을 주었다. 큼지막한 동물 지우개가 달린 연필이다. 생각지도 못했던 선물을 받고 나머지 아이들도 모두 좋아했다. 이 아이들의 선물까지 준비한 건 정말 잘한 일 같다.

과자파티 때 아이들에게 주라며 서린이 집에서 귤을 한 상자 보내주셨다. 저희들이 가져 온 과자에다 내가 가져간 엿까지…, 둘러앉아 먹으며 친구들의 장기자랑을 보았다. 먼저 경찬이, 영우, 정원이가 나와서 쌍절곤 춤을 보여주었고, 수아, 지윤이, 은지, 수현이, 지원이가 나와 원더걸스의 노래와 춤을 보여주었다. 모두 너무나 잘 하고 아이들도 매우 즐겁게 보았다. 이제 보니 우리 반에 끼있는 친구들이 참 많다. 장차 연예인이 될 거라는 경찬이, 특공무술가가 될 거라는 정원이. 이 두 아이의 미래 모습이 벌써부터 그려진다.

12월 24일(수요일)

겨울방학식 날

한 달 보름에 걸친 긴 겨울방학을 하는 날. 아이들도 선생님들도 들뜬 기분이다. 그러나 나는 어느 때보다 바쁜 하루였다. 문집 2차 교정지를 교장선생님께서 다 보시면 인쇄소에 넘겨야 한다. 다행이 무사히 모든 일을 마쳤다.

직원여행은 대천으로 다녀왔다. 그곳에서 조개구이라는 것도 먹어보고 돌아와서는 중국요리점에서 비싼 코스 요리도 먹어 보았다. 6시에 전주로 출발했다. 이제부터 겨울방학 시작이다.

12월 27일(토요일)

선생님, 심심해요~

시연이한테서 쪽지가 왔다. 벌써 심심하단다. 동시 네 편도 다 외웠단다. 시연이는 동시 외우기도 좋아하지만 책읽기도 무척 좋아한다. 시연이 같은 아이들에겐 방학동안 읽을 책 4권이 너무 적은 것 같다. 재미있고 유익한 책이 더 없을까 생각해 보았다.

그동안 나도 방학동안 읽을 책을 주문해 놓았다. 방학한 날부터 시작하여 벌써 다섯 권을 읽었다. 그 중 ≪김 구천구백이≫가 우리 반 아이들 수준에 딱 맞는 것 같아 홈피에 추가 추천도서로 올려주었다. 겨울방학 추천도서 중≪잠옷 파티≫는 여자아이들이 좋아할 책이라면 ≪김 구천구백이≫는 남자아이들이 읽으면 좋아할 책이다.

아이들도 그렇겠지만 나도 이번 겨울방학에 할 일이 무척 많다. 아이들 생활통지표도 만들어야지, 그동안 써 놓은 일기도 정리를 해야지, 소재만 잔뜩 모아 놓은 수필도 정리를 해야지, 그 밖에 방학으로 미루어 놓은 병원일, 은행일, 어머니 계시는 서울에 다녀오는 일 등 일이 산더미다. 이번 겨울방학부터 영어공부도 새로 시작해야 하는데 이번에는 도저히 짬을 낼 수 없을 것 같다.

이런 와중에도 책을 30권쯤 읽었으면 한다. 좋은 책인 것 같아 사 두고 읽지 못한 책이 아직도 5-6권 있고, 찾아보면 좋은 책은 무궁무진하다. 책만 읽으며 보내도 나는 이번 겨울방학이 하나도 심심하지 않을 것 같다.

12월 31일(수요일), 맑음

은서의 전화

지난 여름방학 때 서산으로 전학 간 은서가 전화를 했다. 학교 신문에 '국화축제'라는 제목의 자기 일기가 실렸다며 모두가 글쓰기를 잘 지도해 주신 선생님 덕분이란다.^^ 그렇게도 수줍음을 많이 타던 은서가 통화가 길어지는 줄도 모르고 재잘재잘 그곳 생활을 쏟아놓는다. 너무나 사랑스럽다.

나도 2학기 동안 있었던 우리 반 이야기를 들려주었다. 은서와 친한 시연이 등 여덟 명이 동시집 선물을 받은 이야기며, 우리 반 아이들이 드디어 동시 50편을 다 외우게 되었다는 이야기, 곧 수송문집이 나온다는 이야기도 해주었다.

전학을 가지 않았으면 은서도 동시집 선물을 받았을 것이다. 그래서 내가 은서에게 동시집을 보내주기로 했다. 방학 때 혹시 군신에 오게 되면 만날 수 있게 되기를 은서도 나도 바라는 마음으로 전화를 끊었다.

* 자정 시간에 맞추어 풍남문 제야의 종 타종식을 보러 가다. 수학 영재교육으로 전국에 이름을 날리고 있는 내 막내오빠도 직접 타종에 참여하다. 타종식도 보고 폭죽놀이도 보며 나도 새해 소원을 빌다. 때마침 서설(瑞雪)이 내리다. 그 많은 인파 속을 뚫고 이런 행사를 경험하기는 난 생 처음이다.

2009. 1. 6.

꽃신

고 이성례 권사 추모시(詩)

月山 김기동

불혹不惑에 뿌리를 내리고
미수米壽에 영광을 받으니
하늘에서는 천사들이
땅에서는 자손들이 박수를 보낸다.
주님의 약속이 길이 되어
짐을 벗어놓고 가는 마음
구름보다 가볍고
바람보다 후련하다.
한 평생 주의 제단에 쌓은 기도
다 이루어 지리이다.

2009년 1월 4일, 첫 주 성일에

교단에 선 이후 두 번째 맞는 겨울방학이다. 이번 겨울방학에도 계획한 일이 많다. 제일 먼저 예약되어 있는 병원부터 오가며 초음파 검사도 받아야 하고 CT와 MRI 촬영도 마쳐야 한다. 부실한 몸인데다 나이가 나이니만큼 해가 갈수록 여기 저기 아픈 곳이 늘어난다.

어머니를 뵈러 가는 일은 이런 급한 일들을 마친 다음에 하려고 했다. 어머니는 방학 전부터 하루 몇 번씩 전화를 하셨다. 날마다 방학이 언제 시작되느냐 물으시고, 방학을 한 이후에는 서울에 언제 오느냐 물으셨다. 그 때마다 흡족한 대답을 못 드렸다. 여러 가지 병원 검사를 마친 이후에 가겠다는 말씀만 드릴 수 있었다.

새해 첫날 아침, 어머니께 전화를 드렸다. 새해에는 아프지 마시고, 식사 잘 하시고, 잠도 잘 주무시라고 덕담을 드리자 "아멘!" 하시며 흡족해 하셨다. 어머니는 매우 만족스럽거나 기분이 좋으실 때 언제나 "아멘!" 하며 좋아하신다.

언제 올 거냐고 다시 물으시기에 병원 검사가 대강 끝나는 1월 6일이 지나 모시러 가겠다는 약속을 드렸다. 언제 올 거냐는 그 물음은 내가 보고 싶어 하는 말씀이기도 하지만, 방학동안 전주 우리 집에서 함께 지내고 싶은 마음임을 내가 알기 때문이다.

1월 3일 토요일, 그 날은 그동안 써 놓은 수필 교정을 보느라 하루 종일 컴퓨터 앞에 앉아 지냈다. 저녁 7시가 조금 지나 동생한테서 전화가 왔다. 어머니가 돌아가실 것 같으니 마음의 준비를 하라는 서울 오라버니의 기별이 왔다는 것이었다. 가슴이 철렁 내려앉았다. 이렇게 금방 가실 분이 아닌데, 그렇게도 나를 기다리던 어머니셨는데…. 입이 바짝 타고 가슴이 두근거렸다. 10분도 못 지나 다시 전화가 왔다. 7시 15분 어머니께서 끝내 영면永眠하셨다고 했다.

어머니는 가실 날을 받아두고 계셨는데, 못난 나는 언제나 내 할 일이 우선이었으니…, 방학 하자마자 달려가 뵙지 못한 것이 그때서야 땅을 치게 후회가 되었다.

서둘러 서울로 출발하여 새벽 1시쯤 신촌의 장례식장에 도착했다. 어머니께서 저녁 잘 드시고 마지막으로 물을 드시다 돌아가셨다는 작은오빠 가족의 말을 들었다. 어머니는 평소에도 늘 자식들에게 당신은 저녁밥 잘 먹고 잠자듯 가고 싶으니 그렇게 기도해 달라 말씀하셨고, 당신도 늘 그렇게 기도하셨다. 기도하신 그대로 편안하게 가신 것 같다.

모든 어머니의 삶이 그렇듯 나의 어머니도 일평생 자식들을 위한 희생의 삶을 사셨다. 가난한 전씨 집안에 시집 와 육남매 반듯하게 기르시고, 신앙으로 가정의 중심을 지키셨다. 특히 어머니의 반석같은 믿음의 생활은 많은 이들의 귀감이 되었다.

저녁 잘 드시고 잠자듯 가고 싶어 하시던 어머니의 기도는 그대로 살아계신 하나님이 응답하셨다. 잠자듯 편히 잠드신 어머니 모습에서 어머니 소원대로 더 이상 고통도 슬픔도 없는 낙원에 드신 것을 확신할 수 있었다.

장례는 4일장으로 치렀다. 토요일 저녁에 돌아가신 데다 고향이 아닌 서울에서 장례를 치르게 되었기 때문이다. 1년 중 가장 춥다는 소한小寒 추위는 어디 가고 첫 날부터 거짓말처럼 날씨가 포근했다. 돌아가신 분의 성품을 날씨가 말해준다고 했다.

돌아가신 다음 날 입관入棺 의식을 치렀다. 어머니와 작은오빠 가족이 다니는 교회 장로님께서 직접 모든 절차를 맡아서 해주셨다. 수의壽衣는 대부분 어머니께서 직접 길쌈하여 마련해 놓은 것을 입혀드리고, 삼베 꽃신도 신겨 드렸다. 마지막으로 화장을 해드렸다. 너무나 고우셨다. 꽃신 신고 화장한 어머니의 모습은 살아계실 때는 한 번도 보지 못한 모습이다. 아버지 먼저 가시고, 혼자가 되신 어머니는 크고 작은 병마에 시달리며 오로지 자식들을 위한 기도의 삶을 사셨다. 이제부터는 저 꽃신 신고 고통 없는 낙원을 거닐며 아버지와 함께 언제나 우리들을 지켜보고 계실 것이다.

어머니를 고향 선영의 아버지 곁에 모시는 날도 마치 봄 날씨 같았다. 마을 사람들까지 모두 나와 소풍 나온 기분으로 어머니를 모셨다. 100세까지 사신들 아쉽지 않을까만, 미수米壽에 영면하신 어머니를 자식들은 웃으며 보내드릴 수 있었다.

2009. 1. 16(금요일)

전 직원 출근 날

출근하여 연말정산 서류 작성 및 2009학년도 학교교육과정 편성과 관련한 연수를 받았다. 영문사에서 문집원고를 가져 와 마지막으로 교정도 한 번 더 보았다. 연수가 끝난 후 교장선생님의 말씀이 계셨다. 어떤 일인가로 재판을 받게 되었다며 무슨 일이 있으면 교감선생님의 지시를 받으라는 말씀을 하셨다. 말씀을 다 못 마치고 눈물까지 보이셨다. 평소 성실성과 청렴성의 상징처럼 보였던 분이라 많이 혼란스럽고 안타까운 마음이다.

1월 19일 월요일, 겨울 점퍼가 두껍게 느껴질 만큼 포근한 하루.

○○ 스님이 조계산에 머물고 있다는 전갈을 받고 다녀왔다. 작년 겨울처럼 강원도 소백산에서 수행중이라면 이번에는 가기 쉽지 않았을 터이다. 딸 같이 따르는 중학생 혜린이를 데리고 가서 같이 아점을 먹고, 선암사도 돌아보고, 많은 이야기도 나누었다. 교통사고 후유증으로 얼굴에 상처가 많고 초췌해진 모습에 마음이 아프다. 헤어질 때 선물을 주고받았다. 언제 보아도 스님은 목소리와 웃음이 참 편안하다.

1월 28일(수요일)

우리 반 아이들과 통화를 하다. 긴 방학 동안에 선생님 목소리도 잃어버린 아이에는 잠시 섭섭한 마음이 들기도 하다. 그래도 모두 건강하게 방학생활을 하고 있어 다행이다.

1월 30일(금요일)

교장선생님 전화를 받고 영문사와 상의하여 학교문집에 '학교폭력예방용 CCTV 설치' 사진과 학교연혁 란의 '학급 증설 예정으로 인한 10개가교실 설치' 내용을 추가하다.

1월 31일(토요일), 달력상으론 아직 겨울이나 날씨는 봄이다. 완연한 봄이다.

고마운 선생님들

조혜정 선생님과 고예진 선생님을 만났다. 두 선생님 모두 발령 동기로서 공무원교육연수원에서 같이 신규교사 연수를 받았고 발령도 비슷한 시기에 받았다. 나는 학교 동기가 없고 나이도 많아 초임교사로서 외로움을 많이 느꼈다. 그 때마다 이 두 선생님의 도움을 많이 받았다. 고예진 선생님은 나의 막내오빠의 고교 제자이기도 해서 금방 친해졌다.

먼저 대학로 한 양식집에서 점심을 함께 했다. 식사를 하는 동안 학교 이야기도 하고 그동안 못 나눈 이야기를 나누었다. 그런 다음 모두 같이 우리 집으로 왔다. 집에 와서도 한참동안 학교생활의 이모저모를 이야기 나누었다. 조혜정 선생님은 매우 세심하고 차분하며, 고예진 선생님은 항상 웃는 얼굴이고 매사 긍정적인 성품을 지녔다. 이런 장점들을 학교 현장에서 십분 발휘하는 것 같다.

이제 컴퓨터 앞에 모여 이지에듀로 성적처리하는 방법을 배웠다. 이 방법으로 하면 기존에 내가 알고 있는 방법보다 시간도 많이 절약되고 일도 한결 쉽다고 한다. 그동안 이 방법이 있다는 것을 알고 있었지만, 배울 시간도 없고 바쁜 선생님들에게 자꾸 도움 청하기가 뭐해 배우지 못했다. 이제 성적처리에 필요한 컴퓨터 기술을 어느 정도는 알게 되었다. 두 선생님이 너무나 고맙다.

두 선생님이 요즘 젊은이들답지 않게 매우 검소하다는 것을 알았다. 학교 선생님들이라면 거의 갖고 있는 자동차를 갖지 않고, 웬만해서는 택시도 타지 않는 것을 보았다. 두 선생님들에 비하면 나는 과소비를 하는 편이다. 오늘 선생님들을 만나 이런 점을 반성하는 계기도 되었다.

2월 9일(월요일)

개학날

거의 한 달 보름에 걸친 겨울방학이 끝나고 아이들을 만났다. 방학동안 한 사람도 사고 없이 건강하게 지내고 나왔다. 방학숙제를 걷고, 동시 4편도 외웠다. 평소에 동시를 잘 외우던 이동준, 윤시연, 조혜린, 이지혜는 이번에도 동시를 모두 외워왔다. 추가로 지창민, 강현구, 정지윤, 조성훈도 모두 외워 왔다. 방학 전 선물하고 남은 동시집이 있어 이 4명의 아이들에게도 ≪봄 여름 가을 겨울≫을 선물했다. 매사 성실하면 이처럼 어느 순간이건 행운이 따른다는 것을 아이들이 알았을 것이다.

학교문집이 나왔다. 내일 아이들에게 나누어 주면 무척 좋아할 것이다. 거의 아무 것도 모르는 초임교사인 내가 학교와 아이들을 위해 보람있는 일을 한 것 같아 마음이 뿌듯하다.

혜린이 어머니께서 한 해 동안 감사했다며 선물을 가지고 오셨다. 연잎이랑 연밥이 그려있는 예쁜 도자기 컵이다. 혜린이는 특별히 내가 신경 쓸 것이 없을 정도로 매우 모범적인 아이다. 그런데도 혜린이 어머니께서 음으로 양으로 많은 도움을 주시고 이렇게 마지막에 선물까지 주셨다. 감사를 드려야 할 사람은 오히려 나다.

2009년 2월 11일(수요일)

문집 배부

저학년부터 시작하여 오전에 모든 학년에 문집을 배부했다. 1, 2, 3학년 것은 우리 반 아이들 도움을 받았다. 책이 워낙 무거워서 아직은 힘이 약한 우리 아이들이 무척 애를 썼다. 문집을 배부하고 나서 몇 군데 흠을 발견했다. 4학년 현장체험학습 사진에 5학년 것을 올렸는가 하면 1-1반의 담임메시지가 1-4반 것에도 똑같이 올라가 있었다. 6-1반 글 중에는 다른 아이 이름이 올라간 경우도 있다. 인쇄소 잘못도 있고 교정을 세심하게 보지 못한 담임선생님 불찰도 있다. 이번을 거울삼아 다음에는 이런 실수는 없어야 한다. 그래도 내 이름을 걸고 만든 책이고 창간호라서 많은 애정이 간다.

2월 12일(목요일)

디지털도서관에 올린 우리 아이들의 글을 읽었다. 모두 학교문집에 좋은 느낌을 받은 것 같다. 자신의 글이 실려 기분이 좋다는 아이도 있고, 문집을 오래 간직하고 싶다는 아이들도 있다. 이 책을 만든 사람이 자신들의 담임선생님인 것도 매우 자랑스러운 것 같다.^^

2월 13일(금요일), 겨울 철새 수가 많이 줄어든 것 같다.

아이들의 마지막 글쓰기 시간

3학년을 마치는 소감을 글로 쓰게 했다. 김지훈과 정재영만 빼고 모든 아이들이 글을 썼다. 재호는 동시 외우기가 특히 기억에 남는 것 같다. 처음에는 무척 싫었는데 지금은 이보다 더 즐거운 일이 없다고 했다. 나중에 꼭 동시자(동시 쓰는 사람)가 되어서 선생님에게 좋은 동시를 써 드리겠다고 썼다.

동시 50편을 가장 먼저 외운 동준이는 100편을 외우고 싶은데 벌써 헤어지게 되었다며 아쉬워했다. 전래놀이를 한 추억들이 타임캡슐에 저장되었으면 좋겠다고도 했다. 서린이와 유나는 선생님과의 반이 끝나는 것이 제일 아쉬우며 다시 같은 반이 될 기회가 왔으면 좋겠다고 했다.

시연이는 지난 1년 동안 시를 외우는 날이 가장 즐거웠다고 했다. 또 매 주 '오늘은 어떤 시를 외울까?' 하며 시가 기다려졌다고 했다. 선생님이 좋은 책을 추천해 주어 많은 책을 읽을 수 있었고, 독후감도 제대로 쓸 줄 알게 되었다고 했다. 이런 시간들이 너무 빨리 가는 게 아쉬울 뿐이란다. 하루도 아까운 이런 시간들을 긴 겨울방학이 다 빼앗아 간 것 같다며 자신은 방학보다 학교생활이 더 재미있고 할 수만 있다면 선생님과 함께하는 시간을 언제나 가지고 다니고 싶다고 한다.^^

윤정이는 타임캡슐에 1년 동안 함께한 콩주머니와 공깃돌과 산가기를 넣자고 했다. 평소 글을 몇 줄 밖에 못 쓰던 김원준, 황수현, 박지혜, 이예지가 공책 한 면을 다 채웠다. 40여 편의 글이 모두 즐거운 기억으로 가득 찼다. 아이들 글 한 편 한 편을 읽는 동안 화장지를 몇 장이나 적셨는지 모른다.

칠판에 시를 적을 때

아이들이 모두 돌아 간 교실은 적막감마저 돈다. 42명의 훈기만으로도 난로가 필요 없지만 아이들이 빠져나가고 나면 금세 교실은 공기부터 달라진다. 쌀쌀하지만 고요한 속에서 서둘러 밀린 업무를 마친다.

벌써 4시. 퇴근 전에 해야 할 일이 한 가지 더 있다. 다음 주 아이들이 외울 동시를 판서板書를 해 놓는 일이다. 이 시가 올해 우리 반 아이들이 외울 마지막 동시가 될 것이다. 당번들이 말끔히 닦아놓고 간 칠판을 다시 한 번 닦는다. 그리고는 초록색 칠판에 새 분필로 쉰 번째 시를 써 내려간다.

입김으로 호오호
유리창을 흐려 놓고,
썼다가는 지우고,
또 써 보는 글자들.

봄, 꽃, 나비·······

내가 꼭 우리 반 아이들만 할 때, 4학년에 올라가기 전 외운 〈새 봄〉이라는 동시이다.

또각 또각 또각…, 빈 교실에서 울리는 청아한 이 소리. 흡사 사찰에 울려 퍼지는 은은한 목탁소리 같다. 언제부턴가 나는 이 소리가 좋다. 칠판에 글씨를 써 나갈 때 나는, 칠판과 분필이 만날 때 나는 소리. 이 맛에 일부러 평소에도 비교적 판서를 많이 하는 편이다. 하지만 내가 판서를 좋아하는 진짜 이유는 다른 데 있다.

학교에서는 학급마다 특색사업이란 게 있다. 담임교사의 자율적이고 창의적인 학급 경영을 위해 정해진 수업 외에 그 학급만의 특색있는 사업을 펼치는 것을 말한다. 올해 우리 반의 특색사업은 '동시 외우기'이다. 이를 위해 아이들은 교과 공책과 일기장 말고도 동시 공책이 따로 한 권 더 필요하다. 여기에 월요일 아침마다 칠판에 적힌 시를 옮겨 적는다. 그러고 나서 짧은 동시는 하루나 이틀, 조금 긴 동시는 1주일 동안 중얼거려가며 외운다. 동무들과 서로 주거니 받거니 외우기도 한다.

이런 아이들을 위하여 좋은 시를 고르는 일이 나에게는 큰 즐거움이다. 동시집, 신문, 잡지, 인터넷…, 시간이 날 때는 직접 서점에 들러 좋은 동시가 있는지 찾는다. 좋은 동시란 아이들의 정서에 맞고 아이들의 삶이 드러나는 시를 말한다. 뭐니 뭐니 해도 동시는 어렵지 않으면서 재미가 있어야 한다. 아이들의 호기심을 자아내며 생생한 감동이 있는 시, 자꾸자꾸 외우고 싶어지는 시, 언제까지나 마음속에 간직하고 싶은 시가 좋은 시이다. 동시를 많이 외운 우리 아이들은 어느 새 시를 보는 안목도 생겨났다. 이런 조건을 두루 갖춘 동시일수록 아이들의 호응이 뜨겁다.

아이들이 시 외우기를 좋아하는 까닭은 뭘까? 학교 공부로는 양이 차지 않아 부모들은 아이를 영어학원으로 논술학원으로 피아노학원으로… 다람쥐 쳇바퀴 돌리듯 돌린다. 놀 시간은커녕 밥 먹을 시간조차 넉넉지 않은 아이들은 머리에 쥐가 날 지경이라고 아우성이다. 그런데도 또 하나의 부담이 될 수 있는 동시는 거부하지 않고 잘도 외운다. 오히려 이 시간만큼 즐거운 시간이 없다고 하고 동시 외우기로 스트레스가 확 풀린다며 좋아라한다. 이제 우리 반 아이들에게 시 외우기는 하나의 놀이가 되었다.

동시 외우기를 시작한 이후 아이들한테서 여러 가지 변화를 목격하게 된다. 표정이 밝아지고 정서가 안정되어 가며 언어 표현이 순화되어 가고 있다. 시 외우기에 자신감이 부족했던 아이가 점차 긴 시를 주문할 만큼 도전의식이 생긴 것도 큰 변화이다. 이런 효과는 ADHD 증상이 있는 아이, 거칠고 폭력적인 아이한테서도 많이 보고 있다. 정서 장애 등 정신적 치료 대상 환자에게 독서 치료, 음악 치료, 미술 치료가 있듯이, 시詩 치료라는 것도 가능하겠구나 하는 생각을 나는 우리 아이들을 보면서 하게 된다.

동시 외우기는 아이들의 감성과 상상력을 키우는 데에도 효과적이다. 시를 잘 외우는 아이가 그렇지 않은 아이에 비해 언어에 정감이 있으며 사고의 폭 또한 깊고 넓다. 이런 이유 때문에 독일이나 영국, 프랑스 같은 선진국에서는 어릴 때부터 시 외우기를 생활화한다고 들었다. 나는 우리 아이들이 여기에서 더 나아가 자연을 사랑하는 마음까지 키워 나갔으면 한다. 열린 마음으로 세상을 보며 더 따뜻하고 더 배려심 있는 마음을 가꿔 나갔으면 한다.

봄아 봄아 오너라,
어서 오너라.
봄이 되면 나는 나는

새로 4학년.

내 마음엔 벌써
봄이 와 있다.

판서를 마쳤다. 내 마음에도 성큼 봄이 온 것 같다. 월요일 아침, 서둘러 학교에 온 아이들은 교실에 들어서자마자 칠판부터 볼 것이다. 설레는 마음으로 4학년을 맞는, 딱 저희들 마음인 이 시를 칠판 한 번 보고 공책 한 번 보고 하며 공책 한 쪽을 다 채울 것이다. 우리 반 동시 외우기의 '지존'인 동준이는 어느새 또 다 외우고선 검사를 해달라며 성화를 댈 것이고, 혜린이와 시연이, 경찬이와 창민이는 공책을 가슴에 품은 채 얼굴 마주보며 같이 시를 외우고 싶어 안달일 것이다.

칠판 밑에 분필가루가 밀가루처럼 떨어져 있다. 바로 이놈들이 내 기관지를 해치는 주범이다. 그렇다고 칠판에 시를 적는 일을 멈추고 싶지 않다. 화안한 표정으로 쫑알쫑알 시를 외울 아이들을 생각하며, 칠판에 시를 적을 때 나는 세상에서 가장 행복한 선생님이 된다.

2월 16일(월요일), 맑다. 시린 늦가을 하늘처럼 맑다.

요즘에는 상이 참 많다. 학력우수상, 진보상부터 시작하여 선행상, 과제상, 각종 행사상 등 일일이 손으로 꼽기 힘들 정도다. 그 중 오늘 주는 상은 좀 특별한 상품이다. 1년 동안 받은 상의 집계를 내어 주는 상품인데, 우리 반 모든 아이들이 이 상장과 상품을 받았다. 지난 1년 동안 상을 하나라도 받은 아이는 5등급에 해당하는 공책 1권을 받고, 2-3개의

상을 받은 아이는 공책 2권, 4-5개의 상을 받은 아이는 스케치북을, 6-7개의 상을 받은 아이는 색연필세트를, 10개 이상의 상을 받은 아이는 5천 원짜리 문화상품권을 받았다. 우리 반 아이들은 지난 1년 동안 한 사람도 빠짐없이 상을 받았다. 내가 평소 수상대상자를 선정할 때 상이 골고루 가도록 신경을 썼기 때문이다. 모르긴 해도 이런 반이 많지는 않을 것이다. 상을 주는 나도 그래서 마음이 뿌듯했다.

타임캡슐 만들기

첫 시간에 타임캡슐을 만들었다. 제대로 만들게 하고 싶었으나 학년 말의 넘쳐나는 일감 때문에 각자 알아서 준비하게 했다. 아이들은 상자에 저희들이 아끼던 소지품이나 10년 후의 나에게 쓴 편지 등을 넣었다. 이 타임캡슐은 10년 후에 보자는 의견이 많아 2019년 12월 24일, 군산 롯데마트에서 만나 함께 열어보기로 했다.

2월 17일(화요일)

6학년 졸업실 날. 3학년인 우리 아이들은 학교에 오지 않고 혼자 하루 종일 교실에서 일을 했다. 덕분에 밀린 업무를 거의 모두 처리하고 교실 옮길 준비도 대강 해 놓았다. 작년 이맘때는 동생의 도움을 받았다. 이 정도의 여유가 생길 줄은 나도 몰랐다.

2월 18일(수요일)

안아주기

아이들과의 마지막 날이다. 종업식을 마친 다음 한 사람 한 사람 악수와 안아주기와 덕담으로 이별의식을 가졌다. 아이들은 종이학을 접어 화답하며 모두 내가 4학년 때도 저희들의 선생님이 되어달라고 졸랐다. 눈물이 나오려고 하는 것을 간신히 참았다. 1년 동안 정말 최선을 다해 가르쳤다. 아이들도 그런 선생님임을 알기에 헤어지는 것이 아쉬운 것 같다. 가슴이 벅차다.

2009학년도에는 4학년 담임을 희망했다. 희망대로 된다면 이 아이들 중에 또 내가 맡을 아이들이 있을 것이다. 내년에는 올해 부족했던 점을 보완하여 아이들에게 더 훌륭한 선생님이 되고 싶다.

2009. 2. 20(금요일), 영하 추위에 눈까지 내리다.

봄방학

엊그제 종강식을 마치고 지금은 봄방학 중이다. 지난 겨울방학 기간 동안 나는 방학다운 방학을 보내지 못했다. 변변한 연수 하나 받지 않았는데도 할 일을 다 못했고 만나고 싶은 사람을 다 못 만났다. 그래서 며칠 되지 않는 봄방학이 더 오지다.

이번 봄방학 기간은 일요일을 포함하여 4~5일 밖에 되지 않는다. 나머지는 일직과 전직원 출근일이 4일이나 된다. 그래도 이 기간 동안 새학년 새학기를 맞을 준비를 해야 한다. 아이들만 새학년 새학기를 맞는 것이 아니다. 선생님들도 이맘때면 아이들과 같은 마음이 된다. 올해는 어떤 학년을 맡게 될까. 새로 맡은 아이들과 한 해를 어떻게 보낼까. 이런 저런 각오를 하고 계획도 세워야 한다.

햇수로는 3년차가 되지만, 정확히 1년 6개월 전에 교단에 섰다. 그 때는 말할 것도 없고, 작년 2008학년도에 새 학년의 새 담임을 맡았을 때 걱정이 많았다. 몸이 불편한 데다 나이까지 많은 내가 일반 선생님들과 보조를 맞추려면 모든 일에서 서둘러야 한다. 그래서 새 교실 청소도 환경정리도 남들보다 미리 시작했다. 남들 눈에 뒤쳐진다는 인상을 주고싶지 않았다. 부지런하다면 부지런한 이런 나의 생활태도 덕분인지 지난 1년을 그런대로 잘 마쳤다.

돌이켜보면 지난 1년은 정말 꿈같은 나날이었다. 빠듯한 교육과정 속에서도 우리 반 아이들에게 좋은 동시를 외울 수 있도록, 좋은 동화책을 읽을 수 있도록 도왔다.

칠판에 판서해 놓은 동시를 연필 꾹꾹 눌러 공책에 옮겨 적고 알록달록 어울리는 그림까지 그려 넣던 아이들, 동시 암송하는 소리가 떠나지 않던 교실, 독서토론을 펼치고 난 뒤 공책 한 면을 빽빽이 채우곤 하던 글 힘이 쑥쑥 자라던 아이들, 몸이 불편한 선생님을 서로 도와주려 경쟁까지 하던 예쁜 마음씨까지 갖춘 아이들이었다. 교과서에 실린 체육 종목 대신 오징어놀이와 콩주머니놀이와 산가지놀이 등을 해도 불평 한마디 하지 않던 우리 아이들이었다. 올해 2009학년도에도 이런 큰 틀에서 벗어나지 않는 학급경영을 할 생각이다.

나는 정말 운이 좋은 사람이다. 비록 지난 1992년 임용시험에서 장애가 있다는 이유로 탈락이 된 이후 2006년까지 긴 공백 기간이 있기는 하였다. 하지만 교육공무원법의 개정으로 마침내 꿈에도 그리던 교단에 서게 되었다. 요즘 같이 취업하기 어려운 때에 이 나이의 이 같은 신체조건으로 어느 새 경력 1년 반의 교사이다. 이제는 어느 정도 자신감도 생겼다.

15년 가까운 공백기를 나는 교사가 되기 위해 남들보다 더 준비했던 소위 '순비된 교사'라고 자위하고 있다. 그런 시간이 헛되지 않아 이 나이에 이런 신체조건으로도 이만큼의 자신감을 갖게 되었을 것이라고 생각하고 있다. 새로 맡게 되는 아이들과도 이번처럼 만족스런 결실을 맺을 수 있도록 하루하루 최선을 다 하는 교사가 될 것이다.

2월 25일(수요일), 구름이 많이 끼고 흐림

시험지 재채점 소동

작년 10월 8일 초등학교 3학년과 6학년을 대상으로 한 국가수준 기초학력 진단평가가 있었다. 교과부에서 최근에 그 결과를 발표했다. 교과부는 채점 결과 농촌지역인 우리 도의 임실지역 초등학교가 가장 좋은 성적을 냈다고 했다. 교육환경이 열악하고 학급 수도 적은 이 지역에서 가장 성적이 좋은 것은 교사들의 개별지도와 방과 후 지도 등의 영향이라고 매스컴마다 대서특필했다. 나도 교사이고 우리 반도 이 시험을 보았지만, 선생님들이 퇴근시간을 넘겨가면서까지 아이들을 지도한다는 것은 쉬운 일은 아니다.

그런데 온 나라가 떠들썩했던 보도가 있고 며칠 지나지 않아서다. 알고 보니 허위보고와 성적조작이라는 것이었다. 임실군교육청과 전라북도교육청은 하루 사이에 그런 망신이 없었다. 매스컴 보도가 부풀려지고 왜곡된 면이 없지 않으나 보도에 의하면 군교육청 담당 장학사는 허위보고를 했고 도교육청에서도 관리감독이 소홀했다고 한다.

허위보고와 성적조작 파문의 화살은 일선학교로 전가되었다. 일제고사를 치른 전국의 모든 학교는 시험지를 재 채점하라는 교과부의 지침이 하달되었다. 이에 따라 3학년과 6학년 선생님들은 창고에 넣어 둔 시험지들을 모두 다시 꺼내왔다. 시험지와 답안지 수를 다시 확인하고, 채점결과표도 제출을 해야 했다. 시험지와 답안지는 교육청에서 수거를 한다고 했다. 이 시험지들은 3월 1일 일요일에 선생님들이 교육청으로 가 모두 다시 채점을 한다고 했다. 말은 안 해도 선생님들의 불만이 이만저만이 아니었다. 지금은 학교마다 새 학급과 담임 배정으로 그렇지 않아도 일이 많은 때이다. 그런데 일요일에 특근까지 하며 감독관들이 보는 가운데 교육청에서 다시 채점하여야 한다고 했다. 새학년 새학기 새 아이들 맞을 준비는 언제 한다는 말인지, 한숨이 절로 나왔다.

다행히 일요일 교육청 특근과 시험지 재 채점은 하지 않기로 했다. 무엇이 어디서부터 잘못되었던 것인지, 이런 일이 다시는 되풀이되어서는 안 될 것이다.

* 새 담당학년과 업무를 발표하다. 나는 4학년, 십자수부, 다문화가정·국제이해교육을 맡게 되었다.

2월 26일(목요일), 구름

반을 미리 배정받았다. 4학년은 후관 3층에 교실이 있어 3층까지 오르내리는 일이 쉬운 일이 아니다. 조금이라도 동선을 줄일 수 있도록 계단에서 가장 가까운 반인 4반이 내 반으로 배정되었다.

2월 27일(금요일), 흐림

담당 업무 때문에 치른 홍역

학교마다 이맘때가 가장 바쁜 때이다. 반마다 성적과 출결 등을 마감하고 진급처리까지 마쳐야하기 때문이다. 그래서 전입을 원하는 학생이 있어도 이때쯤에 온 아이들은 3월 2일로 전입을 잡게 된다. 이 기간에 전입·전출이 발생하면 학교 간에 서류가 오고가야 하는데, 이 아이들 때문에 제반 학사업무가 지연되게 된다.

그런데 올해 우리학교는 사정이 달랐다. 인근에 대단위 아파트단지가 속속 들어서면서 전입생이 부쩍 늘고 있다. 기존 교실만으로는 학생들을 다 수용할 수 없어 임시 가건물까지 지어 학급 수를 늘리게 되었다. 이런 이유로 교육청에서도 우리 학교 학생 수 변동현황을 수시로 체크하고, 2월 전입생을 3월로 넘기지 말고 정상적으로 처리하라는 지시도 했다.

내 담당업무 중에는 '출결'도 있다. 출결업무는 평소에는 각 반에서 월말 마감을 마치면 잘 마감을 하였는지 확인한 후 종합하여 기안문을 상신하면 된다. 그런데 교육청에서 하라는 대로 하자면 이번에는 각 반에서 27일 금요일에 출결마감을 해야 한다. 그러면 업무 담장자인 나는 즉시 오류여부를 행정실과 확인하여야 한다. 오류가 없을 때 비로소 기안문을 상신할 수 있다.

그런데 염려했던 대로 오류는 이 반 저 반에서 나타났다. 빨리 반 마감을 하고 진급처리까지 마쳐야 하는 각 반 선생님들이 급한 나머지 자기 반 전입생들이 서류가 도착하지 않아 전입처리가 완결되지 않은 상태에서 반마감을 해버리는 사태가 발생했다. 설상가상으로 업무부장 선생님까지 진급처리를 서둘렀다. 출결이 맞지 않으니 당연히 재적현황도 맞지 않은 상태. 출결 마감이 되지 않은 이런 상태에서 업무부장 선생님은 학적 업무를 마감하여 결재까지 마쳐버렸다.

4시 30분이 되었다. 오늘은 다른 학교로 이동하는 선생님들과의 송별회가 있다. 선생님들은 2008학년도 모든 나이스(NEIS) 업무를 마쳤다며 식당으로 이동하고 있는데, 나와 행정실 담당 선생님은 발을 동동 굴렀다. 학적업무 최종 단계에서 결재가 끝났기 때문에 이제 와서 출결을 맞출 방법이 없다고 해서다.

웅성거리는 이런 장면을 교장선생님께서 보시고 업무부장 선생님을 불러 야단을 치셨다. 선생님은 모든 업무가 완료된 걸로 알고 마감을 했다고 했다. 담당 업무 간 소통의 부재이고 이해의 부재이지만 어쨌거나 불똥은 모두 나에게 떨어졌다.

선생님들은 식당으로 가고, 나는 행정실에 남았다. 도교육청 전산담당 부서로 전화를 하여 도움을 청했다. 그랬더니 담당자도 난처했던지 군산 모 초등학교 정민수 선생님을 소개해 주었다. 이분이 교육청 직원들보다 전산 업무를 잘 하시는 것 같았다.

정민수 선생님과 통화를 했다. 나이스 상으로는 이미 해결할 방법이 없다고 했다. 원칙대로 해결하려면 업무부장 선생님이 올린, 교장선생님까지 이미 결재가 난 것들을 모두 취소하고 내가 출결을 마감한 다음에 선생님들이 반마감과 진급처리를 다시 해야 한다고 했다. 31학급이나 되는 큰 학교라서 이제 와서 이렇게 하는 것은 불가능한 일이다.

다행히 전혀 방법이 없는 것은 아니었다. 현재 상태의 2월 출결현황을 출력한 다음 틀린 반을 수기手記로 고쳐 다시 결재를 올리는 방법이 있다고 했다. 나이스는 기계로 하는 것이라 오류가 생길 수 있기에 가끔 이런 방법을 쓰는 학교가 있다며, 수기로 작성한 문서도 똑같은 서류로 인정을 받는다고 했다. 이런 방법이 있었는데, 그런 줄도 모르고 그동안 속이 바짝바짝 탔다.

정민수 선생님이 너무나 감사했다. 뒤늦게 식당으로 가서 교장선생님께 보고를 드렸다. 수기로 작성하여 결재를 올리겠다고 하자 수고했다며 위로를 해주셨다.

1학기에는 생활기록부 정정문제로, 이번에는 이런 문제로, 출결업무는 마지막까지 나에게 너무나 힘든 업무였다.

2월 28일(토요일), 아침에는 쌀쌀했으나 낮에는 봄날씨처럼 포근

학교에 나가 수기手記로 기안문을 작성하다. 제발 이제 더 이상 출결업무로 머리 아픈 일이 없었으면 한다.

점심은 전주에 돌아와 김태균 선생님과 하다. 선생님의 근무지인 D초등학교에 들르다. 역사가 깊은 이 학교는 건물을 새로 지어 모든 편의시설이 갖추어져 있다. 경사로와 엘리베이터가 완벽하게 갖추어져 있는 이런 곳에서 근무 한 번 해보는 것이 내 소원이다. 큰 기도의 제목이 하나 생겼다.

2009학년도

4학년 4반 아이들과

3월 2일(월요일), 바람이 조금 불었으나 맑음

새로운 아이들을 맞으며

새학년을 맞은 아이들과의 첫 만남의 날. 작년에 이어 올해도 우리반이 된 시연, 서린, 유나 등이 마중을 나왔다. 반 약속 정하고, 청소구역도 정하고, 자리도 정하고, 구호도 연습하고…, 하루가 금방 갔다. 김규현은 좀 말이 많고, 김대희는 첫 눈에도 에너지가 넘쳐 보이고, 오원진은 하루 종일 핸드폰을 손에서 못 놓고 아빠와 통화하는 파파보이? 아이들을 돌려보내고 끝도 없이 밀려오는 일에 녹초가 되어버렸다.

3.4(수요일), 오후에 옅은 비구름이 드리움

반장선거를 했다. 이대관이 반장이 되고 김하연이 부반장이 되었다. 둘 다 믿음직해 보인다. 모둠을 정하고 사진도 찍었다.

심민욱 선생님으로부터 다문화교육 업무를 인계받았다. 이달 18일까지 군산교육청에 보고해야할 사항이 있다고 한다. 듣자하니 다문화 업무가 문집 업무와 만만치 않다고 한다. 뭐 피하려다 호랑이 만난 격이다.^^

4/3(금요일), 구름 많고 황사 있음

이승현이 생리를 시작한 것 같다. 승현이는 다른 아이들에 비해 통통한 편이고 좀 예민한 것 같았다. 평소 두통이나 복통도 자주 호소했는데,

생리가 오려고 그랬던가 보다. 지금까지 내가 맡은 아이 중에 생리를 맞은 아이는 승현이가 처음이다.

4.7(화요일), 쾌청

작년에는 시를 한 주도 거르지 않고 외웠다. 올해는 50편이니 하는 편수를 정하지 않고 넉넉한 마음으로 쉬엄쉬엄 하고 싶었다. 그런데 녀석들이 난리다. 시를 판서해 주고 나서 사흘을 기다리지 못한다. 언제 시를 외울 거냐며 성화를 댄다. 오늘도 재량시간에는 '창의활동'을 할 생각이었으나 아이들 성화에 못 이겨 여덟 번째 동시를 외웠다. 그리고 아홉 번째 동시도 판서해 주었다. 이런 속도로 나가다가는 올해 오히려 더 많은 동시를 외울 것 같은 생각이 든다.

4.8(수요일), 맑고 완연한 봄.

처음으로 초과근무라는 걸 하다. 원래 내 업무였는지 모르겠으나 윗분의 지시로 2007. 2008학년도 장기 결석생의 결석계 구비여부 등을 파악하다. 올해 역시 업무 때문에 시작부터 녹록지가 않다.

4.9(목요일)

계발활동을 시작하자마자 6학년 여자아이와 부딪혔다. 말만하게 큰 6

학년 아이들은 평소에도 인사를 잘 하지 않는다. 녀석이 눈을 흘기며 끝까지 반항적 기질을 멈추지 않아 여러 아이들 앞에서 난처하기도 했다. 철없는 아이가 장애인 선생님인 나를 만만하게 생각하는 것 같지만, 그렇다고 같이 맞서는 것은 교사답지 못한 것 같아 참았다.

4.10(금요일), 흐린 후 오후에는 따뜻한 햇빛

○○ 어머니께서 오렌지 한 상자와 상품권을 주고 가시다. 작년에 이어 올해도 내가 아이 담임이 된 것이 무척 좋으신 것 같다. 가져오신 성의를 생각하여 오렌지만 받으려 하였으나 어머니의 고집을 꺾을 수 없다. 집에 와 곰곰이 생각해 보았으나 역시 돌려드리는 것이 좋겠다는 판단이 서다. 월요일에 아이 편에 보내드릴 생각이다.

4.13(월요일), 구름 많고 쌀쌀함

상품권을 편지봉투에 넣어 아이 편에 보내다. 상품권마저 받으면 내가 ○○를 사심 없이 지도하는 것에 걸림돌이 될 수 있다. 보내고 나니 백번 잘 했다는 생각이다.

4월 14일(화요일), 하루 종일 화창하며 나른하기도 함

지키지 못할 약속

급식실에서다. 창민이의 쌍둥이 형 창우가 나를 보더니

“선생님, 올해 학예회 때 동화구연에 저 꼭 넣어주세요.”

했다. 엉겁결에 그러마고 대답을 했다. 그런데 생각해 보니 내가 지키지 못할 약속을 했다. 이번 가을 학예발표회 때 4학년은 모두 신규 젊은 선생님들이 준비하기로 했기 때문이다.

아마도 창우는 작년에 동생 창민이가 동화구연을 한 것이 많이 부러웠던 것 같다. 그 때 우리 반 동화구연팀 창민이, 경찬이, 수아, 예진이는 연습도 열심히 재미있게 했고, 학예회가 끝난 후 뒤풀이까지 화끈하게 했었다. 작년 3학년 많은 아이들이 부러워했다고 들었다. 올해는 창우도 그런 행운(?)의 팀에 들어보고 싶은 것 같다.

4월 15일(수요일), 봄비 촉촉이 내리다.

선입견의 위험성

창민이와 경찬이는 아직도 우리 반 아이 같다. 두 아이도 나를 그렇게 생각하는 것 같은 느낌을 눈빛만 봐도 안다. 그런데 이렇게 이 두 아이가 요즘 수난을 당하고 있다. 지난주에는 경찬이가 어떤 아이에게 얼굴을 온통 긁혀 상처투성이가 되더니 오늘은 창민이가 우리 반 김대희에게 멱살을 잡히는 등 심한 인격적인 모욕을 당했다. 알고 보니 점심시간에 우리 반과 야구를 하다 시비가 붙은 것 같다.

아이들끼리 놀다 얼마든지 시비나 다툼이 있을 수 있다. 그런데 나는 현재 우리 반 대희보다 창민이가 더 마음이 아팠다. 자세히 들어볼 것도 없이 거의 일방적으로 대희를 야단쳤다. 대희는 평소에도 우리 반에서 가장 말썽을 피우는 아이다. 아무리 주의를 주고 야단을 쳐도 그 때 뿐이다. 대희는 억울했던지 눈물을 보이며 억울함을 호소했다. 나중에 알고 보니 원인 제공은 창민이가 먼저 했다. 그래서 창민이를 다시 불러 녀석들을 화해시키고 돌려보냈다.

선입견이 얼마나 위험한 생각인지 크게 반성했다. 앞으로는 대희를 좀 더 온정적 시선으로 보아야겠다.

4월 21일(화요일), 비

참성단과 첨성단

지난 화요일 사회시간에 공부한 내용은 '우리 시 · 도에 있는 문화재의 특징 알아보기'였다. 우리 지역 문화재를 알아 보기 앞서 먼저 교과서에 실린 강화도의 문화재를 살펴보았다. 강화도에는 전쟁과 관련된 문화재가 많고 단군과 관련된 문화재도 있다.

교과서에 단군이 제사를 지내던 곳으로 알려진 사진이 실려 있었다. 그런데 그 밑에 첨성단이 아닌 '참성단'이라 실려 있는 게 아닌가. 나는 내가 알고 있는 상식을 총 동원하여 첨성단에 대해 자세히 설명해 주면서 참성단이 아니라 첨성단이라며 오타가 난 것 같으니 첨성단으로 고치라고 했다.

사회의 또 한 단원을 마쳤으니 오늘은 단원평가를 보았다. 평가지를 풀고 있던 연화가 질문을 했다. 문제지에도 '참성단'으로 나와 있는 걸 보았다고 했다. 내 기억으로 '첨성단'이 맞는 것 같지만 뭔가 이상하다 싶어 그제서야 인터넷으로 검색을 해보았다. 사람들이 나처럼 잘 모르고 '첨성단'과 '참성단'을 같이 쓰고는 있지만 정확한 표기는 '참성단塹星壇'이 맞는 것 같았다. 아이들에게 '참성단'이 맞는 표기라며 다시 정정을 해주었다.

나는 왜 지금까지 참성단을 첨성단으로 잘 못 알고 있었을까. 10여년 전 다니던 직장이 강화도 근처에 있었던 까닭에 나는 강화도 마니산을 여러 차례 가보았다. 성화 봉송의 시발점 참성단까지 올라가 보지는 못했지만 강화도 하면 마니산, 마니산 하면 첨성단 하고 줄줄 외울 정도였다. 그런데 이런 착각은 언제부터 했던 것일까.

어쨌거나 나는 이제 내 기억력을 자신할 수 없게 되었다. 교과서 표기가 잘 못 되었다고, 오타가 난 것이라고 그토록 자신있게 말했던 선생님 기억이 틀릴 수도 있다는 것을 아이들에게 인정하지 않을 수 없었다.

4월 22일(수요일), 구름 조금

백지현 해외연수 추천서

백지현 학생은 언어와 청각 두 가지 장애를 동시에 가지고 있다. 이와 같은 이유로 학습에는 적극적으로 참여하지 못하나 나름대로 자기표현은 하고 집중력도 있는 편이다. 또한 사회성도 매우 좋아 친구들과 잘 어울리며, 자신이 좋아하는 분야에는 매우 높은 적극성을 보이고 있다. 특히 무용 쪽에 소질이 있어 꾸준히 무용 수업을 받고 있으며, 2008년에는 진포축제 기간 재즈댄스경연대회에서 당당히 1등을 하여 학교의 명예를 드높이기도 하였다. 이 밖에도 지현이는 칼라믹스, 언어치료, 인지치료, 미술치료 등 학교 안팎의 교육과 재활프로그램에 참여하여 장애극복을 위한 노력을 게을리 하지 않고 있다.

지현이는 지금까지 꾸준히 일기를 쓰고 있다. 매일 일기를 쓰는 일은 비장애 학생들도 쉽지 않은 일이다. 그런데도 지현이는 학교에서, 집에서, 학원에서, 재활치료센터에서 경험하는 이야기를 어머니의 도움을 받아 하루하루 꼼꼼하게 써나가고 있다. 일기장에도 여러 차례 칭찬과 격려의 말을 달아주었듯, 이런 일련의 과정은 훗날 지현이를 반드시 훌륭한 무용선생님으로 우뚝 서게 할 것이다.

지현이가 해외현장체험학습의 경험을 쌓게 된다면 모든 면에서 더 많은 자존감과 자신감을 갖게 될 것이다. 또한 사회적응능력 향상에도 많은 도움이 될 것으로 생각되어 지현이를 해외현장체험학습 대상자로 적극 추천한다.

군산수송초등학교 4-4반 담임

4월 24일(금요일), 자동차만 더럽힐 정도로 비가 내리다. 농사를 위해서는 더 많은 비가 내려야 한다.

동시-방귀 한 개

이번 주 동시 외우기는 화요일에 했다. 마치고 나서 새로운 시를 판서해 주지는 않았다. 다음 주에 중간고사가 있어 조금이라도 아이들의 부담을 덜어주기 위해서였다. 그런데 오늘 4교시에 뜬금없이 근량이가 새로운 동시를 언제 알려줄 거냐고 졸랐다. 여기저기서 아이들이 채근을 했다. 할 수 없이 비교적 짧은 재미있는 동시 한 편을 판서해 주었다.

방귀 한 개

권오삼

오늘 아침

내 뱃속에서 태어난
방울토마토만 한
방귀 한 개

저도 오색 풍선처럼
하늘로 동동 떠가고 싶은지
몰래 내 몸 밖으로 빠져나가려다
그만 엉덩이에 깔려
터져 버렸다.

뿡! 뽀오옹!

아이들이 공책에 시를 옮겨 적다 말고 웃음보를 터뜨렸다. 왁자지껄 저희들끼리 시를 흉내 내기도 하였다. 이 시를 외우는 것은 중간고사가 끝난 다음에 하겠다고 했다.

그렇게 5분이나 지났을까? 시 외우의 달인인 동준이가 손을 번쩍 들었다. 벌써 시를 다 외웠으니 외울 기회를 지금 당장 달라는 것이었다. 다른 아이들의 사기 문제도 있으니 동준이한테만 먼저 기회를 줄 수는 없다. 시험이 끝난 다음에 하자며 동준이를 달랬다. 그런데 이번에는 동준이 뿐만이 아니다. 여러 아이들이 지금 당장 외우자며 성화를 댔다. 정말 오늘 외우고 싶은 사람은 손을 들어보라 하였더니 2/3 가량이 손을 들었다. 놀라운 시 외우기 속도였다.

시가 너무 재미있어 다음 주까지 도저히 기다릴 수가 없는 것 같았다. 아이들의 시 외우기에 대한 흐름을 거스르고 싶지 않았다. 한명씩, 두 명씩 혹은 서너 명씩 같이 외우고 싶은 친구끼리 시를 외우게 했다. 오늘 우리 반 4교시는 방귀 냄새와 폭소 가득한 시간이 되었다.

4월 30일(목요일), 맑고 푸르고 높은 하늘

현장체험학습 날 실수담

내소사, 곰소염전, 부안댐을 목적지로 4학년이 함께 현장체험학습을 다녀왔다. 우리 반은 영어 전담교사인 강민선 선생님이 동행해 주셨다. 운동회 연습 등으로 체력이 많이 떨어진 나에게 덕분에 큰 힘이 되어주었다.

진입로가 긴 내소사를 인솔해 다녀온 것처럼, 경사가 심한 부안댐도 강 선생님이 인솔해 가셨다. 그동안 나는 아이들이 돌아올 때까지 그늘이나 차 안에서 기다릴 수 있었다. 부안댐 체험학습 때는 원석이와 제희가 나와 같이 남았다. 선생님의 흑기사를 자처하는 원석이는 이번에도 나 혼자 남겨두고 가는 것이 마음에 걸렸던 모양이었다. 선생님과 같이 있고 싶다고 했다. 그리고 제희는 어제 태권도장에서 발을 좀 다친 것 같았다. 강 선생님과 아이들이 댐까지 올라갔다 올 동안 셋이서 벤치에 앉아 기다렸다.

얼마나 기다렸을까. 기다리기가 무료해진 아이들이 버스로 가서 기다리자고 했다. 원석이는 이번에도 내 작은 짐을 들고 제희와 나는 절뚝절뚝 버스로 돌아왔다. 다른 반 아이들이 돌아오는 것이 보였다. 3반이 먼저 오고 6반도 오고 7반도 오는데 우리 반 아이들은 보이지 않았다. 그때서야 혹시 나와 함께 있는 두 아이를 찾을지도 모르겠다는 생각이 들었다. 강선생님 전화번호를 알지 못하는지라 우리 반 아이들 전화번호를 찾았다. 동준이와 원석이 것만 알고 있는데, 원석이는 지금 나와 같이 있고 동준이는 핸드폰을 집에 두고 온 것 같았다. 마침 원석이가 우혁이와 몇몇 아이들 전화번호를 알고 있어 우혁이에게 전화를 했다. 우려했던 대로 우리 반 아이들이 모두 두 아이를 찾느라 난리가 난 것 같았다.

이내 우리 반 아이들이 돌아왔다. 강 선생님은 화가 좀 나 있었고, 아이들은 아이들대로 소풍이 아니라 극기 훈련을 온 것 같다고 볼멘소리를 해댔다. 아마도 두 아이를 찾느라 댐 일대를 헤맨 것 같았다. 너무나 미안했다. 나는 별 생각 없이 두 아이를 남겨놓았고, 강 선생님과 아이들이 알고 있는 줄 알았다. 강 선생님에게 사과를 했지만 어쨌거나 경험 부족한 내 탓이다.

이번 일로 또 하나 배웠다. 밖에 나오면 아이들을 짝을 지어 다니게 하고, 서로 연락이 닿을 수 있는 선생님들의 전화번호 정도는 가지고 있어야 한다는 것, 매사 서로 소통이 잘 되어야 한다는 것을 뼈저리게 느꼈다.

5월 1일(금요일),

○○ 어머니의 눈물

오늘은 운동회 총연습 날이다. 8시 50분부터 운동장에 모였다. 운동회 날과 똑같은 순서로 연습을 진행했다.

새천년 건강 체조를 할 순서에 ○○를 앞으로 나가게 했다. 그런데 ○○가 뜻밖의 말을 했다. 운동회 날 부모님이랑 놀러가기로 했다는 것이었다. 어이가 없었다. 다른 날 다 두고 하필 운동회 날 여행을 간다는 말인가. 더군다나 ○○는 우리 반 아이들 앞에서 새천년 건강체조도 해야 하고, 단체경기 때 장대를 들고 뛰기도 해야 한다. 그런 중요한 역할을 맡고 있는 아이였기에 책임감을 강조하며 좀 나무랐다. 운동회가 며칠 남지 않아 체조 대표는 바로 대관이로 바꾸었다.

그런데 ○○가 뿔이 났다. 자기가 가고 싶어서 가는 것이 아니라며 울며불며 항의를 하는 것이었다. 지금까지 자신이 했던 것을 남이 하니까 그것은 아깝고 속상한 마음이 드는 것 같았다. 교실에 들어와서도 성질을 부리는 등 하였지만 더 과격한 행동은 하지 않았다. 야단을 좀 쳐줄까 하다가 제풀에 꺾이기를 기다렸다. 다행히 점심도 잘 먹고, 언제 그랬냐는 듯 4교시 동시 외우기에도 즐겁게 참여했다. 역시 아이는 아이였다.

아이들이 학교하고 난 뒤 ○○ 어머니의 전화를 받았다. 벌써 ○○가 어머니에게 학교에서 있었던 이야기를 한 것 같았다. 어머니가 회사에서 여행상품권을 받아 갑자기 가게 된 여행이라고 했다. 날짜가 정해진 여행상품권이라니 어쩌겠는가.

○○ 어머니가 긴 이야기 끝에 울음을 참지 못했다. 1학년 때부터 선생님들의 염려 섞인 말을 많이 들었지만 별로 신경 쓰지 못했다고 했다. 직장생활에 쫓기다 보니 ○○ 교육을 소홀히 한 게 이제 와서 후회가 된다고 했다.

○○는 우리 반에서 가장 거칠다. 반 친구들을 좌지우지하는 것은 물론 다른 반 아이들과도 잘 싸운다. 수업태도까지 좋지 않아 이 아이 때문에 우리 교실은 하루도 조용한 날이 없다. 이런 ○○를 변화시켜보기 위해 내 딴에는 체육조회 시간 나를 대신하여 앞에 나와 체조도 하게하고 체육부장이란 역할도 주었다. ○○가 비뚤어지게 나가려 할 때마다 책임감을 들먹이며 아이들의 모범이 될 것을 강조했다. 그리고 ○○의 거친 성격을 순화시키기 위해 반드시 동시도 외우도록 유도한다.

이런 담임 마음도 모르고 운동회 날 ○○를 데리고 여행을 간다고 한다. 많이 안타깝다.

5월 6일(수요일), 맑음. 대야 들판에 모내기 준비가 한창이다. 논마다 물이 담기고 있다. 두루미들이 더 많아졌다.

우리 반 학급 어린이회의가 있는 날이다. 오늘은 회장인 지은이 대신 부회장 유진이가 나와서 회의를 진행했다. 지난 주 반성이 있은 다음, 다음 주 주훈을 소개하고 각 부의 실천계획을 발표할 순서였다. 하나같이 몸이 불편한 선생님이 힘드시지 않도록 도와드리자고 했다. 기특하기도 하고 미안한 마음도 있고, 코끝이 찡했다. 다음 주에 스승의 날이 있어 더욱 이런 의견들을 내놓았겠지만, 혹시라도 평소에 내가 아이들의 보호의 대상이 되고 있지 않나 해서다. 장애인 선생님을 담임으로 만난 까닭에 우리 아이들이 일찍 철이 든 것 같다.

* 지현이 어머니가 문자를 보내오다. 지현이가 일본 현장체험학습에 가게 되었다며 신경 써주어 감사하다고 했다. 보호자인 지현이 어머니까지 같이 가게 되는 것 같다. 지현이가 큰 경험을 쌓고 와 장애를 극복하는데 밑거름이 된다면 큰 보람을 느낄 것 같다.

5월 9일(토요일), 황사 주의보가 내리다. 하늘이 온통 뿌옇다.

삘기와 찔레순

지난 주말에 부모님의 산소에 다녀왔다. 그곳에서 삘기를 보았다. 아직 순에 속이 덜 차 이번 주에 다시 갔다. 우리 반 아이들에게 나눠주기 위해서다. 지난주에 가져간 몇 개 안 되는 삘기는 아이들이 서로 먹겠다고 난리였다. 이번에는 꽤 많은 양을 뽑아 아이들이 실컷 먹을 수 있게 되었다. 찔레순도 조금 꺾었다. 단 것에 길들여진 요즘 아이들이지만 이런 것도 있다는 것을 보여주고, 옛날 아이들은 이런 것들을 먹고 자랐다는 것을 알려주고 싶다.

작년 아이들에게는 버들피리도 만들어 불게 했다. 그 때 신기해하고 좋아하던 아이들 표정을 잊을 수 없다. 앞으로도 해마다 아이들에게 이런 것 한두 가지 쯤은 경험하게 할 생각이다.

5월 12일(화요일)

시를 외우면 좋은 이유

오늘도 재량시간에 동시를 외웠다. 지금까지 시 외우기의 달인은 이동준이었다. 그런데 언제부턴가 찬혁이가 강력한 라이벌로 등장했다. 동준이보다 먼저 외우고선 다 외웠다며 검사를 해달라고 졸라댄다. 그리고 새로운 시를 빨리 알려달라고 보챈다. 이제 동시 준비를 게을리 했다가는 내가 아이들에게 야단을 맞을 처지가 되었다.

그런데 이런 아이도 있다. 승현이는 시 외우기가 몹시 귀찮은 것 같다. 시를 꼭 외워야 하냐고 묻는다. 시 외우기를 하지 말자는 말도 했다. 그러자 여기저기서 무슨 소리냐며 승현이에 대한 원성이 쏟아진다.

이참에 아이들에게 시 외우기가 왜 좋은지 물어보았다. 나름대로 좋은 점들이 쏟아진다. 집중력과 기억력을 높여주고, 상상력을 길러주고, 이해력과 어휘력을 향상시켜 주고, 성취감과 자신감을 길러주고, 감성을 풍부하게 하고 정서를 순화시켜 주고…, 셀 수 없이 좋은 점이 많다는 것이다. 시 외우기가 좋다는 것을 아이들이 나보다 더 잘 알고 있다. 이제 시가 어렵지 않고, 시 외우기가 가장 즐겁다고 했다. 이러니 내가 시를 준비하는 데 더 소홀할 수 없다.

5월 13일(수요일)

자기 십자가

오늘 ≪아주 특별한 우리 형≫을 가지고 독서토론을 했다. 먼저 제목에서 어떤 내용을 추측했는지 이야기를 나누었다. 아이들은 특별한 기술을 가졌거나 게임을 잘 하는 형 등을 상상했다고 한다. 다음에는 이야기에 나오는 낱말 맞추기를 했다. 두 글자, 세 글자, 네 글자 등의 중요한 낱말 중 한 글자에 괄호를 하여 낱말을 맞추는 방법인데, 이 순서도 아이들이 무척 재미있어 한다. 이 순서를 거치는 이유는 그런 핵심 낱말이 이야기의 중심 내용과 연결되기 때문이다.

이번에는 이야깃거리가 될 만한 부분을 짚어가며 아이들의 생각을 들어보았다. 없는 줄 알았던 형이 나타났는데 하필 장애인이었을 때 받았을 종민이의 충격, 종민이의 냉대에 상처받았을 형 종식이의 처지, 장애가 있다고 하여 자식의 존재를 숨기고 남에게 맡겨 키워왔던 종민이 부모님의 처신 등에 대해 심도 있는 이야기를 나누었다.

종식이에게는 장애가 큰 십자가이다. 하지만 그 십자가를 고통으로만 생각하지 않고 그것을 극복하며 승화된 삶을 산다. 언제나 긍정적인 사고를 가지고 밝게 살며 글도 잘 쓰고 컴퓨터를 잘 하여 장애인을 위한 프로그램을 개발하기도 한다.

그렇다면 여러분은 자신의 십자가가 있다고 생각하는지, 있다면 무엇이라고 생각하는지, 그것을 어떻게 극복하면 좋을지 이야기를 나눠보자고 했다. 아직 4학년 아이들에게 좀 어려운 질문이기는 하다. 그런데 이때 동준이가 손을 번쩍 들었다. 자신에게 십자가가 있다고 했다. 키가 작은 것이 그것이라고 거침없이 말했다. 마음이 짠했다. 동준이는 공부도 잘 하고 성격도 좋고 시도 잘 외우는 등 모든 면에서 우수한 아이다. 그렇지만 키가 1-2학년 수준밖에 되지 않아 늘 아이들 그늘에 가려 눈에 띄지 않는다. 그래서 아직까지 한 번도 우리 반 임원이 되지 못했다. 아예 추천조차 받지 못했다. 그게 저 자신도 많이 속이 상하는 것 같다. 이 기회에 동준이의 장점을 아이들 앞에서 듬뿍 칭찬해 주었다. 키는 앞으로 얼마든지 클 수 있고, 동준이는 커서 꼭 훌륭한 사람이 될 거라며 용기도 주었다.

이 책을 읽은 우리 아이들은 이제 장애인을 함부로 대하지 않을 것이다. 남은 시간에는 지금까지 토론한 내용을 바탕으로 독서감상문을 쓰게 했다. 토론 시간이 많이 걸려 아이들이 장애체험을 하지 못한 것이 아쉬움으로 남는다.

안경을 바꿔 쓴 지 며칠이 되었다. 오늘 지현이가 다가와

"선생님, 안경 바꾸셨어요?"

한다. 지현이는 청각장애도 있고 언어장애도 있는 아이다. 그런데 내 눈에는 거의 장애가 있는 아이로 비쳐지지 않는다. 일기도 꼬박꼬박 쓰고, 동시도 외우려고 한다. 오히려 다른 아이들보다 더 성실하고 열심이다.

이런 지현이가 보는 눈도 예사롭지 않다.

"선생님하고 잘 어울려요!"

이런 말까지 했다. 매사 건성으로 사는 아이들에 비하면 얼마나 다른

가. 나는 이런 지현이가 꼭 장애를 극복하고 당당하게 자신의 길을 갈 것을 믿는다.

5월 14일(목요일), 구름이 조금 끼다

스승의 날을 앞두고 이번에도 많은 아이들의 편지를 받았다. 지금은 5학년인 민영이 편지-3학년 때 K 선생님이 가고 없는 자리를 너무너무 완벽하게 해주셨다-에 감동 먹고, 제일 말썽을 부렸던 진우 편지-제가 맨날 선생님 말씀 안 듣고 그래서 슬프셨져? 정말 죄송해여^.^ 그래서 제가 이젠 달라진 모습을 선생님께 보여드리고 싶어 스승의 날을 기다렸어요.-에 감동 먹고, 내년에는 꼭 6학년 담임이 되어 달라는 수진이, 수민이, 현승이 편지에 감동 먹었다. 같은 반이 못 되어 아쉬운 4학년 경찬이, 박지혜, 원준이, 수현이 편지에도 감동이 듬뿍듬뿍 담겨 있었다. 이 아이들이 기억하는 작년 3학년은 하나같이 '동시 외우기'였다. 5학년, 6학년 때 꼭 다시 만나 함께 동시를 외우고 싶다고 한다.

우리 반 아이들도 내년에 또 담임이 되어 동시를 많이 가르쳐달라고 했다. 무엇보다도 말썽쟁이 대희가 이제부터 선생님 말씀 잘 듣겠다고 약속을 했다. 아이들 앞에서 약속도 했다. 녀석이 돌아갈 때 인사도 한 번 더 하고 갔다. 그동안 대희 때문에 무던히도 속을 끓였는데, 그런 기억이 한꺼번에 사라지는 기분이었다.

퇴근 시간. 나는 참으로 행복한 선생님이라고 생각하며 꽃향기 가득한 교실을 나섰다.

5월 16일(토요일), 농부들의 모내기 걱정을 덜어 줄 단비가 내리다.

지난 화요일 교과서에 실린 동시 한 편을 판서해 주었다. 5연 14행이니 그동안 외운 동시들에 비하면 좀 긴 편이다.

오늘은 토요일이고 간식이 들어오도록 되어있다. 그래서 그런지 아이들 마음이 붕~ 떠있다. 밖에는 비가 촉촉이 내리고 있었다. 마침 이번 주 외우는 동시와도 잘 어울리는 날씨. 아이들을 데리고 〈비 오는 날 우리 집 유리창은〉 외우기를 했다.

어, 어
유리창에 부딪혔네!

그럼 미끄럼 타야지
조르르 조르르
주르르 주르르

어, 어
저 빗방울들 좀 봐!

미끄럼타면서
빗방울이 빗방울을 업고 가네
빗방울이 빗방울을 안고 가네
빗방울이 빗방울한테 매달려 가네
비 오는 날
우리 집 유리창은

아이들은 신이 나서 삼삼오오 큰 소리로 시를 외웠다. 한 사람도 빠짐없이 외웠다. 시 외우기에 게으름을 피우는 대희는 맨 마지막에 외웠다. 거칠기는 하지만 머리가 좋아 마음만 먹으면 긴 시도 금방 외우는 녀석이다. 내가 매 주 동시 외우기를 하는 건 대희같은 아이들을 순화시키기 위한 목적도 있다. 그래서 그런 아이들일수록 꼭 시를 외우도록 유도하고 있다. 머지않아 대희가 동시로써 거친 성격이 치유될 것을 확신하고 있다.

* 쉬는 시간에 6반 경찬이가 우리 반 교실 문을 기웃거렸다. 여느 때와 달리 들어오라는 말이 없는데도 들어와 한 아이의 글쓰기 공책을 뺏어 들었다. 그리고는 큰 눈으로 동시를 읽어 나갔다. 6반까지 들리고도 남았을 시 외우는 소리에 무슨 동시인지 궁금했던 것 같다. 경찬이는 작년에 우리 반 학생이었다. 그래서 동시도 같이 외웠다. 경찬이는 우리 반의 이 시간이 몹시도 부러운 것 같다.
오늘 동시 외우기는 아이들도 나도 100% 만족이었다.

5월 20일(수요일), 모처럼 맑음

장애아 통합교육을 위한 도서 지원

오늘 인터넷서점에서 새 책 23권이 왔다. 몇 주 전에 주문한 장애아 통합교육용으로 지원된 책이다. 우리 반에는 장애아가 한 명 있다. 몇 주 전 특수교육 담당 선생님으로부터 이 아이와 우리 반 아이들의 통합교육비로 15만 원 정도가 지원된다는 연락을 받았다. 이 돈을 어떻게 쓰면 좋을까 고민을 하다가 책을 사기로 했다. 인터넷 서점과 여러 자료를 참고하여 장애가 있는 친구를 이해하고 함께 어울리는데 도움이 되는 책들을 골랐다. 그리고 교육적인 면과 아이들이 책을 손에서 떼지 못할 만큼의 재미도 고려했다.

새 책이 책꽂이에 꽂히자 아이들이 서로 먼저 읽으려고 난리다. 하지만 장애아 친구에게 우선권을 주기로 했다. 지현이가 그림책 ≪오세암≫을 골랐다. 글씨도 크고 그림도 너무 좋다. 새 책은 하나 둘 아이들 손에 들어가고, 책꽂이엔 새 책이 한 권도 남아있지 않다. 아이들 눈이 초롱초롱 빛나는 걸 느낄 수 있다. 이 책을 읽고 나면 우리 반 아이들이 지현이의 장애를 더 잘 이해하고 지현이와 더 친하게 지내게 되기를 바라는 마음이다.

5월 22일(금요일), 오늘도 비. 어제보다는 빗줄기가 약하다.

다문화가정 학부모 사랑방 모임

올해 내가 맡은 학교 업무는 '다문화교육·세계이해교육'이다. 재작년에 맡은 '전 · 출입과 출결', 작년에 맡은 '학교문집' 모두 교사들이 기피하는 업무들이다. 그만큼 일이 많다.

이 두 업무는 내 희망과 관계없이 맡은 것이라면 올해 맡은 업무는 내가 희망하여 선택한 업무이다. 작년, 재작년에 비해 일이 좀 수월할 것으로 알았고, 또 요즘 사회적 이슈가 되는 있는 분야라서 한번 해보고 싶은 마음도 있었다.

이런 나의 선택이 '늑대 피하려다 범 만나는 격'이 되었다.^^ 학급 세우기만으로서 바쁜 새학기 초부터 교육청에 무슨무슨 보고를 하느라 마음을 졸여야 했고, 다문화가정 학생들을 위해 지원된 돈 500만원을 기한 내에 다 쓰느라 마음을 졸여야 했다.

오늘 학부모 사랑방 모임도 그런 차원에서 마련한 자리였다. 사실 수업과 잡무만 아니라면 사랑방 모임을 얼마든지 가질 수 있다. 하지만 이런 저런 행사로 밀린 교과 진도를 빼느라 우리 반 아이들의 방과 후 부진아 지도도 못해주는 형편이다.

그러니 솔직히 다문화 아이들에 대한 관심을 가질 마음의 여유가 없었다. 그런데 지원금 정산 날짜는 다음 달로 임박하고 돈은 써야 하고, 이래저래 절박한 시점이 되어서야 사랑방 모임 자리를 마련하게 된 것이다.

오늘 모임은 일식집에서 가졌다. 다문화 학부모 4명, 담임 6명, 다문화 학생 6명, 교장 선생님을 비롯한 윗분들이 세 분 자리를 함께했다. 사랑방모임-말 그대로 사랑방에서 얘기 나누듯 식사하며 허심탄회한 이야기를 나누기로 했다. 이종완 · 이가은 어머니는 일본에서 시집온 외국인 어머니이다. 이 어머니가 대표로 나서 그동안 다문화 아이들에 기울여준 학교의 관심에 감사의 뜻을 표했다. 담임선생님들도 아이들의 학교생활과 관련된 이야기를 자연스럽게 하며 화기애애한 자리가 되었다.

식사 전에 업무 담당인 내가 모인 분들에 대한 소개와 모임의 취지를 설명하고, 식사가 끝난 다음에도 마무리 말을 해야 했다. 학교의 윗분들이 함께하는 자리라 긴장이 되고 말도 제대로 나오지 않았다. 교장선생님께서 보충 말씀을 해주시는데 미안한 생각이 들었다. 학교 선생님들은 하나같이 매우 말을 잘 하는데, 나는 이 나이 먹도록 말을 잘 하지 못한다. 어쨌거나 그럭저럭 사랑방모임은 마친 셈이다.

5월 23일(토요일), 아침에 흐리고 오후에는 햇빛

노무현 전 대통령의 서거 소식

모처럼 한가롭게 책을 읽는 여유를 가졌다. 장영희 교수의 산문집 ≪문학의 숲을 거닐다≫와 다음 주 아이들 독서토론에 대비해 ≪잠옷 파티≫를 다시 읽었다. 토론할 거리도 메모해 두었다.

그런 다음 점심을 준비하는 동안 라디오를 켰다. 그런데 노무현 전 대통령의 서거 소식이 들리는 게 아닌가. 깜짝 놀라 TV를 켰다. 오늘 새벽 등산길에 스스로 암벽에서 뛰어 내렸다는 소식이었다. 이럴 수가!

어쩌면 예고된 자살이었는지 모른다. 로비의혹 때문에 검찰에 출두하는 등 그동안 그분의 상징이었던 청렴성과 도덕성에 상처를 입고 많이 괴로웠을 것이라는 짐작을 했었다. 존경했던 분인데 너무나 안타깝다.

5월 27일(수요일), 하늘은 흐리지 않았으나 마음이 흐림

전주종합경기장 앞에 마련된 분향소에 헌화하다. 멀리 봉하마을까지 갈 수는 없더라도 노대통령을 존경했던 한 소시민의 도리는 하고 싶었다.

6월 1일(월요일), 맑음

새로운 반장 유나

이번 달 반장에 뜻밖에 유나가 뽑혔다. 유나는 성적으로 치면 우리 반에서 중위권 이하이며 신체적으로도 작은 편에 속한다. 친한 친구가 몇 명 있기는 하지만 우리 반 주류들과는 거의 어울리지 않는다. 이런 아이가 반장이 된 것이다.

유나가 반장이 된 데에는 새학기부터 급식실에서 꾸준히 내 식판 당번을 하는 것에 있는 것 같다. 하루도 빠짐없이 스스로 내 점심을 타다 주고, 식판 뒤처리까지 해주는 유나의 착한 심성을 우리 반 아이들이 반장감으로 생각한 것 같다.

유나 어머니는 유나가 반장의 그릇이 되는지 걱정하셨다. 하지만 반장이 회장처럼 학급 어린이회의를 진행하는 것도 아니고 수업 시작 때 대표로 인사하기, 급식실 갈 때와 체육조회 때 줄 세우기 정도만 하면 된다.

어쨌거나 유나가 반장으로 뽑힌 게 놀랍다. 비록 한 달 하는 반장이지만 유나에게 좋은 경험이 되어 자신감도 더 얻고 부쩍 성장하는 계기가 되었으면 한다.

과학 수업–사전실험의 중요성

오늘 과학시간에 '사인펜 잉크 색소 분리하기' 실험을 했다. 수성사인펜 잉크를 찍은 분필을 물에 담가놓으면 분필을 타고 여러 가지 색깔이 번져 올라간다. 빨간 사인펜은 빨강–주황–노랑으로, 파란 사인펜은 보라–파랑으로, 검정 사인펜은 보라–파랑–빨강–노란색이 나타난다. 이것을 통해 수성사인펜의 잉크가 여러 가지 색깔의 혼합물인 것을 확인할 수 있다.

지도서와 참고서에는 분명 번진 색깔이 선명하게 나타나 있다. 그런데 아이들과 실험을 하여 보니 잘 되지 않았다. 색깔 구분이 뚜렷하지 않고 분필도 자꾸 넘어져 아이들이 잡고 있어야 했다. 원인이 무엇인지 지도하는 나도 당황스러웠다. 2교시를 연달아 실험을 하였지만 정리도 못 하고 끝 종이 울렸다. 마음은 허탈하고 몸은 녹초가 되었다.

과학처럼 실험이 많은 단원은 교사가 사전실험 과정을 거쳐야 한다고 들었다. 어떤 학교에서는 동학년 선생님들이 모여 사전실험을 하기도 하고, 우리 학교도 그것을 권장하고 있다. 하지만 나는 아직 그런 경험을 해보지 않았다. 어쨌거나 모두 내 잘못이다. 내가 사전 실험을 안 해본 잘못이고, 수업준비를 충분히 못한 잘못이다. 아이들에게 미안하다.

* 색깔 구분이 뚜렷하지 않은 원인을 알아내지는 못했으나, 분필은 밑이 둥근 원이 그려진 쪽으로 세우면 된다는 것을 새롭게 알다.

6월 10일(수요일), 어제부터 내린 비가 오후에 그치다.

도시락 싸온 날

오늘과 내일에 걸쳐 우리 학교가 있는 군산시 수송동 일대에 단수斷水가 된다. 이 기회에 소풍가는 날을 제외하고 아이들이 처음 도시락을 싸오게 되었다. 선생님들도 모두 도시락을 준비해 와야 한다. 아이들은 도시락에 무엇무엇 넣어올지, 누구와 같이 먹을지를 두고 며칠 동안 행복한 고민에 빠졌다.

아침에 교실에 들어서니 내 책상 위에도 도시락이 2개나 놓여 있었다. 배려심 많은 학부모님이 또 번거로운 일을 자처하신 것 같다. 아이들이 다가와 왁자지껄 도시락 이야기로 꽃을 피웠다. 내 책상 위에 귤 몇 알을 갖다 놓는 아이도 있고, 음료수를 주고 가는 아이도 있었다.

"선생님, 도시락 몇 교시 끝나고 먹어요?"

알면서도 모르는 척 묻는 아이들…. 그만큼 도시락 먹을 시간이 기다려진다는 얘기다.

3교시가 끝났다. 청소도 간단히 끝냈다. 이제 삼삼오오 모여 도시락을 까먹는 시간. 저희들 도시락에서 유부초밥 하나, 김밥 하나, 부침개 하나씩 들고 와 내 입에 넣어주고 갔다. 아이들도 나도 마치 소풍을 나온 기분이 되었다.

"선생님, 내일도 도시락 싸 와도 돼요?"

형진이가 포만감 가득한 얼굴로 눈을 찡긋 하며 물었다.^^

* '다문화교육의 이해' 연수가 있었다. 군산다문화가정 지원센터에서 나와 강의를 해주었다. 내 담당업무인지라 강사 섭외하고 연수 일정을 정하고 다과도 준비하고 하느라 내 딴에는 신경을 많이 썼다. 그런데 강의 내용이 빈약하여 선생님들에게 너무 송구스러웠다. 다문화가정 학생을 가르치는 선생님들에게 실질적인 도움이 될 수 있는 강의를 부탁했으나, 우리나라 다문화 가정의 실태를 보여주는 그래프 등만 보여주며 그나마 늦게 도착한 시간을 다 허비해 버렸다. 선생님들이 그런 정도는 상식으로 다 알고 있는 내용이다.

6월 11일(목요일), 비 온 뒤 쾌청하고 신록 더욱 싱그럽다.

'애인 전용' 엘리베이터

예전에 초등학생들에게 1년 중 가장 즐거운 날을 꼽으라면 소풍날이 아니었을까 싶다. 학교 공부에서 잠시 벗어나 바깥바람도 쐬면서 평소에 못 먹던 과자나 음료수를 마음껏 먹을 수 있는, 소풍은 그런 날이었다. 오늘날은 소풍을 현장체험학습이라 부르고 학교마다 사정은 다르지만 대개 한 학기에 2번씩 1년이면 4번 체험학습 기회를 갖는다.

오늘은 우리 학교 1학기 2차 현장체험학습 날이다. 4학년 7개 반은 고창 고인돌유적지를 돌아보며 세계문화유산으로 등록된 우리 고장의 우수한 문화재에 대한 체험을 하게 된다. 이번에도 우리 반은 담임인 나를 대신해 반장과 부반장이 아이들을 인솔했다. 걸음이 느린 나는 천천히 아이들 뒤를 따랐다.

군산을 출발하여 한 시간쯤 걸려 고창에 도착했다. 본격적인 코스별 고인돌 답사를 시작하기 전 먼저 고인돌박물관에 들렀다. 전에는 없던 새로 생긴 박물관에서였다. 1층과 2층에서 3D 입체 영상물, 선사시대 거석문화의 이해를 돕는 전시물 등을 본 다음 3층 체험공간으로 올라갔다. 여기에서는 불태우기, 암각화 그려보기, 고인돌 만들기 등 체험을 할 수 있다.

1층에서 3층까지 아이들은 질서를 지키며 계단을 통하여 올라가고 나 혼자 엘리베이터를 타고 아이들 뒤를 따랐다. 엘리베이터에서 내리자마자 아이들과 만났다. 아이들이 반가움과 부러움의 환호성을 질렀다. 박물관 3층에는 '하늬바람'이란 예쁜 이름의 옥상공원도 있어 인근에 산재해 있는 고인돌을 한 눈에 볼 수 있었다. 완만한 산비탈에 흩어져 있는 수많은 고인돌…, 고창에 고인돌이 이렇게 많다는 것에 아이들도 나도 감탄사가 절로 나왔다.

다시 1층으로 내려가야 할 순서가 되었다. 이 때 수진이가 엘리베이터 앞에 섰다. 평소에도 정이 많고 배려심이 많은 아이다. 아마도 선생님이 안전하게 엘리베이터를 탈 수 있도록 버튼을 눌러주려 하는 것 같았다. 그러더니 엘리베이터 문에 적힌 '장애인 전용'의 첫 글자를 손으로 가리며 활짝 웃었다. 그냥 '애인 전용'이라고 하면 어떨까요? 하는 깜찍한 표정을 지으며….

'애인 전용' 엘리베이터를 타는 선생님…. 그동안 나는 아이들에게 어떤 선생님이었을까? 언제라도 자신들이 보호를 받을 수 있는 건강한 선생님이 아닌, 오늘처럼 어린 저희들이 보호해 드려야 하는 선생님으로 비쳐지진 않았을까?

2년 전 지팡이를 짚는 선생님이 학교에 부임했을 때, 아이들도 학부모들도 모두가 술렁였다. 장애인 선생님이 과연 정상적으로 수업을 할 수 있을까, 아이들 생활지도나 운동장 수업은 어떻게 할 것인가 걱정이 많았을 것이다. 그러나 아직까지는 큰 문제없이 여기까지 왔다. 적어도 학부모들이 내 교육방식이나 아이들 생활지도에 대해 문제를 제기하는 사람은 없다. 오히려 아이들은 서로서로 나를 도와주고 학부모들은 알게 모르게 응원을 보내준다.

아이들이 담임을 선택할 수 있는 권한은 없다. 그러기에 우리 반 아이들은 지팡이를 의지해야만 걸을 수 있는 장애인 교사를 담임으로 맞았다. 아이들은 순수하다. 장애인 선생님이라 하여 거부를 하기보다는 어떻게 하면 내가 선생님을 도와드릴 수 있을까 그것부터 생각한다. 적어도 나와 같은 반이 된 아이들은 그랬다. 엘리베이터가 없어 계단을 오르내려야 하는 선생님을 대신하여 교무실까지 다니며 복사를 해오는 아이, 체육조회나 체육시간마다 선생님을 대신해 앞에 나와 새천년 건강 체조를 해주는 아이, 환경판의 그림을 바꿔 달아주는 아이, 무거운 물건을 들어다 주는 아이…, 모두가 이렇게 배려심 많은 사랑스런 아이들이다. 아이들이 아니었다면 아마도 나의 교단생활이 훨씬 힘이 들었을 것이다.

오늘 수진이의 깜짝쇼에 아이들도 나도 한바탕 웃었다. '애인 전용' 엘리베이터를 타는 선생님처럼 나를 특별하게 생각해 주는 아이들이다. 재미있는 동시를 많이 알려주는 선생님이라며 자랑스러워하고 저희들 마음을 잘 헤아려준다며 고마워하는 아이들이다. 앞으로도 아이들이 나를 애인같이 생각하고 나도 아이들을 나의 애인같이 귀하게 생각하는, 하루하루 열정을 다하는 선생님이 될 것이다.

6월 13일(토요일), 구름 조금 끼다.

다문화가정 가족체험학습 인솔

우리 학교 다문화가족을 인솔하여 체험학습을 다녀와야 하는 날이다. 엊그제 다문화교육 연수에다 우리 반 체험학습까지 다녀온 터라 체력이 말이 아니다. 하지만 주어진 예산을 이번 주까지 집행을 하여 17일까지 교육청에 결과를 보고해야 한다.

8시 20분 학교에 도착하니 벌써 미니버스가 와 대기하고 있다. 기사아저씨와 이런 저런 이야기를 나누는 사이 4가정 12명의 다문화가족이 모두 모였다. 출발하기에 앞서 오늘 일정을 설명해 주고 간식도 차에 실어주었다. 나는 차를 가지고 따로 출발하여 전주 오목대 밑에서 만나기로 했다. 오늘 일정은 전주한옥마을 체험-부채 만들기-동물원 구경 및 놀이기구 타기 순이다.

10시부터 시작한 전주 한옥마을 체험은 문화유산 해설사의 도움을 받아 했다. 교동 골목골목을 돌며 한지 체험, 전통주 체험, 승광재, 최명희 문학관, 경기전 등을 돌아보았다. 우리 학교 다문화 가정은 대개 일본인 어머니들이 많다. 일제 때 일본인들이 곳곳에 쇠말뚝을 박듯 전주의 맥을 끊기 위해 일부러 고을 한 가운데로 철길을 놓았다는 풍수 침략의 이야기며, 임진왜란 때 다른 곳의 사고史庫는 모두 병화兵火로 불탔으나 전주사고全州史庫만이 유일하게 소실되지 않았다는 이야기 등을 들을 때 이 어머니들은 어떤 생각을 하였을까? 종완이 · 가은이 어머니는 해설사의 이런 이야기를 꼼꼼하게 메모를 하며 들었고 궁금한 것이 있으면 질문을 하기도 했다. 한옥마을 체험은 2시간이 족히 걸렸다.

한옥마을 투어가 끝난 다음 12시에 전동성당 앞 풍남정에서 비빔밥을 먹었다. 전주는 비빔밥이 대표음식이고 전국적으로도 유명하다. 그래서 어느 집을 가나 정성이 담긴 맛있는 비빔밥을 맛볼 수 있다. 풍남정도 가족회관이나 고궁에 못지않게 비빔밥 맛이 일품이었다. 모두가 밥풀 하나 남기지 않고 깨끗이 그릇을 비웠다.

점심을 먹은 다음에는 덕진 쪽으로 이동하여 한국소리문화의 전당으로 갔다. 방구부채 장인인 방화선 씨 공방에서 부채만들기 체험을 하기 위해서다. 방화선 씨와는 전부터 나와 조금 알고 지내온 덕에 여러 가지로 신경을 써 주었다. 아이들과 어머니들과 인솔교사인 나와 황혜화 선생님까지 모두 함께 부채를 만들었다. 앞뒤로 한지를 바르고 그림을 그려 넣고 한지로 찢어 붙이고 하는 동안 아이들은 얼굴에 땀이 맺히게 열중했다. 1학년 묘희가 제일 열심히 부채를 만들었고 가장 잘 만들었다. 묘희의 매우 만족해하는 표정이 어찌나 예쁘던지. 마침 같은 건물 전시장에서 '대한민국 어린이 우표 전시회'까지 열려 덤으로 그것까지 보는 행운을 누렸다.

부채 만들기에 시간이 많이 걸리는 바람에 동물원 구경은 대강 마쳤다. 놀이기구 서너 가지 타는 것으로 아이들의 아쉬움을 달래 주었다. 가장 타고 싶어하는 바이킹은 나중에 가족끼리 다시 와 타는 수밖에 없다.

버스기사와의 약속시간이 다 되어 다문화가족 모두 4시에 차에 올랐다. 어머니들이 이구동성으로 감사를 표시했다. 전통의 도시 전주에 대해, 그리고 한국의 전통문화에 대해 최고급 체험을 하였다며 너무나 감사하다고 했다. 어머니들이 이렇게 만족해 하니 하루 종일 이들을 인솔하느라 몸은 많이 힘들었지만 나 역시 마음이 뿌듯했다.

돌아갈 때는 나는 군산까지 따라가지는 않았다. 차가 떠난 뒤 황혜화 선생님과 음료수를 나누었다. 선생님이 아니었으면 나 혼자 더 많이 힘이 들었을 것이다. 미안하고 감사하다. 그리고 다문화 업무 중 가장 어려운 일을 잘 마무리하게 되어 홀가분하다.

6월 17일(수요일), 흐리고 바람도 불다.

다문화 사업 정산보고

오늘 마침내 우리 학교 다문화사업 관련 예산 집행에 대한 최종 보고를 마쳤다. 그동안 3월부터 지난주까지 500만원을 쓰느라 정말 머리가 많이 아팠다. 다문화 가정 학생은 6명밖에 되지 않는데, 500만원이란 돈을 1년도 아니고 4개월 만에 써야 했다. 1원도 남기면 안 된다고 해서 300만원 가까운 돈은 이 아이들 1년치 방과후학교 활동비로 집행했다. 나머지 200만원으로는 가족체험학습도 다녀오고, 다문화아이들 소속 학급에 사랑방운영비로 지원도 해 주고, 아이들 개개인에게 필요한 책이나 학용품을 지원해주기도 했다.

다행히 기한 내에 돈을 다 쓰기는 하였다. 하지만 돈을 1원도 남기지 않고 기한 내에 다 써야 한다는 부담감 때문에 그동안 몹시 불안했다. 공무원 사회가 연말이 되면 남은 돈을 다 쓰기 위해 멀쩡한 보도블록을 다시 까는 해프닝이 왜 일어나는지 알 것 같다.

6월 18일(목요일), 맑고 조금 더운 날씨

선배다움

체육시간이었다. 남자아이들은 야구를 하고 여자아이들은 긴 줄넘기를 하기로 했다. 시작한 지 5분이나 지났을까? 남자아이들이 운동장에 없는 것을 확인하고 찾아보았다. 화단 너머에서 웅성거리는 아이들이 보였다. 쫓아가 보니 또 대희가 친구에게 폭력을 행사한 것 같았다. 무엇이 마음에 안 들었는지 규현이의 목을 조르는 것을 근처에 있던 6학년

형이 보고 대희를 야단치는 중이었다. 체격도 크고 힘도 센 대희는 늘 이런 식이다. 친구들과 놀 때 항상 자신이 하고 싶은 대로 하려 하고, 반칙을 하고도 자신한테만은 늘 관대하다. 그런 대희 행동을 보다 못해 규현이가 항의를 좀 한 모양이었다. 6학년 형은 대희보다 체구가 작았다. 그래서 그런지 대희가 호락호락하지 않았다. 오히려 고개를 빳빳이 세우고 대들었다. 내가 야단을 치고서야 간신히 사태가 수습되었다.

6학년 1반이라고 하여 누구냐고 이름을 물어보았다. 김태섭이라고 했다. 후배들의 부당하거나 잘못된 행동을 바로잡아 주려는 선배로서의 자세가 훌륭하다며 칭찬을 해주었다. 요즘 아이들도 이렇게 정의감과 의협심이 있는 아이가 있다니…. 담임선생님께 알려 칭찬을 해주게 할 생각이다.

6월 25일(목요일), 맑음

6 · 25 노래

아침자습 시간이었다. 교무선생님께서 방송을 통해 6 · 25 노래를 틀어 주셨다. 그러고 보니 오늘이 6 · 25이다. 요즘 아이들은 6 · 25가 무슨 뜻인지 잘 모르거나, 알아도 남침이 아닌 북침으로 잘못 알고 있는 경우도 있다고 한다. 그만큼 아이들 관심과 멀다는 뜻이다. 교사인 나는 또 어떤가. 오늘이 6 · 25인 줄도 모르고 그냥 지나갈 뻔했다. 어쨌거나 방송을 통해 노래만 두 번 듣고 6 · 25날 의식을 마쳤다. 과거 같으면 전교생이 운동장에 모여 노래도 부르고 교장선생님 말씀도 꽤 길었을 것이다.

방송이 끝난 뒤, 아이들에게 초등학교 시절 나도 6 · 25 노래를 배웠다고 했다. 그러자 아이들이 이구동성으로 노래를 불러달라고 조른다. 좀 긴 편이지만 다행히 아직 노랫말을 모두 기억하고 있었다. 원래 이 노래는 주먹을 불끈 쥐고 부르는 노래이지만, 옆 반에 들리지 않을 정도로 소리를 죽여 노래를 불러주었다. 와~ 하고 아이들이 탄성을 질렀다. 노래를 배우고 싶다는 아이도 있고 선생님의 기억력이 놀랍다는 아이도 있다.

1교시 시작종이 울리는 바람에 이야기를 더 하지는 못했다. 아침부터 선생님의 노래를 라이브로 들은 대신 아이들은 화장실도 못 다녀온 채 1교시를 시작했다.

6월 26일(금요일), 구름

책벌레 ○○○

○○와의 첫 만남은 이렇게 시작했다. 3월 첫날 아침이었다. 작년에 이어 올해도 나의 반이 된, 마중을 나와 준 아이들에게 가방을 맡긴 채 후관 3층 계단을 다 올랐을 때였다. 어떤 남자아이가 눈에 들어왔다. 목에 핸드폰을 걸고 얼굴을 잔뜩 찌푸린 것으로 보아 새로 전학이라도 온 아이 같았다. 내 딴에는 친절하게 아이에게 몇 학년 몇 반이냐고 물어보았으나 녀석의 대꾸가 신통치 않았다. 우리 반은 아닌 것 같아 나는 새 교실로 들어왔다. 어디에 앉을지 몰라 웅성웅성하는 아이들을 우선 자유롭게 앉게 하는 사이에 아까 그 아이가 교실 뒷문으로 들어왔다. 이제야 교실을 찾았고 그 반이 우리 반인 것 같았다.

아이는 하루 종일 핸드폰을 목에 걸고 지냈다. 수업 중에도 누군가와 통화를 하는 등 정서불안 증세를 보였다. 키는 멀대 같이 큰 녀석이 꼭 마마보이 같았다. 알고 보니 아이는 작년 말에 우리 학교로 전학을 온 학생이었다. 그런데도 자신이 몇 반에 배정이 되었는지도 모르고 있고, 그걸 몰라 엄마 아빠에게 전화를 걸어대며 전전긍긍하고 있는 것이었다. 이 아이에 대한 첫인상이 좋을 리 없었다.

녀석은 사사건건 내 눈에 거슬렸다. 우려했던 대로 숙제는 물론 준비물 등 아무것도 준비가 안 된 채 학교에 왔다. 아이들 아무하고도 어울리지를 못했으며 아이들이 싫어하는 짓만 골라서 했다. 이 아이 때문에 우리 교실은 하루도 조용한 날이 없었다.

그런데 이 아이한테서 흥미로운 점을 발견했다. 틈만 나면 책을 읽고, 심지어 수업시간에도 책을 읽었다. 물론 교과서는 아니다. 만화책도 좋고, 폭력성 책도 좋고, 닥치는 대로 책을 읽었다. 평소 ㅇㅇ에 대한 감정이 좋지 않은 아이들은 ㅇㅇ의 이런 모습이 눈에 띌 때마다 나에게 고자질을 했다. 그 때마다 책 읽기도 때와 장소를 가려야 한다고 좋은 말로 수없이 타일렀다. 하지만 그 때 뿐이다. 아이는 오로지 책에만 관심이 있지, 숙제나 준비물이나 수업 같은 것은 거의 관심 밖이다. 아이들도 이런 ㅇㅇ를 별난 아이로 취급한다.

얼마 전 교우도 조사에서 2/3에 가까운 아이들이 ㅇㅇ를 싫어하는 것으로 나타났다. 사회성이 제로인 ㅇㅇ가 평소에 전혀 남을 배려하거나 의식하지 않고 행동하기 때문이다.

ㅇㅇ를 어디서부터 손을 보아야 하고, 아이들과 어떻게 하면 잘 어울리게 할 지 고민이 아닐 수 없다.

7월 1일(수요일), 구름 많이 끼다. 우리 학교 분위기처럼 하루 종일….

교장선생님 송별사

교장선생님께서 지난 29일 갑작스레 우리 학교를 떠나셨다. 그리고 오늘 신토불이에서 조촐한 송별회가 있었다. 교감선생님의 교장선생님 교육 연혁 소개에 이어 교장선생님의 송별사가 있었다. 승진이나 퇴임 이후는 생각지 않고 40년 넘게 오로지 아이들을 위한 교육에만 헌신하셨다는 교장선생님, 하다못해 남들 다 하는 자기계발이나 취미생활 하나 하지 않고 오로지 바보스럽게 교육에만 열정을 쏟아 온 일이 후회도 된다고 하셨다. 오로지 아이들 교육만을 위해 열정을 다 바친 교장선생님, 비록 2년밖에 겪지 않았지만 선생님은 그런 분이신 것을 나는 믿는다.

송별사가 끝난 다음 한 사람 한 사람이 교장선생님께 술을 드렸다. 3학년 대표 선생님은 또 눈물을 감추지 못했다. 나도 거의 끝 무렵에 술을 한 잔 드렸는데, 나도 모르게 눈물이 나오고 말았다. 이제는 정말 교장선생님을 뵐 일이 거의 없을 것이다. 너무나 아쉽고 가슴이 아프다.

7월 8일(수요일), 구름 많고 흐림

○○○이 벌인 대 소동

어제부터 우리학교 기말고사 기간이다. 중간고사와는 달리 기말고사는 전 과목을 보기 때문에 이틀에 걸쳐 시험을 본다. 오늘은 어제 못 본 예체능과목을 1교시에 마저 보았다. 도덕, 미술, 체육, 음악 이렇게 과목은 많지만 시험문제는 각 10문항씩이기 때문에 1교시로 충분하다. 도덕, 미술 시험을 먼저 보아 걷은 다음 체육, 음악 시험지를 나누어 주었다.

몇 분쯤 지났을까. ○○가 체육 8번 문제 그림이 잘 안 보인다고 했다. 칼라로 보여주든지 확대해서 TV로 보여주든지 해달라고 했다. 녀석이 터무니없는 주문을 한다는 생각을 하며 문제를 보니 줄넘기 줄을 가지고 하는 리듬체조 그림이 나와 있고, 이 체조는 무슨 기구를 이용하였냐고 묻고 있었다. 그림은 매우 잘 나와 있고, 다른 아이들은 보는데 아무 지장이 없고 답도 분명하다고 했다. ○○의 시험지도 보았지만 답을 쓰는데 아무 문제가 없었다. 문제를 푸는데 아무 지장이 없으니 본 그대로 답을 쓰라고 했다. 그런데 이 녀석이 계속 억지를 부렸다. 자신은 잘 보이지 않는다며 빨리 칼라로 보여주든지, 확대해서 보여주든지 하라며 생떼를 썼다. 고래고래 소리까지 지르는데 정말이지 어처구니가 없었다. 이 녀석이 무엇을 믿고 이리 무례하게 구는지, 이럴 때마다 매를 들 수도 없고 참으로 난감했다.

보다 못한 대희가 시끄럽다며 조용히 좀 하라고 했다. 그러자 기다렸다는 듯 ○○가 대희에게 욕을 퍼부었다. 계속해서 대희와 옥신각신 욕이 오가는가 싶었다. 이 녀석 하는 꼴을 더 이상 두고 볼 수 없었던지 대희가 ○○ 자리로 갔다. 내가 대희에게 자리로 돌아가 시험지나 마저 풀라고 말하는 그와 동시에 ○○가 양손으로 먼저 대희의 머리채를 잡았다. 대희를 꼼짝 못하게 한 상태에서 무릎으로 대희의 가슴팍을 찍고 또 찍었다. 대희와 ○○는 우리 반에서 가장 등치가 크고 힘이 센 아이들이다. 이 거칠고 지각없는 두 녀석이 시험 시간에 큰 싸움을 벌이고 있는데, 내 힘으로는 어떻게 말려 볼 방법이 없었다. 대관이와 원석이 등의 도움을 받아 간신히 싸움을 말렸다. 대희 머리는 쑥대머리가 되어 있고 ○○ 얼굴은 손톱자국 투성이가 되어 있었다.

사태를 수습하고 체육, 음악 시험지를 걷었다. 우리 반 아이들도 나도 ○○의 이해하지 못할 행동에 진저리를 쳤다. 나도 더 이상은 ○○를 다독이며 가르칠 수만은 없다는 결론을 내렸다. 아이들에게 A4용지 한 장씩을 주고 지금 1교시에 목격한 것을 그대로 쓰라고 했다. 그리고 지난 3월부터 지금까지의 이상행동이나 과잉행동에 대해서도 모두 쓰라고 했다. 30명의 아이들이 그 동안의 ○○에 대해 상세히 써 내려갔다. 어떤 아이는 한 면으로 모자라 뒷면까지 빽빽이 썼다.

그제서야 사태의 심각성을 파악한 것일까. ○○가 기어들어가는 목소리로 잘못했다는 말을 했다. 하지만 이번만은 그냥 넘어갈 수가 없었다. ○○가 보는 앞에서 ○○ 엄마에게 전화를 걸었다. 오늘 ○○의 이상행동에 대해 대강 이야기를 한 다음, 학교에 좀 다녀가 달라며 부탁이 아니라 일방적인 통보를 했다. 지금까지 이런 일로 학부모에게 방문 요구를 한 것은 처음이다. 2시에 오겠다는 약속을 받고 전화를 끊었다.

2－3교시에 어제 본 시험지의 정답을 맞힌 다음, 아이들만 급식실로 보냈다. 나는 도저히 밥이 목에 넘어갈 것 같지 않아서다. 4－5교시를 어떻게 마쳤는지…, 2시에 아이들을 모두 하교시킨 후 ○○ 엄마가 오기를 기다렸다.

2시 10분쯤 ○○ 엄마가 왔다. 잔뜩 긴장한 얼굴이었다. ○○의 오늘 있었던 이상행동에 대해, 그리고 지난 1학기 동안의 학교생활에 대해 증거들을 가지고 낱낱이 이야기를 들려주었다. 오늘 아이들이 목격하고 쓴 글들, 그동안 받아 놓은 ○○의 반성문들, ○○가 쓴 폭력적이며 섬뜩한 글들, ○○가 우리 반 아이들의 가장 배척하는 인물로 나온 교우관계도 등을 모두 보여주었다. 오늘처럼 생떼를 쓰거나 억지를 부린 일이 어디 한두 번인가. 도대체 가정교육을 어떻게 하고 있는지 듣고 싶었다.

어머니의 얼굴이 하얗게 질렸다. ○○가 사회성이 떨어지고 외골수인 것은 알지만, 학교생활이 이렇게 엉망인 줄은 몰랐다며 진심으로 머리를 숙였다. ○○의 이런 행동은 전에도 종종 있었으며 병원에 다니며 치료를 받고 약을 먹은 적도 있다고 했다. 몇 년 전에 ○○ 때문에 동생을 잃은 상처가 있어서 그런 영향도 있을 것이라고 했다. 그런 아픔이 있었다니 연민의 정은 간다. 하지만 그렇다고 언제까지나 저 하고 싶은 대로 둘 것인가. 저런 아이가 중·고등학교 진학해서 적응은 어떻게 하며 사회생활은 어떻게 하겠는가. 지금부터라도 ○○의 바른 인성을 위해 같이 노력하자고 부탁했다.

학교 규칙이나 학급 약속이나 이런 것들은 아예 무시하고, 공부도 저 하기 싫은 것은 하지 않고, 수업시간에도 저 읽고 싶은 책이나 읽고, 숙제도 해오지 않고, 준비물도 챙겨오지 않고, 일기도 알림장도 아무 것도 쓰기를 거부하고, 그렇다고 친구들에 대한 배려심 같은 것도 없고, 선생님에 대한 예의도 없고, 오로지 컴퓨터 게임이나 레고나 하고 저 읽고 싶은 책이나 읽고…, 우리 학교가 그렇게 살고 싶은 ○○에게 어울리는 학교가 못 되는 것이 불행이라고 했다. 대안학교 같은 곳을 생각해 보면 어떻겠냐고 말하고 싶은 것을 간신히 참았다.

7월 9일(목요일), 비 내리다.

○○○의 사과

교실에 들어 선 ○○가 꾸벅 아침 인사를 했다. 마지못해 하는 인사가 아니고 진심어린 인사가 느껴진다. 인사를 받아주었다.

아침자습 시간에 ○○를 앞으로 나오게 했다. 어제 한 일에 대해 반성을 했느냐 물었더니 그렇다고 했다. 그렇다면 선생님과 친구들 앞에서 정식으로 사과를 하라고 했다. 죄송하고 미안하다며 다시는 억지를 부리는 등 소란을 피우지 않겠다고 약속했다. 내일 가져오라고 한 과학 준비물도 미리 가지고 와 나에게 보이는 등 전에 없던 모습을 보였다. 이런 모습이 변함이 없을지는 두고 볼 일이다.

* 아이들이 돌아가고 난 뒤 한 학부모의 전화를 받았다. 아이를 통해 어제 ○○의 소동을 듣고 걱정을 많이 하신 것 같다. ○○가 계속 학급 면학분위기를 흐리면 부모들이 나서야 하는 것 아니냐는 말들을 했다고 한다. 말씀만으로도 감사하고 든든하다.

7월 12일(일요일), 전국적으로 많은 비가 내리다. 장마가 시작된 듯.

방학생활계획서 짜기

4학년 여름방학 생활계획서를 짜보았다. 여름방학 계획서는 내가 짜기로 학년 초에 업무분담을 했기 때문이다. 처음 해보는 일이라 인디스쿨 등에 올라있는 것을 많이 참고했다. 일기쓰기, 체험학습보고서, 독서감상문, 교육방송시청, 1일 1운동, 그리기나 만들기를 공통과제로 하고, 선택과제는 크게 '함께하는 숙제'와 '혼자서 하는 숙제'로 나누었다. 부모님 어린 시절 이야기 듣고 글쓰기, 부모님 하루 일과 조사하고 감사의 글쓰기, 고마운 친구에게 책받침 만들어 선물하기, 도서관 책 빌려 읽기, 동·식물 캐릭터 조사하여 그리기, 1학기 동안 기억에 남는 일 만화로 그리기, 친구와 같이 동시 3편 이상 외우기 등 내 나름대로는 선생님들이 만든 자료와 차별화 하려 고민했다. 4학년 아이들이 방학동안 숙제를 하는 즐거움도 같이 누렸으면 한다.

7월 14일(화요일), 비

30번 째 시 외우기

오늘 서른 번째 동시를 판서해 주었다. 이순신 장군의 시 〈한산도가閑山島歌〉이다. '한산섬 달 밝은 밤에…'로 시작하는 잘 알려진 시조이다. 지난주에 긴 산문시인 신형건 시인의 〈거인들이 사는 나라〉를 외우느라 우리 반 아이들이 애를 많이 썼다. 거의 300자 나 되는 1연으로 된 시이다. 나는 우리 아이들에게 짧은 시와 긴 시를 섞어 가며 외우게 한다. 30편을 외우는 동안 산문시는 처음이고, 이렇게 긴 시도 처음이었다. 그래서 지레 겁을 먹고 아예 도전조차 하지 않는 아이들이 많았다. 그런 반면 평소 시 외우기를 즐기는 아이들은 전혀 두려움 없이 도전을 하였고, 도전을 한 아이들은 모두 성공을 했다. 역시 이동준이 가장 먼저 외웠고, 윤시연, 김하연, 이유진, 양수진, 오원진, 최원석, 박지은, 김찬혁, 정서린, 박근량이 외웠다.

사실 올해 아이들과는 시 외우기에 너무 얽매이지 않으려 했다. 그런데 소문이 어떻게 났는지, 올해 아이들이 나를 가만 두지 않았다. 그래서 1년 목표로 한 30편을 한 학기에 다 외우고 말았다. 아이들이 이처럼 시 외우기를 좋아하는데 여기서 그만 둘 수는 없다.

오늘부터 방학식이 있는 날까지는 시조만 외우기로 했다. 짧아서 부담이 없으니 하루에 한 편씩 거뜬히 외울 수 있다. 아이들도 대 찬성했다. 시조의 친숙함을 맛보게 하기 위해 첫 번째 시조는 아이들이 잘 아는 이

순신 장군의 시조로 했다. 아이들의 반응이 좋은 건 말할 것도 없다.

다른 반 아이들도 시 외우기를 하자고 담임선생님을 조르는 모양이다. 1반과 7반은 당장 시작할 거라는 얘기도 들린다. 이러다가 우리 학교에 시외우기가 들불처럼 번지는 게 아닌지 모르겠다.

7월 16일(목요일), 구름 많고 후텁지근한 날씨

오지랖 넓은 선생님

방과 후에 작년 제자인 경찬, 창민, 수아, 혜린이를 살짝 불렀다. 우리 반 아이들이 외우는 동시와 시조가 실린 책을 선물하고 싶었다. 스승과 제자 사이에도 첫정이라는 게 있는지, 어디서 만나도 이 아이들이 사랑스럽고 남의 반이 된 게 아깝다는 생각이 든다. 이 아이들은 우리 반 아이들이 많은 동시를 외우는 것을 몹시도 부러워한다. 나 역시 이 아이들에게 좋은 시를 알려주지 못하는 게 늘 아쉽다. 그런 마음을 담아 동시집과 시조집을 선물한 것이다.

아무도 모르게 주고 싶었으나 우리 반 동준이가 눈치를 챘다. 동준이가 저 모르는 뭔가를 한다며 섭섭해 하며 갔다. 동준이는 우리 반이기 때문에 앞으로 이 책들 속에 실린 좋은 시를 많이 외울 수 있다. 그래서 주지 않은 건데 소외감을 느꼈을지도 모르겠다. 오지랖 넓은 성격 때문에 아이들에게 선물을 주고도 고민하게 생겼다.

8월 18일(화요일), 비

김대중 전 대통령이 서거하시다(향년 85세). 노무현 대통령보다 더 많은 일을 하셨고 더 험난한 삶을 살아온 분이지만 조금은 덜 안타깝다. 아마도 천수를 다 한 분이라는 생각 때문인 것 같다.

8월 26일(수요일)

알차게 보낸 여름방학

오늘로 방학이 끝이다. 이번 여름방학은 36일 간이었다. 그러나 연수 10일, 출근 일수 3일을 빼면 진짜 방학은 23일 정도이다.

방학을 하자마자 이번에도 먼저 예약해 둔 병원부터 들락거렸다. 내과에 외과에, 최근에는 어깨까지 좋지 않아 정형외과까지 다녔다. 대학병원은 예약 날과 검진 날, 재검 날이 달라서 시간이 몇 배로 든다. 정형외과의 경우에는 어깨 통증이 멎을 때까지 다녀야 했다. 그래도 학기 중에는 다닐 수 없으니 다음 학기 건강을 안심하기 위해서는 몇 번을 오가더라도 다녀야 한다.

병원을 오가는 틈틈이 초등학교 · 중학교 은사님, 문우들, 형제들, 친구들과의 만남도 가졌다. 은사님 두 분은 내가 불편한 몸으로 학교생활은 잘 하고 있는지 늘 궁금해 하신다. 그래서 방학 중에 찾아뵙고 한 학기 동안 무사히 지낸 보고를 드려야 한다.

이번 여름방학에는 하루 6-7시간씩 열흘 동안 '유연성 단소' 연수를 받았다. '유연성'이란 기존의 어렵게 소리를 얻는 단소 부는 방법이 아닌, 유연성을 해결하고 난 후 자연스럽게 소리가 얻어지는 단소 부는 방법을 말한다. 나는 발령을 받기 이전에 단소 공부를 조금 했었다. 이번에 더 공부를 한 것은 '확장된 전문인으로서의 교사', 즉 교과 지도 외에 교육 노하우를 더 가진 교사가 되고 싶기 때문이다. 이것이 있으면 고학년 계발활동 지도 시 선택의 폭이 넓어진다. 하지만 이 연수를 받는 동안 허리가 너무 아프고 의자까지 불편하여 결국 엉덩이에 탈이 나기까지 했다. 이 탈은 아직도 완치가 안 된 상태이다.

짬짬이 수필도 여러 편 새로 틀을 잡거나 퇴고를 보았다. 그동안 소재만 모아놓고 거의 손을 대지 못한 것이 많았다. 아직 퇴고 과정을 여러 번 거쳐야 하지만, 이제 거의 수필집 2권을 낼 작품 수에 육박하고 있다. 또 하나, 교단일기도 군데군데 손을 보았다. 일기 역시 시간이 부족하거나 몸이 피곤하면 제목만 달아놓거나 메모만 해 둔 경우가 많았다. 그런 것도 모두 글로 채웠다.

글을 퇴고하거나 새로 쓰면서 생각한 것인데, 수필집 2집 보다는 교단일기를 먼저 내는 게 좋을 것 같다. 나의 첫 제자들이 내년에 6학년이 된다. 이 아이들이 졸업하기 전에 저희들 이야기가 담긴 교단일기를 책으로 묶어 한 권씩 주고 싶다. 겨울방학에 이 작업을 하고 〈우리교육〉 등에 출간 협상도 할 생각이다. 수필집 2집은 올 2학기와 내년 1년을 더 준비한 다음에 해도 늦지 않다.

이번 여름방학에 한 일 중 가장 보람 있고 뿌듯한 것은 김녹촌 선생이 쓴, 어린이시 쓰기 지도와 감상 지도에 관한 책을 정독한 일이다. 그동안 아이들이 동시 외우기를 놀이하듯 즐겁게 하는 동안 속으로 고민을 많이 했었다. 동시 외우기에 재미를 붙인 아이들이 하나 둘 시 쓰기를 하자고 졸랐다. 하지만 시 작법을 지도하는 데는 자신감이 부족했다. 어설프게는 알고 있지만, '어린이시는 이렇게 쓰는 거다' 하고 자신감있게 가르칠 용기가 없었다. 그래서 마땅한 어린이시 쓰기 지도방법을 적은 책을 찾던 중 이 책을 만나게 된 것이다. 이 책에서 나는 어린이시는 어떻게 쓰고, 무엇을 어떻게 지도하면 되는지에 대해 확실하게 배웠다. 다음 학기부터는 우리 아이들에게 시 쓰기 지도를 자신 있게 할 수 있게 되었다.

이 밖에 법정스님의 법문집 『一期一會』와 동화책 『푸른 돌고래섬』, 『쑤우프, 엄마의 이름』 등을 읽었다. 모두 나만 보기 아까운 책들이다.

정말 많은 일을 했다. 멀리까지 며칠씩 피서 다녀오는 사람들이 조금도 부럽지 않다.

8월 27일(목요일), 가을을 재촉하는 비가 내리다.

도움을 줄 수 있는 기쁨

내일 개학이다. 선생님들은 오늘부터 출근하여 아이들을 맞을 준비를 했다. 내일 아이들에게 나누어줄 생활통지표의 결재를 맡고, 교실 청소도 하고, 학습기자재 점검도 하고, 떨어져 나간 신발장과 사물함 이름표도 다시 붙이고, 게시판 등의 게시물도 다시 손보고 하였다.

이런 일들을 하고 있을 때 6반 선생님이 도움을 청해왔다. 아직 neis 상의 성적처리를 다 못하신 것 같았다. 6반 선생님은 연세가 있는 남자 선생님으로 컴퓨터에 능숙하지 못하여 매 학기 선생님들의 도움을 받아야 하는 것 같았다. 올해는 우리 학년에 같이 배정이 되었고, 선생님 다음으로 내가 나이가 많아 선생님은 나에게 도움을 청하기가 마음 편하신 것 같다. 나도 컴퓨터에 대해 잘 모르지만 그래서 아는 범위 내에서는 가르쳐 드리고 있다.

선생님은 재량활동과 특별활동 누가등록을 아직 못하고 계셨다. 그래서 내가 6반의 반별시간표에 들어가 재량활동(인성, 창의성, 자기 주도

적 학습)과 특별활동(계발, 봉사, 적응, 자치, 행사 활동)이 들어있는 요일을 체크하는 방법과 그 날짜대로 누가기록하는 방법을 알려드렸다. 선생님께서 컴퓨터를 능숙하게 다루지는 못하지만, 40년 가까운 교직 경험이 있어 처리 과정은 쉽게 이해를 하셨다. 가르쳐드린 대로 일처리를 하시는 것을 보고 나는 우리 교실로 왔다.

나도 다른 선생님을 뭔가 가르쳐 드렸다는 생각에 마음이 뿌듯했다. 그리고 불과 2년 전 내가 이 학교에 첫 발령을 받아 마음고생 하던 일이 생각났다. 모든 것이 낯설고 걱정되었지만, 무엇보다도 업무에 대한 두려움이 컸다. 교과서 지도는 책이나 지도서를 보고 하면 된다지만, 기타 학급 일과 담당 업무 처리는 거의 공포 수준이었다. 모든 것을 새로 배워야 하는데, 이런 일련의 일을 보고 배울 수 있는 책이나 자료가 거의 없었다. 그때마다 동학년 선생님이나 옆 반 선생님들의 도움을 받았다. 나는 지금도 지난 2년간 내가 도움을 청할 때마다 웃는 얼굴로 도움을 준 김영애 선생님, 김효진 선생님, 박은희 선생님의 은혜를 잊지 못한다. 그리고 도움을 받을 때마다 마음속으로 다짐을 했었다. 나도 일이 능숙해져서 누군가 내게 도움을 청해올 때 기꺼이 도와주는 동료교사가 되기로 말이다. 오늘 그 은혜를 조금이라도 6반 선생님에게 갚은 것 같다.

8월 28일(금요일), 구름 조금

방학숙제 우수아 선정의 아쉬움

여름방학이 끝났다. 31명의 아이들이 모두 건강하고 즐거운 방학을 보낸 것 같다. 선생님의 흑기사인 원석이는 1학기 때처럼 어김없이 주차장으로 마중을 나와 있고, 교실에 들어서자 아이들이 큰소리로 환영을 해주었다. 책상마다 아이들의 방학과제물로 그득하다. 일기, 독후감, 만들기, 그리기, 체험학습보고서…. 형진이와 몇몇은 숙제는 언제 걷을 거냐며 성화를 댄다. 그만큼 숙제를 정성껏 해 왔다는 뜻일 것이다.

이런 아이들의 마음을 아는지라 출석점검 등 간단한 조회를 마친 뒤 바로 숙제검사로 들어갔다. 일기, 독후감, 체험학습보고서, 그리기나 만들기, 편지쓰기, 교육방송시청 등의 필수과제와 선택과제 3가지 이상 등 검사할 항목이 10여 가지다. 우리 반 아이들은 평소에 글쓰는 기회를 자주 갖는 까닭에 일기나 독서감상문 같은 숙제는 기본적으로 모두 잘 해왔다.

그리기와 만들기에서 참신한 작품도 꽤 보인다. 많은 선택과제 중에 역시 우리 아이들은 '친구와 함께 시 외우기'가 가장 인기가 높았다. 3편~5편 가량의 동시를 저희들 스스로 골라 공책에 적고 친구와 같이 시를 외워왔다. 성실하기로 둘째가라면 섭섭할 시연이는 심지어 제일 친한 유진이와 같이 아예 작품을 만들어 왔다. 색도화지 4절지에 시 3편을 적고 어울리는 그림 그려 넣고 색종이로 꽃과 나비 등도 접어 붙여 우리만 보기 아까울 정도다. 한 작품 한 작품에 정성이 가득했다.

우수아 선정은 오늘까지 해서 학년 대표 선생님에게 보내야 한다. 시간은 촉박해도 가능하면 객관적으로 평가하려고 나름대로 심사숙고했다. 그리고 채점 결과표를 보니 절반 가까이가 수상 대상이다. 상은 금상, 은상, 동상에 각각 한 명씩 3사람만 주어야 하는데 이를 어쩌지? 평소에도 자신이 할 일을 나무랄 데 없이 하는 시연이, 하연이, 대관이, 동준이, 연화, 원석이, 형진이, 승현이, 지은이는 말할 것도 없이 열심히 해 왔다.

그리고 말썽쟁이 대희가 이번 방학과제는 선택과제까지 포함하여 숙제를 무려 10가지나 해 왔다. 그것도 제 나름대로는 최선을 다한 모습이 보인다. 만들기를 두 가지나 해 온 원진이도 그렇고, 친구들에 비해 성장이 조금 늦다 싶은 유나도 숙제에 제법 성의를 보였다. 이 아이들에게 격려 차원에서라도 상 하나씩은 주고 싶다. 상을 누구는 주고 누구는 빼야 하나…. 누가 상을 받게 될 시, 아이들은 궁금증을 인고 하교를 히고, 학년대표 선생님의 독촉 메시지가 계속해서 왔다.

건의를 해보기로 했다. 이렇게 너무나 열심히들 숙제를 해 왔는데, 3명만 선정하기가 그렇다. 금상은 그렇다 하더라도 은상과 동상이라도 몇 명 더 줄 수는 없을까? 하지만 다른 반과의 형평성 문제가 있어 안 되는 같았다.

할 수 없이 최종 결정을 내렸다. 모든 숙제를 최선을 다 한 시연이, 승현이, 원석이를 상을 주기로 했다. 시연이는 부모님의 도움을 전혀 받지 않고 그림과 사진까지 곁들여 모든 숙제를 완벽하게 하였으며 특히 '친구와 함께 시 외우기' 숙제에 높은 점수를 주었다. 승현이와 원석이는 둘 다 시간과 공력이 많이 들어갔을 체험학습보고서에 높은 점수를 주었다. 세 아이들의 작품은 누가 보아도 탄성이 나올 만큼 정성이 많이 들어가 내용은 물론이고 시각적으로도 매우 보기가 좋다.

아이들은 상을 받는 것에 매우 민감하다. 나의 초등학생 시절에 비하면 상이 너무 많다는 생각도 들지만, 아이들의 동기유발이나 자신감, 성취감 등을 높이기 위한 좋은 취지라는 점에 공감을 한다. 그렇다면 상을 주는 것에도 유연성을 가져야 하지 않을까? 담임이 판단할 때 상을 주어도 좋을 만한 아이가 있으면 숫자에 제한을 두지 않았으면 좋겠다. 내일 상을 못 받아 실망할 아이들 얼굴을 어찌 볼 지 걱정이다.

8월 29일(토요일), 구름이 많이 끼다.

신종플루

개학해서부터 온 학교가 난리다. 신종플루라는 호흡기 전염병 때문이다. 교사들이 더 일찍 출근하여 등교하는 아이들의 체온을 일일이 재야 하고, 손 씻는 요령, 기침할 때 요령 등도 가르쳐야 하고, 하루 종일 기침이나 열이 심한 아이들은 없는지 긴장해야 한다.

교사인 나는 기관지가 좋지 않아 신종플루 고위험군에 속한다. 뉴스나 방송을 통해 안 상식으로는 나 같은 사람은 병원에 가서 최소한 폐렴구균백신이라도 맞아두어야 한다. 그런데 그렇게 하지 못하고 있다. 다음 주에 전북대병원 나의 주치의가 출근하는 날 전화를 해서 병원에 폐렴구균백신이 있다고 하면 조퇴를 하고라도 가서 맞을 생각이다.

신종플루로 사망한 사람들은 모두 마지막에 폐렴이라는 합병증으로 사망했다고 한다. 내 건강만을 생각한다면 학교를 못 나가더라도 예방주사부터 맞아야 한다. 솔직히 속으로 걱정이 많이 된다.

9월 1일 (화요일), 쾌청하여 하늘이 무척 높아 보이는 하루

새로 교장선생님이 오셨다. 2년 전 동학년 선생님으로 함께 근무했던 강은옥 선생님의 아버님 되신다고 한다. 이전 교장선생님은 물론 교감선생님이나 교무선생님보다도 젊어 보이신다. 그래서 그런지 군산 지역에서 꽤 빡센(?) 분으로 정평이 나 있단다. 하지만 나는 교장선생님의 첫 인상이 매우 좋다. 무조건 선생님들을 힘들게 하는 그런 경우 없는 분은 아닐 것이다.

교장선생님이 새로 오시는 날부터 선생님들이 많이 긴장하는 것 같다. 출근시간부터 빨라졌다. 평소에는 가장 먼 전주 팀이 학교에 가장 빨리 도착하는 편이었으나 오늘은 학교에 들어서자 주차장에 차가 거의 다 찼다. 우리 학교에 어떤 변화가 올 지 신상된다.

9월 4일(금요일)

체온측정 당번

오늘과 내일 이틀 동안 내가 체온측정 당번이다. 신종플루 확산으로 학교마다 아침 등굣길 학생들의 체온을 재 고체온 학생이 있는지 확인해야 한다. 우리 학교는 본관, 후관, 신관에서 각각 2명의 교사가 등교하는 아이들 체온을 재고 있다. 다행히 아직까지 우리 학교 학생들은 신종플루 증상이 있는 아이는 없다.

아이들 체온을 측정하기 위해서는 두 손이 다 필요하다. 그런데 나는 지팡이 때문에 한 손을 쓸 수 없는 관계로 체온측정이 어려웠다. 이런 점이 감안되어 보건선생님이 당번에서 빼주었다. 초등학교 교사는 학생들 아침자습 때문에 8시 30분까지 출근해야 한다. 출근 시간도 여느 직장인보다 빠른데 체온측정 당번일 때는 7시 50분까지 한다. 하루 종일 몸이 더 피곤할 수밖에 없다. 하루라도 빨리 신종플루가 소멸되어 아이들도 선생님들도 정상적인 생활이 가능해지기를 바랄 뿐이다.

9월 8일(화요일)

게시판 감나무

경미란 선생님이 우리 반 게시판의 환경정리를 해주셨다. 1학기에 한 것은 작품들이 낡고 빛이 많이 바랬다. 그리고 나는 환경정리 기술이 부족하여 네모반듯한 8절지 그림이나 A4 용지에 적은 학습안내물 정도만 게시해 놓았다. 그러다 보니 다른 반 교실에 비해 딱딱하다는 느낌이 었다.

지난 주 전담실에서 만난 경미란 선생님에게 이런 고민을 털어놓았다. 경미란 선생님은 내가 첫 발령을 받아 담임을 맡았던 반의 환경정리를 해 주신 분이다. 그때 선생님은 1학기에 우리 반 아이들의 담임이었다. 1년 일정으로 미국으로 연수를 떠나기 전 2학기에 담임이 될 선생님을 배려하여 미리 환경정리를 해 놓고 가셨다.

고추잠자리, 편지함, 감나무 등 가을 분위기가 물씬 풍기던 교실 풍경…, 지금도 눈에 선하다. 덕분에 나는 2학기에 새로 환경정리를 하는 수고를 덜 수 있었다. 늦게나마 그때의 감동을 말하고 고마운 마음도 전했다. 그리고 환경정리의 고민을 털어놓았다. 그런데 내 말이 끝나자마자 선생님이 우리 반 환경정리를 해주시겠다고 한다. 선생님은 성격이 매우 시원시원한 분이었다.

약속한 대로 오늘 선생님은 한지 몇 장, 색도화지 몇 장으로 썰렁했던 우리 교실을 가을 분위기 가득한 교실로 바꿔주셨다. 잘 익은 감이 주렁주렁 열린 환경판은 너무나 풍요롭고 따뜻했다. 감나무 하나만 잘 연출을 해도 이렇게 교실 분위기가 달라진다는 것을 알았다.

내일 우리 아이들이 보면 탄성을 지를 것 같다. 감을 따 먹자는 농담을 할 녀석도 있을지 모르겠다. 선생님이 게시판을 꾸미는 동안 어깨너머로 배워 두었으니 내년에는 혼자서 감나무를 꾸밀 수 있을 것 같다.

9월 9일(수요일)

동시 쓰기 지도

아이들에게 처음으로 시 쓰기 지도를 했다. 그동안은 시간이 부족하여 짬짬이 시 외우기만 했다. 그런데 시 쓰기도 지도해 달라는 아이들이 하나 둘 생겨났다. 그래서 지난 여름 방학 때 나름대로 준비를 했다.

오늘은 처음이라서 한 줄 또는 짧은 시 짓기를 했다. 아이들이 쓴 한 줄 짜리 동시를 비롯하여, 일본의 한 줄 짜리 시 하이쿠 등 좋은 단시들을 먼저 들려주었다. 그리고 시를 쓰게 하였다. 그랬더니 제법 시 다운 시들이 많이 나왔다. 하지만 동준이는 짧은 시를 탐탁지 않아 하는 표정이다. 동준이는 시 중에서도 긴 시를 잘 외우는 게 최고의 자랑이다.

아이들이 시 쓰기도 시 외우기 못지않게 재미있어 하는 것을 보았다. 다음에는 좀 더 긴 시를 써보게 할 생각이다. 그런데 시는 가르칠게 너무 많다.

9월 15일(화요일)

책 도둑

이번 주 토요일에는 독서의 달 행사가 있다. 이 날 학년별 추천도서에서 뽑은 문제로 독서퀴즈대회도 갖고 독서감상문 쓰기 등의 독서활동을 하게 된다. 이에 대비하여 4학년도 2주 전부터 반별로 돌아가며 추천도서 2권을 읽고 있다. 우리 반에는 지난 주에 책이 와서 먼저 ≪아주 특별한 우리 형≫을 먼저 읽고 다음으로≪새박사 원병오≫를 읽었다. 4일

동안 이 두 권을 모두 읽어야 하기 때문에 아이들도 나도 마음이 바빴다. 그래서 책을 집에 가져가 읽는 아이들도 있었다.

5반으로 책을 넘겨야 할 날짜가 되어 책을 챙겼다. 그런데 30권이어야 할≪새박사 원병오≫가 한 권이 부족했다. 혹시 책가방이나 책상 속, 사물함 등에 있는지 모두 찾아보게 하였다. 그러나 찾는 책은 나오지 않았다. 집에 두고 안 가져온 사람이 있는지도 알아보았으나 없다고 했다. 난감했다. 이 책은 학교 도서실에서 빌려 온 것이라 그대로 돌려주어야 했다.

책값이야 얼마 되지 않고, 우리 반에서 분실이 되었으니 담임인 내가 사다 놓으면 된다. 하지만 아이들 반응을 보기 위해 일단 아이들더러 책을 사 놓아야 한다고 했다. 우리 반 학생이 31명이니 한 사람당 300원씩은 걷어야 할 것이라고 했다. 이렇게까지 하는데도 책을 가지고 있다고 솔직하게 말하는 사람이 나타나지 않았다. 여기저기서 불만 섞인 소리가 터져 나왔다. 누가 가져갔는지, 나타나기만 하면 가만 안 두겠다며 겁을 주는 녀석도 있고, 내 말이 끝나기 무섭게 300원을 들고 나오는 녀석도 있었다. 내일까지 하루 시간을 주겠으며, 내일 아침 선생님 책상 위에 책을 살짝 갖다 놓으면 책임을 묻지 않고 비밀도 지켜주겠다고 했다. 바로 어제 일이다.

그리고 오늘 아침 출근하여 교실로 향하는 계단을 올라가고 있을 때였다. 마중을 나온 줄 알았던 ○○가 특유의 몸을 꼬며 뜻밖의 고백을 했다. 집에 가져간 것을 깜박 했다는 말과 함께 문제의 그 책을 선생님 책상 위에 갖다 놓았다고 했다. 잘 했다며 등을 몇 번 토닥여 주었다. 아침자습 시간에 아이들에게 잃어버린 책을 찾았다는 말을 했다. 범인(?)이 누구냐며 모두가 궁금해 하였지만 약속대로 ○○라는 것을 밝히지 않았다.

옛부터 책도둑과 밥도둑은 도둑이 아니라고 했다. 먹고 살기 힘들고 책을 사서 공부하는 것은 더더욱 힘들던 시절의 얘기다. 어린 시절 나 또한 읽고 싶은 책을 마음 놓고 읽을 수 없던 시절을 보냈다. 요즈음이라고 모두가 책을 마음대로 사볼 수 있는 것은 아니지만, 내가 알기로 ○○ 네는 형편이 넉넉한 것으로 한다. 그렇다 하더라도 ○○의 책 욕심만큼은 애교로 봐 주고 싶다.

9월 19일(토요일), 아침 안개 자욱한 길 따라 출근하다.

사과 세 개

오늘은 토요일, 아이들 책가방이 조금은 가벼운 날이다. 교실에 들어서는 아이들 기분도 많이 들떠 보인다.

순둥이 규현이가 내 자리까지 와 꾸벅 인사를 한다. 이내 자리로 돌아갈 줄 알았더니 가방을 열어 사과 뭉치를 꺼냈다. 빨갛게 잘 익은 사과다. 장수사과이며 선생님 드리라고 엄마가 챙겨주셨다고 한다. 규현이는 꾸벅~ 다시 한 번 인사를 하고나서 제 자리로 돌아갔다. 잘 씻어 보냈는지 사과에서 반짝반짝 윤이 났다. 한 입 베어 먹고 싶게 입에 군침이 돌았다.

체구도 작은 규현이, 사과 한 개만 더 넣어도 가방이 무거울 아이다. 이런 규현이가 내 책상 위에서 가방을 열어 사과를 내 놓는 모습이 너무나 사랑스럽다. 규현이는 순진하고 정의감이 높은 학생이다. 친구의 약점을 이용하지 않고, 거친 말을 쓰지 않고, 힘에 굴복하지 않고 진실을 얘기한다. 이런 규현이가 내려 놓은 사과 세 개는 그래서 더 감동적이었다.

교사가 된 이후 학부모들의 촌지 비슷한 선물을 나 역시 가끔 받는다.

하지만 이런 선물은 반갑거나 고맙다기보다 부담이 더 크다. 그래서 선물로써 지나치다 싶을 때는 돌려보내기도 한다. 그러나 오늘 규현이 어머니가 보낸 것과 같은 사과 세 개나 쑥개떡 몇 장, 귤 몇 알, 제철 국화 한 묶음 정도는 고맙게 받는다. 보내주신 분의 마음에 감동하면서 말이다.

오후에 규현이 어머니에게 감사하다는 문자를 보냈다.

9월 23일(수요일)

두 번째 장학수업을 마치고

오늘 2교시에 우리 반에서 장학수업을 했다. 작년에 이어 두 번째 하는 선생님들에게 보여주는 공개수업이다. 매 년 공개수업 대상과 시기는 학년 초에 정해지는데, 교직경력 2년차인 나는 피할 수 없이 9월로 결정이 되어 있었다. 이에 대비해 여름방학 때부터 수업지도안을 짜고, 방학 후에는 선생님들과 사전협의도 갖고 나름대로 준비를 해 왔다.

이번 수업도 작년처럼 국어과목으로 했다. ≪말하기 · 듣기 · 쓰기≫ 둘째마당에 실린 '발'이라는 동시를 가지고 아이들이 시의 내용을 예측해 보고, 시의 내용을 파악하고, 생각과 느낌을 여러 가지 방법으로 표현해 보는 순서로 수업을 진행했다.

그런데 이 과정은 원래의 교과서대로는 아니다. 원래 교과서에는 시를 듣고 생각과 느낌을 글로 표현하기로 되어 있다. 그리고 다음 차시의 시 '바람과 빈 병'이 생각과 느낌을 여러 가지 방법으로 표현하기이다. 나는 여기서 교과서의 〈공부할 문제〉는 그대로 두고 앞 뒤 두 차시의 제재(시)를 바꾸었다. '바람과 빈 병'은 이야기 거리가 풍부하지 않아 공개수업 제재로써 적당하지 않다는 내 나름의 판단에 따른 것이다.

우리 반 아이들은 교과서에 실린 동시는 거의 대부분 수업 전에 미리 외워둔다. 그 덕분에 시 수업이 한결 활기차다. 하지만 오늘 공개수업을 할 시는 즉석에서 듣게 한 뒤 진행하는 수업이라 미리 외우게 할 수가 없었다. 그래서 행여 아이들이 수업 참여에 소극적이지는 않을까 염려가 되었다. 또한 지금까지 듣기 수업은 모두 인터넷 교수매체를 이용해 왔던 지라, 교과서와 함께 제공되는 테이프는 거의 사용을 하지 않았다. 그런데 이번 수업에서 처음 시도해 보기로 했다. 원래 듣기 수업은 오늘처럼 해야 아이들 집중도가 높다.

작년에는 처음 해보는 장학수업이라 준비를 하는 동안 우왕좌왕 하며 꽤 시간이 걸렸고, 수업 때도 무척 긴장이 되었다. 다행히 작년보다는 덜 긴장이 되었다. 단 한 번이지만 경험이 이렇게 중요하다. 아이들의 참여도 또한 높아 수업은 그런 대로 잘 진행이 되었다. 시를 미리 외우지는 않았지만 저희들 나름대로 예습은 해 둔 것 같았다. 아쉬움이 전혀 없는 것은 아니다. 시간이 부족하여 아이들에게 발표할 기회를 충분히 주지 못했다. 그 나머지는 최선을 다했다고 생각한다.

수업이 끝난 후 교무실에서 사후협의가 있었다. 교감선생님을 비롯하여 참관하신 선생님들이 내 수업을 본 소감을 나누었다. 교감선생님은 수업지도안부터 시작하여 매우 긍정적인 평을 해주셨다. 수업지도안에 흠잡을 데가 없었다는 것과 동시의 생활화가 돋보이는 수업이었다는 점을 특히 칭찬해 주셨다. 이번 수업 시작 전과 후에 우리 반 아이들은 그동안 외운 시를 큰 소리로 외웠다. 이런 모습이 교감선생님 눈에 매우 인상깊게 비친 것 같다. 교감선생님은 아이들 정서함양에 좋은 동시 외우기를 각 학급에도 도입할 것을 권장하셨다.

참관하신 다른 선생님들도 여러 말씀을 해주셨다. 2차시와 3차시의 시의 제재를 바꾸어 이야기 거리가 풍부한 시로 수업을 계획한 판단력,

흔히 하는 인터넷 교육매체 활용 대신 카세트로 시를 듣게 한 참신성, 아이들의 수업 참여의 적극적 등을 칭찬으로 들었다.

반면 조언도 많이 들었다. 교사의 동선動線은 다 이유가 있고 정리가 되어야 한다는 지적, 발표를 못 한 아이에 대한 배려가 부족했다는 지적, 아이들의 생각과 느낌 발표가 다양하지 못했다는 지적 등이 가장 기억에 남는다. 앞으로 수업할 때 이런 점을 특히 신경 써야 할 것 같다.

내가 생각해도 작년보다는 한결 순조로웠다는 생각이 든다. 어찌됐든 장학수업은 매우 부담이 되는데, 오늘부터는 두 다리 쭉 뻗고 잘 수 있게 되었다. ^^

선행아로 뽑힌 원진이

특별활동 시간에 이번 주 학급 어린이회의를 했다. 2학기 회장인 연화는 회의를 매우 잘 진행한다. 금주 생활 반성이 끝나고 다음 주 교훈에 대한 각 부 실천사항 등을 정한 다음 마지막으로 선행아 추천을 받았다. 언제나 의욕이 왕성한 대희가 제일 먼저 손을 들더니 오원진을 추천한다고 했다.

우~~~ 아이들의 야유가 쏟아졌다. 대희 녀석은 장난으로 원진이를 추천한 거지 누가 보아도 원진이는 선행아로 추천받을 만한 그릇은 못되었다. 원진이 다음으로 찬혁이 등이 더 추천을 받았다. 이제 거수로써 선행아를 결정할 순서가 되자 원진이가 칠판에서 제 이름을 지워달라고 했다. 한 표도 얻지 못해 망신당할 것을 저도 짐작을 하는 것 같았다.

이 때 내가 나섰다. 선생님도 선행아 결정에 손을 들 기회를 주겠냐고 아이들에게 물었다. 선생님이 누구에게 손을 들 지 궁금해진 아이들이 일제히 대 찬성을 했다. 나는 원진이에게 손을 들었다. 그러자 아이들이 하나 둘 따라 들기 시작했다. 원진이 쪽에 손을 든 아이들이 10명을 넘자 믿어지지 않았던지 회장과 서기가 다시 수를 세어 나갔다. 표가 찬혁이와 막상막하가 된 것이다.

사실 원진이보다는 찬혁이가 훨씬 선행아에 가깝다. 찬혁이가 피해를 보겠다 싶어 나는 기권을 하기로 했다. 그런데도 마지막에 원진이가 선행아로 선정이 되었다. 그동안 나는 이 놀라운 현상을 해석하느라 조금은 혼란스러웠다.

이때 회장인 연화가 "다음은 선생님 말씀이 있겠습니다." 하며 나를 바라보았다. 아이들의 시선이 모두 나에게로 향했다. 무슨 말을 해줄까 하다가 오늘 원진이가 선행아로 뽑힌 것에 대한 내 나름의 생각을 들려주었다. 아직 다 고쳐진 건 아니지만, 원진이는 문제 투성이었던 1학기에 비해 많은 변화가 있었다. 9월 한 달이 다 지날 때까지 아직까지는 1학기때처럼 터무니없는 일로 생떼를 쓰거나 소란을 피우거나 억지를 부리지 않고 수업태도도 많이 좋아졌다. 그리고 방과 후에 남아 청소도 제법 하고 아이들과 싸움도 거의 하지 않는다. 이런 변화를 아이들도 느끼고 있는 것이다.

그러기에 31명의 절반에 가까운 아이들이 선행아로 손을 들어 주었다. 물론 여기에는 원진이가 앞으로도 학급 면학 분위기를 흐리지 말기를 간절히 바라는 아이들의 마음도 담겨 있는 것 같다. 이러한 내 나름의 해석을 말하자 아이들은 아이들대로, 원진이는 원진이 대로 딱 맞는 말씀이라고 한다.^^

생각지도 못한 선행아가 된 원진이. 원진이 표정이 눈에 띄게 밝다. 그리고 삐뚜름하게 앉았던 자세부터 고쳐 앉는다. 부디 4학년을 마칠 때까지 원진이가 지금처럼만 얌전하게 보낸다면 더 바랄 게 없다.

9월 29일(화요일), 대야들판에 누런빛이 더해간다. 날마다 햇빛도 너무 좋아 이번 추석에는 햅쌀밥을 먹을 것 같다.

포석정 놀이

오늘은 우리 반 아이들이 기다리고 기다리던 과자 파티 겸 '포석정 놀이'를 하는 날이다. 등굣길에 만난 아이들 얼굴마다 기대와 설렘으로 가득하다. 손에 손에 저희들 먹을거리도 들려 있다. 나까지 덩달아 마음이 들뜨는 기분이다.

'포석정 놀이'란 통일신라시대 젊은 화랑들이 풍류를 즐기며 기상을 배우던 놀이라고도 하고, 신라의 왕족들이 삼짇날 술잔을 물에 띄워 두고 물길을 따라 앉아서 술잔이 돌아오기 전에 시를 짓던 놀이라고도 한다.

4학년 2학기 사회 교과서에 '옛 도읍지와 문화재' 단원이 있다. 이 단원을 공부하는 동안 아이들에게 통일신라시대 문화재 중 하나인 '포석정'에 대한 설명을 곁들여 주었다. 포석정이란 내가 알기로 화랑이나 왕족들이 흐르는 물에 술잔을 띄워 놓고 시를 돌려 지어가며 술잔을 주거니 받거니 하던 장소라는 이야기를 해주었다.

그리고 며칠이 지났다. 어느 날 형진이가 나에게 다가와 우리도 포석정 놀이를 하자며 제안을 했다. 우리도 술 대신 음료수를 띄워 놓고 시를 돌아가며 짓는 놀이를 하자고 했다. 재미있는 생각이기는 하지만, 교실에 물길은 어떻게 만들며 즉석에서 시를 지을 수 있는 친구가 몇 명이나 되겠냐며 부정적인 대답을 했다.

그 날, 아이들이 돌아간 뒤에 형진이가 제안한 것을 다시 생각해 보았다. 술 대신 음료수로 준비를 하고, 물길은 그림으로 그려 교실 바닥에 붙이고, 시는 그동안 외운 것을 복습하는 방법으로 하면 못할 것도 없겠다 싶었다. 다음 날 아이들에게 이런 내 생각을 말하자 일제히 환호성이 터졌다. 아이들은 자신이 화랑과 원화라도 된 기분인 것 같았다.

지난 연휴동안 아이들에게 그동안 외운 시 중 5편씩 골리 다시 외워오도록 했다. 그리고 어제는 유진이, 연화, 하연이가 남아 포석정 그림을 그려놓았다. 4절지 10장을 이어서 포석정을 그리고 큰 느티나무 한 그루와 물 위에 꽃잎과 나비 등도 그려 넣었다. 음료수는 내가 준비를 하고, 과자는 각자 먹을 만큼 준비해 오기로 했다.

포석정 놀이는 재량시간인 5교시에 하겠다고 이미 예고를 한 상태였다. 그런데도 마음이 들뜬 아이들은 아침자습 시간부터 졸라댔다. 5교시까지 기다리는 건 너무하다며 2교시 사회시간에 하자는 것이었다. 원래 '포석정'은 사회 시간에 공부하는 것이니 그리 해야 옳다고 생떼를 쓰는 녀석도 있었다. 녀석들의 성화도 있고, 30명이 넘는 아이들이 모두 참여하기에는 한 시간으로 부족하다 싶어 4교시부터 2시간 동안 하기로 했다. 아이들은 먹고 싶은 과자도 안 먹고 놀이 시간을 잘 기다려 주었다.

4교시 시작종이 울리기 전 교실 뒤쪽에 넓은 공간을 만들었다. 그런 다음 어제 그려놓은 포석정 그림을 꺼내 펼쳤다. 아이들 환호성이 다시 또 터지는 순간이었다. 그림 주위로 아이들이 모여 앉았다.

이제부터 놀이의 시작이다. 놀이 방식은 남자는 여자에게 기회를 주고 여자는 남자에게 기회를 주는, 릴리이 식으로 하게 했다. 시를 한 편 외운 사람은 다음 사람을 지목하여 외우게 하고 음료수를 한 잔 받아 마시게 된다. 주모酒母 역할은 대희가 자청해서 했다. 한 사람이 시를 외우고 나면 기다리고 있던 아이들이 손을 들고 외치는 등 다소 소란스럽기도 했다. 하지만 한 번 시를 외운 사람에게는 다시 기회가 가지 않게 했다. 한 사람도 시를 못 외우는 사람이 없게 하기 위한 방편이었다.

아이들이 놀이를 하는 동안 나는 동서남북을 오가며 한 장면 한 장면을 카메라에 담았다. 시 외우기를 거뜬히 마친 아이들은 막걸리를 마시는 기분으로 '아침햇살'을 마셨다.^^ 한 시간이 금방 지나갔지만 시는 겨우 한 편씩 밖에 외우지 못했다.

쉬는 시간에 아이들에게 즐거움 하나를 더 주었다. 포석정 그림판에 마음껏 낙서를 하게 했다. 아이들은 이게 웬 행운이냐 하며 벌떼처럼 몰려들었다. 머리를 맞대고는 갖가지 캐릭터나 친구 이름이나 '형진랑(포석정에) 왔다감(막걸리 5잔)-9월 29일', '포석정 놀이 짱!', '여친 구함' 같은 문구를 새겨 넣었다. 아이들이 요즘 TV에서 하는 사극 〈선덕여왕〉을 많이 보아 화랑에 대해 많이 알고, 자신을 '~랑' 이란 호칭으로 불리는 것을 무척 좋아하고 재미있게 생각한다. 형진이가 '형진랑'이란 호칭을 쓴 것도 그런 이유인 것 같다. 전화번호까지 넣은 '남친'이나 '여친'을 구한다는 문구가 군데군데 있는 것도 보면서 우리 아이들이 차츰 이성에 눈을 떠가고 있다는 생각이 들어 절로 웃음이 나왔다.

5교시에는 시 외우기 릴레이가 자연스럽게 하도록 간섭을 하지 않고 두고 보았다. 그랬더니 역시 평소 시를 잘 외우는 동준이 같은 아이들에게 기회가 많이 갔다. 동준이의 뒷짐 지고 멋들어지게 시를 외우는 장면이 카메라에 잡혔다. 동준이의 강적인 시연이 또한 자신감 있는 포즈로 시를 외워 그 장면이 카메라에 잡혔다. 주모 대희는 술(음료수)을 따르는 바쁜 와중에도 시를 5편 외웠다고 큰소리를 친다.

5교시 종료 10분을 남겨 놓고 포석정 놀이를 마쳤다. 아이들은 다음에 또 하자며 아우성이다. 저렇게나 좋아하는 놀이라면 몇 번이고 또 하게 하고 싶다. 나까지 통일신라의 포석정에서 시에 취하고 술에 취한 기분이었다.

10월 13일(화요일)

우리 선생님은 무서워

오늘 재량시간에는 아이들에게 박성우 시인의 동시집《불량 꽃게》에서 뽑은 〈해 선생님은 무서워〉라는 동시를 소개했다.

호박 넝쿨 엎드려뻗쳐
오이 넝쿨 너도 엎드려뻗쳐
뭘 잘했다고
누가 지금 앞니 보이게 웃어
옥수수는 그만 웃고 팔 더 올려
해바라기 너
고개 똑바로 들고 얘기해 봐
잘했어 잘못했어
거기 벼, 머리만 숙이면 다야!

이런 재미있는 시이다. 시를 보여주자마자 아이들의 즉각적인 반응이 나타났다. 모두 글쓰기 공책에 받아 적기 바빴다.

몇 분이나 지났을까. 아이들 몇 명이 시를 지었다며 공책을 내밀었다. 외우라는 시는 안 외우고 웬 창작이냐 생각하며 아이들 공책에 적힌 시를 보았다. 폭소가 터져 나왔다. 아이들이 방금 보여 준 시를 새롭게 바꿔 썼는데, 제목은 〈우리 선생님은 무서워〉, 그리고 시에 등장하는 인물들은 그동안 나에게 꾸중을 자주 듣던 아이들이었다. 찬혁이가 새롭게 바꿔 쓴 시는 이랬다.

우리 선생님은 무서워

김찬혁

오원진 엎드려 뻗쳐
왕승철 너도 엎드려 뻗쳐
뭘 잘했다구 울어?
누가 지금 떠들어?
송민석 그만 웃고 이리 나와 손들어!
노형진도 떠들지 말고 이리 나와!
고개 똑바로 들고
오원진 왕승철 싸울꺼야 안 싸울 거야?
송민석 노형진 떠들꺼야 안 떠들 거야?
고개들어,
고개만 숙이면 다야?

어쩌면, 그동안 내가 아이들에게 호통치거나 할 때마다 쓰는 용어를 그대로 사용하고, 야단을 칠 때의 내 모습도 그림이 그려진다. 박성우 시인의 시를 보고 나를 떠올린 아이들이 재미있고 재치가 있다. 이제부터 아이들 호통치는 것도 생각하고 해야 할 것 같다.^^

10월 20일(화요일), 맑음

지현이의 시 외우기

지현이는 우리 반은 물론 우리 학교에서 장애아로 등록된 유일한 특수아이다. 쌍둥이 미숙아로 태어나 청각장애와 언어장애가 같이 있다.

지적인 능력도 많이 떨어져 수업과 관련한 활동은 거의 하지 못한다. 하지만 단순한 이해를 요하는 정도는 기회를 주면 발표도 하고 학교생활을 매우 즐겁게 한다. 친구들과의 관계도 좋은 편이다.

지현이는 무용을 매우 잘 한다. 군산시는 물론 전라북도와 충청도, 서울까지 대회에 나가 상을 받아오기도 한다. 지현이의 장래 희망은 무용 선생님이다. 이런 지현이의 꿈을 실현시켜주기 위해 지현이 부모님의 뒷바라지가 눈물겹다.

그동안 지현이는 우리 반 아이들이 동시 외우기를 할 때마다 몹시 부러운 것 같았다. 아이들처럼 매 번 공책에 시를 옮겨 적고, 아이들이 시를 외울 때마다 저도 공책을 가지고 나왔다. 부정확한 발음이지만 제목과 첫 행 정도는 지현이도 외웠다. 하지만 대개는 더 나아가지 못하고 배시시 웃고 만다. 그래서 그 다음 행부터는 그냥 읽어나가게 했다. 지현이에게는 시 외우기가 쉽지 않을 줄 알기에 읽기만 해도 '참 잘 했어요' 도장을 찍어 주었다. 그렇게 1학기가 갔다.

여름 방학 때, 지현이의 방학 생활이 궁금하여 지현이 어머니와 통화를 했을 때 이런 제안을 했다. 지현이에게 짧은 시를 외워보게 하면 어떨까 하고. 지금까지 한 편도 제대로 외우지는 못했지만, 외우면 외울 수도 있을 것 같고, 만약 그렇게 할 수만 있다면 지현이의 암기력이나 집중력 향상은 물론 정서 발달에도 많은 도움이 될 것이라고 했다.

2학기가 시작될 때 지현이에게 동시집 2권을 선물했다. 얼마나 좋은지 지현이는 한동안 그렇지 않아도 무거운 책가방 속에 이 동시집을 넣어 가지고 다녔다. 그러더니 오늘 급기야 동시 외우기 시간에 동시 '병태 양말'을 외워 나와 우리 반 아이들을 깜짝 놀라게 했다. 이렇게 할 수 있는 아이였는데, 지현이 부모님도 나도 그동안 지현이를 너무 과소평가 했던 것 같다.

지현이는 매일 일기도 쓴다. 물론 낱말들 간의 조합이 자연스럽지는 못하다. 문맥에 맞게 표현하는 능력이 부족해 군데군데 고친 흔적이 많은 일기장을 볼 때마다 어머니가 얼마나 신경을 많이 쓰고 있는지 알 수 있다. 이렇게 열심히 하고 있으니 지현이가 비장애 아이들처럼 자신의 생각을 논리적으로 표현할 날이 꼭 올 것이라 믿는다.

나도 지현이에게 시도 더 술술 외우고 제 손으로 멋진 시도 쓸 수 있게 돕는, 한 가지라도 더 주는 선생님이 될 것이다.

10월 26일(월요일), 추수가 끝난 논에 들불이 타다. 바람을 타고 연기가 도로까지 점령하다.

우리 반 첫 신종플루 환자 발생

요즘 온 나라가 신종플루 공포 속에 있다. 그래서 우리 학교에서도 체온이 37.8도 이상이면 등교를 금지시키고 있다. 우리 반 대희도 이런 이유로 지난 20일부터 학교에 나오지 못하고 있다.

대희는 우리 반에서 체격도 가장 좋고 가장 에너지가 넘치는 아이이다. 그래서 고열로 등교를 금지시키고는 있지만 우리 반에서 제일 먼저 신종플루에 걸릴 아이라고는 전혀 예상을 하지 못했다. 그래도 날마다 대희 엄마와 전화 통화는 했다. 그런데 어느 날은 열이 전혀 없고 멀쩡하다고 했다가 어느 날은 열이 오르락내리락 한다고 했다. 그러더니 오늘 급기야 대희가 신종플루 양성 판정을 받았다는 연락을 해 왔다. 우리 학교 세 번째 확진 환자이다. 그래서 하나 둘 열이 있는 아이들도 생겨났던 것 같다.

갑자기 우리 교실은 먹구름이 드리웠다. 아이들은 모두 마스크를 하라하고 매일 열 체크를 1번 이상 더 해야 한다. 교실 소독도 수시로 해야 한다. 무엇보다도 다른 반과의 비교 대상이 된 게 신경이 쓰였다. 바로 옆반인 3반도 5반도 열이 있는 아이가 단 한 명도 없다는데 우리 반은 오늘만 해도 대희를 포함하여 규현이, 시연이, 근량이 이렇게 4명이다.

뉴스에 보면 한 명 환자가 생기면 그 학급은 환자가 급속도로 생겨난다. 우리 반이 이렇게 되면 어쩌나 너무나 걱정이 된다. 모레 28일 중간고사까지 있는데 4-5명이나 빠진 상태로 시험을 보게 될 것 같다.

10월 27일(화요일)

학년별 재량에 맡긴 중간고사

오늘 아침 직원조회를 할 때만 해도 중간고사에 대한 아무런 언급이 없었다. 계획대로 시험을 치르는 것 같았다. 신종플루로 인근 몇몇 학교는 중간고사를 보지 않은 것 같았다. 이 소식을 들은 아이들이 우리 학교는 기어이 시험을 보냐며 자꾸 물었다. 시험을 좋아할 아이들이 얼마나 있을까만 우리 아이들도 시험을 보고 싶지 않은 눈치였다.

뒤숭숭한 가운데 내일 시험을 위해 책상배열을 시작하려는데 교내 방송이 울렸다. 교감선생님께서 내일 시험은 학년 재량에 맡기겠다며 성적은 학적에 반영하지 않겠다는 말씀도 하셨다. 아이들이 일제히 환호성을 질렀다.

나는 교육경력이 짧지만 이런 경우는 그리 많지 않을 것 같다. 만약 신종플루가 더 극성을 부리면 전국적인 휴교사태가 올 지도 모른다. 그런 일까지는 벌어지지 않아야 한다. 아이들 건강도 문제이고 학사일정에도 큰 차질이 생기기 때문이다.

10월 28일(수요일), 쾌청한 하늘에 겨울철새로 보이는 새들이 무리지어 날다.

자고 일어났더니 머리가 띵~하고 식은땀을 많이 흘렸는지 잠옷이 흠뻑 젖어있다. 지난 주말 감기기운이 있어 약도 사 먹고 땀도 빼고 했다. 또 면역력에 좋다는 비싼 정관장 홍삼엑기스도 사서 먹기 시작했다. 이 덕분인지 하루 이틀은 감기기운이 덜한 것 같았다. 그런데 오늘은 느낌이 좋지 않다. 아마도 대회 등 열이 있는 우리 반 아이들과 관련이 있는 것 같다. 겁이 덜컥 난다. 나는 기관지염이라는 만성 호흡기질환 환자라 신종플루 고위험군에 속한다. 만약 이런 고위험군 환자에게 신종플루가 감염되면 치사율이 매우 높은 것으로 방송에서 연일 보도하고 있다. 그걸 볼 때마다 걱정이 되지 않을 수 없다. 하지만 담임을 맡고 있는 이상 아이들과 우리 반을 놓아두고 학교를 결근하기 쉽지 않다. 오늘은 일단 엊그제 먹고 남은 감기약을 먹고 학교에 왔다.

학교에 도착하여 발열체크부터 했다. 담당 선생님 두 분 모두 나에게 미열이 있다고 하셨다. 면역력에 좋다는 홍삼도 아침저녁으로 한 수저씩 먹고, 감기약까지 먹었는데도 열이 있는 것을 보면 나에게 정말 신종플루 균이 침입한 것일까? 오늘은 나도 아이들과 같이 하루 종일 마스크를 쓰고 지냈다.

아이들을 돌려보낸 뒤 전북대병원에 전화를 걸어보았다. 내 증상을 얘기하고 어느 과로 가야 하는지 문의했다. 그랬다가 뜻밖에 반가운 말을 들었다. 전북대병원에서 신종플루 검사 환자가 많아 임시로 진료소를 차려놓고 24시간 진료를 하고 있다고 했다. 당장 오늘 퇴근 후에 가서 검진을 받아볼 수 있게 되었다.

그동안 내심 걱정이 많았다. 나는 고위험군 환자인데도 직장일 때문에 병원에 가기가 쉽지 않아서다. 이러다 병원에도 못 가보고 어떻게 되는 것 아닐까 정말 걱정했다. 그런데 뜻밖의 반가운 소식에 가슴을 쓸어 내렸다. 오늘 당장 퇴근하여 선북대 병원에 가서 검진을 받을 생각이다. 만약 양성으로 나오더라도 타미플루를 복용할 수 있으니 크게 걱정하지 않아도 된다.

* 승현이는 어제, 하연이는 오늘 고열이 있어 강제로 조퇴를 시키다. 그리고 시연이, 지은이는 신종플루와 관계가 없다는 병원 소견서를 가지고 오늘부터 등교하다. 그리하여 오늘까지 신종플루로 인한 우리 반 결석생은 김대희를 포함하여 모두 5명이다.

10월 29일((목요일)

어제 한 검진 결과가 나오다. 문자로 결과를 알려준다고 해서 하루종일 조마조마하게 기다렸다. 다행스럽게도 음성판정을 받다. 천만 다행이다. 오늘은 고열 등으로 이유진이 결석을 하고, 서윤비는 조퇴를 하다. 조퇴나 결석 학생이 줄어드는 게 아니라 자꾸 늘어난다.

11월 3일(화요일)

공개수업 날

오늘은 학부모 공개수업의 날이다. 서둘러 학교에 도착하여 막 차에서 내리는데 교무보조 선생님이 교무실에 꽃바구니가 와 있다고 한다.

누가 보냈을까? 민석이와 우혁이를 교무실로 보냈다. 아이들이 가져 온 꽃바구니는 분홍색 장미꽃과 국화꽃과 백합꽃이 잘 어우러진 너무나 마음에 드는 꽃들로 가득하고 카드도 꽂혀 있었다. 꽃바구니 하나로 교실 분위기가 환한 속에서 공개수업을 했다. 올해는 수업참관을 오신 학부모가 6명밖에 안 된다. 작년에는 18명이나 되었다. 신종플루 등으로 등교를 못하고 있는 아이들이 많은 것이 큰 이유인 것 같다.

수업은 〈읽기〉의 '모양이 바뀌는 낱말을 국어사전에서 찾는 법'을 가지고 했다. 교과서 내용을 중심으로 활동1, 2, 3을 한 다음, 심화학습은 모둠활동으로 김용택 시인의 '병태 양말'을 가지고 했다. 모둠원이 힘을 합해 먼저 시에 나오는 밑줄이 쳐진 낱말 중 모양이 바뀌는 낱말과 모양이 바뀌지 않는 낱말을 가려낸다. 그런 다음 모양이 바뀌는 낱말을 사전에서 찾을 수 있는 있게 모양을 바꾼 다음 그 뜻을 찾으면 된다. 먼저 한 모둠부터 발표 기회를 주었다.

이번 차시는 심화학습지까지 만들어 활동을 했는데도 다른 차시에 비해 시간이 적게 걸렸다. 그리고 수업 분위기도 너무 조용하여 공개수업이라는 기분이 나지 않았다. 지난번 공개수업 때는 긴장감도 있고 아이들 참여도 매우 적극적이었다. 신종플루 등으로 인해 오늘 우리 반은 결석생이 10명이나 된다. 군데군데 빈자리가 많아 아이들도 흥이 나지 않았을 것이다.

11월 4일(수요일)

신종플루로 인한 학교 휴업

내일부터 기어이 우리 학교도 1주일 동안 휴업을 하게 되었다. 신종플루로 인한 결석생이 200명에 육박하여 정상적인 수업이 이루어지지 못한 데 따른 것이다. 휴업에 따른 수업 결손은 학습지(1~3학년)나 전북e스쿨(4~6학년) 등으로 대체하게 된다.

그동안 우리 반의 경우만 해도 제대로 수업을 하기 어려웠다. 매일 10명 가까이 결석을 하였기 때문이다. 1주일 동안 학교에 나오지 않는다니까 아이들은 무조건 좋아라 한다. 하지만 그만큼 겨울방학이 줄어들 수도 있다. 2학기에는 신종플루 때문에 학사일정에 차질이 많았다. 극기훈련, 중간고사, 학예발표회, 전시회 등이 모두 취소되었다. 이번 휴업으로 신종플루로 인한 더 이상의 결석 사태가 없기를 바랄 뿐이다.

11월 11일 수요일, 군산세계철새축제 기간인데 비가 온다. 신종플루로 지역마다 행사도 취소되거나 축소하여 치러지고 있다.

'우리 선생님'

내일부터 아이들이 다시 학교에 나오게 된다. 이에 대비해 등교시 알아두어야 할 사항 몇 가지를 오늘 학급 홈페이지에 올렸다. 우리 반은 홈페이지를 적극 활용하기 때문에 담임인 나는 하루도 빠짐없이 여기에 알림장 등을 올려놓는다.

알림장을 올려놓은 다음 '게시판'에 들어가 보았다. 엊그제 올려놓은 동시 3편을 아이들이 가장 많이 열어보았다. 아마도 집에 있는 동안 제법 동시를 외운 것 같다. 모르긴 해도 동준이는 '불량 꽃게'와 '감잎 우표' 등을 벌써 다 외웠을 것이다.

다음에는 '학급앨범'에 들어가 보았다. 여기에는 아이들의 '포석정 놀이' 사진이 100장 이상 올라 있어 심심할 때면 나도 들어가 다시 보고는 한다. 그런데 오늘은 '우리 선생님'이란 제목과 함께 내 사진 한 장이 올라 있다. 분명 내가 올린 사진은 아니다. 사진은 정읍 구절초축제에 가서 찍은, 연보랏빛 구절초 속에서 찍은 사진이다. 이 사진은 나의 문학서재에 올려놓았는데 누가 어떻게 알고 여기에 퍼다 놓은 것일까? 자세히 보니 이유진의 짓이었다.

2학기 들어 내가 아이들에게 내 수필집에 실린 글을 두어 편 읽어주었다. 그 때 내 필명과 책 제목을 알아두었던 영리한 유진이가 기어이 인터넷 검색을 해보았던 모양이다. 내 문학서재를 발견하고 들어가 사진을 퍼온 것 같다. 유진이는 지금 신종플루 의심환자로 분류되어 학교에 나오지 못한 지 열흘 남짓 된다. 아이들의 댓글이 재미있다. ㅋㅋㅋ…

11월 12일(목요일), 출근길에 본 은행나무의 단풍이 너무 곱다. 단풍을 보는 것도 이번 주가 마지막일 것 같다.

개학하여 온 아이들과 만났다. 지난달 20일부터 학교에 오지 못한 대희를 비롯하여 모든 아이들이 왔다. 1주일 휴업을 했는데도 오래 못 본 것처럼 아이들이 큰 소리로 나를 반겼다. 수업 시간에도 활기가 넘쳤다. 아롱이다롱이이더라도 아이들이 모두 제 자리에 있어야 선생님도 흥이 난다는 것을 알았다.

아이들이 돌아가고 난 뒤 5학년 강지혜가 우리 교실을 찾아왔다. 예쁜 꽃리본까지 단 빼빼로 한 곽을 수줍게 내민다. 어제가 11월 11일로 아이들이 좋아하는 빼빼로데이였다. 지혜는 내가 2007년 9월 교단에 섰을 때 만난 나의 첫 제자이다. 기념일마다 편지나 카드나 선물로 꼭 나를 챙기는 속 깊고 정 많은 아이다. 그렇지 않아도 어제 지혜에게 줄 책≪푸른 돌고래섬≫을 교보문고에 주문해 놓았다. 우리는 이렇게 마음이 잘 통한다.

11월 13일 금요일, 구름이 짙고 바람까지 차더니 비가 내리고 난 뒤에는 하루 종일 을씨년스럽다.

'근량이 오빠'

오늘은 금요일이라 4교시 수업으로 끝이다. 아이들이 들뜬 마음으로 돌아갈 채비를 서두른다. 복도에는 재홍이가 벌써 와서 기다리고 있다.

1학년인 재홍이는 우리 반 근량이의 하나 밖에 없는 남동생이다. 아무리 1학년이라지만 학년 초에는 시도 때도 없이 우리 교실 문 앞에 서서 누나를 찾곤 했다. 나중에 알고 보니 근량이네는 요즘 보통 가정에 비해 형제가 많은 편이었다. 근량이 위로 언니가 둘인가 셋이 있고 그 밑으로 근량이와 재홍이가 있다. 그러니 재홍이는 막내이자 외아들인 셈이다. 그래서 그런지 자립심이 약해 재홍이 담임선생님 말씀에 의하면 툭하면 누나한테 간다며 교실을 나간다고 했다.

그래도 내 눈에는 재홍이가 사랑스럽기만 하다. 어쩌다 나와 마주칠 때 보면 재홍이는 늘 도서실에서 책을 빌려 옆구리에 끼고 오는 모습이다. 유난히 키가 작은 꼬맹이가 그림책 한두 권을 끼고 걸어오는 모습과 마주치면 기특하고 사랑스러워 칭찬을 아끼지 않았다.

이런 재홍이이니 우리 복도에 나타나면 반가움이 앞선다. "재홍아. 왔니?" 하고 반겨주면, "안녕하세요?" 깍듯이 응수한다. 언제부턴가는 내가 "근량아, 네 오빠 왔다."하며 반겨준다. 근량이도 재홍이도 내가 놀리느라고 하는 말인 줄 잘 안다. 그렇게 말하면 녀석이 빙그레 웃는다. 오늘은 "근량이 오빠 왔니?" 하였더니 녀석이 "네!" 하고 능청스럽게 대답을 한다. 꿀밤을 한 대 주고 싶게 귀엽다.

아직은 어린 1학년 재홍이에게 근량이 누나는 가장 든든한 누나이고 형일 것이다. 옛날에 나도 학교 다닐 때 막내오빠가 그랬다.

11월 19일(목요일), 올 들어 가장 추운 영하의 날씨. 내복을 입어도 춥다.

내일 과학 준비물(용수철 인형 만들기) 중에 '붕어 눈'이 들어있다. 알림장에 적으라고 하였더니 승철이가 "선생님, 붕어의 살아있는 눈을 가져와요?" 한다. 아이들도 나도 배꼽을 잡고 웃었다. 문구점에서 파는 인형에 붙이는 눈을 말하는데, 순진한 승철이는 아직 그런 게 있다는 걸 모르는 것 같다.

11월 20일(토요일), 잔뜩 흐린 하늘 탓인지 카플하는 선생님들 모두 말 한마디 나누지 않다. 새들도 제각기 흩어져 낮게 날다.

제비

제비가 강남으로 돌아간다는 중양절은 음력 9월 9일이다. 하지만 내 친구 제비는 10월 초하룻날 강남으로 갔다.

점심시간이었다. 양치질을 마치고 핸드백을 열었을 때, 핸드폰에 한 초등학교 친구 이름이 5회나 찍혀 있었다. 반가움보다는 불길한 예감이 들었다. 무슨 다급한 일이 아니고서야 내가 통화가 어려운 오전 시간에 다섯 번이나 전화를 할 친구가 아니다. 곧장 전화를 걸어 보았다. 고향 친구 인식이가 새벽에 교통사고를 당해 하늘로 갔다는 놀라운 소식….

대형 트럭을 운전하는 친구는 그날 새벽 소형차를 가지고 차고지로 이동하는 중이었다고 한다. 사고가 난 도로는 평소에 차가 많이 다니는 길이기는 하지만 새벽 4시 무렵이었으니 차량통행이 많지는 않은 시간이었다. 차고지를 불과 500~600m 남겨두고 중앙선을 넘어 달려오던 마주오던 여성 운전자–이 여자는 술이 취한 상태로 졸음운전을 하였다고 한다–의 차와 정면으로 부딪혀 그 자리에서 목숨을 잃었다. 피해자도 가해자도 모두 목숨을 잃은 끔찍한 사고였다.

오후 수업을 어떻게 하였는지 모르게 수업을 마쳤다. 여기 저기 친구들에게 전화를 해보았다. 안타깝고 어처구니없기는 친구들도 같은 마음이다. 좋은 친구 하나를 잃었다는 슬픔이 모두의 말을 잊게 했다.

인식이는 나의 고향 친구이다. 20호 정도가 사는 산촌의 작은 마을 아랫집에 내가 살고 친구는 바로 뒷집에 살았다. 자연 초등학교와 중학교를 같은 학교에 다녔다. 나보다 더 가난한 집안의 7남매 중 다섯째인 친구는 중학교 다닐 때 어머니까지 돌아가셨다. 더 이상의 상급학교 진학은 꿈도 꿀 수 없었다.

중학교를 졸업한 친구는 바로 서울로 올라갔다. 이런 저런 궂은일을 하다 운전을 배우기 시작하여 결혼하기 전부터는 트럭을 몰았다. 명절마다 고향에 가면 대형 트럭을 몰고 온 친구를 만날 수 있었다. 좁은

골목까지 끌고 들어 온 트럭을 돌리지 못해 애를 먹거나, 비탈길을 오르지 못할 때 동네사람들이 몰려가 친구의 트럭을 밀어주던 모습이 눈에 선하다. 그때부터 평생을 트럭과 함께 한 삶이었다.

친구의 다른 이름은 '제비'이다. 바람둥이 제비의 뜻이 아니다. 벌레를 잡기 위해 들판을 낮게 비행을 하듯, 두 팔을 벌리고 원을 그리듯 나는 모습이 제비 같다고 하여 초등학교 다닐 때 친구들이 붙여 주었다. 인식이는 걷기보다 달리기를 좋아했다. 그냥 달리지 않고 꼭 제비처럼 두 날개를 펴고 좌로 우로 기우뚱한 동작을 반복하며 달렸다.

돌이켜보면 제비라는 별명은 친구에게 매우 잘 어울렸다. 제비처럼 인정 많고 마음 따뜻하고 의리가 있는 친구였으니까. 제비가 길조吉鳥요 익조益鳥요 희조喜鳥이듯, 내 친구 제비도 친구들 사이에 분위기메이커였다. 도움을 주었으면 주었지 해를 끼치는 친구가 아니었으며, 강남갔던 제비가 박씨 물고 봄에 오듯, 불쑥불쑥 전화를 걸어 반가움을 안겨주던 친구다. 아직까지도 친구들은 인식이를 부를 때 "제비야!" 하지 "인식아!" 하지 않는다.

인식이는 내 뒷집에 살아서 한 동네 남자친구 중 누구보다도 친근한 친구였다. 초등학교 때는 내 책보 심부름도 마다하지 않던 성격 무던한 친구였다. 내가 고등학교에 다닐 때는 객지에서 힘들게 번 돈으로 나와 내 친구를 마이산까지 데려간 정 많은 친구이기도 하다. 내가 몸을 다친 이후에는 친구들끼리 송년회의 2차를 갈 때-보통 노래방을 갔다- 많이 걷기 힘들어하는 나를 업어주겠다며 술기운에 콧노래까지 부르던 친구다.

얼마 전까지만 해도 가끔씩 전화를 걸어서는 "오빠다!" 하고 반가움을 표시하던 내 친구 제비. 내가 "오빠는 무슨?" 하고 딴지를 걸면 허허허 사람 좋게 웃어넘기던 제비. 영정사진 속 제비가 금방이라도 "오빠다!" 하며 허허 웃을 것 같았다.

친구가 사고를 당한 자리는 내가 아침저녁으로 출퇴근을 하는 동부 우회도로의 동산역 부근이다. 사고 당일에는 몰랐으나, 다음 날부터 그 지점 도로변에 흰 국화꽃 다발이 걸려 있다. 사고 흔적과 꽃을 볼 때마다 마음이 아리다.

오늘은 삼우제 날이다. 새로운 국화꽃 바구니가 걸려있다. 아마도 식구들이 급작스레 떠난 남편, 아버지, 오빠, 동생을 잊지 못하여 걸어 준 꽃이리라. 친구는 가족 사랑이 남달랐다고 들었다. 특히 두 아들에 대한 사랑이 끔찍하여 장성한 두 아들을 아직도 물고 빨고 보듬고 뒹굴고 했다고 한다. 토요일에는 두 아들과 함께하기 위해 핸드폰도 꺼 놓고 지낼 정도였다고 하니 오죽했으랴. 그렇게 사랑하는 가족을 두고 친구의 발길이 어찌 떨어졌을까. 사고 지점을 지나칠 때마다 그래서 더 가슴이 아프고 좋은 곳으로 가기를 마음속으로 빌고 또 빈다.

제비는 겨울에 강남으로 갔다가 봄이 되면 다시 전에 살던 곳으로 돌아온다. 내 친구 제비가 잠깐 따뜻한 강남에 갔다면 얼마나 좋을까. 내년 봄 삼짇날에 또 불쑥 전화로 "오빠다!" 하며 너스레를 떨어오면, "그래. 이제부터 네가 오빠 해!" 하며 지금까지 한 번도 양보하지 않은 우선순위를 기꺼이 양보해 줄 것이다.

11월 24일(화요일), 출근길에 안개가 짙게 끼다. 정목스님의 동요를 들으며 조용히 오간 호젓한 출퇴근길….

자리 바꾸기

2학기 들어 두 번째 자리를 바꾸었다. 자리를 바꾸는 일도 일이라면 일이다. 키, 성적, 성별, 장애, 인성 등을 고려하여야 하기 때문이다. 그러나 이번에는 이런 모든 것을 무시하고 뽑기로 했다. 3분단 6줄을 A, B, C, D…로 정한 뒤, 각 알파벳에 1~5까지 번호를 붙였다. 모두 30개의 번호를 만들어 접은 후 자신이 뽑은 카드의 자리에 앉게 되는 방법이다. 처음 해보는 방법이라 처음에는 아이들이 매우 좋아하였으나 마음에 안 드는 친구와 짝꿍이 되거나 키가 작은 아이가 뒤에 앉게 되는 경우가 생겼다.

하지만 요즘 책걸상은 키에 맞게 높낮이를 조절하도록 되어있어서 큰 문제는 되지 않았다. 자리를 바꾸는 이유 중에는 다른 친구들과도 어울리게 하는 목적도 있다.

거의 모든 아이들이 꺼려하는 원진이는 뜻밖에 유진이와 짝꿍이 되었다. 유진이는 우리 반에서 성적이 가장 좋고 원진이는 그 다음이다. 유진이는 공부만 잘 하는 게 아니라 봉사정신도 높고 리더십도 있다. 그래서 원진이가 은근히 유진이에게 관심이 있는 듯 보였는데, 이번에 짝꿍까지 되고 보니 기분이 좋은 눈치다.

당장에 유진이가 원진이에게 다음과 같은 각서를 받아 원진이 책상 위에 붙여 놓았다.

1. 앞으로 절대 지저분한 행동을 하지 않는다.
2. 숙제를 꼭 해오고 학용품을 잘 챙겨온다.
3. 짝꿍을 때리지 않는다.

각서에 순순히 서명을 하고 벌써부터 고분고분해 진 원진이, 유진이가 나보다 원진이를 잘 다룬다.

11월 26일(목요일), 안개가 짙게 끼다. 가시거리 50m 미만.

친엄마와 새엄마

점심시간에 아이들과 밥을 같이 먹던 중 들은 이야기이다. ○○의 엄마가 친엄마가 아닌 새엄마라는 얘기였다. 어쩐지~ 그동안 ○○ 부모에 대해 이상한 점을 많이 느꼈다. 1학기에 ○○ 혼자만 현장체험학습을 보내지 않았고, 전화를 해도 문자를 보내도 답을 하지 않았다. 부모가 돼가지고 왜 이렇게 자식 문제에 무관심할까 혼자 이상하게 생각해 왔다.

얼마 전에는 이런 일도 있었다. 신종플루로 인한 휴업기간에 컴퓨터로 해야 하는 공부가 있었다. 전북e스쿨에서 유일하게 ○○만 공부를 하지 않은 것을 확인하고 ○○ 아빠에게 부탁까지 하였으나 끝까지 하지 않았다. 나중에 ○○ 말을 들으니 엄마가 컴퓨터를 하지 못하게 했다는 것이었다. 담임이 전화까지 해서 부탁을 했는데도 무시를 하여 참 이상한 학부모라는 생각만 갖고 있었다. 그런데 오늘 아이들 얘길 듣고서야 이해가 되었다. 새엄마라고 다 ○○ 엄마 같지는 않겠지만 친엄마였으면 절대로 그렇게 하지 않았을 것이다.

○○는 그동안 아이들의 조롱거리였다. 아이들의 물건을 훔치거나 돈을 빌려 군것질을 하거나, 심지어 몇 년 전 빌린 돈을 갚지 못하여 옆반 아이에게 늘 빚 독촉을 받았다. 이제 생각해 보니 ○○는 다른 아이들이 자주 먹는 과자가 먹고 싶고 딱지 같은 사소한 장난감이 갖고 싶었던 것이다. 자기 돈으로는 살 수가 없으니 남의 것을 훔치거나 빌려서라도 먹고 싶고 갖고 싶었던 것이다.

그런 줄도 모르고 나는 엊그제 ○○를 야단을 쳤다. 친구들 것을 훔치는 것으로 모자라 선생님 물건에까지 손을 댔기 때문이다. 그동안 먹을 것이 생기면 나는 거의 모두 우리 반 아이들에게 나누어 주었다. 그리고

5학년 지혜가 준 빼빼로만 남겨 두었다. 리본장식까지 예쁘게 한 지혜의 마음이 예뻐서 먹어 없앨 수가 없었다.

이런 과자를 ○○가 슬쩍 알맹이만 빼다 먹어버린 것이다. 차라리 먹고 싶으면 선생님한테 말을 하지 그랬느냐고 나무랄 때 ○○는 찔끔찔끔 눈물만 짰다. 목에 뭐가 들어와도 자존심을 지킬 때도 있어야지, 아무리 먹고 싶다고 선생님 책상까지 손을 대냐며 호되게 야단을 쳤다. 그때는 ○○가 비굴하게 행동하는 것에 너무나 화가 났다. 하지만 지금 생각하니 얼마나 먹고 싶었으면 그랬을까 싶다.

학년 초에 가정환경조사를 하지만 새엄마라는 사실을 밝히는 가정은 없다. 어쨌거나 지금까지 아이를 파악하지 못한 건 내 잘못이다. 큰 경험이 되었다. 사랑에 굶주리고 먹을 것에 굶주리고 있는 ○○를 앞으로 따뜻하게 보듬어야겠다.

11월 27일(금요일)

오늘과 내일 우리 학교 선생님들은 '선진학교 시찰'이라는 명목으로 경남 통영으로 직원여행을 갔다. 통영은 작곡가 윤이상, 소설가 박경리, 시인 김춘수, 유치환, 김상옥, 화가 전혁림 등 내로라하는 예술가를 많이 배출한 고장이다. 또한 동양의 진주요 한국의 나폴리로 불릴만큼 아름다운 고장이다. 이렇게 좋은 곳에 가는데 나는 가지 않았다. 내 체력으로 갔다 오기엔 너무 먼 곳이고, 몸이 불편한 내가 동행하여 선생님들의 여행에 차질을 줄 수도 있기 때문이다. 무척 아쉽다. 하지만 내 느린 속도에 맞게 여행을 하려면 여럿이 말고 한둘이 여유있게 가야 한다. 방학하면 친구들과 천천히 다녀오고 싶다.

11월 30일(금요일)

우리 반 극성 야구단원들

전담시간에 교무실에 갔다가 군산시 '리틀야구단 모집' 전단지가 눈에 들어왔다. 얼른 대상, 모집기간, 구비서류 등을 적어왔다. 그리고 하교 시간에 아이들에게 이 소식을 전해주었다. 우리 반 남자아이들 함성을 지르며 좋아한다.

그동안 우리 반 남자아이들의 최고 관심사는 야구였다. 장갑이랑 방망이, 공 등을 가져와 잠시라도 시간이 나면 야구시합을 했다. 그런데 야구는 공이 단단하고 방망이는 딱딱한 쇠붙이이라서 매우 위험하다. 행여 아이들이 다치기라도 할까 염려되어 야구하는 것을 막아 왔다. 딱딱한 공과 방망이는 아예 학교에 가져오지 못하게도 했다. 아이들의 원성이 높았지만 아이들의 안전을 책임져야 하는 담임으로서 어쩔 수 없었다.

학년 초에 선생님들의 합의 하에 4학년은 야구를 하지 못하게 했다. 아이들이 항의를 할 때마다 이 핑계를 대었다. 4학년은 그래도 아직은 순한 편이다. 얼마나 하고 싶으면 말랑말랑한 공을 가지고 와 야구공 던지는 연습을 했다. 그것을 보니 마음이 약해졌다. 그래서 11월부터는 너무 단단하지 않은 공을 조건으로 야구를 허락했다.

알고 보니 다른 반도 암암리에 야구를 하고 있었다. 내 허락이 떨어지자마자 당장에 점심시간마다 반끼리 시합을 벌였다. 특히 6반과의 경쟁이 치열했다. 우리 반 아이들은 짧은 점심시간의 끝종이 울리면 상기된 얼굴로 교실로 들어와 이번에도 6반을 이겼노라고 자랑스럽게 말했다. 저희들끼리 우리 반 야구부 상징이라며 용 그림도 그려놓고 의기투합했다.

이런 아이들에게 리틀야구단 단원모집 소식은 특종 중 특종이었다. 다음날 바로 대희와 규현이가 입단신청서를 가지고와 나에게 담임 서명을 부탁했다. 흔쾌히 사인을 해주었다. 아이들은 이런 희소식을 다른 반에는 절대 알리지 말아달라고 한다.

기말시험이 며칠 남지 않았다. 그런데 내가 아이들에게 괜한 바람을 넣은 게 아닌가 하는 생각이 들지만, 야구도 열심히 하고 공부도 열심히 하는 아이들이 되기를 바라는 마음이다.

12월 1일(화요일), 안개…안개…안개

"이 빵꾸똥꾸야!"

점심시간이었다. 청소를 마친 아이들을 데리고 급식실로 갔다. 오늘도 내 식판은 유나가 들어주었다. 유나가 내 앞에 식판을 놓은 다음 자기 자리를 찾았다. 그런데 먼저 놓고 갔던 유나 식판이 옆으로 비켜 놓여있고, 서린이와 지연이와 근량이가 내 앞과 양 옆에 앉았다. 그걸 본 순간 유나가

"야, 이 빵꾸똥꾸야!"

하며 소리를 꽥 질렀다. 그 장면을 보는 순간 웃음이 터져나왔다. mbc 시트콤 '지붕뚫고 하이킥' 에 나오는 샘 많고 투정도 심한 주인공 해리의 딱 그 모습이어서다. 평소의 유나답지 않은 반응이었지만 그마저도 귀여운 모습이었다.

유나는 작년 3학년 때도 나의 반이었고 올해도 나의 반이 되었다. 작년에도 그랬고 올해도 유나가 내 식판을 책임지고 있다. 지난 여름 유나네는 학교에서 좀 먼 거리고 이사를 했다. 다른 부모님 같았으면, 다른 아이 같았으면 새로 이사한 가까운 학교로 전학을 갔을 것이다. 하지만 유나는 그렇게 되면 선생님 급식 당번은 누가 하냐며 4학년을 마치고

전학을 가겠다고 하였단다.

다른 영특한 아이들에 비하면 조금 성적은 뒤지지만 이처럼 책임감 있고 마음 따뜻한 유나이기에 지난 6월 아이들도 유나를 우리 반 반장으로 뽑아 주었다. 그동안은 자신감이 부족하여 시 외우기를 두려워하던 유나가 요즈음은 누구보다도 먼저 시를 챙긴다. 이번에도 '홍시'를 제일 먼저 외우고는 앞으로는 좀 더 긴 시를 알려달라며 보챈다.

유나와 함께할 시간이 이제 얼마 남지 않았다. 내가 유나에게 많은 도움을 받은 것처럼, 나도 유나에게 많은 것을 주는 소중한 선생님이 되고 싶은 마음이다.

12월 3일(목요일), 하루 종일 잔뜩 흐린 날씨. 내 몸이 또 예민하게 반응을 하다.

아침에 일어나니 감기기운이 느껴졌다. 며칠 전부터는 오른쪽 뒷머리가 콕콕 쑤시고 있다. 편두통은 종종 있어왔지만 이렇게 며칠씩 그 자리만 계속하여 쪼는 것이 아무래도 이상하다는 생각이 들었다. 2주 전 전교생이 신종플루 예방주사를 맞았는데도 여전히 고열인 아이들이 많고 윤비는 확진환자로 화요일부터 결석 중이다. 찬혁이도 증상이 심상치가 않다. 최근 들어 아이들 체온을 내가 직접 재어 온 것도 한 원인으로 보인다. 소독솜이나 마스크도 없이 교실에서 체온을 재고 있다. 그동안 간신히 버텨 온 내 체력이 기어이 한계가 온 것 같다.

한방감기약 2포를 먹고 출근을 하였다. 그런데 학교에 오니 감기 증상이 더 심해지고 아이들 체온을 잴 때 재보니 열도 37.8도나 되었다. 하루 종일 고열, 코막힘, 편두통, 한기 등 때문에 견디기가 힘들었다. 그래서 오후에 박은희 선생님 공개수업 사후협의회에도 참석하지 못했다.

퇴근하자마자 전북대병원에 가서 신종플루 검사를 받았다. 지난 10월에 받고 이번이 두 번째이다. 여기서는 열이 무려 38.4도나 되었다. 타미플루를 다시 처방받고 감기약도 5일분 지어 왔다. 지난번에는 타미플루를 먹다 중단했다. 당시 진료를 맡았던 여의사가 음성으로 나오면 먹다 중단하라고 했었다.

그런데 방송에 의하면 타미플루는 먹다 중단하면 위험한 상황이 올 수 있다고 한다. 의사에게 그 때는 왜 그런 처방을 내렸느냐 물었더니, 국가에서 이랬다 저랬다 자꾸 지시가 달라진다고 했다. 이로 인한 부작용도 없어야 하고 신종플루도 걸리지 말아야 하는데 걱정이다.

12월 4일(금요일)

신종플루 양성 반응

어제 저녁부터 타미플루를 먹어서인지 오늘은 어제보다 열도 덜 나고 편두통도 덜했다. 금요일은 수업 부담도 적어 큰 피로를 느끼지 않고 퇴근할 수 있었다.

퇴근 길에 전북대병원으로부터 문자를 받았다. 염려했던 대로 결과는 '양성'이었다. 마음의 준비는 하고 있었지만 혹시나 하고 비켜가기를 바랐었다. 한숨밖에 안 나왔다. 학교에는 어떻게 말을 하며, 다음 주에 기말고사가 있는데 아이들이 시험은 어떻게 치르게 한단 말인가.

먼저 교무선생님께 전화를 드렸다. 학교 관리자들도 고충이 많을 것 같다. 학생들은 물론 선생님들까지 신종플루에 걸려 학사일정에 많은 차질을 빚는다. 너무나 죄송하다. 내일 아이들에게는 뭐라고 말을 해야 할까. 전화로라도 알려주기는 알려주어야 할 것 같다.

12월 5일(토요일)

병가 신청

어제 저녁에 거의 잠을 자지 못했다. 낮에는 그만 하던 증상이 저녁이 되자 다시 편두통이 심해지고 식은땀이 나고 잠도 오지 않았다. 엎치락 뒤치락 하다 날이 밝았다. 학년부장 선생님과 보건 선생님에게 사실을 알리고, 우리 반에 보강을 맡게 될 강민선, 김세정 선생님께는 쪽지를 보냈다. 1주일동안 내 대신 수업도 해야 하지만 기말고사와 뒷처리도 해야 해서 너무나 죄송한 마음이다.

원석이 핸드폰으로 우리 반 아이들-반장 김지연, 부반장 김대희, 그리고 제일 야무진 이유진과도 통화했다. 혹시 선생님이 며칠동안 학교에 나가지 못하더라도 선생님들 말씀 잘 듣고 시험도 잘 보라는 당부를 했다. 병가 신청은 neis에 들어가 했다. 오늘부터 다음 주 금요일까지 7일간이지만 실제로는 앞 뒤 토요일과 일요일을 포함해 9일간이다.

* 다음 주에는 강민선 선생님이 전담을 하고, 오늘은 1교시에는 신민욱 선생님, 2교시 신원미 선생님, 3교시 김세정 선생님, 4교시 경미란 선생님이 수업을 들어갔다고 한다. 마음이 착잡하다.

12월 6일(일요일)

신종플루와 편두통과의 상관

어제 저녁에도 잘 때 땀을 많이 흘렸다. 옷은 물론이고 이불, 베개까지 흠뻑 젖었다. 그런데 편두통이 가시지를 않는다. 아직도 오른쪽 머리가 가끔씩 따끔거린다. 아침에 전화가 왔는데 동생도 감기에 걸린 목소리였다. 편두통도 왔다고 하여 깜짝 놀랐다. 날씨도 추운데 어제 막내오빠네 김치를 담가주느라 고생하는가 싶더니 그리 된 것 같다.

인터넷에 들어가 '신종플루의 증상'을 검색해 보았다. 그랬더니 뜻밖에도 편두통이나 두통 증상이 80% 이상이라고 나왔다. 내 동생은 신종플루가 아니어야 할 텐데 걱정된다.

12월 7일(월요일), 어제부터 영하의 맹추위. 오후에는 풀린다던 일기예보는 오보였네!

교사는 체력이 우선

우리 반 홈페이지에 아이들에게 당부하는 글을 올렸다. 선생님이 개인적인 사정으로 이번 한 주 동안 학교에 나갈 수 없다는 것과, 1주일동안 담임이 되어 주실 영어선생님 말씀 잘 듣고, 기말고사도 잘 치르기를 부탁했다. 아프다는 이야기는 하지 않았다. 교장선생님과 교감선생님께도 사과의 쪽지를 보냈다.

교직생활이라는 게 의지만 가지고 되지 않는 부분이 있다는 걸 뼈저리게 느낀다. 아이들에게 최선을 다하고 싶어도 체력이 뒷받침되지 않으면 그 의지는 한순간에 무너질 수 있다. 우리 아이들에게 너무나 미안하고, 선생님들께도 너무나 죄송하다.

* 교장선생님께서 답장을 주셨다. 사람이 살아가는데 예기치 않은 일들이 종종 발생하지만 누구든 현 상황에 최선을 다 할 따름이라고 하셨다. 학교생활을 계속할 수 있도록 하루 빨리 쾌차할 것과, '학교는 우리의 자랑인 배려로 뭉친 막강한 선생님들이 있잖아요.' 하시며 너무 자책하지 말 것과 빠른 쾌유를 빌어주셨다. 너무 감동하여 눈물이 난다.

12월 8일(화요일), 흐림

기말고사 치르는 날

지금 학교에선 기말고사를 치르고 있을 것이다. 이에 대비해 어제 학급 홈페이지에 시험 준비물(자, 각도기)을 올려놓았다. 지난주에 미리 말을 해두기는 했지만 건성으로 듣는 녀석들이 있기 때문이다.

비록 병가를 내어 아이들 곁에 있지 못하지만, 지난주에 나는 아이들에게 기말시험에 대비해 내가 할 일을 다 했다. 시험범위까지 서둘러 진도를 나간 뒤, 요점정리, 단원평가, 기출문제 풀기까지 모두 마쳐주었다. 그래서 내가 없어도 아이들이 시험을 잘 치를 수 있을 것으로 믿는다.

12월 9일(수요일)

엄마 없는 아이들처럼

시험이 끝난 아이들이 전화를 걸어왔다. 영어선생님이 우선 국어와 수학 점수만 알려주셨다고 한다. 동준이, 대관이, 유진이, 승현이, 원석이, 시연이, 하연이…, 모두 다 맞았거나 한두 개만 틀렸다고 한다.

선생님 언제 오실 거냐고, 보고 싶다고, 빨리 오시라고 전화기에 대고 소리소리 지르는 아이들…. 꼭 엄마 없어 서러운 아이들 같아 마음이 찡하다. 크게 말썽피운 아이들은 없는 것 같아 정말 다행이다.

12월 10일(목요일)

문자 소나기

오늘은 아이들의 문자가 쏟아졌다. 하나같이 선생님 빨리 나아서 학교에 오라는 내용이었다.

"선생님 보고 싶어요."

"선생님 사랑해요."

……………………

아마도 누군가 문자라도 보내자고 제의를 한 것 같다. 철부지들인 줄 알았더니 하나같이 어른스럽고 믿음직스럽다.

12월 11일(금요일), 오후까지 안개 걷히지 않고 보슬비가 내리다.

강민선 선생님께서 우리 반 기말고사 성적 집계표를 보내주셨다. 학급 평균이 87.36점이고 학력우수상을 받게 되는 아이도 절반인 15명이나 된다. 지난 10월 말부터 신종플루로 인해 우리 반 아이들 20여 명이 들락날락하며 결석을 했다. 그러고도 내가 없는데 이 정도 성적을 올려 준 아이들이 너무나 대견하다.

아이들 지도하는 것만도 힘이 들 텐데, 기말고사 시험까지 겹쳐 채점하고 집계까지 내 주신 강민선 선생님, 몸살이라도 나지 않았는지 걱정된다.

* 어제 저녁 잘 때 또 식은땀을 많이 흘렸다. 단순이 기가 허해서 그러는지, 아니면 신종플루가 완치되지 않아서 그런지 모르겠다. 건강한 모습으로 아이들과 만나기 위해 오늘 다시 정관장 홍삼액도 사고 동생이 고아 준 사골도 먹고 있다. 몸이 더 이상은 나빠지지 말아야 한다.

12월 11일(일요일)

어제와 오늘 머리가 맑다. 그제까지만 해도 머리가 개운치가 않아서 걱정이 많았다. 만약 학교에 가는 날까지 완치가 안 되면 어쩌나 해서다. 오늘은 기분도 상쾌하고 완전히 나은 것을 느낄 수 있다. 그동안 소홀히 했던 운동을 요즘 날마다 열심히 하고 있다. 어제와 오늘은 건지산으로 운동을 다녀왔다. 몸이 매우 가뿐하다.

12월 14일(월요일)

근 열흘 만에 아이들과 만났다. 교실에 들어서자마자 아이들이 반갑게 맞아주었다. 대희가 흥분된 목소리로 기아 리틀야구단 회원이 되었다고 자랑을 하고, 원진이는 "선생님~" 하고 큰소리를 쳤다. 짜식들! 그동안 제일 속을 썩이던 녀석들이다.

내가 없는 동안에 체육도 못하고 컴퓨터도 못했다며 아우성, 앞으로 절대 아프시지 말라고 하는데 순전히 저희들 실속을 위해서? 어쨌거나 밉지 않는 소리다.

수고해 주신 강민선 선생님, 김세정 선생님과 보강 들어와 주신 여러 선생님께도 감사하다는 메신저를 보냈다. 강민선 선생님은 우리 반 시험 감독도 하고 시험지 채점도 해주시느라 정말 수고가 많으셨다.

12월 15일(화요일)

한국을 빛낸 100명의 위인들

오늘부터 아이들과 동요 부르기 시간을 갖기로 했다. 시험에서 완전히 해방이 된 아이들이 얼마 남지 않은 교과 진도에 흥미를 잃고 집중을 하지 않았다. 그래서 사이사이 동요를 부르며 분위기를 환기시키려 한다. 다행히 아이들 반응이 좋았다.

I-scream의 '쉬는 시간'에 실려 있는 창작동요 중 처음에 '연날리기'와 '마법의 성'을 불렀다. 이들 노래는 어른인 내가 들어도 좋은 곡이다. 이 두 노래 다음에 '한국을 빛낸 100명의 위인들' 이 있었다. 이 곡은 아는 아이들이 제법 많았다. 노래가 흐르는 동안 흥얼흥얼 따라 불렀다.

이제 외우는 것에는 길이 든 우리 아이들이다. 이 기회에 노랫말을 모두 외워보자고 했다. 그랬더니 예상했던 것보다 많은 아이들이 좋아한다. 무턱대고 외우기에는 무척 긴 노래인지라 먼저 1절씩 끊어서 외워보자고 했다. 한 절씩 외울 때마다 '잘했어요' 도상을 받아가고, 5절까지 5개의 도장을 받은 사람에게는 '참 잘했어요' 도장을 하나 더 찍어주겠다고 했다. 뜨거운 반응 속에 한 절씩 한 절씩 도장을 받아가고, 대희가 제일 먼저 '참 잘했어요' 도장을 받았다. 그 다음은 승철이와 근량이와 규현이가…. 단 몇 시간 동안에 거둔 성과다.

노랫말에 등장하는 위인들 중에는 우리 아이들이 아는 이름이 많다. 책을 많이 읽는 원진이의 경우 동그라미를 쳐보니 이 노래에 나오는 위인전을 30권도 넘게 읽었다고 자랑을 한다. 종종 '사육신과 생육신', '서화가무', '삼학사' 등의 뜻을 묻는 아이들이 있다. 그래서 생각한 방법이 하나 더 있다. 이 노랫말을 모두 외우고 나면 가사 내용 중 궁금하거나 더 알고 싶은 것을 스스로 찾아보도록 하는 것이다. 궁금증을 참지 못하는 우리 아이들이 이 숙제도 기꺼이 해내고 말 것이다. 5학년과 6학년에 올라가고, 앞으로 역사 공부를 계속해야 하는 아이들에게 이번 노랫말 외우기가 큰 도움이 될 것이라 믿는다.

12월 17일(목요일), 첫눈이 내리다. 전주는 1cm, 군산은 6cm 쯤 왔다고 하는데 다행히 출근에 크게 부담은 되지 않다.

눈싸움 놀이

눈 때문에 여느 때보다 조금 늦게 학교에 도착했다. 우리 반 아이들

대부분이 밖에 나와 나를 기다리고 있었다. 기다리고 기다리던 첫눈이 아닌가. 4교시에 들어 있는 체육을 1교시 국어와 바꾸었다.

운동장으로 내보내기 전 두 가지 주의사항을 말해주었다. 눈뭉치를 너무 단단하게 하지 말 것, 눈뭉치는 친구의 어깨 아래로만 던질 것…. 이제 밖으로 나가도 좋다는 말이 떨어지기 무섭게 복도로 뛰쳐나가는 녀석들…. 모자와 장갑으로 중무장을 하고 사물함에 들어있는 바가지와 양동이까지 챙겨 나가는 아이들도 있었다.

한 시간 후, 홍당무가 되어 들어 온 아이들이 저마다 고자질을 해대기에 바쁘다. 누구는 얼굴에 눈을 뿌렸고, 누구는 옷 속에 눈뭉치를 넣었고, 누구는 눈 위에 넘어뜨렸고…, 그렇긴 하면서도 첫눈 온 날 눈 위에서 뛰논 만족감이 얼굴마다 가득하다.

12월 18일(금요일), 영하 7도의 꽁꽁 언 날씨. 그리고 하루 종일 눈….

동료 선생님의 신세를 진 날

어제부터 눈이 많이 내렸다. 같은 전라북도인데도 날씨에 있어서는 전주와 군산이 많이 다르다. 전주는 내륙지방이라 해안지역인 군산에 비해 비바람이나 안개도 적고 눈도 적게 내린다.

이번 눈만 해도 그렇다. 전주는 1~2cm 살짝 내렸다면 군산은 10cm 이상 내려 쌓였다. 보행이 불편한 나는 눈이 많이 오면 거동이 훨씬 불편하다. 그래서 해마다 겨울만 다가오면 마음속으로 제발 눈이 오지 않거나 오더라도 적게 오기를 빌면서 다닌다. 그런데 올해는 첫눈 치고 너무 많은 눈이 내렸다. 더군다나 오늘 밤에 또 많은 눈이 내린다고 한다.

할 수 없이 5학년 황인미 선생님의 원룸에서 하룻밤 신세를 졌다. 선생님은 집은 전주이지만 군산에 방을 얻어 생활하고 있다. 신규교사이지만 황 선생님이 내 처지를 이해하고 기꺼이 사정을 들어주있다. 그래서 조금이라도 선생님에게 불편을 주지 않으려고 나도 최대한 마음을 썼다. 젊은 선생님이 내 사정을 헤아려준 예쁜 마음 아마 잊지 못할 것이다. 나도 선생님에게 도움을 줄 기회가 오면 꼭 갚을 것이다.

12월 20일(일요일), 함박눈이 펑펑 내리다. 함박눈이 내린 날은 날씨가 포근하다.

함박눈

4일 연속 눈이 내리고 있다. 내일 출근에 적잖이 걱정이 된다. 만약을 대비해 함박눈 속을 뚫고 주유소에 다녀왔다. 자동차에 기름을 가득 넣어두기 위해서다. 다행히 도로는 눈이 다 녹았다. 밤에 더 내리지만 않는다면 내일 아침 출근에 큰 어려움은 없겠지만 뉴스에선 저녁부터 새벽까지 또 눈이 내릴 거라고 한다. 반갑고 설레는 게 아니라 두통거리가 되는 눈이다.

12월 23일(수요일)

박완서님의 단편동화집 ≪자전거 도둑≫을 가지고 독서토론과 글쓰기를 하다. 모처럼 두 시간 연속으로 하다. 먼저 한 시간은 책 제목의 글과 〈옥상의 민들레꽃〉, 〈달걀은 달걀로 갚으렴〉으로 토론을 하고, 두 번째 시간에는 독서감상문을 쓰다.

좋은 동화책이 많지만 이 책도 꼭 아이들에게 읽히고 싶은 책이다. 어른이 읽어도 가슴 따뜻한 이런 책을 나도 써보고 싶다.

12월 24일(목요일)

두 번째 포석정놀이

크리스마스 이브 날, 아이들이 원하는 포석정놀이를 다시 한 번 했다. 교과서 진도가 대강 끝나 이번에는 3교시 연속 할 수 있었다. 그렇게 했는데도 한 사람당 시를 외울 기회는 두 차례 밖에 돌아가지 않았다. 우리 반 아이들은 포석정 놀이를 정말 좋아한다. 오죽하면 이구동성으로 지난 1년 중 가장 기억에 남는 일이 이 포석정 놀이라고 한다.

일련의 과정에 크리스마스 분위기를 내려 아이들은 산타 모자를 쓰고 미술시간에 만들어놓은 트리와 산타 선물이 담긴 양말도 준비했다. 학부모 대표인 대관이 어머니께서 귤도 한 상자 보내주셨다. 3교시 내내 서서 아이들 사진도 찍어주고 하느라 파김치가 되었지만 아이들이 즐거워하는 것을 보며 마음은 흐뭇했다.

종례 시간에 아이들에게 선물을 나누어 주었다. 먼저 그동안 동시를 잘 외웠거나 학급을 위해 봉사를 많이 한 아이들에게 동시집을 선물했다. 나머지 아이들에게도 샤프 선물을 했다. 동시집을 부러워하는 몇몇 아이의 눈빛을 보았다. 마음이 약해진다.

12월 28일(월요일), 한낮에도 영하의 날씨가 며칠째 계속되고 있다. 다시 감기기운이 돈다. 신종플루로 고생한 것이 불과 2주 전이다. 나는 왜 이리 면역력이 약한 걸까.ㅠㅠ

단소 지도

오늘부터 봄방학 전까지 단소를 가르치기로 했다. 5, 6학년에 올라가서 배워도 되지만 어차피 시간도 있고 아이들이 미리 배워두면 좋을 것 같아서다. 오원진과 김대희 등 서너 명만 빼고 모두가 단소를 준비해 왔다.

먼저 단소 그림을 칠판에 그려 구멍과 율명의 위치, 정간보 보는 방법을 설명했다. 그리고 단소 소리 내는 방법을 가르쳤다. 리코더의 경우에는 처음부터 소리가 나지만 단소는 처음 소리내기가 무척 어렵다. 아이들도 머리가 어지럽다는 등 고통을 호소했다. 그럴수록 서두르지도 말고 소리가 날 때까지 자연스럽게 부는 연습을 하라고 했다.

대희를 비롯하여 몇 녀석은 단소 공부보다 영화 보는 것을 더 원한다. 그래도 나머지 아이들은 단소 연습을 제법 열심히 한다. 4학년을 다 마칠 때쯤에는 아이들 모두가 완전히 단소 소리를 내고 노래도 제법 불 수 있을 것이다.

12월 29일(화요일), 아침 기온이 영하 9도. 이번 겨울 들어 가장 추운 날씨이다.

수박 같은 대통령이 되었으면…

오늘 방학 전 마지막 동시를 외웠다. 동시는 김륭 시인이 쓴 〈수박

대통령〉이다. 과일 중에 '제일 덩치 크고 힘센 수박처럼' 선생님도 여러분이 '마음 넓은 사람이 되었으면' 하는 바람이 있다는 말을 전했다.

아이들도 이 시가 무척 마음에 드는 것 같다. 좀 긴 편이지만 많은 아이들이 시를 외웠다. 김륭 시인의 시는 대체로 긴 편이다. 〈프라이팬을 타고 가는 도둑고양이〉, 〈코끼리가 사는 아파트〉, 〈내비게이션〉, 〈무당벌레〉가 다 그렇다. 그렇지만 좋은 동시는 아이들이 더 잘 안다. 아무리 길어도 모두가 신나게 외웠다.

12월 30일(수요일), 퇴근길부터 눈보라가 치다. 밤에 호남지방에 대설주의보가 내렸지만 발 뻗고 잠을 잘 수 있다. 오늘부터 방학이니까….^^

겨울방학

방학식이 있는 날이다. 그래도 단소가 든 가방은 모두 챙겨온 아이들이다. 오늘 같은 날 무슨 아침자습이냐며 투덜거리는 녀석들이 있지만, 아침자습시간과 1교시까지 이어서 기어이 단소지도를 했다. 단소는 제대로 소리를 내기까지 오랜 시간이 필요하다. 제대로 하자면 한 달은 연습을 해야 노래 연주를 할 수 있다. 그런데 이제 겨우 3일밖에 배우지 못했다. 아직 삐~ 소리조차 내지 못하는 아이들이 태반이다. 이러니 내 마음이 조급할 수밖에 없다. 욕심이 있는 아이들은 제대로 소리를 내기 위해 정말 열심히 연습을 한다. 이런 아이들 때문에 더 의욕이 생긴다.

소리는 서두른다고 해서 금방 얻어지는 것이 아니다. 이제 소리내는 방법의 기본은 어느 정도 가르쳐 준 셈이니, 방학동안 꾸준히 한 사람은 틀림없이 소리도 트이고 나누어준 악보의 곡도 모두 소화시킬 것이다.

* 10시 30분에 방송을 통해 방학식을 마신 다음 아이들을 돌려보내다. 윤비 어미니께서 손수 바느질하여 보내주신 퀼트 다이어리를 받다. 정성이 무척 많이 들어간 선물인 걸 느낄 수 있다.

12월 31일(목요일), 전주에 무려 15cm의 눈이 내리다. 온 세상이 하얗다!!

세모의 반가운 소식

친구와 지인들에게 일일이 새해 덕담을 담은 문자를 보냈다. 즉시 온 답장 중에 뜻밖의 반가운 소식이 있었다. 부천에 사는 장영복 친구가 이번에 부산일보 신춘문예에 동시가 당선되었다는 소식이었다. 너무나 반가워 바로 전화를 걸었다.

영복 친구는 서울에 있을 때 이화여대 사회교육원에서 논술지도자과정을 공부할 때 만났다. 알고 보니 친구는 나와 같은 방송대 출신으로, 아이들에게 독서지도를 하고 있다고 했다. 그래서 그런지 동화책에 대한 정보가 풍부했다. 내가 지금 우리 아이들에게 동시와 동화를 많이 들려줄 수 있는 것은 이 친구의 덕이 크다.

친구는 그 때 이후 지금까지 꾸준히 동화를 써 왔고 책도 몇 권 냈다. 동시에도 도전을 하여 끈기있게 준비를 해 오더니 마침내 문학하는 사람들의 꿈의 등용문인 신춘문예에 당당히 입성을 한 것 같다.

친구는 학교에서 아이들을 가르칠 수 있는 내가 제일 부럽다고 한다.

하지만 나는 글 잘 쓰는 영복 같은 친구가 더 부럽다. 1월 15일에 있다는 당선 축하 자리에 부산까지 가서 마음껏 축하해주고 싶다.

2010년 1월 14일(목요일)

전북수필 총회에 다녀왔다. 그동안 바쁘다는 핑계로 몇 년 동안 출판 기념회는 물론 총회조차 참석하지 못했다. 김학 선생님, 김은실 선생님, 김재희 선생님 등과 반가운 인사도 나누고, 새 회장도 선출하고 했다. 새로 당선된 회장은 영생고등학교에서 교장으로 퇴임하신 이남구 선생님이다.

1월 15일(금요일)

지난주에 전북대병원 호흡기내과에서 찍은 CT 결과가 나오다. 다행히 별 이상 없다고 한다. 그동안 기관지가 좋지 않아 방학 때마다 검사를 받고 치료를 받아왔다. 하지만 이제 그렇게까지 걱정하지 않아도 될 것 같다.

1월 21일(목요일), 올 겨울 들어 처음 겨울비가 내리다. 촉촉이 내리다.

여행자

문단 선배들을 만나고 왔다. 작년에는 함양에서 만났고 이번에는 전주와 함양의 중간 지점인 장수에서 만났다. 함양의 정영숙 선생님와 장수의 조한금 선생님는 내가 등단한 '창작수필創作隨筆'의 대 선배님이다. 두 분 다 서울에서 인연이 되었지만 나까지 포함하여 남쪽에 내려와 살게 되면서 세 사람 모두 만남의 필요성에 공감해 왔다.

올해는 어느 해보다 눈이 자주 내렸다. 장수 지역은 더 눈이 많이 오는 지역이어서 차일피일 약속 날짜를 미루어야 했다. D-day인 오늘은 아침부터 비가 내렸다. 겨울일지라도 빗속을 달리는 운전은 여행자의 마음을 더 설레게 한다.

장수까지는 50분 정도가 걸렸다. 조 선배님이 사는 댁은 큰길에서도 한 눈에 들어올 만큼 그림같은 집이었다. 문단의 여장부로 통하는 선생님은 인천의 사업체를 정리하고 이곳으로 내려와 남편 최 건 시인과 전원생활을 하고 계셨다. 선생님이 두 팔 벌려 손님을 맞아주셨다. 반백의 꽁지머리 시인 최 건 선생님도 예전 모습 그대로 거기 계셨다.

거실과 서재와 음악 감상실, 주방에서까지도 조 선생님의 깔끔하고 정갈한 성품을 읽을 수 있었다. 사람이든 물건이든 있어야 할 자리에 있을 때 더욱 빛이 난다. 시인 최 선생님의 공간이 따로 있고 수필가 조 선생님의 공간이 따로 있었는데, 최 선생님의 방은 1층과 다락에 걸쳐 소장한 음반과 DVD와 예술품의 양이 엄청났다. 알고 보니 최 선생님은 음악과 영화에 대한 지식이 거의 전문가 수준이었다.

조한금 선생님은 창작수필문인회 회장을 역임하셨다. 선생님이 회장일 때 나는 선생님의 장부적 면모를 여러 번 보았다. 회의석상에서 남성을 능가하여 펼치는 자신감 있고 힘 있는 화술에 매료되기도 하였고 부럽기도 하였다. 그만큼 선생님의 수필에도 힘이 있다.

선생님이 손수 차린 식탁에 둘러앉았다. 선생님의 고향 남도의 갓김치와 매생이국, 새로운 고향 장수의 돼지고기쌈과 달래무침…, 이제 보니 선생님의 음식 솜씨도 수준급이었다. 포도와 머루와 복분자를 넣어 손수 담갔다는 자줏빛 음료로 목을 축일 때는 술이 아님에도 저절로 취했다. 최 선생님이 틀어 주신 '겨울나그네'가 분위기를 더해주었다.

식사를 마친 다음, 이번에는 다과상에 둘러앉았다. 주로 최 선생님의 시 이야기가 화제가 되었다. 선생님이 시력詩歷이 50년 이상 되었고, 시집을 여덟 권이나 내셨으며, 해외여행도 수없이 한 보헤미안이신 것을 이제야 알았다. 돈만 생기면 사 모았다는 음악과 영화에 관련된 자료가 선생님의 정신세계를 말해주고 남았다.

그동안 나는 최 선생님을 두세 차례 만났다. 그 때마다 선생님은 어딘가 아픈 것 같기도 하고, 아내인 조 선생님의 보호 아래 사는 사람처럼 보였다. 그렇게 여리고 나약하게 보였던 것은 선생님의 순수함 때문이었던 것 같다. 이제 보니 선생님은 영혼이 참 맑은 분이었다. 시를 얘기할 때, 음악을 얘기할 때, 영화를 얘기할 때 선생님의 얼굴에 수줍게 생기가 돌았다. 내가 보기에 선생님은 시와 음악과 영화 말고는 다른 것에 관심이 없는 것처럼 보인다. 그래서 그랬을까. 조 선생님도 어느 글에선가 남편인 최 선생님을 18세에서 성장이 멈춘 미성년자라 했다.

선생님 댁을 나서는 발걸음이 가벼웠다. 겨우내 마음에 드리웠던 뭔지 모를 갑갑함과 우울감이 가시고 비 갠 날의 청명하고 맑은 기분이 되었다. 함양댁 정 선생님도 같은 기분이신 것 같다. 겨울비, 오가는 길, 장수 원호덕 마을의 맑은 공기와 햇살이 크게 한 몫 했을 것이다. 여행은 이처럼 우리들 영혼을 맑게 한다. 나는 언제나 인생의 맑은 여행자이고 싶다.

1월 25일(월)-26일(화), 월요일은 찬바람이 살을 에는 듯하였으나 화요일은 봄 날씨 같이 포근함.

부안 기행-매창의 발자취를 따라

전북수필 장효근 선생님, 김재희 선생님과 1박 2일로 부안에 다녀왔다. 부안은 '이화우梨花雨'의 시인 이매창의 고향이다. 일행은 이틀 동안 매창의 발자취를 더듬기로 했다.

첫 날은 매창 공원과 매창의 묘, 매창의 시비詩碑와 금대琴臺가 있는 서림공원 등을 둘러보았다. 전주에서 출발할 때는 포근했으나 바닷가 부안은 바람이 살을 에듯 매서웠다. 콘도에서 하룻밤 묵으며 바닷가도 거닐고 막걸리 파티도 열었다. 매창의 두 남자 유희경과 허균에 관한 이야기를 나눌 때는 세 사람 모두 발그레하게 취기가 돌았다.

다음 날은 허균이 ≪홍길동전≫을 집필하는 동안 매창이 자주 들렀다는 정암사 터와, 목판木版으로 매창의 시집을 발간했다는 개암사에 들렀다. ≪매창집梅窓集≫ 발간으로 재원이 바닥날 정도였다는 절에 매창의 시비 하나가 없는 것이 많이 아쉬웠다.

전주로 돌아오는 길에 모항에 들렀다. 항구의 규모는 작았지만 훼손되지 않은 해안 풍경은 한 폭의 그림이었다. 은모래와 해안 바위와 아름드리 적송赤松들이 자꾸 나그네의 발길을 붙잡았다.

다음 여행지 약속은 보길도가 있는 남쪽으로 정했다. 학년말 방학이 기다려진다.

1월 27일(수요일), 하루 종일 날이 어둡고 겨울비가 내리다.

방학을 잘 보내고 있는지 궁금하여 아이들과 일일이 통화하다. 시연이는 높고 밝은 목소리로 반가움을 표시하고, 대희는 리틀야구단에서 야구다운 야구를 즐긴다고 자랑하고, 다감한 우혁이는 선생님 건강부터 묻는다. 모두 별 탈 없이 방학생활을 하는 것 같고, 오랜만에 아이들 목소리를 들으니 새 힘이 솟는다.

* 저녁에 승현이가 엉엉 울며 전화를 했다. 저를 매우 사랑해주시던 외할아버지께서 오래 암으로 투병하시다 방금 군산의료원에서 운명하셨다고 한다. "어떻게 해요, 선생님 어떻게 해요!" 하며 울어대는 승현이를 달랠 방법이 없었다. 가장 슬플 때 선생님인 나에게 전화를 해 준 것이 너무나 고맙고 안타까웠다. 멀리서나마 마음으로 토닥토닥 등을 두드려 주었다.

2월 5일(금요일)

어제와 오늘 출근하여 동학년 선생님들끼리 2010학년도 학년교육과정을 짜다. 그런 다음 아이들 맞을 준비로 교실 청소를 하다.

2월 6일(토요일), 봄처럼 포근함.

교단에 서기 전 3년 동안 글쓰기 지도를 했던 은효를 만났다. 올해 전북대 경영학부에 합격하여 예비대학생이 된 것을 축하해주기 위해서다. 10여년 전 초등학교 3학년이었던 은효가 벌써 대학생이 된다. 이제는 나보다 키도 크고, 모든 면에서 반듯하고 의젓하고 어른스럽다. 같이 점심을 먹은 뒤 남고사와 최명희문학관 등 교동 일대를 산책하며 많은 이야기를 나누었다.

나는 주로 은효가 대학생이 되면 참고가 될 만한 얘길 해주었다. 은효의 원래 꿈은 교대에 진학하여 초등학교 교사가 되는 것이었다고 한다. 성적이 못 미쳐 진로를 바꾸었다는 말을 듣고 많이 안타까웠다.

2월 8일(월요일), 안개비가 내리다. 산업도로 상공의 새들도 낮게 날다.

개학하여 아이들과 만나다. 방학과제 검사하여 우수아 3명 정하고, 연수물 제출하고, 학년교육과정 보완하고 났더니 하루가 금방 가다.

2월 9일(화요일), 하루 종일 제법 굵은 비가 내리다. 봄을 재촉하는 비다.

어제에 이어 오늘도 아이들은 동시를 외우고 단소를 불고 영화도 보았다. 동준이와 시연이는 올해도 100편 이상의 동시를 외울 것 같다. 오늘 드디어 100편의 고지에 올라섰다. 하연이, 근량이, 지은이, 우혁이도 나름 열심히 외우고 있다.

2월 10일(수요일), 3일째 비가 내리다. 동부 산간지역에는 50cm가 넘는 폭설이 내렸다는 소식이다.

교감선생님께서 희망 학년을 다시 적어 내라고 하셨다. 몇몇 선생님들이 너무 쉬운 학년만 선호하여 조정이 필요하다고 하신다.

이맘때마다 느끼는 거지만 나는 학교생활이 많이 외롭다. 출신학교 동창도 동기도 없고 나이 비슷한 동료도 없다. 선생님들은 또래들끼리, 친분이 두터운 사람끼리 동학년을 쓴다. 그런데 나는 같이 쓸 동창도 동기도 또래도 없다. 그냥 나 혼자 소신껏 써야 한다. 암암리에 끼리끼리 학년을 쓰는 선생님들을 볼 때마다 부럽지 않을 수 없다.

2월 12일(금요일), 진눈깨비가 내리다. 1주일동안 하루도 거르지 않고 날씨가 흐리다.

아이들의 세배

아이들이 돌아갈 때 일제히 세배를 했다. 세뱃돈 운운하며 장난스레 하는 녀석도 있지만 대부분의 아이들이 진심에서 우러난 인사를 했다. 형진이는 남아서 한 번 더 했다. 교실바닥에 넙죽 엎드려 진심어린 세배를 했다. 1년 동안 공부 잘 가르쳐 주시고, 좋은 시도 많이 가르쳐 주셔서 감사하다고 하고는 쑥스러운지 얼굴을 붉혔다. 돌아보니 지난 1년 동안 이만하면 아이들과 잘 보낸 것 같아 흐뭇하다.

* 대표 어머니께서 보내주신 상품권을 돌려보냈다. 감사를 드려야 할 사람은 어머니가 아니라 나다. 어머니는 반 대표를 맡아 1년 동안 든든한 지원군이 되어 주셨다.

설 연휴가 지나면 어머니께 식사라도 대접할 생각이다.

2월 17일(수요일), 남녘의 봄소식이 무색하게 추운 날씨다.

시연이의 편지

2년간 함께하신 고마운 선생님께

선생님, 안녕하세요?

저 시연이에요. 이번 방학에는 놀러 다니랴, 학원 다니랴 바쁘고 정신이 없어서 편지를 이렇게 늦게 보냈어요. 정말 죄송해요.

생각해보니 선생님과 함께 웃고 공부한 시간들이 벌써 2년이나 지났네요. 선생님을 만나서 좋은 책, 좋은 시를 읽고 외우니 저 스스로도 감성이 조금씩 풍부해지는 것 같아요. 제가 5학년, 6학년이 되어도 아마 선생님께서는 제 기억 속에 영원히 남을 거예요. 남은 방학기간 동안에도 항상 건강하시고 행복한 일 가득하세요!

새해의 1월이 마무리되는데 기분 좋게 시작하고 기분 좋게 마치세요. 올해 선생님께서 우리 학년을 가르치시지 못하신다면 저의 동생들, 또 오빠, 언니들을 지금보다 더 재미있고 즐겁게 가르쳐 주세요!

아참, 저희 동생이 이제 3학년이 되는데 아마 저하고는 정 반대일 거예요. 만약 담임선생님이 되신다면 혼도 많이 내주시고, 좋은 시, 책도 많이 추천해 주세요.

그럼 안녕히 계세요. 개학 날 기쁘게 만나요.^^

2010년 1월 27일 수요일

선생님의 제자 윤시연 올림

시연이 말대로 시연이는 2년 연속 나의 반이었던 아이다. 뭐 하나 나무랄 것이 없는 성실하고 책임감 강하고 심성 고운 학생이다. 이런 시연이와 헤어져야 하는 내일은 어쩌면 나도 시연이도 울지 모르겠다.

사랑하는 시연이에게.

시연아, 어찌된 일인지 1월 29일 날짜가 찍힌 네 편지가 오늘에야 도착했구나. 예쁜 꽃 편지지에 알록달록한 글씨로 써 내려간 편지를 읽으며 선생님 가슴이 두근두근 하게 좋다. 그동안 선생님이 왜 편지 말씀이 없으실까 많이 궁금했을 텐데도 속 깊고 끈기 있게 아무 내색 하지 않고 기다려주었구나.

시연아, 선생님은 시연이와 2년을 함께하는 동안 너무나 뿌듯하고 든든하고 행복했단다. 선생님의 기대를 저버리지 않고 3학년에 이어 4학년 때도 가르쳐 준 동시를 한 편도 놓치지 않고 외웠는가 하면, 네 할 일을 스스로 척척 해내는 모습이 철부지 아이들과는 많이 달랐어.

선생님도 시연이에게 고마운 게 많아. 시도 잘 외우고 공부도 열심히 하고 친구들과 잘 지낸 것도 고맙지만, 누구보다도 선생님을 많이 도와주었잖니? 시연이가 없었으면 선생님은 아마 4학년 4반 담임이 많이 힘들었을 거야. 계단을 많이 오르내려야 하는 선생님을 대신해 복사도 해다 주고 다른 심부름도 많이 해 준 시연이를 선생님도 두고두고 잊지 못할 거야.

시연아, 갈수록 공부할 게 많아져 힘들지? 4학년 들어서는 학교 끝나자마자 학원으로 달려가는 시연이를 볼 때마다 선생님 마음이 많이 아팠단다. 하지만 시연이가 하고싶어 하는 공부인 것 같아 기특하다는 생각도 했단다. 당장 며칠 후부터 고학년이 되고 중학교, 고등학교, 대학교…, 해도 해도 공부는 끝이 없을 거야. 왜냐하면 우리가 알고 있는 지식은 세상의 헤아릴 수 없는 지식들 가운데 극히 일부에 지나지 않으니까.

이제부터는 공부하는 것 자체를 즐기면서 하거라. 그러면 훨씬 공부가 재미있고 성취감과 쾌감을 느끼면서 하게 될 거야. 시 외우기에 도전하여 짜릿한 쾌감을 맛보았듯 말이야. 선생님이 긴 시를 띄워 줄 때, 때로는 외우기 싫고 귀찮다는 생각도 들었겠지만, 그런 생각을 떨쳐 내고 한 번도 포기하지 않고 용기를 가지고 도전하였기 때문에 2년 동안 150편이 넘는 시를 모두 외울 수 있었고 그만큼 좋은 시가 모두 너의 것이 될 수 있었어. 공부도 그와 같은 방법으로 하면 시연이의 어떤 목표와 꿈도 다 이루게 될 거야.

네가 2년 동안 외운 동시가 시연이 평생의 인생의 길동무가 되어주었으면 한다. 선생님과 헤어지더라도 항상 시와 함께 살거라. 힘들고 외롭고 괴로운 일에 부딪힐 때마다 시가 너를 위로해 주고 치유해 줄 거야. 시연이가 어떤 길을 가더라도 시집이나 책, 특히 동시집과 동화책을 곁에 두고 살거라. 어른이 되어서도 맑음과 순수함을 잃지 않게 할 것이다.

내일 너랑 정말 마지막 날이지? 악수 대신 너를 꼭 안아주고 싶다. 시연아, 선생님 반에 자주 놀러 오거라. 너의 강력한 라이벌^^ 동준이랑 같이…….

2010년 2월 17일 저녁.

시연이를 사랑하는 선생님이

2월 18일(목요일), 영하의 꽁꽁 언 날씨에다 3cm 이상의 눈이 내려 거북이 운전을 하여 출근하다.

종업식 날

아이들과 또 한 해를 마쳤다. 이만하면 올해도 별 무리 없이 보낸 것 같다. 종업식을 마친 뒤 아이들 한 사람 한 사람과 악수 또는 안아주기를 했다. 헤어지기 섭섭해 하는 아이들이 많았고 나도 눈물이 났다. 윤비와 유나는 편지도 주고 갔다. 5학년 때 또 담임이 되어주었으면 하는 두 아이의 마음을 충분히 읽을 수 있었다.

새 학년은 2학년을 희망했다. 2학년은 아직 어려서 선생님들의 체력 소모가 많다고 들었다. 3-4학년과는 생활지도가 많이 다를 것 같아 경력 있는 선생님들께 미리 물어보기도 하며 나름대로 준비를 했다. 비록 체력은 못 미치지만 큰 걱정은 하지 않는다. 내가 최선을 다하면 아무리 어린 아이들일지라도 진심은 통하리라고 믿는다.

2월 19일(금요일)-20일(토요일), 봄기운이 완연하게 쾌청하고 따사로움.

학년말 방학을 이용하여 글벗들과 1박 2일 일정으로 통영 여행을 다녀왔다. 통영의 맑고 푸른 바다, 크고 작은 섬, 예술, 동백꽃, 낙조가 모두 좋았지만 동피랑 마을의 벽화가 가장 인상에 남는다.

겨울방학 때 꼭 다시 가 볼 생각이다. 그때는 못 가본 서피랑도 천천히 구석구석 둘러보고 싶다.

2월 24일(수요일), 군산의 낮 최고 기온이 20.6도로 국내 최고 기온. 이 정도면 초여름 날씨이다.

창민이

저녁에 창민이한테서 전화가 왔다.

"선생님, 내일 교실 옮기시는 것 제가 도와드려요?"

하고 말이다. 너무나 대견하고 고맙다.

창민이는 3학년 때 우리 반이었던 아이이다. 4학년 때는 우리 반이 되지 못해 많이 속상해 한 것을 안다. 1년이 지나 다시 한 학년 올라가게 된 창민이가 몸도 마음도 훌쩍 커서 나를 도와주고 싶어 하는 그 마음이 너무나 예쁘다. 3학년 때 같은 반이었던 경찬이, 동준이와 같이 도와주러 온다고 한다.

2월 25일(목요일), 하루 종일 비가 내리다. 장마철도 아닌데 지리산에는 무려 110mm나 왔다고 하다.

학년 배정과 교실 옮기기

마침내 학년과 반 배정을 했다. 나는 올해는 2학년 4반 담임을 맡게 되었다. 발표가 끝나자마자 새 반의 시간표부터 짜고, 곧바로 교실 짐을 옮겼다. 짐을 옮기는 것은 작년과 재작년 아이들이 해주었다. 어제 전화한 창민이는 경찬이와 동준이를 데리고 와서 도와주었고, 유진이, 하연이, 지은이, 정아가 마지막까지 뒷정리를 해주었다. 기름걸레질도 했다. 3월 초에는 바쁘기도 하고 2학년 아이들과 하기에는 무리일 것 같아서다.

퇴근 후에는 신토불이에서 퇴임을 하시거나 전근을 가시는 선생님들의 송별회가 있었다. 정년퇴직을 하시는 김춘자 선생님은 많이 우셨다. 연세가 그렇게 많은 분인데도 40년 넘게 계신 교직을 떠나는 회한이 그렇게 크신 것 같다. 김춘자 선생님은 우리 학교에 계실 때 2학년만 계속 하셨다. 성품이 매우 온화한 분으로 천방지축인 저학년 아이들을 인내심을 가지고 잘 지도하셨던 분으로 안다. 나도 이분처럼 아이들을 무조건 사랑으로 보듬으려고 한다.

2010학년도

2학년 4반 아이들과

2010년 3월 2일(화요일), 하루 종일 구름 끼고 이슬비 내리다. 강원도는 40cm가 넘는 눈이 내렸다고 하다.

개구쟁이 2학년 아이들과 보낸 첫 날

이제 막 보송보송한 1학년 병아리 깃털을 벗은 나의 아이들과 만났다. 아직은 개구쟁이들이지만 생각보다 의젓한 모습으로 자리를 지키려 했다.

첫 시간에 내 소개를 마친 다음 학급 규칙을 말하고, 그 다음에는 주의 집중 구호를 연습했다. 다음 시간에는 자리를 정하고, 1인 1역도 정하고, 반장선거도 했다. 아직은 애기들인데 내가 너무 작년 4학년에게 하듯 한 것 같기도 하다. 그런데도 잘 참고 들어주고 협조해 주었다.

4교시까지 마쳤다. 시정표에 의하면 점심 및 청소시간은 12시 10분부터 13시 20분까지다. 먼저 점심을 먹고 와 간단하게 청소를 하고 알림장도 쓰게 할 생각이었다. 그런데 점심을 먹고 온 사이에 몇몇 아이가 이미 집에 가고 없었다. 엄마 손을 잡고 가고 있는 아이의 뒷모습이 보이기도 했다.

옆 반은 어떤가 궁금하여 가 보았다. 분명히 시간은 아직 1시가 못 되었는데, 그 반도 대부분의 아이들이 가고 없었다. 종례는 4교시에 미리 하고 밥 먹고 오는 대로 가게 했다는 옆 반 선생님 말씀이었다. 다음 주부터 시작할 방과후 수업에 교실을 내주어야 하기 때문에 작년에도 그렇게 해왔다고 한다. 저학년 아이들인지라 더더욱 친구들과 선생님과 끝 인사까지 제대로 마친 다음 보내고 싶었다. 첫 날부터 정말 잘 해보고 싶었는데, 너무 어이가 없다.

* 나중에 자세히 안 일이지만, 우리 교실에서도 거의 매일 방과후수업이 있다고 한다. 방과후수업은 12시 40분부터 시작한다. 5교시가 들은 날은 1시 30분부터

시작한다. 우리 아이들은 방과후수업에 교실을 내주느라 앞으로 알게 모르게 피해가 많을 것 같다. 방과후 수업 때문에 종례도 못 한 채 아이들을 보내야 하고, 점심도 먹는 둥 만 둥 5교시 수업을 해야 한다. 5교시 수업 시간표는 있으나 마나가 될 것 같다. 평소에 수업 시종 시간을 정확하게 지키라는 말을 많이 들었다. 그런데 2학년은 예외라는 것인지, 학교 정상수업이 방과후수업에 희생되어도 좋다는 것인지 이해가 가지 않는다.

3월 3일(수요일), 쾌청

둘째 날

오늘까지 한 시간도 수업을 하지 못했다. 아직까지 교사용 교과서가 나오지 않아서다. 언제 공부할 거냐고 보채는 아이들에게 첫 동시 〈보슬비 색시비(윤석중)〉를 외우게 했다. 먼저 종합장에 옮겨 적고 시에 어울리는 그림도 그려 넣도록 했다. 아이들 그림이 어른들 그림보다 훨씬 좋다. 가르쳐 주지 않았는데도 저희들 스스로 시에 너무나 잘 어울리는 그림을 그려 넣었다. 색의 조화도 놀랍다. 이 종합장을 가지고 다니며 1주일 동안 시를 외우게 될 것이다.

다음 시간에는 아이들을 데리고 밖으로 나갔다. 학급 홈페이지에 올릴 단체사진을 찍기 위해서다. 개구쟁이들 답게 손으로 브이(V) 자를 그리거나 혀를 날름거리거나 친구와 어깨동무를 하거나 하며 포즈를 취했다. 교실로 돌아와서는 한 사람 한 사람 개인 사진을 찍었다. 도서대출증에 붙여주기 위해서다. 이렇게 하면 따로 증명사진을 가져오게 할 필요가 없어 나는 좀 번거로워도 아이들은 준비물이 한 가지 줄어든다.

오늘은 5교시에 특활이 들어있다. 하지만 2학년은 5교시 시간이 애매하다. 4교시가 끝난 12시 10분부터 40분 까지 30분 동안 부랴부랴 점심을 먹고 청소도 마쳐야 한다. 그런 다음 12시 40분부터 13시 20분까지 특활 시간을 가져야 한다. 이런 까닭에 특활 시간을 제대로 활용하기 쉽지 않다. 오늘 우리 반은 점심 먹고 와 간단하게라도 청소를 하다 보니 하교 시간이 다 되어 부랴부랴 알림장을 썼다. 내 생각에 2학년 5교시는 있으나 마나다.

그나저나 내일부터는 수업을 해야 할 텐데, 내일도 교과서를 주지 않는다면 어떻게 해야 할 지 고민된다.

3월 4일(목요일), 아침부터 비가 오고 바람이 불다.

첫 수업

어찌된 일인지 오늘도 교사용 교과서가 배부되지 않았다. 아이들은 공부는 언제부터 하냐며 자꾸 묻는데, 책이 없어 수업을 하지 못하고 있다. 그래서 오늘은 아이들 책을 기웃거리며, i-scream도 보여주며 〈쓰기〉, 〈수학〉, 〈슬기로운 생활〉 첫 수업을 했다. 교과서가 없으니 수업 준비를 제대로 할 수 없었다. 그런데도 아이들은 공부가 매우 재미있다고 한다.^^ 다행히 아이들은 교과서로만 하는 수업보다 i-scream 등 영상매체로 하는 수업을 더 좋아하는 것 같다.

짬짬이 일기장 검사도 했다. 바로 돌려주기 위해 30명의 일기를 읽고 댓글을 달아주느라 바빴다. 다음부터는 일기장은 가져 온 다음 날 돌려줄 생각이다. 2학년 수준에서 일기를 매우 잘 쓰는 아이들이 몇 명 눈에 띈다. 나머지 아이들도 일기를 꾸준히 잘 쓰게 하는 것이 내 책임이다.

3월 6일(토요일), 3일째 비가 내리다. 운동장이 젖어 아침 봉사활동을 하지 못할 정도다.

가장 바쁜 한 주를 보내며

선생님들은 1년 중 이때가 가장 바쁘다. 새 아이들과 함께할 1년 계획을 세워야 하기 때문이다. 이런 중에도 정상 수업은 해야 한다. 교사용 교과서는 오늘에야 배부가 되었다.

오늘 아이들과 한 일이 많다. 1-2교시에는 즐거운 생활의 '봄의 소리'를 선과 색으로 표현하는 활동을 하였다. 물감을 풀어 도화지에 봄에 들을 수 있는 소리, 봄에 느낄 수 있는 소리를 마음껏 표현하게 했다. 그런 대로 색의 조화가 있는, 봄 느낌이 드는 작품이 여럿 나왔다.

3교시에는 받아쓰기 시험을 보았다. 2학년은 아직 맞춤법이 갖춰지지 않아 매 주 두세 번은 받아쓰기 시험을 보아야 한다. 이것도 보통 일은 아이다. 1급에서 24급까지 코팅을 하여 1급부터 미리 연습을 하게 했고, 오늘은 그 첫 시험을 보았다. 많은 아이들이 100점을 맞았다. 그런데 심각한 학생이 한두 명 있다. 이 아이들 지도 방법에 대해 선생님들의 조언을 들어야 할 것 같다.

오늘은 동시 외우기도 했다. 원래는 다음 주 수요일에 하기로 하였으나, 시가 짧아 벌써 외웠다며 조르는 아이들이 많았고, 수업 집중력이 떨어지는 토요일 오늘 같은 날 외우는 것이 효과적이라고 생각해서다. 종합장에다 적고 그림까지 그려 넣어 외운 시를 앞으로 나와 외우게 했다. 찬호 한 사람만 빼고 다 외웠다. 다음 시는 교과서에 실린 '영치기 영차'를 외우기로 했다. 시가 2학년한테는 좀 길다 싶어 외우게 할까 말까 망설였는데, 저희들이 할 수 있다며 외우자고 졸라댄다. 이 시는 노래처럼 재미있다.

2학년 아이들이라 3－4학년에 비해 많이 여린 편이다. 그런데 오늘 두 녀석이 말썽을 피웠다. 내가 아이들 미술 활동 뒤처리를 하느라 수돗가에 가 있는 사이에 창일이가 상원이를 발로 차 입술이 터진 일이 벌어졌고, 채민이는 짝꿍 민아의 손바닥을 연필로 찌른 일이 벌어졌다. 연필심이 손바닥에 깊이 박힐 정도로 심하게 했다. 우리 반 약속 중에 친구를 괴롭히거나 때리는 경우에는 선생님이 매를 대기로 한 것도 있다. 때릴 곳도 없는 어린 아이들이지만, 우리 반 평화를 위해 때리는 시늉은 했다. 말로도 호되게 야단을 쳤다. 채민이는 매를 대기도 전부터 닭똥 같은 눈물을 뚝뚝 흘렸고, 창일이도 말썽쟁이 같지는 않아 보인다.

퇴근하여 해당 아이들의 어머니와 통화를 했다. 집에서도 지도를 부탁하기 위해서다. 채민이 어머니라는 분은 알고 보니 첫 발령을 받고 군산으로 이사를 할까 하여 집을 보러 다닐 때 도움을 받았던 공인중개사 그 분이었다. 군산 바닥이 이렇게나 좁다.^^ 이 어머니는 지난 번 가정환경조사서에도 채민이를 부탁하는 글을 정성스럽게 적어 보냈다. 채민이 어머니가 지난 3, 4학년을 잘 지도한 내 소문을 들었다며 채민이에게 너무나 행운인 것 같다고 한다. 아이들이 선생님을 잘 만나야 하는 것처럼, 선생님도 아이들과 학부모를 잘 만나야 한다. 나도 채민이 어머니를 만난 게 어쩐지 행운 같다.

3월 8일(월요일), 기온이 뚝 떨어지다. 가는 겨울은 가지 않으려고 하고, 오는 봄은 어서 오려고 하며 힘겨루기를 하는 것 같다.

몸살감기

교사들에게 해마다 3월 첫 주는 가장 바쁜 한 주이다. 그야말로 발을 동동거리게 바쁘다. 하지만 지난 2년과 달리 이번에는 몸살감기를 앓지 않고 넘어가는 듯 했다. 지난 금요일까지만 해도 아무런 기미가 없었다. 그런데 토요일부터 몹시 피곤함이 느껴지는가 싶더니 이내 감기가 오고 말았다.

다시 또 신종플루에 걸린 건 아닐까 겁이 난다. 만약 그렇다면 어린 우리 반 아이들에게 감염이 될 것이고, 다시 병가를 내는 것도 염치가 없어 그것에 걸렸더라고 학교에 더는 말을 할 수 없을 것 같다.

일단 병원에는 가지 않고 하루 지켜보기로 했다. 약국에서 한방감기약을 이틀 분 사 왔다. 이걸 먹고 땀을 빼고 자면 내일 아침 어느 정도 감기가 호전되었으면 한다.

3월 9일(화요일)

오늘 전 학년 진단평가를 보았다. 2학년은 국어와 수학만 보았는데, 채점 결과 다행히 우리 반은 부진아는 없는 것 같다. 국어는 64점이 가장 낮은 점수이고, 수학은 84점이 가장 낮은 점수이다.

3월 10일(수요일)

○○에 대해 새로 알게 된 이야기

올해 우리학교로 전입해 온 선생님들의 환영회가 완도횟집에서 있었다. 학년별로 앉아 식사를 하였는데, 그 자리에서 작년 우리 반이었던 ○○에 대한 새로운 이야기를 들었다. 2-7반 기간제 교사로 계시는 C 선생님께서 ○○ 부모님과 잘 아는 사이라고 하셨다. ○○ 어머니께서 나에 대한 이야기를 많이 하신 것 같다. 어떤 선생님인지 몹시 궁금했다는 말 끝에 선생님께서 ○○ 부모님이 ○○를 입양하게 된 사연을 이야기해 해주셨다. ○○ 부모님과 C 선생님 등이 함께하는 부부모임에서 보육원에 자주 봉사를 가셨다고 한다. 오랫동안 그렇게 하시다가 ○○를 입양을 하셨는데, 입양 조건이 좀 특별했다. 그 보육원에서 가장 부족하고, 못나고, 보호가 필요한 아이를 골랐는데 그 아이가 바로 ○○였다는 것이다.

○○ 부모님은 ○○를 이미 장성한 두 자녀보다 더 사랑한다고 들었다. 나 역시 ○○가 부모님의 사랑을 듬뿍 받고 자란다는 느낌을 받았다. 모른 척 하지만, ○○가 이미 자신이 입양아라는 사실을 알고 있는 것 같다는 말씀도 하셨다. 철없어 보일 때도 있지만 엄마만큼은 끔찍이 생각하는 ○○이다. 아마도 새 부모에 대한 감사함을 저도 느끼는 것 같다.

올해 5학년이 된 ○○는 여전히 불쑥불쑥 우리 교실 문을 열고 들어선다. 우리 교실과 자기 교실을, 현재 담임선생님과 작년 담임선생님을 아직 잘 구분하지 못하는 게 아닌가 하는 생각이 들 정도다. 하지만 그런 ○○가 예쁘기만 하다. 앞으로도 ○○를 더 따뜻하게 품어줄 것이다.

3월 11일(목요일), 전주에 10cm가 넘는 봄눈이 내리다.

계발활동 첫 날

오늘 계발활동 첫 날이다. 제자 아이들이 많이 왔다. 서로 내 반(십자수반)에 오기 위해 가위바위보를 하여 이긴 아이들이 왔다고 한다.^^ 6학년 하은이는 남자아이이다. 하은이는 3학년 때 내가 담임을 했다. 끝나고 하은이가 우리 반 책상 높이를 맞춰주고 쓰레기봉투도 버려주고 갔다.

오늘은 첫 날이라 십자수반 설명과 준비물 정도만 얘기했다. 한 해 동안 만들고 싶은 작품들을 말해주었더니 윤비가 액자도 만들자고 한다. 좋은 생각이다. 작년에는 별 준비도 없이 대강 했지만 올해는 아이들이 작품다운 작품을 만들어보게 하고 싶다.

* 길상사 법정스님이 입적하셨다. 오랫동안 천식으로, 최근 몇 년은 폐암으로 고생을 많이 하신 것으로 안다. 그렇다 하더라도 이렇게 빨리 가실 줄은 몰랐다. 온 나라가 슬픔에 잠겼다.

3월 12일(금요일), 잔뜩 흐린 날씨. 아직 금강 일대를 떠나지 않은 쇠기러기들이 떼를 지어 낮게 날다.

환경정리를 하다가

오늘부터 환경정리를 시작했다. 새학년 새학기가 되면 업무가 폭주하여 교실을 꾸밀 짬이 없다. 다음 주말에 학부모총회가 있다. 그 전에 환경정리를 끝내야 한다. 그래서 오늘 작년 제자 유진이와 하연이의 도움을 받기로 했다.

동생에게 부탁하여 만들어 온 시간표를 정면에 붙이고, 주5일제 활동 결과물은 뒷면 오른쪽에, 기본생활확인표는 왼쪽에, 미술작품과 아이들 손으로 쓴 동시는 정면에 붙일 계획이다.

퇴근시간이 다 되어 유진이와 하연이를 먼저 보냈다. 그런 다음 혼자 의자 위에 올라가 마무리를 하다 그대로 넘어지고 말았다. 아이들 의자가 평소에도 뒤뚱거리고 좀 위험한 것을 알면서도 당했다. 체중이 실린 상태로 넘어지면서 왼손으로 마룻바닥을 짚었기에 손목이 부러졌을 줄 알았다. 얼른 일어나 손목부터 만져보고 이리저리 흔들어보기도 했다. 다행히 손목이 부러진 것 같지는 않다. 그런데 왼쪽 무릎에서부터 발목까지 시큰거린다.

왼발은 감각이 둔하기 때문에 어디가 아파도 얼마나 아픈지, 얼마나 다쳤는지 잘 감이 오질 않는다. 왼발도 부러진 것 같지는 않다. 하지만 만약 뼈에 금이라고 갔다면 정말 큰일이다. 학기 초에 이런 일이 생겨 걱정이다. 작년에는 신종플루에 걸려 학교를 1주일이나 쉬었는데 이번에 또 이런 일로 학교를 쉬는 일이 생기면 어쩌나. 몸도 마음도 무거운 걸음으로 퇴근을 했다.

3월 13일(토요일), 완연한 봄, 화창한 봄

화중생연(火中生蓮)

오늘 송광사 다비장에서 법정스님 다비식이 있었다. 다비식 장면을 방송 3사에서는 생방송을 하지 않아 나는 이 장면을 인터넷을 통해 보았다. 법정스님은 일체의 의식을 생략하고, 만장도 하나 없이 본래 자리

자연으로 돌아가셨다. 무소유와 청빈의 스님이자 선비이며 대문장가로서의 삶을 이렇게 마감하셨다.

"스님, 불 들어갑니다."

하며 법정스님이 누워계신 장작더미에 불을 붙이자, 그때까지 울음을 참던 스님들도, 운집한 신도들도, TV로 지켜보던 나도…, 모두가 울었다. 이제는 다시 뵐 수 없는 그리운 분이 되었다는 생각을 하며 불길을 지켜보고 있을 때, 이번에는 상좌스님들을 대표한 길상사 주지 스님이 대중을 향해 인사를 했다. 은사스님을 잘 모시지 못해 죄송하다는 말과 함께 "스님은 지금 불길 속에 계시지만, 스님의 가르침은 연꽃처럼 불길 속에서 다시 피어날 것입니다." 하며 '화중생연火中生蓮'을 같이 외치게 했다. 얼마나 울었는지 퉁퉁 부운 얼굴로 울먹이며 하는 말 한 마디 한 마디가 절절하고 가슴을 울렸다.

법정스님은 나에게도 정신적 스승 중 한 분이었다. 스님의 산문집이라면 거의 사서 읽었고, 20여 년 전에는 불일암까지 가서 스님을 뵙고 온 적도 있다. 스님의 최근 작 ≪아름다운 마무리≫ 는 아직 보지 못했다. 당신의 삶을 마무리할 시점이 오고 있음을 알고 쓰신 책일 것이다. 스님이 이 책에서 하신 마지막 가르침이 무엇일지 궁금하여서도 꼭 사서 볼 것이다. 스님의 바람대로 아름다운 말이 있는 우리나라에 다시 태어나시길 두 손 합장하여 빌어드린다.

3월 16일(화요일), 약한 황사가 나타나 조금 흐림.

꾸러기 아이들

○○가 오늘 아찔한 일을 저질렀다. 쉬는 시간에 옆 반 친구의 하복부

중심을 발로 차 아이가 계속 고통을 호소하여 병원까지 가는 사태가 발생했다. 나는 3교시 수업 중에 이 소식을 들었다. 다친 아이가 병원에 가 있고 부모와 할아버지께서 경찰에 신고하겠다는 둥 몹시 화가 나 있다는 말을 듣고 즉시 ○○ 어머니에게 전화를 했다. 다행히 다친 아이는 심각한 부상은 아니고, ○○네와 친분이 있는 가정의 아이인 것 같다. 그렇지 않았으면 정말 일이 크게 번질 뻔했다.

이 일로 ○○를 포함한 우리 반 아이들 전체를 야단을 쳤다. 싸움이나 심한 장난 등을 하지 말라고 그토록 강조를 하는데도 2학년, 특히 남자 아이들은 정말이지 말썽꾸러기들이다. 언제 무슨 일을 저지를지 모른다. 2학년 어린 아이들을 어떻게 다뤄야 할지, 어디까지 야단을 치고 어디까지 따뜻하게 품어주어야 할지 모르겠다. ○○ 어머니가 놀라 많이 울고 ○○도 많이 울었다고 한다. 내 마음도 편치 않다.

3월 17일(수요일)

환경정리 마무리

올해 환경정리도 동생의 도움을 많이 받았다. 시간표, 기본생활급수, 주5일제 등을 모두 만들어 주었고, 지난 월요일에는 아예 전주에서 버스 타고 군산까지 와서 교실 환경판을 예쁘게 꾸며 주었다. 동생이 솜씨가 좋아 글씨도 잘 쓰지만 아기자기하게 꾸미는 것도 정말 잘 한다. 시간표는 시간마다 색색의 한지로 써서 붙이고, 게시판 양쪽으로 나무 두 그루를 세우고, 역시 한지로 곱게 접은 나뭇잎과 분홍색 꽃을 달았다. 정말이지 교실이 화사하고 봄빛이 가득하다. 이제 아이들 그림 등을 채울 공간만 남겨놓은 상태였다.

오늘은 우리 반의 똘똘한 두 아이－은지와 지영이－와 함께 이 빈 공간에 아이들 작품을 채웠다. 은지는 의자를 잡아주고 지영이는 곤충핀을 올려주었다. 역할을 서로 바꿔 하기도 했다. 덕분에 환경정리를 쉽게 마칠 수 있었다. 다 하고 나니 자랑하고 싶을 만큼 교실이 환하다. 사진으로 찍어 우리 반 홈페이지에 올려야겠다.

3월 18일(목요일), 자동차 유리창에 살짝 덥힌 정도의 봄눈이 내리다.

사각의 틀에 갇힌 교사

교장, 교감, 교무 선생님과 모든 선생님이 함께 3시 30분에 환경정리가 끝난 각 반을 돌아보았다. 몸이 불편한 나는 우리 교실이 있는 본관 2층 교실만 구경했다. 바쁜 중에도 나름대로 예쁘게 환경정리를 마쳤지만 아직 환경판을 다 못 채운 반도 있었다.

교장선생님부터 우리 교실에 들어오셨다. 눈으로 쓱~ 한 바퀴 훑어보시더니

“사각의 틀에 갇힌 선생님들이 많아 문제야!”

하셨다. 내가 아이들 작품을 거의 모두 네모반듯하게 구성을 한 것을 두고 하신 말씀이었다. 얼굴이 화끈거렸다. 내가 봐도 꽃 모양, 무지개 모양, 각종 동물 모양 등을 넣어 꾸민 다른 반 것과 너무 대조적이다. 내년부터는 이런 단점을 꼭 보완할 생각이다.

3월 20일(토요일), 지금까지 보지 못한 최악의 황사로 하루 종일 뿌연 날

학부모총회 날

오늘 학부모총회가 있었다. 많은 학부모들이 참석한 가운데 10시에 총회가 시작되었다. 먼저 교사 소개가 있었다. 학년과 반 별로, 전담교사 별로 학부모님들 앞에 나와 인사를 했다. 작년까지는 새로 우리 학교에 오신 선생님들만 인사를 했다. 오늘 한 이 방법이 더 좋은 것 같다.

인사를 마친 다음 교사들은 교실로 돌아왔다. 2교시까지 수업을 마친 다음 11시부터 다시 학부모들과 만났다. 학급경영계획을 소개하고 상담 활동도 하였다. 올해 교과지도, 생활지도, 학급 특색사업 등을 비교적 소상하게 이야기하고, 부모님들도 궁금한 것이 있으면 질문을 했다. 예년과 달리 올해는 학부모총회를 토요일에 했다. 그래서 아이들이 지켜보는 가운데 학부모들은 교실 뒤에 서서 이야기를 나누었다. 대화가 제대로 이루어질 수 없었다.

오늘 총회에 우리 반 학부모는 21명이 오셨다. 2학년 어느 반보다 많이 오신 것 같다. 내가 맡은 반은 해마다 그러는 것 같다. 담임인 나에 대한 궁금증이 많아 그럴 수도 있다는 생각이 든다. 모두 나를 믿고 아이들을 맡긴 학부모님들이다. 올해도 최선을 다해 아이들을 지도할 생각이다.

3월 22일(월요일), 온풍기를 틀어놓아야 할 만큼 하루 종일 쌀쌀함

꼬맹이 조교들

내일 즐거운 생활 교과서에 나온 대로 고무줄놀이를 하려고 한다. 그런데 내가 아이들에게 시범을 보일 수 없는 것이 문제이다. 고민 끝에 처음에는 전주에 사는 동생을 보조교사로 부를 생각을 했다. 하지만 생각해 보니 우리 반 아이들 몇 명을 남겨 미리 연습을 시켜놓으면 이 아이들이 우리 반 아이들 앞에서 시범을 보일 수 있을 것 같았다.

똘똘한 은지와 지영이를 남기고, 방과후 수업 때문에 남은 신아와 수빈이도 합류를 시켜 I-scream을 보고 연습을 시켰다. 아이들이 한 줄과 두 줄 고무줄은 그런대로 해냈다. 고무줄 높이를 점점 높이면서 한 발 혹은 두 발로 뛰어넘는 동작을 잘 소화해 냈다.

그런데 문제는 세 줄 고무줄놀이에서 발생했다. 노래와 일정한 동작을 함께하며 삼각형을 돌아야 하는데, 되풀이되는 동작이 서툴렀다. 이 동작만큼은 내가 시범을 보여 가며 가르쳐야 하지만 뛸 수 없는 내가 안타까웠다. 세 줄 고무줄놀이는 그야말로 흉내만 내는 어설픈 놀이에 그치고 말았다. 하지만 아이들은 그 정도만으로도 너무나 재미있다고 하고 이 추운 날 이마에 땀까지 송골송골 맺혔다. 내일 아이들의 고무줄놀이가 즐거워야 할 텐데….

3월 23일(화요일), 엊그제 만큼은 아니라도 오늘도 황사로 하늘이 뿌옇게 흐리다.

고무줄놀이

1-2교시에 3층 특별실에서 고무줄놀이를 했다. 황사 먼지 때문에 운동장 대신 빈 교실을 이용한 것이다. 먼저 고무줄을 이용한 '쭉쭉쭉 체조'를 한 다음, 한 줄, 두 줄, 세 줄 고무줄놀이를 차례로 했다. 한 줄과 두 줄 고무줄을 한 발 혹은 두 발로 넘거나 림보 걸음으로 통과하게 했다.

이 놀이는 남자아이 여자아이 모두 즐겁게 참여했다. 염려했던 대로 역시 세 줄 고무줄에서는 만족스런 놀이를 하지 못했다. 아이들 멋대로 돌다 말았다.

내 어릴 때 경험을 생각해보면 고무줄놀이는 세 줄 고무줄놀이가 가장 재미가 있다. 골목길에서 세 사람이 고무줄을 잡아주고 세 사람은 노래에 맞추어 고무줄을 돌다보면 해지는 줄 몰랐다. 오늘 아이들이 이 놀이를 하지는 못했지만 그래도 즐거워하는 표정이 얼굴 가득하다. 기회가 오면 동생의 도움을 받아 아이들에게 꼭 세 줄 고무줄놀이를 가르칠 생각이다.

3월 26일(금요일), 영하 2도까지 내려간 꽃샘추위

요즘 며칠동안 아픈 아이들이 많다. 감기 증상 혹은 복통을 호소하거나 볼거리를 앓는 아이도 생겨났다. 오늘 지영이와 찬호는 점심을 먹다

토하기까지 했다. 우리 반만 환자가 많은 게 아닌 것 같다. 바로 옆 보건실이 북적북적하다. 갑자기 기온이 내려간 원인 또는 꽃샘추위 때문일 것이다. 아픈 아이들이 많아지니까 또 신종플루 같은 대란이 오는 건 아닌지 염려가 된다.

3월 27일(토요일), 햇빛은 있으나 바람이 심하게 불다.

모처럼 생긴 여유, 법정스님의 ≪아름다운 마무리≫를 읽었다. 저녁 한때 동네 전체에 전기가 나가는 바람에 촛불을 켰다. 촛불로는 빛이 약해 책을 잘 읽지 못할 것 같았는데, 생각보다 어둡지는 않았다. 오히려 마음이 차분해지고 고요해서 좋았다. 앞으로 밤에 책을 볼 때는 종종 촛불을 켜고 싶다.

4월 1일(목요일), 하루 종일 봄비가 내리다.

내일은 즐거운 생활 시간에 '개구리'를 만들기로 했다. 준비물은 하드보드지, 고무줄, 투명테이프만 있으면 된다. 교과서에는 없는 활동이니 개구리를 어떻게 만든다는 것인지 궁금하고 또 궁금한 것 같다. 질문이 쏟아진다. 아이들은 개구리, 개구리알, 올챙이 같은 것에 무척 관심이 많다.

4월 3일(토요일), 쾌청

엊그제 만든 개구리를 가지고 다시 한 번 개구리 멀리 뛰기, 개구리 높이뛰기 시합을 했다. 누구 것이 더 높이 뛰는지, 누구 것이 더 멀리 뛰는지 지켜보는 내가 다 흥미진진하다. 개구리 시합은 2학년에 딱 맞는, 남자아이 여자아이 할 것 없이 모두가 좋아하는 놀이다.

4월 13일(화요일)

현덕이가 찬호의 책을 몽땅 숨겨 찬호가 하루 종일 책 없이 공부를 하다. 교실 구석구석을 다 뒤져도 찾지 못한 책을 내 의자 뒤 좁은 틈에서 찾다. 끝까지 모른 척 하던 현덕이 녀석, 아직 2학년 밖에 안 되는데 엉뚱하고 맹랑한 데가 있다.

4월 17일(토요일) 아침에는 0도의 쌀쌀함, 낮에는 15도의 화창하고 포근함.

박민이 샘의 제의로 전군가도(전주-군산 간 구 도로)의 벚꽃 길로 퇴근하다. 집에 오자마자 다음 주 수업준비를 한 다음, 전주천에 가 갯버들을 꺾어오다. 9시까지 2학년 우리 반 아이들에게 줄 버들피리를 만들다. 온 몸이 뻐근하지만 아이들이 좋아할 생각을 하니 뿌듯하다.

4월 18일(일요일)

어느 6년차 교사의 넋두리

어찌 어찌하다보니
벌써 6년차네요. 허걱.
하지만 아직도 공문 제때 못 보내고
같은 업무를 여러 해 하지만서도 매년 되면, '작년에 뭐 했드라 어떻게 했드라' 이러고 있습니다. ㅡ.ㅡ

매년 학적 관련되면 교무업무시스템이 어떻게 생겼는지 기억도 가물가물. 애도 안 낳았는데, 벌써 기억력 감퇴로… 작년일이 잘 생각안난다는거.

하루 하루 너무 바쁩니다.
흔히 말하는 6학급도 아니요, 16학급에
26명 내외의 학생수. 거의 이상적이지만
왜 이렇게 늘 발을 동동거리며 사는지…

나름대로 난 초등학교 교사다. 나름 방학과 연수를 하며, 삶을 즐기고 싶은데
내 사는 꼴 보면…ㅡ.ㅡ
아침에 막장으로 일어나, 허겁지겁 화장하고
쏜살같이 운전하면서(카레이서를 방불케 하는 내 운전솜씨…) 화장하면서 학교에 도착.
아침에 늘 늦게 오니, 아이들이 나를 반기고
그리고 허겁지겁 시작된 하루 일과로 하루는 정말 허겁지겁 지나갑니다.
월화에 모여 있는 전담시간.
그 월화가 지나가면 죽음의 수목금이 다가옵니다.

하루 종일 교무실, 행정실, 도서실, 특별실, 이리 저리 왔다 갔다 하면 아이들이 없는 텅 빈 교실.

그때부터 저는 교육공무원이 되어, 온갖 공문에 치이는거죠.

그래도 작년엔 한번씩 여유도 있고
다른 사람들은 뭐하나? 이리 저리 기웃거리며
5년차가 되니, 역시 여유가 생겨… 이랬건만
교원평가다 뭐다!
학부모 공개수업은 뭐고… ㅡ.ㅡ
장학수업에
4번의 공개수업.

미친것 아닙니까.
가뜩이나 소심하고, 완벽주의 성격탓에
공개수업 한번 하면
한달 내내, 끙끙대고 앓는 이 성격에
4번의 공개수업은 일년 내내 아주 저를 말려 죽일 겁니다… 흑흑.

6년차인데
왜 이렇게 하루 하루, 신규같이 어리버리 살아가는지.
내일 아침은 즐겁게!
신나게, 살아야지 하면서도
아침에 눈을 뜨면 늘 7시… 5분만, 5분만… 결국 지각.

아… 진짜… 행복한데도, 너무 너무 원하고 행복한 직업, 내 생애 최고의 행복을 가져다준 이 대한민국의 교사가 이렇게… 기쁨을 못가지고 살아야 하는가.

우리 학교 교무보조도, 주말이다 뭐다 여행 다니고

해외여행 다니고… 옷도 삐까뻔쩍… 예쁘게 입고 다니는데
전 맨날 점심에 양치도 못하고, 축 처진 잠바때가리 입고 다니고… 흑흑…
(양치할 시간도 없다면 남들은 믿지도 못하겠지요. 립스틱 칠할 시간도 없다는거!)

아무튼, 이번달 월급 보면서도 마음 착잡하고.
자기 자식만 최고라 여기는 학부모들 상대할 때마다 욱하는 성격 참느라,
점점 선생님들과 호박씨 까는 것만 늘어나고…
선생님들과 떼를 지어서 남이라도 잡아 뜯지 않으면 도저히 못 살 것 같은 지금.
토요일날도 오후 3시부터 자서, 그 다음날 9시에 일어나서
밀린 잠을 그렇게 자놓고도.
오늘 들뜬 화장을 보면서
이 놈의 피곤은 언제 가실련지…
그냥 나만 이런 게 아닌가보다. 싶어서 한 글자 남겨봅니다.
수많은 댓글 실리겠지요 ㅋㅋ

님들. 힘 내시고, 6년차도 이러니, 신규들이여, 화이팅 하소서.

긍정의 댓글이 수십 개나 달린 어느 인터넷 초등교사 카페에 올라있는 글이다. 꼭 내 심정을 적어놓은 글 같다. 3년차에 접어드니 올해는 좀 여유가 있으려나…기대했지만 어찌된 일인지 올해는 작년보다 더 바쁘다. 정말이지 교단일기 쓸 시간조차 없다. ㅠㅠ

4월 23일(금요일)

○○의 매 맞은 자국

어제는 고창 들꽃학습원으로 체험학습을 다녀왔다. 아침 인사를 나누

고 나서 아이들에게 몸살이 나거나 아픈 사람은 없는지 물었다. 그러자 ○○가 팔이 아프다고 했다. 팔이 아플 만큼 특별한 활동을 한 것은 아니지만 아직 어린 아이들이니 그럴 수도 있겠다 생각하고 아이들에게 ○○가 팔이 아프니 장난 심하게 하지 말라고 당부했다.

○○는 틈만 나면 나에게 와서 스킨십을 자주 하는 아이다. 오늘도 아픈 팔을 하고 와서 또 내 손을 잡고 안기고 했다. 나도 ○○의 아픈 팔을 살살 주물러 주려 했다. 그런데 아이가 비명을 질렀다. 왜 그렇게 비명을 지르는가 궁금하여 팔을 걷어보게 했다. 그런데 세상에나! 아이의 팔뚝이 온통 피멍 투성이가 아닌가. 맞은 자국이었다.

누구에게 이렇게 맞았냐고 물었지만 쉽게 입을 열지 않았다. 아이를 달래며 몇 번이고 다시 묻자 그제서야 부모님에게 맞았다고 한다. 무엇 때문에 이렇게 심하게 맞았냐고 다시 물었다. 문제집을 풀었는데, 풀 수 있는 문제를 틀렸다고 때렸다는 것이다.

내 자식이 남에게 맞은 것처럼 속이 상했다. 학부모들은 담임이 아이에게 사소한 체벌만 하여도 문제를 삼으면서, 자기 자식이라고 아직 2학년 밖에 안 된 아이를 피멍이 들도록 때리기도 한다. ㅠㅠ. 너무 안쓰럽고 속상하여 ○○를 꼭 안아주었다.

5월 15일(토요일)

아이들의 편지

오늘이 스승의 날이다. 이때가 되면 아이들한테서 편지를 받는 기쁨이 크다. 올해는 고사리 같은 손으로 꾹꾹 눌러 쓴 2학년 우리 반 아이들의 편지가 나를 가슴 뭉클하게 한다. 말썽부리거나 선생님 힘들게 하지 않겠다고 약속한 이삭이, 선생님을 많이 도와드리고 싶다는 기특한 지영이와 은지와 지우, 카드에 하트 그림 가득가득 그려 넣고 '선생님 사랑해요!' 한 수민이, 비손이, 민호….

5학년 제자들의 편지는 이번에도 내 눈물샘을 자극한다. '선생님 중에 누가 가장 기억에 남느냐? 라고 하면 늘 선생님을 말할 거라'고 쓴 형진이, '선생님은 저의 별입니다' 하며 빛나는 별을 그린 창민이, '6학년 때 다시 만나 수업도 받고 시도 외우고 싶다'는 지혜, 혜린이, 동준이…. 시연이 편지는 혼자 보기 아까워 우리 반 아이들에게 읽어주기도 했다.

두 장애아 제자들의 편지도 내 마음 뿌듯하게 한다. 첫 발령 때 나의 반이었던 자폐아 민혁이가 쓴 편지에는 '3학년 때 아무리 어려운 것이든 친절하게 신경을 써주셔서 감사하'고, '그렇게 도와주시는 것도 모르고, 그때 말썽을 피워서 죄송하'고, '다른 애들보다 잘해주신 것 절대 잊지 않겠다'고 했다. 민혁이의 편지를 받은 건 처음이다. 거의 표정이 없는 아이라서 무슨 생각을 하는지 좀체 알기 어려웠는데, 6학년이 되더니 속에 있는 것도 표현하는 아이가 된 것이 대견하다.

작년에 우리 반이었던 지현이는 청각장애와 언어장애가 같이 있는 아이다. 친구들에 비해 지적 능력이 떨어져 내 나름으로는 신경을 많이 썼다. 지현이는 언어 능력 중에서도 특히 쓰기가 부족하다. 언어의 조합이 되지 않기 때문에 일기조차도 앞뒤 문맥이 잘 맞지 않는다. 이런 지현이가 쓴 편지를 받은 내 마음은 설레기까지 했다. '선생님이 그동안 잘 있지세요?'로 시작해서 '선생님, 오늘 날씨 어떼요?????', '선생님 할 말이 아주 많아요!', '선생님 그때 방학 때 선생님이랑 통화도 해드려서 감사해요.', '선생님, 대희는 저한테 짜증안네요.', '선생님, 저한테 시 외우기 많이 해서 감사드려요!~', '선생님 그동안 잘 계세요.' 이런 인사말 등을 두서없이 썼다. 몇 번을 읽고 또 읽었다.^^

7월 8일(목요일)

동시집 ≪야옹이는 신났다≫

전북수필 동인인 윤이현 선생님께서 동시집 ≪야옹이는 신났다≫를 보내주셨다. 이번 ≪전북수필≫에 실린 내 글을 관심있게 보신 것 같다. 이번 호의 내 글에는 아이들과 교실에서 동시를 외우는 내용이 담겨 있다. 윤이현 선생님은 최근 초등학교 교장선생님으로 정년퇴임하셨고 동시도 쓰는 분으로 알고 있다.

선생님께서 나에게 학교에서 특색사업으로 동시 외우기를 하여 '행복한 선생님', '행복한 아이들'인 것이 부럽다고 하셨다. 선생님의 동시도 우리 아이들이 많이 외우기를 바라는 마음으로 이 동시집을 보내주셨을 것이다. 교과서에도 동시가 실렸을 만큼 선생님의 동시집에는 아이들이 좋아할 만한 좋은 동시가 많이 있다. 우리 아이들에게도 꼭 외우게 할 생각이다.

선생님께 감사의 전화를 드렸다.

7월 13일(화요일)

헬리콥터형 학부모

우리 학교는 신도시 아파트지역 안에 있다. 그런 만큼 군산지역에서는 어떤 학교보다 학부모들의 관심이 많고 아이들 교육열도 높다. 고학년의 경우에는 그래도 덜 하지만, 저학년의 경우 학부모가 수시로 학교를 맴돌며 아이와 학교와 선생님들의 일거수일투족에 관심을 갖는다.

이런 학부모를 소위 '헬리콥터형 학부모'라 한다.

언제부턴가 교사의 권위가 땅에 떨어졌다고들 한다. 이런 가운데 올해부터는 교원평가까지 시행되고 있다. 내가 경험한 바에 의하면 우리 학교 모든 교사는 하루하루가 숨 돌릴 겨를이 없게 바쁘고, 그런 속에서도 교사로서 최선을 다한다. 이런 교사들에게 학부모들의 지나친 관심이 혹여 교사들의 사기를 꺾는 일이 되지 않았으면 한다.

7월 16일 금요일

책 선물

≪전북수필≫ 70호에 내 글 〈칠판에 시를 적을 때〉가 실렸다. 이 글은 지금은 5학년인 나의 반 아이들이 3학년 때 동시외우기를 한 이야기가 담겨 있다. 원래 이 글은 수필집으로 묶어 발표하려고 지금까지 갖고 있었다. 그러나 지금처럼 바쁘게 돌아가는 학교생활 속에서는 언제 책으로 묶을지 기약이 없어 먼저 동인지에 발표를 했다.

이 글에는 동시 외우기를 좋아하던 동준이, 창민이, 경찬이, 시연이, 혜린이의 이름이 나온다. 그래서 오늘 이 아이들을 불러 ≪전북수필≫ 한 권씩을 주었다. 아이들은 저희들 이야기이고 저희들 이름이 실린 글이라 무척 좋아했다.

이 아이들에게 나의 첫 수필집 ≪섬진강 찔레꽃≫도 한 권씩 주었다. 내 수필집을 수송의 아이들에게 준 것은 이번이 처음이다. 이 책 속에 내 사생활이 고스란히 담겨있어 아이들이나 아이들 부모님이 이 책을 읽으면 내가 2007년 이전에는 교사가 아니었다는 것 등이 다 밝혀지게 된다.

지금까지 나는 아이들에게 내 교직 경력이 짧은 것이나 나의 가족에 관한 것을 밝히지 않았다. 굳이 공개하여 나에 대한 이러저러한 말이 돌지 않기를 바라서였다. 하지만 3년이라는 시간이 흐르는 동안 이제는 굳이 숨기고 지낼 이유가 없다는 자신감 같은 것도 생겼고, 이 아이들한테 만큼은 내가 교단에 늦게 서게 된 이유를 얘기하고 싶어졌다.

아직 아이들이 수필을 이해할 나이는 아니다. 하지만 두고두고 펼쳐 읽을 때마다 초등학교 3학년 그 때, 좋은 동시를 골라 외우도록 했던 선생님을 떠올린다면 나로서는 더 바랄 게 없다.

7월 21일 수요일, 폭염 주의보와 폭염 특보가 내릴만큼 더운 날.

여름방학

오늘부터 39일 간의 짧지 않은 여름방학이 시작되었다. 아이들도 좋아하지만 교사인 나도 기다리고 기다리던 여름방학이다.

지난 한 학기는 지금까지 보낸 어느 때보다 바쁜 하루하루였다. 오죽했으면 교단일기도 쓰다가 말았을 정도다. 집에까지 일감을 가지고 오는데도 늘 동동거려야 했다. 올해 맡은 2학년은 3,4학년에 비해 좀 여유가 있을 줄 알았다. 하지만 전혀 아니었다. 오히려 아직 어린 2학년이어서 그런지 생활 지도가 더 어렵고, 연 4회 실시되는 학부모공개수업이다 교원평가다 해서 잠시도 숨 돌릴 겨를이 없었다.

이번 여름방학에는 좀 쉬고 싶다. 그래서 남들 다 받는 60시간 이상의 연수 하나 받지 않기로 했다. 대신 그동안 써 놓은 교단일기 정리도 하고 쌓아두고 읽지 못한 책을 읽으며, 교과부에서 제공하는 우수수업동영상 정도를 보며 재충전의 시간을 갖고 싶다.

방학이 끝나면 나는 이제 교육경력 만 3년의 교사가 된다. 2학기부터는 나도 여느 선생님들처럼 모든 면에서 자신감 넘치는 노련한 교사가 되고 싶다.

全河然의 교단일기
칠판에 시를 적을 때

초판인쇄 : 2010년 8월 11일
초판발행 : 2010년 8월 18일

지은이 : 全 河 然
펴낸이 : 서 정 환
펴낸곳 : 신아출판사

등 록 : 1984년 8월 17일 제28호
주 소 : 전주시 완산구 태평동 251－30
전 화 : (063) 275－4000, 252－5633
E-mail : sina321@hanmail.net

값 12,000원
ISBN 978－89－5925－732－4 03810